KB052631

왜 북한의 청년은 체제에 순응했는가
: 조선민주청년동맹과 당의 통치 1945~1964

왜 북한의 청년은 체제에 순응했는가

: 조선민주청년동맹과 당의 통치 1945~1964

초판 1쇄 발행 2021년 9월 3일

지은이 곽채원
펴낸이 윤관백
펴낸곳 도서출판 선인
등 록 제5-77호(1998.11.4)
주 소 서울시 마포구 마포대로 4다길 4 곶마루빌딩 1층
전 화 02)718-6252/6257
팩 스 02)718-6253
E-mail sunin72@chol.com

정가 38,000원
ISBN 979-11-6068-608-1 93900

· 잘못된 책은 바꾸어 드립니다.

현대사총서 063

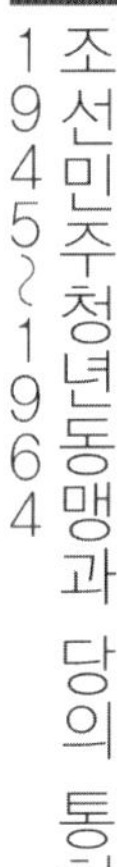

왜 북한의 청년은 체제에 순응했는가

곽채원 저

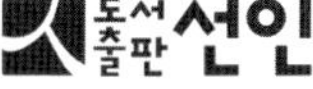

ı 책을 내면서

이 책은 저자의 2014년 북한대학원대학교 박사학위논문「조선민주청년동맹연구: 당적 지도의 제도화 과정을 중심으로」를 수정, 보완한 것입니다. 해방 이후 북한 지역에 당과 국가가 수립되는 과정에서 청년들이 새로운 체제와 어떠한 상호작용을 했는지, 어떻게 체제에 적응하게 되었는지에 대한 연구입니다. 북한의 로동당은 사회주의 체제의 중요한 단체인 '청년동맹'을 조직함으로써, 당이 모든 청년들을 통제할 수 있는 강력한 시스템을 구축했습니다. 해방 이후로부터 청년동맹 제5차 대회가 열렸던 1964년 무렵까지 이러한 시스템의 원형이 형성되었습니다. 변화의 시기마다 로동당은 청년동맹 대회를 개최해 조직을 개편하거나 명칭을 바꾸고, 당의 메시지를 전해 청년들의 결속과 통제를 도모해 왔습니다. 전 청년을 아우르는 청년동맹은 체제를 유지하고 지도자의 자리가 세습되는데 상징적, 실질적 역할을 해왔습니다. 북한의 청년은 체제를 계승하는 주체로서 '계승자'인 동시에 체제를 유지하기 위한 '통제의 대상'으로서의 이중적 의미를 가지는 매우 중요한 대상이기 때문입니다. 청년동맹은 소련의 청년조직인 콤소몰을 원형으로서 차용했습니다. 책의 2장에서 콤소몰 조직과 역사적 경험을 구체적으로 다루었습니다.

북한의 체제가 형성되는 과정에서 청년은 어떻게 적응했을까라는 질문으로 연구를 시작하면서, 역사의 어려운 시기마다 최전선에서 희생해 온 청년들에 대한 마음의 빚, 불과 70여 년의 이산으로 인해 갈라진 역사의 시선들에 대한 고민, 그리고 북한 역사 기록의 부재에 대한 걱정을 가지게 되었습니다.

존경하는 함석헌 선생님은 한반도 역사를 고난의 역사로 이해하셨습니다. 잦은 외세의 침략을 겪었던 가난한 나라의 운명은 고난의 연속일 수밖에 없습니다. 생각해 보면, 지구상의 모든 국가와 민족이 크고 작은 어려움을 겪어왔을 것인데, 그렇게 보면 모든 국가, 모든 민족에게 역사란 고난의 기록으로도 볼 수 있을 것입니다. 그리고 고난을 극복하는 최전선에는 대개 늘 청년이 있었습니다. 전쟁터에서, 열악한 생산의 현장에서 청년의 힘과 열정은 국가적, 민족적 대의 아래 소진되었습니다. 이후의 안정과 발전은 이름 모를 수많은 청년들의 희생을 담보로 했다 해도 과언이 아닐 것입니다.

한편, 남쪽과 북쪽에 두 개의 나라가 세워진 지 불과 70여 년 밖에 되지 않았음에도 한반도의 역사는 남과 북의 역사로, 또한 생각의 다름으로 인해 여러 갈래의 시선으로 갈라졌습니다. 하나의 민족으로서 오랜 세월 공유해 온 고난의 역사가 서로 다르게 해석되거나 묻혀지고 있습니다.

최근 70여 년의 한반도는 전쟁과 폐허, 복구와 발전의 시간을 경험했습니다. 그 사이 북한은 지구상에 사회주의를 표방하는 몇 남지 않은 국가들 중 하나로, 극도로 폐쇄적인 국가로, 세습국가로, 비정상국가로 불리게 되었습니다. 북한에서 태어났다는 이유로 북한 사람들은 이상한 나라에 사는 '비정상 국민'이 되어 버렸습니다. 사실 우리는 지난 시기 북한에 무슨 일이 있었고 사람들이 어떤 경험을 했는지 잘 알지 못합니다. 강력한 통제 시스템과 가난함, 핵무기, 절대적인 지도자의 권력에 시선을 고정하고 그 땅에 사는 사람들이 어떻게 살았는지에 대해 알려 애쓰지 않았습니다. 더욱 안타까운 것은 북한 사람들 스스로도 지난 70여 년 동안 어떠한 일을 경험했는지 제대로 알 수 없다는 것입니다. 북한의 역사는 지도자와 로동당 중심으로 서술되어 왔기 때문입니다.

이러한 문제의식들을 바탕으로, 미약하지만 북한의 역사를 사실과 가깝게 연구·해석하고 남한과 북한의 역사를 하나의 관점에서 보려는 연구를 이어가고자 합니다. 불과 70여 년의 이산이 5000여 년을 이어 온 하나의 땅, 한 민족의 역사를 가를 수 없고, 갈라서도 안 되기 때문입니다. 읽을 때마다 부족하고 부끄럽지만, 이 연구가 1945년부터 1964년 사이 북한에서 청년으로 불리었던 사람들이 새로운 정치 체제에 어떻게 적응하게 되었는지 이해하는데 도움이 되기를, 그리고 북한의 역사를 연구하는데 조금이라도 소용이 되는 자료가 될 수 있기를 바래봅니다. 언제가 될지는 알 수 없지만 북한 사람들이 스스로의 역사를 이해하는데 조금이라도 도움이 될 수 있기를 바라봅니다.

많은 분들의 도움이 없었다면 이 부족한 연구가 책으로 나오지 못했을 것입니다. 첫 직장의 상사이시자, 인생의 스승이신 홍석현 박사님, 북한학의 길을 엄하게, 때로는 자상하게 지도해 주신 학문적 스승이신 최완규 교수님, 북한 역사에 대해 깊은 가르침을 주신 김광운 교수님, 엉성한 연구가 체계를 갖출수 있도록 세심하게 지도해 주신 정성장 박사님, 심지연 교수님, 구갑우 교수님, 故함택영 교수님, 이우영 교수님, 안타깝게도 뵐 기회는 없었지만 책을 통해 가르침을 주셨던 故서동만 박사님, 역시 뵐 기회는 없었지만 사료를 통해 인내와 희생이 무엇인지 깨닫게 하신 방선주 박사님, 부족한 연구를 책으로 낼 수 있도록 허락하신 선인 윤관백 사장님, 지루하고 딱딱한 글을 꼼꼼하고 성실하게 편집해 주신 능력자 이경남 편집팀장님, 이진호 선생님, 주상미 선생님, 늘 따뜻하게 도와주신 북한대학원대학교 자료실 조인정 사서님, 그리고 함께 연구하며 토론했던 여러 동료분들께 감사드립니다.

동료 연구자분들 덕분에 논문을 쓰던 시기가 제 인생의 아름다운 기억으로 남을 수 있었습니다.

늦게 시작한 공부 뒷바라지에 늦둥이까지 봐주시느라 너무나 고생하신 존경하는 부모님-곽진학 권사님, 차현숙 권사님, 한결같이 지지해준 고맙고 든든한 남편 박동구 님, 그저 선물만 같은 귀하고 멋진 노아와 시온이에게 사랑과 깊은 감사를 전합니다.

무엇보다, 저를 지금의 자리에 인도하신 하나님께 감사드립니다.

목 차

제1장 서론

제1절 연구목적

북한의 청년들은 체제 유지의 측면에서 '통제'의 대상이자, '계승'의 주체로 양성되어 왔다. 청년동맹[1)]은 1946년 1월 결성 이후 청년을 대

1) 북한의 청년조직으로 14~30세 사이 북한의 전체 청년을 맹원으로 한다. 전체 청년을 포괄하는 단체로는 사회주의 국가들에서 유일하다. 북한의 사전에서 청년조직의 약칭은 '청년동맹'으로 표기된다. 본문에서는 시기적 구분이 모호해 일반적으로 지칭할 때는 '청년동맹'으로, 시기적 구분이 명확할 때에는 각 시기에 해당하는 청년동맹의 명칭을 사용했다. 현재 청년동맹의 공식명칭은 '사회주의애국청년동맹'이다. 1946년 1월 '북조선민주청년동맹'으로 결성되었다가 1951년 남북 민청의 통합이 결정되어 '조선민주청년동맹'으로, 1964년 '조선사회주의로동청년동맹'으로, 김일성 주석 사후 1996년 '김일성사회주의청년동맹'으로, 김정일 위원장 사후 2016년 '김일성-김정일주의청년동맹'으로, 2021년 4월 27~29일 개최된 제10차 대회에서 '사회주의애국청년동맹'으로 개편되었다. 해방 직후로부터 1951년 1월 남북한 민청이 통합되기까지는 '북조선민주청년동맹' 혹은 '북조선민청'의 용어를 사용하는 것이 옳으나 본문에서 맥락에 따라 '북조선민주청년동맹', '북조선민청', '민청'의 세 용어를 함께 사용하였다. 북한에서는 남북한 민청 통합 이전에도 '조선민주청년동맹'의 명칭을 사용하였다. 남북한 민주청년동맹 통합 이후 시기를 기술할 때에는 '조선민주청년동맹' 혹은 '민청'의 용어를 사용하였다. 모두 북한의 민청을 의미한다.

상으로 한 사상교양, 당원 충원 및 당과 정부기관 등을 위한 간부 양성, 그리고 경제건설을 포함한 다양한 당정책 수행에 청년들을 적극적으로 동원하는 역할을 담당했다.

소련을 포함한 사회주의 국가들의 체제전환 이후 북한은 체제유지에 더욱 주력했다. 특히 소련 체제 전환 과정에서 역사적으로 당의 전위대였던 콤소몰[2]이 보여준 무기력함과 새로운 체제에의 기회주의적 편승은[3] 북한의 청년 정책에 영향을 미쳤음이 분명하다. 북한의 청년동맹은 조직, 성격, 역할의 측면에서 사회주의 국가 청년단체의 원형으로서 소련의 콤소몰을 원용했기 때문이다. 뿐만 아니라 청년동맹은 콤소몰의 역사적 경험을 학습했으며, 이는 북한 역사의 중요한 시기마다 유사하게 적용되었다.[4]

---

2) 사회주의 국가 청년조직의 원형인 소련의 청년단체이다. '소련공산주의청년동맹(All-Union Leninist Communist League of Youth, 북한식 표현으로는 '전연맹레닌주의공산청년동맹')', 러시아어로 '콤소몰(Komsomol: Kommunisticheskii soiuz molodezhi의 약칭)'이라 불린다. 결성 이후 수차례 공식명칭이 바뀌었으며, 본문에서는 러시아어인 '콤소몰'이라는 명칭을 주로 사용했다.

3) Seven L. Solinick, *Stealing the State: Control and Collapse in Soviet Institutions*(Cambridge, Massachusetts: Harvard University Press, 1999), p. 3.

4) 해방 이후 소련 청년과 청년단체에 대한 서적들이 지속적으로 발간되었고, 민청이 콤소몰의 제도와 경험을 학습했음이 잡지와 간행물을 통해 표현되기도 했다. 관련되어 당시 발행된 간행물들로서 『레닌-쓰딸린적 공청』(평양: 청년생활사, 1950.4); 브.이. 레닌, 『청년에 관하여』(평양: 조선로동당출판사, 1956) 등이 있으며, 청년과 청년단체에 대한 간행물뿐 아니라 소련의 정치적 경험에 대한 기고와 번역서들이 지속적으로 소개되었다. 관련한 간행물로서는 엠. 야로스랍스끼 저, 『공산당원의 임무』(함흥: 북조선로동당 함남도당 선전선동부, 1946.12); 장시우, 『쏘련의 교육사업을 참관하고서: 교원용』(평양: 교육도서출판사, 1957); 『국가의 사회주의적 공업화를 위한 투쟁에 있어서의 공산당 1926~1929』(평양: 삼학사, 1954); 소련공산당중앙위원회 전문위원회, 『소련공산당(볼쉐위끼) 력사』(평양: 북조선

콤소몰의 와해에 대한 북한의 충격과 경계는 사회주의 국가들의 '붕괴'가 "청년문제를 올바로 해결하지 못한데" 있으며, 이들 국가들이 "품들여 키워낸 새 세대들에 대한 사상교양사업과 혁명적 조직생활을 소홀"히 하고 청년들을 "혁명의 계승자로 키우기 위한 사업"에 등한시했기 때문이라는 주장에서 확인할 수 있다.[5] 김정일 시대로부터 신년 공동사설에 당보, 군보 외에 청년보를 추가해 공동 명의로 발표하기 시작한 것으로, 또한 경제 위기 속에서 북한이 외화를 유입하는 공식 루트인 대외무역 기관에 청년동맹을 포함시킨 데서도[6] 체제 유지 측면에서 제고된 청년동맹의 정치적 위상을 확인할 수 있다. 최근 로동신문은「청년들은 사회주의 도덕과 문화의 참다운 주인이 되자」라는 제목의 기사에서 과거 사회주의 국가들의 사례를 들어 청년들의 개인주의를 비판하고, 이들이 '공산당을 분열·와해시키고', '사회주의 제도를 비난하면서 그것을 무너뜨리는 데 앞장섰다'고 비난했다. 이처럼 김정은 국무위원장 집권 시기에도 체제 유지에 대한 청년의 중요성은 여전히 강조되고 있다.[7]

한편 권력계승 측면에서 청년동맹의 연관성도 추측할 수 있는데, 이는 김정은이 당권을 계승하는 과정에서 개최된 2010년 9월 제3차 당

로동당출판사, 1948);『쏘베트 정권 40년 업적 통계집』(외국문서적출판사, 1958) 등이 있다.

5)『위대한 수령 김일성동지의 불멸의 혁명업적 10: 주체형의 혁명적근로단체 건설』(평양: 조선로동당출판사, 1998), 389쪽.

6) "대외무역은 국가 또는 사회협동단체"가 하도록 규정했다. 청년동맹은 대외무역에 관여해 왔다고 알려져 있다. 1998년 9월 5일 최고인민회의 제10기 제1차 회의에서 수정보충된 헌법 제2장 제36조; 직전의 헌법에는 대외무역에 대해 "국가가 하거나 국가의 감독밑에서" 한다고 규정했다. 1992년 4월 9일 최고인민회의 제9기 제3차 회의에서 수정보충된 헌법 제2장 제36조.

7)『로동신문』 2021년 4월 21일.

대표자회의 개정된 규약에서 드러난다. 규약은 당의 '외곽단체'이자 '인전대'로서 근로단체의 성격을 유지하는 동시에 청년단체인 김일성사회주의청년동맹을 "조선청년운동의 개척자이신 위대한 수령 김일성동지께서 몸소 무어주신 주체적인 청년조직"이자 "주체혁명 선군혁명의 대를 이어 나갈 당의 정치적 후비대"로, 당이 "청년중시로선을 일관하게 틀어쥐고 김일성사회주의청년동맹이 당에 끝없이 충실한 청년전위의 대오, 조국보위와 사회주의강성대국건설에 앞장서는 돌격대가 되도록 지도"한다고 표현, 청년동맹의 창시자로서 김일성을 정당화하고 당과의 관계를 강조했다.[8] 또한 무엇보다 권력 계승과 관련한 중요한 시기마다 청년동맹의 명칭이 변경되었던 것에서도 연관성을 찾을 수 있다.

북한의 청년에 대한 통제는 당에 의해 직접 이루어지는 것이 아니라 당의 지도를 받는 청년동맹이 수행해 왔다. 14~30세의 전체 청년과 예비조직인 소년단을 포함해 800만 명의 맹원을 갖춘 청년동맹은 북한 내 단일한 조직으로서 최대 규모이다. 또한 청년은 '선군사상'으로 대표되며 북한 노동력 동원의 주력인 인민군의 절대 다수를 차지하고 있다. 이들을 교양하는 단체로서 청년동맹은 군대 내에도 조직되어 있다. 따라서 청년동맹에 대한 이해의 기반 없이는 북한의 청년계층, 나아가 북한의 체제유지와 내구력을 타당하게 설명할 수 없다.

체제유지 측면에서의 중요성에 반해 청년동맹에 대한 학문적 성과는 미미하다.[9] 특히 청년동맹에 대한 역사적 국면에서의 미시적 연구

---

8) 2010년 9월 28일 제3차 당대표자회에서 개정된 규약 제9장 '당과 근로단체' 56조~58조; 당과 청년동맹의 관계는 1961년 제4차 당대회에서 '당의 후비대'로 처음 규정되었다.

9) 학위논문으로는 김종수, "북한 '청년동맹'의 정치적 역할에 관한 연구," 동국대학교 박사학위논문(2007); 신종훈, "북한 청년중시 정책과 김일성사

는 각 시기에 따른 북한 지도부의 청년정책, 나아가 체제유지 정책을 고찰한다는 의미에서 매우 중요한 학문적 과제이다.[10] 그러나 이러한 미시적 접근의 연구는 전무했다. 해방 직후로부터 1960년대 중반 무렵까지는 북한에 사회주의 체제가 형성되었던 기간으로서, 당과 청년동맹간의 관계가 규정되고 청년동맹의 성격과 역할의 원형이 구체화 되었던 시기로 매우 중요하다.

본 연구의 목적은 이러한 문제의식을 토대로 북한 체제유지의 핵심적 조직의 하나인 청년동맹의 원형으로서 '조선민주청년동맹'에 대해 고찰하는 데 있다. 특히 조선민주청년동맹의 조직, 성격과 역할 변화를 당의 지도가 제도화하는 과정을 중심으로 검토하고자 한다. 이를 위해 다음과 같은 몇 가지 사안에 분석의 초점을 맞추고자 한다.

첫째, 사회주의 체제 형성 시기 청년동맹과 당의 관계 변화를 살펴봄으로써 당이 국가 기관을 포함한 사회 전반에 대한 지도를 공고화하는 과정을 고찰한다. 당이 '행정적'이 아닌 '정치적'으로 국가기관을 지도하는 사회주의 국가의 특성상[11] 규약 등을 통한 사후 명문화 이외에는 당의 지도가 어떠한 과정과 형식을 통해 강화되는지 확인하기 어렵다. 따라서 민청에 대한 당의 지도가 제도화되는 과정을 살펴봄으로써 로동당[12]의 지도가 사회 전반에 제도적으로 공고화되는 과정을 이해하

회주의청년동맹에 관한대학연구," 고려대학교 석사학위논문(2007) 등을 들 수 있다.

10) 그럼에도 불구하고 소수의 선구적 연구자들에 의해 청년동맹에 대한 연구가 개척되었다. 연구의 성과는 제2절에서 구체적으로 다뤄질 것이다.

11) V. 치르킨, Yu. 유딘, P. 지드코프 지음, 송주명 옮김, 『맑스주의 국가와 법 이론』(서울: 새날, 1990), 194쪽.

12) 이 책에서는 인명, 지명 등 고유명사는 대개 북한식 표기법을 적용했다.(예: 로동당 등) 일반명사의 경우에도 인용한 경우 원문의 표기를 따르고, 그렇지 않은 경우 현대식 표기를 사용했다. 예를 들어, 무산계급을 의

고 사회주의 체제가 형성되었던 사례로써 살펴보고자 한다.

둘째, 민청의 조직, 인적 구성, 역할의 변화를 살펴봄으로써 현재 청년동맹의 '원형'을 분석한다. 북한의 사회주의 체제 형성 시기 구체화된 민청의 성격과 역할은 현재까지 변하지 않고 유지, 강화되어 왔다.[13] 따라서 민청에 대한 연구는 체제유지의 핵심 기관으로서 청년동맹을 이해하는 기반이라 할 수 있다. 또한, 당과 대중을 연결하는 고리라는 중요성에 비해 연구의 성과가 많지 않은 근로단체들의 형성 시기를 이해하는 사례 연구로서의 의미가 있다.

셋째, 부분적으로 본 연구는 청년동맹의 원형인 조선민주청년동맹의 조직과 성격, 역할이 형성되는 과정에 소련 콤소몰의 역사적 경험이 절대적인 영향을 미쳤음을 밝히고자 한다. 이는 정치적으로 북한이 소련의 이식국가였는가 아닌가 하는 것을 논하고자 함이 아니다. 스탈린 사망과 사회주의 국가들의 분열 속에서 1950년대 중반 이후 자립노선을 모색해 왔던 북한은 1960년대 중반 수령을 중심으로 하는 유일체계를 수립하고 지도자의 카리스마에 기반한 강력한 독재체제를 구축해 왔다. 이것은 두 번의 혈통계승이라는 특수한 정치적 현상의 제도적 기반이자, 북한을 예외적인 국가로 규정하는 대표적 특성이 되었다. 그럼에도 불구하고 현재의 북한 체제의 형식은 스탈린이 구축한 사회주의 국가의 틀에서 크게 벗어나지 않았다. 오히려 사회주의 국가들이 체제를 전환한 이후 북한의 폐쇄성은 더욱 강화되어 '북한식 사회주의 체제'를 고수하고 있다.[14] 따라서 본 연구는 북한 청년동맹이

미하는 '프롤레타리아'의 경우, 북한의 원전을 인용한 경우에는 북한식 표기대로, 그렇지 않은 경우 현대식 표기에 따라 '프롤레타리아'로 표기했다.

13) 이종석, 『새로 쓴 현대북한의 이해』(서울: 역사비평사, 2004), 323쪽.

14) 지난 4월 청년동맹을 개편하면서, 명칭에서 '김일성·김정일 주의'를 '사회

사회주의 국가 청년조직의 원형으로서 콤소몰을 원용했음을 확인하고, 이를 근거로 북한 청년정책의 현재와 미래를 살펴보고 예측하는 토대를 제공한다는 데 의의를 가진다. 현재의 북한 체제는 1960년대 이후 '변형'된 것이지, '창조'된 것이 아니기 때문이다.

제2절 선행연구 검토

청년동맹은 체제유지 관점에서의 중요성에 비하여 폭넓은 연구가 이뤄지지 않은 대상 중의 하나이다. 소수의 선구적 연구자들에 의해 주목할 만한 연구가 이루어져 왔지만, 북한 역사의 전환점과 청년동맹의 성격 변화의 관계 등 다양한 관점에서의 미시적 수준의 연구는 심도 깊게 이뤄지지 못했다. 특히 청년동맹의 원형으로서 초기의 성격에 집중한 연구는 찾아볼 수 없다. 이것은 청년동맹을 통해 북한 청년계층의 변화, 북한 체제의 성격과 변화를 이해하는 등 연구의 범위를 확장하고 수준을 한 차원 높이는 데 제한점이 되었다.

청년동맹에 대한 연구는 대체로 통시적으로 진행되었다. 선구적 사례로서 이종석의 연구는 해방 이후 조직된 북조선민주청년동맹으로부터 1996년 김일성사회주의청년동맹으로의 변천과정을 정치적 관점에서 꼼꼼하게 밝히고 청년동맹에 대한 당의 영도가 변화하는 과정을 분석했다. 또한 북한의 정치조직에 대해 기존의 연구들이 소련의 사례를 비교의 대상으로 삼았던 데 비하여 청년동맹을 중국의 공청단과 비교함으로써 사회주의국가 청년조직의 연구범위를 확장했다.[15]

주의 애국'으로 대체한 것으로도 이러한 특성을 확인할 수 있다.

15) 이종석 편, 『북한의 근로단체 연구』(성남: 세종연구소, 1998).

김종수의 연구는 결성 과정으로부터 최근에 이르기까지 청년동맹을 다양한 관점에서 폭넓게 망라하여 '청년동맹의 집대성'이라고 불릴 만한 성과를 내놓았다. 그는 다양한 1차 자료를 발굴하고 두터운 기술로서 해방 이후 청년동맹의 조직, 활동, 역할에 대해 치밀하게 기술했다.[16] 다만 연구가 다루는 시기의 방대함으로 인해 북한 역사의 새로운 단계에서 청년동맹의 변화가 요구되었던 시점, 즉 1964년 사회주의로동청년동맹으로의 개조, 1996년 김일성사회주의청년동맹으로의 개조의 중요성과 의미, 개조의 배경 등을 구체적으로 다루지 않았다는 한계를 보였다.

1970년대 이후의 청년동맹에 대해서는 정성장의 연구를 들 수 있다. 그는 청년동맹이 오늘날 김정일 정권의 내구력과 생존전략뿐만 아니라 북한정치사의 중요한 한 부분이며 특히 김일성에서 김정일로의 권력승계 과정을 이해하기 위해 필수적이라고 강조한다. 사회주의로동청년동맹이 '수령의 후계자' 김정일의 지위를 북한 사회 내에서 공고화하는 데 중요한 역할을 수행했다는 것이다. 또한 청년동맹의 사상교양단체로서의 기능을 강조하면서 1955년을 전환점으로 북한의 이데올로기가 마르크스-레닌주의로부터 주체사상으로, 1974년부터는 마르크스-레닌주의와 구별되는 '독자적인 이데올로기'의 위상을 확보하는 방향으로 나아간다고 밝혔다.

청년동맹과 관련성 있는 선행연구로서 이주철, 이인정, 김수희, 이문규 등의 연구를 들 수 있다. 이주철은 북조선로동당의 하부구조에 대한 연구의 일부로서 당과 근로단체로서 청년동맹 간의 관계에 대해

16) 김종수, 『북한 청년동맹 연구』(파주: 한울, 2008).

사료에 근거해 치밀하게 서술했다.[17] 이인정은 '청년전위' 분석을 통해 현재 북한 청년들의 인식과 세대변화를 연구했다.[18] 한편 사회주의 국가의 청년조직에 관련한 연구에서 김수희는 소련의 콤소몰,[19] 이문규는 중국의 공청단에 관한 구체적이고 실증적인 성과를 통해 청년동맹의 연구범위를 확장시키는 데 기여하였다.[20] 이와 같은 선행연구의 업적은 이후의 연구가 지향해야 할 방향과 쟁점으로 삼을 수 있는 소재를 제공해 주었다.

한편 북한의 사회주의 체제 형성 시기 당의 지도가 공고화하는 과정을 다룬 연구로서 서동만, 김광운, 이종석, 찰스 암스트롱, 와다 하루끼 등의 연구가 주목할 만하다. 북한의 사회주의 체제 형성 시기를 다룬 기존의 연구들이 정치권력적인 면에서 지도집단 간의 갈등에 집중하거나, 전쟁이나 사회주의 경제 발전 등 특정한 시기 혹은 특정한 주제를 중심으로 다루었던 것에 비해, 북한에 사회주의 체제가 정착되는 과정을 주로 제도적 측면에서 접근했다는 데 의의가 있다.

김광운은 해방 직후로부터 국가 수립 시기까지 3년간의 당과 국가의 수립, 인민군의 건설 과정을 간부정책을 중심으로 고찰하였다. 김광운의 연구를 통해 해방 직후로부터 국가 수립 시기까지 당, 정권기

17) 이주철, "북조선로동당의 당원과 그 하부조직에 관한 연구," 고려대학교 대학원 사학과 박사학위논문(1998).

18) 이온죽·이인정 지음, 『김일성사회주의청년동맹과 조선민주녀성동맹: 사회변동과 체제유지의 기제』(서울: 서울대학교 출판문화원, 2010).

19) 김수희, "꼼소몰의 정치사회화 역할과 이상적인 청년모델," 한양대학교 아태지역 연구센터, 『중소연구』, Vol.7, No.3(1983), 97~122쪽; 김수희, "소련 청소년단체의 정치사회화: 꼼소몰을 중심으로," 한양대학교 아태지역 연구센터, 『중소연구』, Vol.14, No.1(1990), 125~149쪽.

20) 이문규, "중국공산주의청년단의 성격과 조직," 한양대학교 아태지역 연구센터, 『중소연구』, Vol. 9, No.4(1985), 153~195쪽.

관, 군대를 포함한 다양한 조직과 인물들이 새롭게 기술되고 발굴되었다. 그러나 역사적 접근이라는 방법론의 특성상 서술에서 북한의 특수성이 상대적으로 강조되기도 했다.[21)]

서동만은 해방 직후로부터 제4차 당대회가 열렸던 1961년까지 당이 국가기관 및 사회 전반을 지도하는 사회주의 체제가 확립되는 과정을 제도적 접근에 기반해 고찰하였다. 그러나 이 시기 김일성 및 만주 빨치산 그룹에 의한 당의 통일과정이 병행되었던 복잡한 조건으로 인해, 인민군 등 일부 영역의 기술에서 정치권력적 접근과 제도적 접근이 혼재되기도 했다.[22)]

이종석은 해방 이후로부터 1967년까지 당의 지도체계가 공고화되는 과정을 유일사상체계가 확립되는 과정을 중심으로 고찰하였다. 그는 북한 체제 형성의 배경으로서 지도자 김일성의 반일무장투쟁시기로 연구의 범위를 확장, 다양한 역사적 사실들과 관계들을 학문적으로 밝혀내는 성과를 거두었다. 또한 사회주의 체제에서 중요시되는 '지도사상'을 체계적으로 고찰하여 학문의 대상으로 끌어올리는 성과도 거두었다. 반면, 지도그룹 간의 정치권력적 갈등에 주목, 당 이외의 기관들이 상대적으로 덜 다루어졌다는 한계를 보였다. 또한, 당 및 지도그룹의 영향이 북한 주민에게 미치는 과정은 구체적으로 다뤄지지 않았다.[23)]

찰스 암스트롱은 해방 직후로부터 전쟁 이전까지 북한의 사회주의 체제 형성과정을 정치, 사회, 경제, 문화 부문의 영역에서 고찰했다.

---

21) 김광운, 『북한정치사연구 I : 건당 건국 건군의 역사』(서울: 선인, 2003).

22) 서동만, 『북조선사회주의체제성립사: 1945~1961』(서울: 선인, 2005).

23) 이종석, 『조선로동당연구: 지도사상과 구조 변화를 중심으로』(서울: 역사비평사, 1997).

그는 미군 노획문서를 통해 다양한 분야에서 상당한 양의 새로운 1차 자료를 발굴, 이전의 연구들에 비해 당시의 상황을 실증적으로 증명하는 성과를 거두었다. 반면 서술에서 북한의 특수성이 강조되어 북한 체제 형성에서 소련의 영향이 축소되고 김일성 및 항일 빨치산 그룹의 반일무장투쟁 경험과 이로 인한 자주성, 독창성이 상대적으로 강조되는 표현이 드러났다.[24)]

와다 하루끼는 사회주의 체제가 성립된 이후 정치문화적, 역사적 특수성과 지도자의 영향으로 북한에 군사적 특성이 강화되었다고 설명했다. 따라서 이후 주체사상이 확립되었던 시기는 "유격대 국가"로, 군사화가 고착, 제도화되었던 김정일 집권 시기는 "정규군국가"로 규정했다.[25)] 사회주의적 일반성과 북한 정치문화의 특수성의 결합이라는 측면에서 와다 하루끼의 북한 체제 규정은 의미있다. 그러나 '정규군 국가'의 규정은 군사적 측면의 근거에 집중되었으며 당권이 김정일에게 계승되는 과정에서 국제 환경의 변화와 북한 내부의 정치·경제·사회·문화적 변화에 대한 설명은 구체적으로 다뤄지지 않았다. 또한 북한을 군사 국가로 규정함으로써 군사 외적인 측면에 대한 해석에 제약이 되었다.

본 연구는 선행연구들이 대체로 청년동맹의 정치적 성격에 집중하여 통시적으로 다루었던 것과 달리 해방 이후부터 1964년으로 시간적 범위를 제한하여 당과 국가 건설, 전쟁 그리고 사회주의 체제 형성 과정에서 조선민주청년동맹의 조직과 성격, 역할 변화를 당 지도의 제도

---

24) 찰스 암스트롱 지음, 김연철·이정우 옮김, 『북조선 탄생』(서울: 서해문집, 2006).

25) 와다 하루키 지음, 서동만·남기정 공역, 『북조선: 유격대국가에서 정규군국가로』(서울: 돌베개, 2002).

화를 중심으로 미시적 접근으로 다루는데 의의를 두고자 한다. 그 이유는 거시적인 연구가 대상을 폭넓게 조망할 수 있다는 장점을 가진 반면, 당시의 역사적 상황들과 청년동맹의 세밀한 변화를 결합하여 그 함수를 역동적으로 또는 구체적으로 분석할 수 없다는 한계를 가지기 때문이다.

또한 자료의 제약으로 인해 기존 연구들이 북한 지도부의 시각을 주로 반영할 수 밖에 없었던 것을 극복하기 위해 본 연구는 미군 노획 문서 등 다양한 사료들을 발굴, 당시 일반 청년계층의 현실을 반영하는 미시적 관점을 유지하려 노력했다.

한편 사회주의 체제 형성 시기는 국가 기관과 사회전반에 대한 당의 지도가 확립되었고, 이들 간의 유기적 상호작용이 제도화되었다는 점에서 중요하다. 지도자의 카리스마가 전 사회적으로 공고화되었던 제도적 기반은 이 시기 형성된 것으로도 해석할 수 있다. 당 지도의 제도화 과정을 중심으로 한 민청에 대한 연구는 따라서 당과 정부기관, 사회단체의 유기적 상호작용의 제도화 과정을 청년을 중심으로 살펴본다는 데에도 의의를 가진다.

제3절 연구범위와 연구방법

1. 연구범위

본 연구는 현재 북한 청년동맹의 원형인 조선민주청년동맹을 북한의 사회주의 체제 형성 시기 당 지도가 제도화되는 과정을 중심으로 고찰한다.

분석의 범위는 역사적, 정치적 관점으로 제한하고자 한다. 역사적 관점에서 해방 이후 사회주의로동청년동맹으로 개편되었던 1964년까지 민청 변화의 내·외부적 변화의 원인과 결과에 대해 당시의 시대적 상황을 감안해 분석하고자 한다. 한편, 정치적 관점에서, 제도적 접근에 기반하여 사회주의 국가의 조직으로서 민청을 분석하는 데 집중하고자 한다. 특히 민청의 조직, 인적 구성, 당과의 관계, 역할 그리고 이러한 변화들이 제도를 통해 구체적으로 어떻게 표현되었는지 분석하고자 한다.

연구가 다루는 직접적인 대상은 북한의 조선민주청년동맹이다. 구체적으로 민청의 조직과 인적 구성, 당과의 관계, 역할을 중점적으로 다루었다. 사회주의 체제 형성기 소련의 콤소몰을 비교의 대상으로서 기술했다.

본 연구가 다루는 시간적 범위는 해방 직후로부터 민청이 사회주의로동청년동맹으로 개편되었던 1964년 5월까지이며 이 기간은 대체로 북한의 사회주의 체제가 형성되었던 시기로 규정된다. 사회주의 체제의 일반적 발전단계는 '혁명-이행 체제(the revolutionary-transitional system)', '고전적 체제(the classical system)', '개혁 체제(the reform system)'로 구분되며[26] 이 기준에 따르면 본 연구가 다루고자 하는 시기는 '혁명-이행 체제'에서 '고전적 사회주의 체제'로 변화하는 기간, 즉 사회주의 국가로서의 성격이 형성되는 시기로 설명할 수 있다.

한편 북한 연구에서 시기의 구분은 혁명단계별, 지도체계의 변화,

26) János Kornai, *The Socialist System: The Political Economy of Communism*(Princeton, NJ: Princeton University Press, 1992), pp. 18~30.

경제발전단계, 당대회 등 다양한 기준으로 나눌 수 있다.[27] 그러나 역사의 연속성 측면에서 해당 기준에 따라 인과관계가 언제나 명확히 구분되는 것은 아니며, 특히 북한이 역사를 재구성하는 데 있어 중요한 전환점이 되는 당대회의 경우에도 '사전적(事前的) 규정'과 '사후적(事後的) 규정'이 혼재되어 공식 언명만으로는 당대회 이전과 이후의 성격을 구분하고 규정하기에 커다란 어려움이 있다. 따라서 북한 연구에 있어서 주제에 따라 명확한 기준을 세우고 시기를 구분하는 것은 가장 곤란한 과제 중의 하나이다.

본 연구는 사회주의 체제 형성 과정에서 당과 민청의 관계를 중심으로 고찰하는 주제의 특성상 민청의 성격이 구분되는 민청 대회를 기준으로 연구의 시간적 범위를 규정하고자 한다. 민청 대회는 통상적으로 당대회 개최 직후 소집되어 당대회의 결정사항을 조직에 반영했다. 민청 대회들은 조직적·사상적인 면에서 민청의 성격을 규정하고 변화를 내포한다. 1946~1964년은 민청의 대회의 성격에 따라 크게 세 시기로 구분할 수 있다. 첫 번째 시기는 민청이 결성되었던 1946년 1월부터 민청 제3차 대회가 개최되기 직전인 1948년 10월까지로, 두 번째 시기는 민청 제3차 대회가 개최되었던 1948년 11월부터 제4차 대회가 개최되기 직전인 1956년 10월까지로, 세 번째 시기는 민청 제4차 대회가 개최된 이후 1956년 11월부터 '사로청'으로 개조된 제5차 대회가 개최되었던 1964년 5월까지로 구분했다. 다만 첫 번째 시기는 민청 결성의 준비 과정을 고찰한다는 측면에서 해방 직후인 1945년 8월 이후 부터로 시기를 포함해 살펴보았다.

사회주의혁명단계의 측면에서 살펴보면 북한의 역사는 대체로

27) 이종석, 『새로 쓴 현대북한의 이해』, 61~87쪽.

1956년부터 1961년까지를 사회주의 기초건설 시기로 규정했는데, 본 연구에서는 민청 제5차 대회가 개최되었던 1964년까지를 사회주의 기초 건설 시기로 보았다. 1958년 제1차 당대표자회 그리고 1961년 제4차 당대회를 통해 과도기 과제 중의 하나인 사회주의적 개조가 완료되었음이 거듭 공표되었다. 그러나 사실상 1964년에 농민동맹을 '농업근로자동맹'으로 개편, 농민을 농업근로자계급으로 통일하는 사업을 추진하는 등 절대 다수였던 농민의 계급적 통일 측면의 성과는 미비했다.[28] 또한 1964년 민청이 사회주의로동청년으로 개편되는 과정에서 제도적, 조직적 준비 역시 사회주의 기초건설의 내용에 포함할 수 있다. 이 시기 민청의 사로청으로의 개편뿐 아니라 농업근로자동맹의 개편, 직업동맹의 사상교양단체로서의 성격 확립 등 근로단체의 전면적 개편이 이루어졌다.[29]

한편 사회주의 청년단체로서 민청의 일반성과 특수성을 도출하기 위해 콤소몰의 조직과 성격, 역할 그리고 당과의 관계가 형성·강화되었던 레닌 시기로부터 스탈린 집권 시기, 특히 1917~1940년까지를 시간적 범위로 다루었다.

2. 연구방법

본 연구에는 방법론적 측면에서 역사적 접근법과 비교사회주의연구

28) 『조선로동당 제1차 대표자회 문헌 학습 참고 자료 2』(평양: 조선로동당출판사, 1958), 2~11쪽; 조재선, 『과도기에 있어서의 조선로동당의 경제정책』(평양: 조선로동당출판사, 1958), 1~12쪽, 77~101쪽; 김일성, 『조선로동당 제4차 대회에서 한 중앙위원회 사업 총화 보고, 1961년 9월 11일』(평양: 조선로동당출판사, 1961), 5~19쪽.

29) 『위대한수령김일성동지의 불멸의 혁명업적 10: 주체형의 혁명적근로단체 건설』, 20~23쪽.

법이, 방법적 측면에서는 문헌분석방법이 적용되었다. 해방과 국가 수립, 전쟁 그리고 사회주의 건설이라는 거시적 상황과 각 시기 청년동맹의 조직과 당의 지도가 제도화되는 정도, 그 과정에서 민청의 역할이라는 미시적 현상을 함께 이해하기 위해서는 보다 과학적이고 세밀하게 방법론을 적용하는 것이 타당하다. 본 연구는 해방과 전쟁, 사회주의 체제 형성이라는 역사적 조건에서의 민청이 가지는 특수성을 이해하기 위하여 기본적으로 역사적 접근법을 적용하고자 한다.

북한 연구에서 역사적 접근법은 종종 북한에 대한 '특수주의적 접근', 즉 북한이 다른 사회주의 국가들과 공유하고 있는 일반적 특징을 무시하고 '예외국가'로서의 근거를 제공하는 편향된 경향을 보여왔다.[30] 이념적 편향이나 방법론적 논쟁, 통일 지향의 정책성 연구 등의 경향이 북한 역사의 '본질'에 대한 해석에 상당한 제약조건이 되었음에도 불구하고 역사적 접근은 이후의 사회과학적 분석에 견고한 경험적 기초로서 토대를 제공한다는 측면에서 간과될 수 없다. '각 역사적 시대의 보편적인 진실'의 추구라는 역사의 목적은[31] 따라서 북한 연구에서 역사적 접근이 더욱 심도 깊게 이루어져야 하는 근본적인 이유이다.

한편 역사적 접근이 가져올 수 있는 특수주의적 편향을 극복하기 위하여 본 연구는 부분적으로 비교사회주의방법을 함께 적용했다. 당-국가 체제, 사적 소유의 철폐와 계획 경제 등을 기반으로 하는 북한 체제는 사회주의 체제의 기본적 특성이다. 따라서 북한이 사회주의 체제

30) 최완규, 『북한은 어디로: 전환기 '북한적' 정치현상의 재인식』(마산: 경남대학교출판부, 1996), 59~63쪽.

31) 요나톤 모세스·투르본 크누트센 지음, 신욱희·이왕휘·이용욱·조동준 옮김, 『정치학 연구방법론』(서울: 을유문화사, 2007), 198쪽, 209쪽.

임을 인정하는 데서 출발하는 것은 북한 연구에서 일반성과 특수성을 보다 객관화하는 데 중요한 기준이 된다.[32] 비교의 대상으로는 소련 콤소몰의 사례를 다루었다. 민청의 원형이자 사회주의 국가 청년조직의 원형인 콤소몰의 역사적 경험의 고찰은 북한의 체제 형성 과정에서 사회주의 체제가 도입되었던 구체적 사례이자 현재 북한의 청년동맹을 이해하는 기초자료가 될 것이다.

3. 연구자료

북한 문헌들은 당시 역사적 상황에 따라 사실 여부를 신중하게 해석해야 하는 제한점을 가진다. 특히 6·25전쟁 이후 간행된 북한의 문헌들은 주로 공식간행물로서 고도의 은유적 표현, 이중성 혹은 반어적 표현, 담론의 독점성, 사후 윤색, 수정, 조작 등의 특성을 가지기 때문이다.[33]

한편, '과거의 실제 있었던 일에 대한 믿을 만한 지식을 생산'한다는 역사 기술의 목적에 비추어 볼 때 사료로서 문헌을 선별하는 작업은 매우 중요하다. 랑케(Leopold von Ranke)가 수립한 사료의 위계질서에서 알 수 있듯이 기본적으로 사건에 대해 시공간적으로 가장 가깝게 위치한 사료로부터 시작하는 것이 역사적 사건을 배열하고 독립적이고 비판적으로 사료를 활용하는 데 중요하다.[34] 이러한 기준에 따라 본 연구는 해당 시기에 간행된 문헌들이 당시의 역사적 상황을 가장

32) 구갑우, "북한연구와 비교사회주의 방법론," 경남대학교 북한대학원 엮음, 『북한연구방법론』(서울: 한울, 2003), 296~297쪽.

33) 김용복, "북한자료 읽기," 박재규 편, 『새로운 북한읽기를 위하여』(마산, 경남대학교출판사, 2004), 40~41쪽.

34) 요나톤 모세스·투르본 크누트센 지음, 앞의 책, 202~205쪽.

생생하게 담고 있다는 점에서 연구가 다루는 범위인 1945~1964년 사이에 발행된 문헌들을 기본적인 1차 자료로서 다루고자 노력했다. 즉, 해당 시기에 가장 가깝게 발행된 북한의 원전 문헌[신문류(정로, 로동신문), 잡지류(근로자), 중앙년감, 각종 출판물, 김일성·김정일 저작류)]들을 우선적으로 채택하고 필요한 경우 국내에서 발행된 당 대회 회의록 등을 분석대상으로 다루었다. 또한, 해방 이후 1960년대까지 북한에서 간행된 레닌과 스탈린의 저작 번역물, 당 관련 번역물들을 주목해 다루었다. 북한 사회주의 체제 형성과정에 소련의 역사적 경험이 상당 부분 적용되었기 때문에 이 시기 북한이 이해했던 사회주의와 사회주의 국가란 무엇인지, 북한은 이를 어떻게 해석해 적용하려 했는지 등을 고찰하는 것은 북한 체제를 이해하는 기초가 되기 때문이다.

한편, 공식간행물의 경우 담론을 생산하는 지도층만의 관점을 담고 있는 제약을 가진다. 따라서, 해당 시기 일반 대중의 현실을 반영한 구체적인 사례들을 미시적으로 고찰하기 위하여 국립중앙도서관 전자자료에 포함된 미군 노획문서를 주요 1차 자료로 채택해 다루었다. 이 자료 중에는 기존 연구에서 인용되지 않은 자료들이 발굴되어 본문에 인용되기도 했다. 사례로서, 1946~1948년 평북 선천군 민청 초급단체들의 회의록 및 맹원들의 가입 신청서, 1948~1949년 평북 선천군 초급단체 간부 명단, 1948년 11월 민청 제3차 대회에서 개정된 강령과 규약 전문, 1950년 4월 민청 중앙간부들과 도 민청위원회 간부 명단, 1950년 작성된 군대 내 민청단체에 대한 '지도세측', 1951년 군대 내 민청 초급단체 위원장의 수기노트, 맹원인 군인들의 이력서 등이 있다.

1948년 민청 제3차 대회에서 개정된 강령과 규약은 초기 민청의 성격을 파악할 수 있는 중요한 자료이다. 결성 당시 민청 조직의 성격을 알 수 있는 당시의 자료로는 김일성 및 민청 관련 인물들의 연설과 1946년 1월 24일 『정로』에 게재된 결정서 및 민청 중앙위원회 회의 결정서 일부분 이외에는 찾아보기 어려우며, 1946년 9월 제2차 대회의 강령과 규약을 파악할 수 있는 자료는 발굴되지 않은 것으로 보인다. 제3차 대회의 강령과 규약의 일부가 인용된 사례가 있으나 전문이 담긴 문헌은 발굴되지 못했으며[35] 본 연구에서는 민청 제3차 대회에서 개정된 강령과 규약의 전문을 발굴함으로써 이것을 기준으로 민청의 변화를 제도적으로 비교, 분석할 수 있었다.

1950년 작성된 군대 내 민청단체에 대한 '지도세측'은 전쟁 직전 군대 내 민청단체에 대한 문화부의 지도방침을 확인할 수 있는 의미있는 자료이다. 이 시기 사회 및 군대 민청단체에 대한 당의 이원적 지도체계를 설명할 수 있는 근거가 되었다. 1950년 4월 민청 중앙간부와 도 민청 위원회 간부 명단은 이 시기 간부의 성격을 파악하고 결성 시기로부터 어떠한 변화가 있었는지 비교, 분석할 수 있는 중요한 자료이다.

국립중앙도서관 전자자료와 함께 통일부 북한자료센터가 소장한 1946~1948년 민청 중앙위원회 회의록을 포함한 1차 자료들이 본문에 인용되었다. 이러한 1차 자료를 분석하는데 합리성과 타당성을 담보하기 위하여 해당 시기와 대상에 대한 선행 연구와의 비교·교차 검증 작업도 함께 진행하고자 노력했다.

1950년대 중반까지는 북한의 문헌에 비교적 다원적인 관점이 드러났던 것에 비해 김일성과 만주 빨치산 계열이 당권을 장악하던 무렵인 1950년대 중후반부터는 관점이 점차 단일화되었던 것으로 보인다. 따

35) 김종수는 해설자료에 게재된 민청 제3차 대회의 규약을 부분적으로 인용해 분석했다. 김종수, 앞의 책, 398~402쪽.

라서 이 시기의 자료들은 해당 시기에 가깝게 발행되었다 하더라도 당시 상황을 있는 그대로 반영했다고 보기 어렵다는 한계가 있다.

제2장

북한 청년조직의 모델과 정당화 논리

제1절 사회주의 체제 청년조직의 모델로서 소련 콤소몰의 사례

사회주의 체제[1]하에서는 당의 지도 아래 사회정치적 지향을 가지는 다양한 조직들이 결성된다. 이러한 사회조직(mass organization)들은[2]

---

1) 사회주의 체제(Socialist System)는 '소비에트식 체제(Soviet-type System)', '중앙계획 체제(Centrally Planned Economy)' 혹은 '국가사회주의 체제(State Socialism)' 등으로도 불린다. 본문에서는 사회주의 체제에 대한 다양한 정의 중 코르나이(János Kornai)의 개념을 채택했다. 코르나이는 사회주의 체제 모델의 단계를 자본주의에서 사회주의로 변화하는 '혁명-과도기 체제(revolutionary-transitional system)', '고전적 사회주의 체제(classical socialist system)' 그리고 '개혁 사회주의 체제(reform socialist system)'로 구분했다. 코르나이의 개념에 따르면 본 연구가 다루는 시기는 북한이 과도기에서 고전적 사회주의로 변화하는 단계로 볼 수 있다. 코르나이는 고전적 사회주의 체제의 조건으로 일당체제의 정치구조, 사회주의 체제를 정당화하는 이데올로기, 국유화된 생산관계를 들었다. János Kornai, *The Socialist System: The Political Economy of Communism*(Princeton, NJ: Princeton University Press, 1992), pp. 1~382.

2) 사회주의 체제의 사회조직들은 대중조직, 사회단체, 대중단체, 군중단체, 근로단체 등 다양하게 불리었다. 해방 직후 결성되었던 민청, 여성동맹,

객관적 지위가 변화함에 따라 수행하는 역할이 근본적으로 바뀐다. 또한 노동조합이나 청년동맹 등 사회조직들은 지배정당, 국가기관들과 협력해 중요한 규범과 법률들을 채택하는 등 국가기능의 일부를 담당하기도 한다. 따라서 이들 조직은 사회주의 정치체제의 요소가 된다.[3)]

한편 당과 사회조직 간의 관계는 이원적으로 작동된다. 법적으로, 공식적으로 사회조직들은 자율성을 가지며 규약에 따라 간부들은 회원들에 의해 직·간접적으로 선출된다. 그러나 현실에서 사회조직의 지도간부들은 기관원 혹은 고급 국가 관료 등의 공무원과 같다. 당 기관의 간부들과 사회조직과는 상당히 밀접하게 관련되어 있다. 사회조직의 주요 기능은 당의 사상과 의도를 각 사회조직이 대표하는 대중들에게 전달하는 '인전대(transmission belts)'[4)]의 역할이다. 따라서 당 기관의 간부들은 사회조직들과 활발하고 긴밀한 상호작용을 한다.[5)]

당과 사회조직들 간의 관계는 사회조직들의 지도간부의 성격을 통해서도 확인된다. 노동조합과 청년동맹과 같은 거대한 조직의 지도간부들은 일반적으로 중앙위원회 혹은 지역 등 다양한 수준의 당기관에

직업동맹, 농민동맹 등은 소비조합 등 다른 단체들과 함께 통틀어 사회단체로 불리었다가 현재는 이 네 단체만 근로단체로 불린다.

3) 소련과학아카데미 편, 강종수 옮김, 『현대 마르크스-레닌주의사전』(서울: 백산서당, 1989), 217~219쪽.

4) 당과 대중을 연결하는 '인전대'의 개념은 1920년 레닌이 노동조합의 성격을 재규정하면서 최초로 언급했다. 레닌은 노동조합을 당과 대중을 연결하는 '고리(link)'이자, '국가 권력(state power)'의 '저수지(reservoir)'로 설명하면서 당과 진보적 대중 간에 다양한 '인전대(transmission belt)'가 필요하다고 주장했다. Lenin, "The Trade Union, the Present Situation and Trotsky's Mistakes (December 30, 1920)," *Lenin: Collected Works 32* (London: Progress Pub., 1981), pp. 20~21. 북한식 해석을 포함한 인전대의 개념에 대한 구체적 설명은 2장 2절에서 다루었다.

5) János Kornai, *op. cit.*, p. 40.

소속되어 있다. 이들은 사회 조직의 활동에서 당의 지도의 대표성을, 당의 지도에 대하여는 각자의 사회조직들의 대표성을 가진다. 만약 사회 조직의 활동에서 당의 지도가 관철되지 않으면, 그 조직의 대표는 해임된다. 이러한 맥락에서 노동조합과 청년동맹의 간부들은 당 혹은 국가기관의 고급 관료로, 국가기관의 간부들은 사회조직들의 상층 지도부로 이동하는 것은 자연스러운 현상이었다.[6]

사회주의 국가의 사회조직들은 사회주의와 공산주의 건설에 관련된 다양한 역할, 즉 경제·사회·정치·문화 및 교육적 임무, 사회주의와 공산주의의 물질적·기술적 기초 구축에 관련된 임무, 사회주의적 사회관계의 형성과 관련된 임무를 담당한다. 이러한 역할 중 많은 부분을 청년조직이 담당하는데, 이들 조직은 젊은 세대의 정치·노동 및 도덕교육의 매우 중요한 역할을 담당하는 것으로 평가된다.[7]

최초의 사회주의 국가 청년조직으로서 콤소몰의 결성에는 레닌의 영향이 매우 크게 작용했다. 레닌 시기 사상교양 단체와 후비대로서의 성격 그리고 당과의 관계가 형성되었다. 이후 정치적·경제적·문화적·교육적 측면에서 당의 청년정책과 사회주의 건설 정책을 실현하는데 중요한 역할을 담당했는데 스탈린 시기에 당과 콤소몰의 관계 그리고 콤소몰의 역할이 더욱 강화되었다.

1. 콤소몰에 대한 레닌과 스탈린의 입장

혁명성과 공산주의 사회를 계승한다는 점에서 특히 청년에 주목했던 레닌은 혁명을 현실에서 구현하는 과정에서 청년과 청년조직의 개

6) *Ibid.*, p. 40.

7) 소련과학아카데미 편, 앞의 책, 217~219쪽.

념을 구체화했다. 스탈린은 당권 장악 이후 콤소몰의 '스승이며 지도자'로서 청년조직을 사회주의 국가의 현실로 끌어오고 당의 통제력을 강화했던 것으로 평가할 수 있다. 콤소몰에 대한 스탈린의 영향력은 스탈린 사후에도 지속되었는데 스탈린 사후 흐루시초프의 승리를 공식화하는 1957년 성명에서 당의 명령에 대한 준수 및 획일적 통일, 규율이 강조되는 등 스탈린 시대의 형식을 그대로 유지했던 것이 이를 입증한다.[8)]

가. 레닌의 청년에 대한 입장과 콤소몰 결성

그 자신이 혁명적 청년이었던 레닌은 혁명과 공산주의 사회 건설에 대한 청년의 역할을 일찍부터 주시했다. 특히 그가 초기 주목했던 대상은 진보적 성향의 '학생청년'들이었다. 그들의 혁명성과 당대가 완성하지 못한 공산주의 사회 건설의 목표를 계승한다는 측면에서의 '새로운 세대'라는 점으로 인해 레닌은 학생청년들의 시위를 적극적으로 지지하고 당과의 연계를 강화하고자 했다. 반면, 혁명 속에서 청년을 정당화하기 위해서는 학생청년들이 가진 계급적 모순을 해결해야 할 과제가 대두되었다. 레닌은 모순에 대한 대안으로 노동계급 출신의 청년지식인의 개념을 제시했다. 그 과정에서 지식인의 무력함과 배반, 혁명에의 불충실함이 비판되었다.

(1) 청년의 혁명성

혁명에 성공하기 위하여 레닌은 진보적 학생청년들이 가졌던 기존 체제에 대한 저항감 그리고 그들이 가진 열정과 전투력에 주목했다.

---

8) 김수희, "소련 청소년단체의 정치사회화: 꼼소몰을 중심으로," 『중소연구』, Vol.14, No.1(1990), 125~149쪽.

일례로서 1894~1901년 사이 존재했던 학생들의 학습 서클의 중요성을 언급했다. 그는 학생들의 학습 서클이 비록 운동 선배들이나 다른 지역과의 관계, 체계적 활동 계획은 없으나 서클을 통해 상당수의 노동자들과 일부 지식층으로부터 공감을 얻고, 자금을 공급받고, 활동 영역을 넓혀 나간다고 언급했다.[9] 당건설을 준비하던 무렵 레닌은 1902년 '파산의 징조'라는 글을 통해 정부의 임시법규에 저항하는 시위를 벌이는 학생들에 대한 전 사회적인 지지를 촉구했다.[10] 1905년에는 '뻬쩨르부르그위원회 소속 전투위원회에'라는 글에서 "청년들에게 가는 것만이 모든 것을 구원해 주는 수단이며 그렇지 않으면 시기를 놓치고 말 것"이라며 학생과 노동자들 속에서 전투대를 창설하도록 강조했다. 레닌은 학생과 노동자들로 이루어진 소규모 전투대들의 확산과 이에 대한 광범한 선전사업이 혁명에 중요한 영향을 미칠 것이라고 판단했다.[11]

청년의 혁명성에 대한 레닌의 관심은 볼셰비키 내에 젊은 세력을 충원하자는 주장으로 이어졌다. 그는 1905년을 전쟁 시기로 규정하면서, 청년들을 폭넓고 과감하게 입당시켜야 하며 학생과 청년노동자들이 전체 투쟁의 쟁점을 결정할 것이라고 단언했다. 학생들 속에서 지지자 서클을 만들고 청년들을 위원회에 받아들여 위원회의 규모와 분

9) 그러나 자생적으로 생겨난 학생들의 학습서클은 쉽게 무너지기 쉬우며 따라서 '지속성을 유지하는 안정된 지도자들의 조직'인 '당'의 건설이 필요하다고 제기했다. 토니 클리프 지음, 최일봉 옮김, 『당 건설을 향하여』(서울: 북막스, 2004), 131쪽.

10) 브.이. 레닌, "파산의 징조," 『청년에 관하여』(평양: 조선로동당출판사, 1956), 97쪽.

11) 브.이. 레닌, "뻬쩨르부르그위원회 소속 전투위원회에," 위의 책, 174~175쪽.

야를 확장하는 등 전력을 다해 많은 사람들을 혁명적 선제 행동에 결합시키고 활동할 수 있게 해야 한다고 주장했다.[12)]

1908년 뻬쩨르부르그 대학에서 선포된 학생들의 동맹 휴학은 1905년 혁명 이후 '새로운 세대의 운동'의 단서로 판단되었다.[13)] 레닌은 청년의 광범한 동맹휴학을 지원해야 하며 동맹휴학이 정치적 충돌로 확대되도록 학생 그룹들의 혁명에 대한 선동활동을 강화해야 한다고 주장했다.[14)] 또한 학생들로 하여금 대중 속에서 정치적 선동을 수행하는 '견고한 프로레타리아 조직'을 만들 것을 제기했다.[15)] 1911년 정부의 탄압조치에 항의하는 학생들의 동맹휴업이 러시아 전역으로 확산되었고 레닌은 이를 열렬히 지지했다.[16)] 이즈음 노동자들도 학생들의 시위대열에 합류하기 시작했고 1908년 6만 명이었던 파업 참가자 수는 1911년 105,110명으로 증가했다.[17)]

(2) 청년의 계승성

레닌은 기본적으로 현 세대에서 달성하지 못할 공산주의의 목표를 다음 세대가 달성해야 한다는 점에서 청년의 계승성에 주목했다. 따라서 새로운 공산주의 사회를 건설하고 이끌어 갈 수 있도록 청년들을 교양해야 하며 '새로운 인간형'으로 교양된 청년들 속에서 유능한 간부가 양성되어야 한다고 주장했다.[18)]

---

12) 토니 클리프 지음, 앞의 책, 246~247쪽.
13) 브.이. 레닌, "학생 운동과 현 정치정세," 앞의 책, 131~133쪽.
14) 위의 글, 131~133쪽.
15) 위의 글, 134~135쪽.
16) 토니 클리프 지음, 앞의 책, 444~445쪽.
17) 위의 책, 445쪽.
18) 위의 책, 131쪽.

레닌의 청년들의 계승성에 대한 관심은 역시 청년과 당의 연계로 확대되었다. 1902년 '중학교 학생들에게' 그리고 1903년 '학생 청년들에 대한 태도에 관한 로씨야 사회민주로동당 제2차 대회의 결정서 초안'을 통해 학생들의 발기를 축하하면서 개별적인 활동보다는 사회민주당 단체들과 비밀리에 긴밀한 연계를 가질 것과 당으로부터 지시를 받을 것을 주문했다.[19] 당의 건설을 제기한 이래 레닌은 청년들의 인입을 주장해 왔으며 결국 볼셰비키당 당원의 연령대가 대폭 낮아졌다. 1907년 분파별 평조직원의 연령분포를 보면 총 71명 중 볼셰비키의 경우 10~29세가 38명(전체 51명), 멘셰비키의 경우 13명(전체 20명)이었다.[20] 당의 활동가들로 활동했던 주력들의 연령은 더욱 낮았다. 볼셰비키와 멘셰비키의 총수 94명 중 볼셰비키의 경우 10~29세는 전체 59명 중 49명, 멘셰비키의 경우 전체 35명 중 25명이었다.[21] 당 지도부들 역시 매우 젊어 1907년 볼셰비키 지도자들 9명의 평균 나이는 34세, 멘셰비키 지도자들의 평균 나이는 44세였다.[22]

(3) 청년층의 계급적 모순 해결

그러나 기존 체제에 대한 중요한 저항세력이며 맑스주의 학습 서클의 핵심이었던 당시 러시아의 학생들은 아이러니하게도 계급적 타도

19) 브.이. 레닌, "중학교 학생들에게," 앞의 책, 102쪽; 브.이. 레닌, "학생 청년들에 대한 태도에 관한 로씨야 사회민주로동당 제2차 대회의 결정서 초안," 앞의 책, 103쪽.

20) 토니 클리프 지음, 앞의 책, 258쪽.

21) 위의 책, 258쪽.

22) 1907년 시점의 볼셰비키 지도자들 고령그룹은 37세였던 크라신, 레닌, 크라시코프, 나이가 가장 적었던 그룹은 31세의 리트비노프와 체믈리야츠카였다. 위의 책, 258쪽.

의 대상이었던 부르죠아 혹은 쁘띠부르죠아 출신들이 대부분이었다. 레닌은 이러한 기존 학생청년의 계급적 모순을 해결하기 위해 노동자 청년들을 혁명의 새로운 핵심세력으로 포섭하는 해결책을 제기했다.

1903년 레닌은 당시 혁명의 핵심세력이었으나 계급적 모순을 가지고 있었던 대학생층에 대해 그들 내의 각기 다른 그룹들을 구별하고 그룹들 간의 계급상 규정을 어떻게 할 것인가에 대한 고민을 드러냈다.[23] 같은 해 '혁명적 청년들의 제과업, 제1신'에서 당시의 학생들을 정치적 성향에 따라 '반동파, 무관심파, 학원파, 자유주의파, 에쎄르파 및 사회민주주의파'의 여섯 가지 정치적 그룹으로 나누면서[24] 학생층의 정치적 성향의 다양성은 사회의 정치적 성향의 다양성을 반영한다고 보았다.[25] 레닌은 상이한 정치적 성향들을 가지고 있는 대학생들을 어떠한 방식으로 통일해야 하는지 고민했으며, 대학생층과 노동계급을 사상적으로 통일한 수단으로서 '문화일군'들의 기능을 강조했다. 또한 자유주의 그룹 학생들을 다른 학생들로부터 분리하는 것과 사회주의 혁명파 학생들과 사회 민주주의파 학생들을 통일해야 하는지에 대해서도 고민했다. 레닌은 이렇듯 혁명의 성공을 위해 대학생층과 노동계급간의 연계 그리고 대학생들 내의 상이한 정치적 성향의 통일에 대해 고민했다.[26]

이러한 레닌의 고민은 그가 당에 노동계급 출신의 청년들을 인입하려는 노력으로 이어졌다. 1905년 볼셰비키 당원들 중 노동자 당원은

23) 브.이. 레닌, "혁명적 청년들의 제 과업에 관한 서신 초안," 앞의 책, 105~106쪽.

24) 브.이. 레닌, "혁명적 청년들의 제과업, 제1신," 위의 책, 108쪽.

25) 위의 글, 109쪽.

26) 브.이. 레닌, "혁명적 청년들의 제 과업에 관한 서신 초안," 위의 책, 105~106쪽.

전체 8,400명 중 5,200명으로 약 61.6%를 차지했다.[27] 이러한 노력에 의해 1914년 당은 기본적으로 노동계급의 당이 되었으며 당원들 중 지식인의 비율은 낮아졌다.

학생청년들에 대한 계급적 모순의 대안으로서 '노동계급의 청년'이라는 개념을 제기한 이후 레닌은 지식인에 대한 비판의 강도를 더했다. 1912년 지식인들의 변절을 언급하면서 급진적 학생들도 "사무실에서 편안한 일을 움켜쥐는 자"로 변신한다고 비난했다.[28] 1913년에는 "노동자대중은 우리와 함께 있으며, 노동자들은 매우 어렵게 그들 자신의 인텔리겐차를 만들어 내고 있다."고 언급했다.[29] 1914년 5월 레닌은 러시아의 마르크스주의자들 중 젊은 노동자들이 대다수를 이루고 있다고 주장했다.[30]

1917년 레닌은 '1905년 혁명에 관한 보고서'에서 '자각한 청년 농민'이라는 새로운 혁명의 주체를 추가했다. 1905년 당시 학생청년의 혁명성을 강조했던 것에 반해 1917년의 레닌은 '파업자'[31] 들과 교제하였으며 "신문들을 읽었고 도시들에서 발생한 사변들에 대하여 농민들에게 이야기하여주었으며 농촌 동지들에게 정치적 요구들의 의의를 해설하여 주었으며 대지주인 귀족들을 반대하며 승려들과 관리들을 반대하는 투쟁에로 그들을 호소"하였던 농민 출신의 지식인 청년들에 주목했다. 이들은 노동자 출신의 청년들과 함께 혁명의 주역으로서 대두

27) 토니 클리프 지음, 앞의 책, 259쪽.
28) 위의 책, 490쪽.
29) 위의 책, 490쪽.
30) 위의 책, 490쪽.
31) 이전의 '대학생'이라는 단어로 표현되었던 반란자, 혁명자와 같은 의미. 위의 책, 490쪽.

되었다. 종래에 혁명의 주도층이 되었던 대학생이 주로 중류계급출신이었던 데 반해 '자각한 청년 농민' 청년은 '인민 속에서' 나왔기 때문이다.[32)]

(4) 청년조직의 결성

청년조직의 성격은 1917년 8월 러시아사회민주노동당(볼쉐비키) 제6차 당대회에서 규정되었다. 청년조직은 '당의 사상적 지도하에 사업하는 독자적인 단체'로서 '사회주의 사상을 선전하는 방향에서 프롤레타리아 청년들의 계급적 자각성을 발전시킬 것'을 목적으로 할 것이 결정되었지만[33)] 10월혁명으로 인해 1918년에야 구체적으로 결성작업이 진행되었다.

1918년 7월 당중앙위원회는 모스크바에 '노동자-농민 청년동맹(Workers and Peasant Youth)'의 '제1차 전러시아대회(First All-Russian Congress)' 소집을 위한 '조직국(Organizational bureau)'을 결성했다.[34)] 청년조직의 결성에 대한 당중앙위원회의 결정 이전에 페트로그라드와 모스크바에 청년조직들의 사무국이 만들어졌는데 이것이 전러시아 대회의 모태가 되었다. 이 사무국은 다양한 소

32) 브.이. 레닌, "1905년 혁명에 관한 보고서," 앞의 책, 233쪽.

33) 느.아.미하이로브, "전련맹 공산당(볼쉐위끼)은-공청의 조직자이며 지도자이다," 『레닌-쓰딸린적 공청』(평양: 북조선민청중앙위원회 출판사, 1950), 1~38쪽.

34) 위의 글, 1~38쪽; 레닌은 1918년 8월 모스크바 당위원회 '동정자 그루빠 조직에 관하여'라는 연설에서 "노동자 대중에게 더 큰 신임을 표현하고 그 곳에서 역량을 획득"하기 위해서 청년들과 직맹원들 중에서 "동정자들을 당에 인입"할 것과 당을 확대하기 위해 "도덕적 영향"을 이용하며, "청년을 노동자 속에서 받아들여야" 하고, "고령의 당원들 자리에 젊은 당원을 보충"해야 한다고 지적했다. 브.이. 레닌, "동정자 그루빠 조직에 관하여," 앞의 책, 267쪽.

규모의 청년조직들로 구성되었고 이들은 새로운 체제에서 자신들의 역할을 찾고자 노력했다. 당시 당의 목적은 러시아뿐 아니라 전 세계의 사회주의화였기 때문에, 국제주의(Internationalism)에 대한 의무는 모든 청년조직 내에서 공유되었다. 따라서 러시아 청년조직들이 통합되어야만 국제공산청년동맹(Communist Youth International)이 성공할 수 있다는 문제에 대한 논쟁이 벌어지기도 했다.[35]

1918년 10월 29일(~11월 4일) 모스크바에서 제1차 '전러시아노동자농민청년동맹 대회(All Russia Congress of the Workers' and Peasants' Youth League)'가 소집되었고 이 대회는 콤소몰의 기원이 되었다. 대회에는 22,100명의 동맹원들을 대표하는 176명의 대표가 참가했다. 대회에서 청년단체의 과업으로서 산발적으로 조직되었던 노동자·농민 청년단체들을 하나로 통일하고, 청년들을 단일한 청년단체에 인입하고, 국가방위에 적극적으로 동원할 것이 제기되었다.[36] 대회는 조직의 명칭을 '러시아공산청년동맹(RYCL: Russian Young Communist League)'으로 할 것에 대한 결정을 채택하고 헌장을 승인하고 중앙위원회를 선거했다.[37]

'러시아공산청년동맹'의 명칭에서 '공산주의'는 전반적인 공산주의 운동 및 조직운영 형태로서 필수적 의미를 부여하는데 콤소몰의 질서설정과 콤소몰 활동의 정치적 특성, 콤소몰 활동의 궁극적 목표가 공산주의에 있음을 뜻한다. 콤소몰의 명칭에 '공산주의'를 포함시키는 것

---

35) Matthias Neumann, *The Communist Youth League and the Transformation of the Soviet Union, 1917~1932*(Abingdon, Oxon: Routledge, 2011), pp. 34~35.

36) 느.아.미하이로브, 앞의 글, 1~38쪽.

37) 위의 글, 1~38쪽.

에 대한 논쟁은 1917년 4월부터 당내에서 제기된 당명 변경과 밀접히 관련되어 있었다. 10월 혁명 이후 볼셰비키의 대중적 지지기반은 약해지고 독일의 공격으로 인해 통일전선마저 해체되어 레닌의 소비에트 정권은 도시에 고립되었다. 해방된 농민들은 도시에 대한 곡물공급을 중단했고 볼셰비키 정권은 "혁명정권은 위기에 처했다."는 슬로건을 내걸고 농민들로부터 폭력적으로 잉여곡물을 몰수하는 정책을 전개했다. 이에 대한 농민들의 저항은 완강했다.[38] 이러한 상황에서 레닌은 당명을 '사회민주당'에서 '러시아공산당(볼쉐비키)'으로 변경할 것을 강력히 주장했다. 레닌은 당시의 상황을 "자본주의를 아주 뒤흔들고 사회주의에로의 이행을 시작하기 위하여 방금 한걸음 내디딘데 불과" 하며 "사회주의에로의 과도 단계가 아직도 얼마나 있을 것인가"를 모른다고 설명했다. 그럼에도 불구하고 사회주의적 변혁을 시작하는데 있어 변혁의 목표인 '공산주의 사회의 창건'을 명확히 제시해야 하며, 당시 유럽의 사회주의당들과의 연결성을 끊어야 하기 때문에 당명을 공산당으로 개칭해야 한다고 주장했다.[39] 레닌의 주장은 관철되었고 1918년 3월 제7차 당대회에서 러시아사회민주당은 '러시아공산당(볼쉐비키)'으로 개칭되었다.

청년단체의 명칭에 '공산주의'를 채택하는 것에 대한 갈등도 존재했다. 지방조직 출신의 콤소몰 대의원들은 소수의 청년 조직만이 존재하는 농촌에서 공산주의 성향을 드러낸다면 대중조직으로 발전하기 어려울 것이라고 우려했다. 그러나 이는 소수의 의견일 뿐이었고, 대다

---

38) 와다 하루끼 지음, 고세현 옮김, 『역사로서의 사회주의』(서울: 창작과비평사, 1994), 74~77쪽.

39) 웨.이.레닌, "로씨야 공산당(볼쉐위크) 제七차 대회에서의 당강령의 수정 및 당명칭의 변경에 관한 보고(1918.3.8)," 『레닌, 쓰딸린 당 건설』, 제二권 제一분책(평양: 조선로동당출판사, 1953.12), 78~106쪽.

수의 대의원들은 '볼쉐비키 국가(Bolshevik state)' 건설을 돕고자 했다. 단체 명칭에 '공산주의'를 포함시키는 것은 그들의 정치적 언명이기도 했다.[40] 당내에서도 당시 경제적 혼란과 정치적 강압으로 인해 공산당이 대중적 인기를 끌지 못하자 신중론이 제기되었다. 신중론자들은 청년단체의 명칭에 당성이 드러나지 않는 명칭을 채택해야 한다는 취지에서 청년동맹 회원들이 내면적으로만 공산주의 사상을 간직하게 하고 표면적으로는 단순한 문화·교육적 활동을 전개해야 한다고 주장했다.[41] 그러나 당이 정책을 강제적으로 추진해야 하는 상황에서 '공산주의'라는 명칭은 당명 개칭과 함께 제1차 콤소몰 대회에서 채택되었다. 명칭에 '공산주의'가 채택됨으로써 콤소몰의 정치적 본질은 표면적으로 드러났다. 또한 공산주의 사상의 확산과 '사회주의 건설'의 수행에 노동자·농민 청년이 긴밀하게 연계하는 것이 콤소몰의 설립 목적으로 설정되었다.[42]

콤소몰 제1차 대회에서는 전국 수준에서의 '중앙집권화(centralization)'와 '관료화(bureaucratization)', 조직의 성격을 대중화할 것인지, 청년 당간부을 대상으로 하는 배타적 조직화할 것인지도 논의되었다. 대회는 콤소몰의 목표로서 청년들에게 공산주의를 전파하고, 새로운 국가 건설사업에 청년들을 참여시키고, 새로운 계급문화를 선전할 것을 결정했다. 또한 정신과 육체교양의 상호관계를 통한 새로운 인간형을 양성할 것이 강조되었다.[43]

1920년 10월 2일부터 10일까지 진행된 콤소몰 제3차 대표대회에는

40) Matthias Neumann, *op. cit.*, p. 36.

41) 김수희, 앞의 글, 135~136쪽.

42) 위의 글, 135~136쪽.

43) Matthias Neumann, *op. cit.*, pp. 36~37.

50만 명의 맹원을 대표해 602명의 대표가 참가했다.[44] 당시 전쟁과 경제적 혼란으로 식량, 연료, 공업원료 등 모든 것이 부족한 상태였다. 대회에서 제기된 새로운 사회주의 건설을 위한 당의 정책에 따라 콤소몰은 당의 정책을 근로자들에게 선전하고 당정책에 근로자들을 동원하는 임무를 부여 받았다.[45] 이 대회에서 레닌은 '청년동맹의 제 과업'이라는 제목의 연설을 통해 청년동맹의 기본과업이 "배우는 데 있다."고 주장하면서 "선행 세대의 과업은 부르주아를 타도하는 것이었고 청년의 과업은 공산주의 사회를 건설하는 데 있다."고 강조했다. 그는 청년동맹이 전체 세대를 교육, 교양, 향상시키는 사업에서 지침으로 삼는 것을 과업으로 하며, 청년동맹이 공산주의 사회의 첫 번째 건설자로서 노동자 및 농민 청년 대중 전체를 인입하여야만 공산주의 사회를 건설할 수 있다고 단언했다.[46] 대회에서 레닌이 제기한 청년단체의 임무는 이후 콤소몰의 조직과 활동의 기조가 되었다.

나. 스탈린의 콤소몰에 대한 규정

스탈린은 콤소몰과 당과의 관계를 더욱 긴밀히 하고 당에 대한 콤소몰의 역할을 규정했다. 그는 콤소몰을 청년대중을 당에 연결시키는 하나의 '전도체(傳導體)'[47]로 규정하면서 콤소몰이 '당이 그로부터 보충받은 후비'이며 '대중에 그의 영향을 주는 기구', '사회주의 정신에서 젊은 세대들을 교양하는 사업에서 당의 방조자로서의 과업'을 가지고

44) 울라지미르 예고로브 저, 『70돌을 맞는 쏘련공청』(모스크바: 아빠엔 출판사, 1988), 19쪽.

45) 위의 책, 19~20쪽.

46) 브.이. 레닌, "청년 동맹의 제 과업," 앞의 책, 296~297쪽.

47) '전도체'는 '인전대(transmission belt)'의 북한식 해석으로 보인다. 인전대에 대한 구체적인 설명은 제2절에서 다루었다.

있다고 규정했다.[48] 스탈린은 콤소몰이 형식적으로는 비당적 단체이지만 공산주의 조직을 가지고 있기 때문에 '반드시 당의 지도하에서 일해야 한다는 것을 의미'하며 '당에 대한 청년들의 신임을 보장하며 콤소몰에 대한 당의 지도를 보장'하는 과업을 가진다고 강조했다.[49]

2. 사회주의 체제 형성 시기 콤소몰의 역사적 경험

가. 소련공산당과 콤소몰의 관계

볼셰비키에 의해 조직되었지만 초기 청년조직은 형식적으로는 자율성을 가지고 있었다. 1917년 이전에는 러시아 사회민주당의 볼셰비키나 멘셰비키 모두 독자적인 청년조직을 갖고 있지 못했다. 1917년 2월 혁명과정에서 급진적 청년 그룹들이 조직되자 볼셰비키는 그들의 급격한 성장에 주목하고 볼셰비키의 청년 군대를 조직하기 시작했다. 1917년 7월과 8월 볼셰비키 당 회의에서 공산주의 청년 조직 결성이 제기되었고 그의 성격과 조직에 대해 논쟁이 벌어졌다. 볼셰비키 지도자들은 특히 청년조직에 대한 당의 통제 정도에 대해 고민했다. 그들은 정열적이고 변덕스러운 급진적인 청년들의 조직을 전적으로 독립적으로 하는 것에 불안을 느꼈다. 동시에 조직에 대한 당의 과도한 통제는 청년대중의 인입과 볼셰비키의 청년 문화와 활동에 대한 지배를 저하시킬 것이라고 믿었다. 1917년 8월 제6차 당대회는 자율성과 규율 사이의 딜레마를 해결했다. 당은 "당에 조직적으로 종속되지 않는 독립적 조직이지만, 사상적으로 연결되어 있으며, 동시에, 당은 청년단체들이 결성 후 곧 사회주의적 성격을 가질수 있도록 노력할 것"이

48) 쓰쁘 튜비모브, "브.이.레닌의 공청 제3차대회에서 진술한 '청년동맹의 과업'에 대하여," 『레닌-쓰딸린적 공청』(평양: 청년생활사, 1950.4), 86쪽.

49) 위의 글, 86쪽.

라고 결정했다. 그러나 10월 혁명으로 인해 이 결정 이후 볼셰비키 청년조직의 결성은 1년 이상 진전되지 않았다.[50)]

콤소몰은 청년운동이 부진하던 시점에 결성되었기 때문에 조직적 기반을 재생해야 할 필요에 직면했다. 콤소몰의 결성은 당이 지속적인 청년정책을 펼 수 있는 조건이 되었기 때문에 당은 콤소몰이 조직을 공고화하고 소비에트 러시아 전 청년조직들에 대한 헤게모니를 장악하도록 보장했다. 특히 1918~1920년 내전 기간 동안 당과 콤소몰의 관계는 제도적 수준 그리고 지역적·정치적·사회적 환경에 맞춰 조정되었다. 이 시기 콤소몰의 기본 골격이 형성되었는데, 중앙의 수준에서는 당과 긴밀히 연결되었고, 지역 수준에서는 각 지역의 군사적·정치적 환경에 따라 조직이 완전히 새롭게 개편되었다. 내전 기간 동안 전업 관료들이 부족해짐에 따라, 당은 대중조직들을 통제하고 이들을 활용하게 되었다. 당시 콤소몰은 정권 기관들과 노동조합, 소비에트, 군대 등 다양한 대중조직들 중 하나에 불과했다.[51)]

1919년 3월 제8차 러시아공산당대회는 청년정책으로서 공산주의 사회를 건설하기 위해 열성적이고 자각적인 노동자들을 배출해 낼 수 있는 잘 훈련된 '저수지(reservoir)'를 준비할 것을 결정하면서, 특히 이 과업은 콤소몰과 같은 열정적인 자발성을 가진 청년조직에 의해 실행되어야 한다고 명시했다. 이는 당의 '대표적 무기(executive arm)'로서 콤소몰의 위상을 입증하는 계기가 되었다. 대중조직들에 대한 당의 영향력과 통제를 강화하기 위해 당은 제8차 대회를 통해 간부정책

50) Steven L. Solnick, *Stealing the State: Control and Collapse In Soviet Institutions*(Cambridge, Massachusetts, Havard University Press, 1999), pp. 60~62.

51) Matthias Neumann, *op. cit.*, pp. 57, 68~69.

을 강화하고 당과 콤소몰의 관계를 재규정했다.[52)]

콤소몰 지도부는 당과의 관계를 재규정하는 문제를 토의하기 위해 지역 대표 회의를 소집했다. 회의 결과, 콤소몰 중앙위원회는 당중앙위원회에, 콤소몰 지역단체들은 지역 당조직에 종속될 것이 결정되었다. 1919년 8월 콤소몰 중앙위원회와 당중앙위원회는 이 결정을 채택할 것을 함께 결의했다. 결정은 콤소몰이 당의 정책을 인식하고 콤소몰 중앙위원회는 당에 직접적으로 종속되며, 지역단체들은 지역당조직들의 통제하에 사업할 것을 채택했다. 또한 비공산주의적인 정책이 추구되거나 쁘띠 부르주아 혹은 '쿨락(Kulak, 부농)'의 영향력이 강한 지역에서는 콤소몰 지역 조직 내에 당의 연합(bloc)을 수립한다는 내용이 포함되었다. 이러한 결정은 당과 콤소몰의 관계를 새로운 방식으로 규정했는데 콤소몰은 더 이상 완전히 독립적이지(fully independent) 않으며 콤소몰의 사업은 완전히 자립적이지(fully self-standing) 않은 '자율적(autonomous)'인 것으로 표현되었다. 당과 콤소몰 간의 새로운 관계는 당이 콤소몰의 지역단체들에 대해 세 가지 방식으로 영향을 미치게 했는데, 첫째, 콤소몰 중앙위원회가 당중앙위원회에 종속되기 때문에 콤소몰 조직 내에서 당으로부터의 수직적 영향, 둘째, 지역 수준에서 공동대표들과 지역 콤소몰단체들이 지역 당조직의 통제하에 사업하기 때문에 받는 수평적 영향, 셋째, 당시 콤소몰 확대 정책에 의해 비당원 회원들이 증가하는 상황에서 콤소몰 내의 당핵심을 증가시킴을 통한 인적 영향이 그것이다.[53)]

당은 한편으로는 청년공산주의자들의 전위성(avant-gardism)을

52) *Ibid.*, pp. 70~71.

53) *Ibid.*, p. 72.

지원하면서, 다른 한편으로는 콤소몰의 지속성을 위해 청년의 의미를 제한했다. 콤소몰은 이러한 과정을 거쳐 당의 후비일 뿐 아니라 청년, 특히 노동계급 청년의 전위대로 규정되었다. 뿐만 아니라 콤소몰 지도 간부들과 많은 활동가들은 중요한 당직책에 올랐고, 이는 콤소몰의 새로운 정체성을 형성하는 계기가 되었다. 이것은 1919년 콤소몰이 당에 종속될 것을 토의하는 회의에서 강한 저항이 보이지 않았던 이유가 되기도 했다.[54]

레닌 사후 개최된 1924년 제6차 콤소몰 대회에서 콤소몰의 공식 명칭에 '레닌주의(Leninist)'라는 용어가 채택되었다. 새로 채택된 '레닌주의'는 레닌의 업적을 추모하고 레닌의 투쟁정신을 고취시키며, 레닌의 사회주의 건설 계획에 콤소몰의 적극적인 참여 그리고 레닌의 이상과 명령에 대한 콤소몰의 철저한 순종과 이행을 의미한다.[55] 콤소몰은 당의 '모든 사업에 방조하며 자기의 창발력과 창의성을 발휘하는 돌격대'가 되어야 한다는 레닌의 연설을 유언으로 접수했다.[56]

또한 '레닌주의 가담 캠페인'이 진행되어 공업노동자 출신의 콤소몰 회원 89,240명이 입당했다. 이후 콤소몰은 청년층의 당 가입통로로서 출세의 창구가 됨으로써 명실상부한 당의 후비대 역할을 수행하게 되었다. 그러나 이는 결과적으로 콤소몰의 자율성이 축소되는 원인이 되기도 했다.[57] 레닌 사후 열린 제13차 당대회에는 당원 73만 5,881명을 대표해 표결권을 가진 748명의 대표와 협의권만을 가진 당원 416명이

54) *Ibid*., pp. 73~74.

55) 김수희, 앞의 글, 134쪽; Andrei Andreyev, el al., *The KOMSOMOL: Questions and Answers*(Moscow: Progress Publishers, 1980), p. 14.

56) 아.야.부라찐, "공청은-사회주의건설에서의 볼쉐위끼당의 원조자이다," 『레닌-쓰딸린적 공청』(평양: 청년생활사, 1950.4), 151쪽.

57) 김수희, 앞의 글, 135쪽.

참석했다. 제12차 당대회에 비해 급격히 당원수가 증가했는데 이것은 레닌기념당원 모집 사업에서 약 25만 명의 신입당원이 입당했기 때문이었다.[58)]

1924년 5월 23일부터 31일까지 진행된 제13차 당대회는 콤소몰의 임무와 활동에 대해 규정했다. 당은 "동맹에 당의 핵심을 강화하고 그의 열성적 일군과 간부를 당생활에 인입하는 것을 당면된 기본과업"으로 하며 노동자청년들을 적극적으로 가입시킬 것에 대한 결정서를 채택했다.[59)] 또한 당의 정책 수행에 콤소몰이 적극적으로 역할 하면서 "당의 지도하에 자기의 모든 사회사업을 완수하면서 콤소몰은 당생활의 모든 기본 문제들의 토의에 회원들을 참가시키며, 당에 의하여 승인된 방식으로 이 문제들을 일상적으로 토의하며 당에 의하여 채택된 결정을 실현함에 참가시켜야 할 것"이라고 지적했다.[60)] 또한 '선진적 농촌청년들'을 콤소몰에 가입시키고, 농촌의 우수한 인테리(교원, 농학자)들에게 콤소몰을 지원하게 하며, 농촌청년학교에서 "협동조합과 집단적 토지생산을 지향하는 혁명적이고 문화적인 새로운 형태의 농민"들을 양성할 것이 강조되었다.[61)] 육·해·공군에서 콤소몰의 사업과 콤소몰의 국제주의적 교양 강화, 또한 학교에서의 사업과 삐오넬(소년단) 사업도 강조되었다.[62)]

이 시기 소련 공산당은 소련이 노동계급의 정치적 독재, 국유화, 농

58) 『쏘聯共産黨 歷史 簡略讀本』(평양: 북조선노동당출판사, 1948), 467~468쪽.

59) 아.야.부라찐, 앞의 글, 152쪽.

60) 위의 글, 152쪽.

61) 위의 글, 153쪽.

62) 위의 글, 153쪽.

업협동화 등 사회주의 사회 건설의 완성에 필수적 전제조건들을 모두 갖추었다고 판단하고, 이후의 임무는 국가의 사회주의적 공업화를 통해 사회주의적 경제 건설의 발전을 시작하는 것이라고 결의했다.[63) 1925년 제14차 당대회에서 당중앙위원회는 이러한 논리를 '사회주의적 공업화의 실제계획과 관련하여 이를 당법규의 형태'로서 당대표자회의의 결의형태로 할 것을 요구했고 이는 당내 갈등을 야기했다.[64) 대회는 경제건설에 관한 토론을 종결하면서 스탈린이 제기한 대로 사회주의 공업화의 방향을 확정 짓고, 당규약을 개정하고 당의 명칭을 '러시아공산당'에서 '소련공산당'으로 개칭했다.[65)]

이러한 당 지도부 간의 갈등 과정에서 스탈린에 대한 콤소몰 지도부의 저항이 발생하기도 했다. 제14차 당대회의 결정에 불복한 신반대파는 콤소몰의 레닌그라드 위원회 모임을 개최하고 이 모임에서 제14차 당대회의 결정에 불복할 것을 결의했다. 당의 결정에 대한 '불복'은 콤소몰에서 일어난 최초의 반란적 사건이었다. 이 위원회의 지도부는 지노비예브(G. E. Zinoviev) 등 당중앙위원회에 반대적 성향을 가진 인물들로 구성되어 있었다. 한편 레닌그라드 당조직을 안정시키기 위해 당대회 대표그룹이 레닌그라드에 파견되었고, 레닌그라드의 신임 임시당대표회의가 소집되어 결국 투표에서 전체의 79%가 제14차 당대회의 결정을 승인했다.[66)]

1926년 제7차 콤소몰 대회 이후 콤소몰 회원 중 30만 명 이상이 입당했으며 이는 전체 볼셰비키 지원자 중 37%에 해당했다. 콤소몰은

63)『소聯共産黨 歷史 簡略讀本』, 474~475쪽.

64) 위의 책, 477쪽.

65) 위의 책, 482쪽.

66) 위의 책, 483쪽.

또한 지방 정권기관에도 간부를 배출했는데 약 6,000여 명의 회원들이 시 소비에트의 간부로, 지방 말단 단위 소비에트에는 69,000명의 회원이 배치되었다. 노동조합에는 128,000명이, 붉은 군대와 콤소몰 연계 기관에는 130,000명의 콤소몰 회원들이 간부로 배치되었다. 이 당시 콤소몰은 전체 소비에트 청년의 다수를 포괄하지는 않았지만 2,670만 명의 청년들이 소속된 단체로서 소비에트 정치 및 사회에 영향을 미치는 중요한 단체였음은 부인할 수 없다.[67)]

콤소몰 제8차, 제9차 대회가 열렸던 1928~1931년의 시기는 스탈린이 당의 최고지도자로 등극한 뒤 5개년 계획이 결정되고 관련된 사업들이 진행되면서 스탈린식 사회주의 태동을 관찰할 수 있는 시기였다. 이러한 역동성은 콤소몰의 변화에 커다란 영향을 주었다.[68)] 스탈린은 콤소몰의 비서인 코사레브를 통해 점차 콤소몰 내 당의 지도력을 강화하고, 콤소몰 내 저항세력을 제거하고, 콤소몰 간부들의 구성을 새로운 인물들로 채워가기 시작했다.

1928년 5월 콤소몰 창립 10주년 기념 제8차 대회는 집단화를 위한 대회였던 제15차 당대회가 열린 지 반년 후에 개최되었다.[69)] 대회에서

67) Sean Christopher Guillory, "We Shall Refashion Life on Earth!: The Political Culture of the Young Communist League, 1918~1928," Ph. D. dissertation in History, Los Angeles: University of California(2009), p. 292.

68) Ralph Talcott Fisher, Jr., *Pattern for Soviet Youth: A Study of the Congress of the KOMSOMOL: 1918~1954*(New York: Columbia University Press, 1959), p. 142.

69) 제15차 당대회는 인민경제발전 5개년 계획을 수립하며, 문화건설의 과업을 규정하며, 도시와 농촌의 인민경제 각 부문에서 사회주의 관리를 확대하며, 인민경제에서 자본주의적 요소를 청산할 것이 규정되었다. 쓰.이.무라쏘브, "전련맹 레닌공산청년동맹 제8차대회에서의 이.브.쓰딸린의 연설에 대하여," 『레닌-쓰딸린적 공청』(평양: 청년생활사, 1950.4),

소비에트 사회주의 공화국연맹 중앙집행위원회는 전쟁에서 콤소몰의 공훈에 대해 적기훈장을 표창했다.[70] 또한 1926~1928년 기간 동안 콤소몰이 트로츠키 반대 투쟁을 적극적으로 벌였다고 보고되었고,[71] 마지막 날 연설에서 스탈린은 콤소몰을 '당의 방조자이며 후비'로 규정했다.[72] 스탈린은 연설에서 콤소몰의 과업으로 '계급적 적들'을 반대하는 노동계급의 준비성의 제고, 관료주의와의 투쟁을 통한 아래로부터의 대중적 비판 전개, 과학기술과 전문지식을 갖춘 전문가 간부의 양성을 제기했다.[73]

스탈린은 콤소몰 일부 단체들과 지도부 내에서 벌어지는 관료주의의 폐해를 비난하면서 일부 콤소몰 간부들이 열성분자 대열에 이탈하면 다른 콤소몰 회원들의 연쇄적 이탈에 영향을 주며 이것이 콤소몰 지도부의 사상적 불안을 야기한다고 지적했다.[74] 관료주의에 대해 콤소몰 내부에서도 공식적 비판이 제기되었다. 콤소몰 회원들 간에 중앙위원회를 비롯한 지도그룹에 대한 비판이 면제되는 경향이 있다는 비난과 콤소몰 내의 파벌 근절에 대한 주장도 제기되었다. 제8차 콤소몰 대회에서 공통적으로 제기되었던 관료주의와의 투쟁, 아래로부터의 비판, 파벌의 근절은[75] 콤소몰의 조직을 재정비하고 당의 통제를 강화하려는 시도로 여겨진다.

콤소몰 제8차 대회에서는 스탈린의 이름이 명예 의장단(Honorary

94쪽.

70) 쓰.이.무라쏘브, 위의 글, 92쪽.

71) Ralph Talcott Fisher, Jr., *op. cit.*, 143쪽.

72) 쓰.이.무라쏘브, 앞의 글, 93쪽.

73) 위의 글, 94쪽.

74) 위의 글, 108쪽.

75) Ralph Talcott Fisher, Jr., *op. cit.*, p. 144.

Presidium) 명단의 첫 번째에 오르는 등 그의 정치적 위상이 콤소몰 내에서도 반영되었으나 대회 기간 동안 특별히 스탈린에 대한 존경이나 칭송이 언급되지는 않았다.[76] 또한 콤소몰의 간부가 당의 조직을 비판하는 등 당과 콤소몰 간의 불안정한 관계가 표출되기도 했다.[77]

한편 콤소몰 제8차 대회로부터 콤소몰 제9차 대회까지 당과 콤소몰 간의 관계에 상당한 변화가 있었던 것으로 추정된다. 1931년은 스탈린이 좌파[트로츠키(Leon Trotsky) 등], 이전의 연합세력이었던 우파[부하린(N. I. Bukharin) 등]와 소위 '양 전선과의 투쟁'을 벌였던 역동적인 해로서 이 해 개최되었던 콤소몰 제9차 대회는 당내 갈등의 여파가 본격적으로 반영되었다. 대회 기간 동안 스탈린에게 '세계 프롤레타리아의 지도자', '우리의 지도자', '콤소몰의 유일한 지도자', '레닌의 최고의 제자', '당의 지도자이자 이론가', '콤소몰의 사랑받는 친구, 지도자이자 스승', '당과 콤소몰의 최고의 안내자이자 지도자' 등의 호칭이 불리어졌다.[78]

콤소몰의 지도자였던 코사레브(Alexksandr Vasil'evich Kosarev)는 대회에서 스탈린의 반대파들을 강력하게 비판했다. 그는 우파가 자본주의 시스템의 내구성에 대해 과대평가하고 있다고 비판하면서, 좌우파 모두 소비에트 공화국이 사회주의를 건설할 수 있다는 신념이 부족한 '쁘띠 부르죠아'들이라고 낙인 찍었다.[79] 또한 콤소몰의 이전의 지도급 간부들을 콤소몰 일탈자로 규정하면서, 이들이 콤소몰의 모든 활동 영역을 실질적으로 오염시켰다고 비난하며 철저하게 조사할 것

76) *Ibid.*, pp. 144~145.
77) *Ibid.*, p. 150.
78) *Ibid.*, p. 145.
79) *Ibid.*, p. 146.

을 요구했다.[80] 좌우파의 실책도 신랄히 비판되었다. 코사레브가 주장한 우파의 실책은 청년들 사이에서 계급 갈등을 선동하지 않고 계급적 적에 대한 분노를 배양하지 않았을 뿐 아니라 투쟁을 이완시켰다는 것이었다. 그는 당시 정책이 부농을 계급적으로 청산하는데 있었음에도 불구하고 우파들이 콤소몰 내에서 청년쿨락을 재교육하는 정책을 옹호했다고 비판했다. 한편 좌파에 대해서는 더욱 거친 비판을 가했는데 트로츠키 추방에 대한 의문, 콤소몰과 당의 '동등한 권리'에 대한 논쟁, 당으로부터 콤소몰의 '조직적인 독립'에 대한 지지, 스탈린의 '일국사회주의' 슬로건이 단순한 선동의 도구라고 인식한 것 등을 열거했다. 코사레브는 좌우파가 '영구적 과도기 이론(theory of the permanent lag)'을 주장함으로써 이미 정해진 당의 총노선에 대해 논쟁하는 일탈을 범했다고 비난하면서 이것은 콤소몰의 능력을 벗어나는 것으로 못박았다.[81]

'승리자의 대회(The Congress of the Victors)'로 불리었던 1934년 제17차 당대회 이후 콤소몰에 대한 당의 강력한 통제가 제도화되었다. 1936년 콤소몰 제10차 대회는 콤소몰의 성격에 대한 그간의 논쟁을 종료하는 계기가 되었다. 대회는 과거 콤소몰의 정치적 기만을 비판하면서 콤소몰이 '전체 청년들에게 복무하는 당의 인전대'로 규정되었다.[82]

1937년 개최된 콤소몰 제4차 중앙 전원회의는 콤소몰 맹원들의 개

80) *Ibid.*, pp. 146~147.

81) *Ibid.*, p. 147.

82) Juliane Furst, *Stalin's Last Generation: Soviet Post-War Youth and the Emergence of Mature Socialism*(Oxford: Oxford University Press, 2010), pp. 11~12.

인생활은 정치로부터 분리할 수 없다고 선포했다.[83] 1938년 당중앙위원회는 콤소몰 제7차 중앙위원회를 소집하고 콤소몰 내의 반대파들을 숙청해 조직을 정비했다.[84] 1939년 제18차 당대회는 당의 헌장을 채택, 콤소몰이 "당의 지도하에 자기의 사업을 하여야 한다."는 내용을 명시했으며 콤소몰 중앙위원회는 당중앙위원회에 종속되는 콤소몰의 지도기관으로 규정되었다.[85]

나. 콤소몰의 역할

콤소몰은 결성 이래 사회주의 건설에 대한 당의 정책을 수행해 왔으며 스탈린 시기 콤소몰에 요구되었던 역할은 크게 사상교양, 후비대, 국가보위, 경제건설로 구분할 수 있다.

(1) 사상교양

콤소몰 제3차 대회에서 레닌이 콤소몰의 사상교양 역할을 강조한 이래, 1928년 콤소몰 제8차 대회에서 스탈린은 젊은 세대들을 공산주의로 교양하는 문제를 재차 강조했다. 이것은 당과 콤소몰의 강령이자 콤소몰의 기본 임무로 지속되었다.[86] 특히 '학교'는 사상교양의 중요한 기관으로서 강조되었다. 콤소몰은 학교에서의 규율 교양을 강화하는

83) 느·아·미하이로브, 앞의 글, 12쪽.

84) 위의 글, 15쪽.

85) 위의 글, 13쪽.

86) 1945년 5월 '콤소몰쓰까야뿌라우다(Komsomol'skaia Pravda)'의 창간 20주년을 축하하는 연설에서 스탈린은 "레닌당에 대한 헌신성으로서 자라나는 세대를 교양하며 과학 및 문학의 성과를 습득하도록 청년들을 방조하며 우리의 위대한 조국의 금후 번영을 위한 투쟁에 젊은 애국자들의 힘을 추동하기 위한 과업을 앞으로도 성공적으로 수행할 것"이라고 말했다. 쓰.이.무사쑈브, 앞의 글, 129쪽.

데 있어 회원들의 모범과 활동을 통해 핵심적 역할을 담당했다. 레닌은 "공산주의자가 되기 위해서는 당이 세운 목적을 실천하기 위해 곤란을 성과적으로 극복하고 젊은 시대로부터 견결하고 자각적인 규율을 교양하는 것이 필요"하다고 주장했다.[87] 그는 '자각적인 규율교양'은 어린시절 학교에서의 규율교양에서 비롯, 사회노동의 규율로, 국가의 규율로 변화한다고 주장했다.[88]

콤소몰의 학교내 활동에 대한 정책은 1931년 제9차 대회를 계기로 변화했다. 1928년 제8차 대회에서 크룹스카야(N. K. Krupskaia)는 학교에서 학생들의 자치가 부적절하게 이루어지고 있다고 주장했고 교육위원회는 학교와 생산 노동이 분리되어야 하며 교육에 충분한 재원이 쓰여지지 않고 있다고 비판했다.[89] 그러나 1931년 제9차 콤소몰 대회는 콤소몰 회원들에게 교사들에게 잘 협조하며 교사들에게 부적절한 태도를 보이지 않도록 요구했다.[90]

콤소몰은 학교에서 학습능력의 제고와 사상교양, 소년단의 지도 역할을 담당했다. 학교에서 많은 수의 학생들이 콤소몰과 피오네르(the Pioner, 소년개척단)[91]에 가입했고, 교사들이 이들 회원들에 대한 교양사업과 분단 모임을 적극적으로 진행했다.[92] 콤소몰과 피오네르는

87) 쓰쁘 튜비모브, 앞의 글, 62쪽.

88) 위의 글, 62쪽.

89) Ralph Talcott Fisher, Jr., *op. cit.*, p. 167.

90) *Ibid.*, p. 167.

91) 10~15세 청소년을 대상으로 한 조직으로서 1922년 결성되었다. 콤소몰의 지도를 받는다. Joseph I. Zajda 저, 김동규 역, 『소련의 학교교육』(서울: 주류, 1984), 166~175쪽.

92) 웨·게 씨넬리니꼬브, "과외 및 사회 사업에서의 학생 집단의 교양," 『교수교양사업: 교원경험론문집』(평양: 교육도서출판사, 1956), 113~134, 130쪽.

우수한 학생들을 결속하는 구심체가 되어 학교의 적극적인 학생들의 조직적 결합, 학생 집단의 '골간'이 되며, 이러한 결속과 사상성의 강화는 열성자들로 하여금 전체 학생에게 영향을 미치고, 교사들은 이들에게 정치적 영향을 강화하기 위해 노력하는 체제가 강조되었다.[93]

콤소몰 제11차 대회와 제7차 콤소몰 중앙위원회는 학교에서의 콤소몰 및 피오네르 조직이 학생들에게 학습과 노동에 대한 사회주의적 태도를 교양하는 데 있어 교사 지원, 학습 지원 등을 사업 내용으로 규정했다.[94] 이를 위해 콤소몰은 학급에서 학습 서클과 문화 서클 등 다양한 모임을 조직하고 서클 사업, 학생 강연회 사업, 벽보 편집 등 선전 활동들을 수행했다. 또한 우수한 회원들을 분단 지도원으로 선발해 임무를 부여했다.[95]

콤소몰에게는 문맹퇴치 등 문화혁명의 전위대 역할도 주어졌다. 마을에 이동학교를 조직, 글을 가르치고 독서회를 조직했으며, 콤소몰 중앙위원회에는 도서수집참모부가 조직되기도 했다. 이러한 노력의 결과로 첫 5개년 계획 기간인 1929~1932년 사이 4,500만 명이 문맹에서 벗어났다고 알려졌다.[96]

(2) 후비대

콤소몰은 당원을 양성하고 당 및 국가기관의 간부를 충원하는 '후비대'의 역할을 담당했다. 앞장에서 설명되었던 레닌 사후 콤소몰 회원들의 대거 입당, 콤소몰 간부들과 당 및 국가기관의 간부들 간의 상호

93) 위의 글, 113~134, 130쪽.
94) 위의 글, 113~134, 130쪽.
95) 위의 글, 113~134, 131쪽.
96) 울라지미르 예고로브, 『70돌을 맞는 쏘련공청』, 31~33쪽.

이동은 이러한 논지를 입증한다. 한편 계급적 측면에서 콤소몰은 '사회주의적 인테리' 층의 형성을 지원하는 역할도 담당했다.

노동계급의 인테리는 맑스의 개념과 러시아 혁명에서 도출되었다. 1917~1930년 사이 볼셰비키는 과거의 인테리를 대체하는 노동계급 출신의 전문가들을 양성했다. 1918년 신생정부는 가능한 많은 수의 학생들을 노동자와 농민층에서 받아들일 수 있도록 대학에서 요구하던 높은 수준의 입학조건들을 철폐했다. 노동계급의 인테리의 개념은 사회의 급진적 전환을 위한 고등 교육, 노동자 농민 계급의 대학으로의 진출 그리고 구 인테리들의 타파와 연결되었고, 이는 1920년대까지 소비에트 고등 교육의 원칙으로 지속되었다.[97)]

1928년 제8차 콤소몰 대회에서 스탈린은 노동계급이 스스로 지식인을 만들어내지 않으면 진실한 국가의 주인이 될 수 없다고 호소했다.[98)] 스탈린은 사회주의를 건설하기 위해서는 과학을 소유해야 하며 청년들은 '과학이라는 요새를 쟁취'해 '새 생활의 건설자, 늙은 근위대의 진정한 교대자'가 되어야 한다고 주장했다.[99)]

콤소몰은 청년들이 교육의 기회를 가지거나 상급 교육 기관에 진학하는데 추천하는 중요한 역할을 수행했다. 1928~1930년 콤소몰의 추천을 통해 공장에서 학습 기회를 가진 청년은 15,000명, 대학 입학 준비 강습소에는 20,000명, 사범대학 및 기술전문학교에는 5,000명이

97) Benjamin Tromly, "Re-Imagining the Soviet Intelligentsia: Student Politics and University Life, 1948~1964," Ph.D. dissertation in Philisophy, Graduate School of Arts and Science, Harvard University(2007), pp. 50~51.

98) 쓰.이.무사쑈브, 앞의 글, 115쪽.

99) 위의 글, 117쪽.

입학했다.[100] 5개년 계획의 첫 2년간 콤소몰 회원 중에서 287,000명이 기사, 기수, 농촌경리 전문가, 교원, 의사로 양성되었다. 노동계급, 농민, 근로 인테리 출신의 청년 수십만 명이 대학과 고등 및 기술전문학교에 입학해 부족했던 인테리 수를 보충했다.[101] 제18차 당대회 보고에서 스탈린은 "인민들과 밀접히 연결되고 절대 다수가 신념과 진리로서 인민에게 복무하려는 새로운 소비에트적 인테리겐차가 조성되었다."고 밝혔다.[102]

(3) 국가보위

청년조직들은 혁명의 시기에 결성되었다. 내전 기간 중 콤소몰은 동원령을 발표, 17세 이상의 남자 콤소몰 회원 중 20%가 전선에 동원되었으며 13, 14세의 어린 소년들이 전선에 차출되기도 했다. 내전에서 공훈을 세워 붉은기 훈장을 받은 1만 5천 명 중 콤소몰 회원이 5,000명 이상을 차지한다는 사실은 내전에 대한 콤소몰의 기여를 반영한다.[103]

1941년 이후 러독전쟁 시기는 청년들에게 "새롭고도 대단히 곤란한 정신적, 육체적 역량의 시련이었으며 콤소몰에 대한 준엄한 역사적 시험"으로 규정되었다.[104] 스탈린이 제기한 '모든 것은 전선을 위하여 모든 것은 승리를 위하여'라는 구호 아래 콤소몰은 청년들이 전방에서 전쟁 수행을, 그리고 후방에서 식량 생산과 복구사업에 동원하는 역할을 수행했다. 이 시기 콤소몰 회원중 350만 명 이상이 정부의 표창을

100) 위의 글, 125쪽.
101) 위의 글, 125쪽.
102) 위의 글, 126쪽.
103) 울라지미르 예고로브, 앞의 책, 15~18쪽.
104) 느·아·미하이로브, 앞의 글, 25쪽.

받았으며, 3,500명 이상이 소련 영웅의 칭호를 받았다.[105] 1945년 6월 전쟁이 종결되면서 콤소몰은 레닌훈장을 표창받았다. 기관지인 『콤소몰 프라우다』지에게는 조국전쟁 제1급 훈장이, 『피오네르 프라우다』지에게는 노력적기훈장이 수여되었다.[106]

(4) 사회주의 경제 건설에 노동력 동원

사회주의 건설에서 중공업 중심의 정책 방향이 결정된 이후인 콤소몰 제8차 대회로부터 콤소몰은 개인농업의 집단농장(콜호즈, Kolkhoz)과 국영농장(솝호즈, sovkhoz)으로의 전환, '농기-트랙터 지정소(MTS: Machine and Tractor Station)'[107] 건설 등 소련의 사회주의 경제 건설에 청년들을 적극적으로 추동하는 역할을 담당했다.[108]

---

105) 위의 글, 26쪽.

106) 위의 글, 28쪽.

107) 국영 농업 기업소의 하나로 국가가 농촌에 기계 기술을 제공하고 농업 생산을 지도하는 중요한 거점. 북한에서는 '농기계 임경소'로 불리었다. 트랙터, 콤바인 및 최신 농기계를 가지고 계약에 의해 농업 협동 조합의 파종, 수확 등 작업을 진행하며, 작업량에 따라 현물로 일정한 임경료를 받는다. 농기계 임경소는 또한 여기 속한 농업 기사들로 농업 생산을 지원한다. 농촌 경리의 사회주의적 개조를 완성하는데 크게 기여했으며, 공업과 농업의 생산적 연휴를 강화하는데 큰 역할을 했다고 평가 받았다. 소련에서는 농기계 임경소를 '농기-트랙터 지정소(엠떼에쓰)'라고 하였으며, 협동농장의 생산력 발전과 관련하여 '기계 수리소(에르떼에쓰)'로 개편되었다. 『대중 정치 용어 사전』(평양: 조선로동당출판사, 1959) , 65~66쪽.

108) 쓰.이.무사쑈브, 앞의 글, 122쪽; 체제는 초기에 국영농장을 선호했다. 국영농장은 '이데올로기적' 우월성으로 수가 급격히 증가해 1928년 170만 헥타르였던 파종면적은 1932년 1,340만, 1935년 1,610만으로 증가했다. 국영농장은 스탈린 사후 소련농업에서 중요한 역할을 수행했다. 알렉 노브 지음, 김남섭 옮김, 『소련경제사』(서울: 창작과비평사, 1998), 206~207쪽.

콤소몰 제8차 대회(1928년)와 제9차 대회(1931년) 사이에 개최되었던 제16차 당대회(1930년 6월)에서 스탈린은 소비에트 공화국이 '사회주의 시기에 진입'했다고 공표했다. 이후 콤소몰 제9차 대회에서 코사레브(Kosarev)는 스탈린의 이 발표를 인용하면서 5개년 계획이 한두 차례 수행되면 "발전된 사회주의 사회에 살 수 있을 것"이며 이를 위해 도시와 농촌 간의 모순 폐지, 정신노동과 육체노동 간의 구별 폐지, 인민대중을 국가 행정으로 인입, 여성의 지위 향상과 생산현장으로의 인입을 서둘러야 한다고 촉구했다.[109]

경제적 측면에서 콤소몰의 돌격대(shock work 혹은 shock brigade)[110]는 사회주의적 경쟁운동의 대열에 합류했다. 콤소몰 회원의 62% 정도가 돌격대원(shock worker)으로 알려졌다.[111] 돌격대원들은 생산 부문에서 특별한 과업을 수행했는데 이들 돌격대들의 등장은 환영받았고 콤소몰 돌격대들과 돌격 브리가다의 자기희생적 행동은 대회에서 많은 찬사를 받았다.

사회주의적 경쟁운동의 사례로서 콤소몰에 의해 시작된 '돌격대'를 통해 콤소몰은 개개의 청년 노동자들 간, 비슷한 기술 숙련도를 가진 청년 노동자 그룹 간, 같은 공장의 상점들 간 그리고 공장들 간의 생산

---

109) Ralph Talcott Fisher, Jr., *op. cit.*, pp. 159~160.

110) *Ibid.*, pp. 160~161; 돌격대는 스탈린 시대에 시작된 사회주의적 경쟁운동의 한 형태이다. 북한의 영어사전에는 Shock brigade가 shock worker와 같이 쓰이며, "아주 어려운 작업에 지원한(선발된) 특별작업대, 돌격대"로 정의되었다. Brigade의 원래 의미는 군사적 의미에서 "여단"을 의미하여, "군대식으로 편성된 단체, 조, 대"도 brigade로 표현된다. 『영조대사전(초판)』(평양: 외국문도서출판사, 1992).

111) 1920년대 후반부터 소련의 사회주의 건설이 가속화되면서 "아주 어려운 작업에 지원한(선발된) 특별작업대, 돌격대"로서 돌격대운동이 전개되었다. 위의 책.

대회를 조직해 인민 대중을 경쟁으로 끌어들였다. 이러한 콤소몰의 이니셔티브에 따라 1931년경까지 사회주의 경쟁 운동은 급격한 추세로 확장되었다.[112]

내전 기간에 콤소몰이 청년들을 군대로 동원했던 것처럼 5개년 계획을 4년 안에 완료하기 위해 콤소몰은 회원들을 산업의 최전방으로 추동했다. 1928~1931년 대회 사이 콤소몰은 다양한 산업 부문에 약 35만 명의 회원들을 진출시켰다.[113]

한편 콤소몰은 농촌의 사회주의적 개조에도 크게 기여했다. 1928년 5월 콤소몰 제8차 대회 당시 농촌에서 콤소몰의 주요 과업은 농업집단화였다. 농촌 개조 과정에서 콤소몰의 중요성이 강조되었는데, 당시 농촌 지역의 당 세포가 18,000개인데 반해, 콤소몰 세포는 49,000개였다. 이것으로 당시 농촌 지역에서 콤소몰이 집단화를 수행하는 당의 중요한 대행기관 역할을 했을 것이라고 추측할 수 있다.[114]

콤소몰 제8차 대회 무렵 협동 농장에 36,000명의 콤소몰 회원이 소속되었던 반면, 1930년 5월에는 55만 명, 1931년 1월에는 75~80만 명으로 협동농장 소속의 콤소몰 회원 수가 급증했다. 이것은 1931년 1월 당시 전 농가의 25.7%가 집단화되고 모든 농촌 콤소몰 회원의 60% 이상이 협동농장에 소속된 것을 의미했다. 그러나 이들을 관리할 하부

---

112) Ralph Talcott Fisher, Jr., *op. cit.*, pp. 161~162.

113) *Ibid.*, p. 162.

114) 콤소몰의 농촌 활동에는 몇 가지 어려움이 있었다. 첫째, 농촌의 콤소몰 맹원들 자신의 교육이 부족한 상태였다. 둘째, 콤소몰의 농촌 세포들 중에는 중농의 수가 많아서 중농 51%, 유복한 농민 16.4%, 쿨락이 4%에 달했다. 이에 반해 농업 근로자를 포함한 빈농은 29.9%에 불과했다. 따라서 당시 중농청년들에 대한 정책이 중요하게 여겨졌을 것이라 생각된다. *Ibid.*, pp. 163~164.

조직, 즉 세포의 수는 턱없이 부족해 당시 집단농장의 수가 90,000개였던 데 반해 농촌 콤소몰 세포의 수는 60,000개였으며 이 중에서 절반만 집단농장 소속이었다. 이를 계산하면 한 개(명)의 세포가 3개의 집단농장을 담당하는 꼴이었다.[115)]

농업집단화에서 콤소몰의 역할은 막중했다. 따라서 과거 빈농이었든 중농이었든 상관없이 콤소몰은 농민 청년들을 회원으로 받아들였다. 집단 농장의 청년들이 가입할 경우 일반적인 가입 과정에서 요구되었던 견습(후보)단계를 면제받기도 했다. 도시 콤소몰 조직들이 농촌 지역 조직을 후원하기도 했다. 콤소몰 맹원들은 콜호즈의 관리 조직에 복무했고 트랙터 운전을 배웠으며 솝호즈의 성장과 '농기-트랙터 지정소(MTS)'를 지원했다.[116)]

콤소몰은 '토요노동'을 조직하고 음악회나 야회를 진행해 번 수입으로 농기계 구입비용을 모금했다. 1929년 상반기의 경우 콤소몰은 300대의 트랙터를 구입할 수 있는 금액을 모금했다고 알려졌다. 158개의 농기계 트랙터 임경소의 트랙터 운정공, 농산작업반 21,000명 중 3분의 2가 23살 미만의 청년들이었다. 1934년 말에는 250만 명의 트랙터·콤바인·자동차 운전공 및 기계사 중 80%가 청년들이었다고 알려졌다.[117)]

한편 사회주의 건설 시기와 맞물려 콤소몰에게 피오네르 회원 수를 확장할 것이 요구되었다. 피오네르를 담당하는 콤소몰 지도자 수가 적은 것이 지적되었고 피라미드 형태의 가장 아랫부분인 피오네르 조직

115) *Ibid.*, pp. 164~165.

116) Ralph Talcott Fisher, Jr., *op. cit.*, pp. 165~166.

117) '토요노동'은 공휴일에 자발적으로 참여하는 무보수노동을 뜻한다. 울라지미르 예고로브 저, 앞의 책, 28~30쪽.

수가 콤소몰보다 양적으로 훨씬 많아야 한다고 제기되었다.[118] 이후 1931년 1월 제9차 콤소몰 대회 당시 피오네르 조직은 거의 두 배의 크기로 확장되었는데 회원 수는 대략 330만 명에 달했다.[119] 문화적 활동에 치중하던 피오네르 사업은 '사회주의 건설' 시기가 공식적으로 언명되면서 선거 캠페인 같은 정치적 동원 활동이 증가되었다. 1930년 8월 피오네르의 첫 번째 대회(assembly)에서 '산업화와 농업 집단화를 위한 대대적인 참여' 정책이 발족되었다. 수많은 청소년들이 '돌격대(shock worker)'로 공장에서 일하거나, 농촌의 집단농장에서 쿨락의 적발을 도왔다. 도시 피오네르 조직에서는 15,000명의 피오네르 돌격대가 집단화를 돕기 위해 파견되었고 이들은 집단 농장에서 파종을 도왔다.[120]

제2절 북한 청년조직 결성의 정당화 논리

1. 혁명단계론적 측면

맑스가 언급한 자본주의 사회에서 공산주의 사회로 이행하는 '과도기(the period of the revolutionary transformation or political transition period)'는 사회주의(Socialism) 개념의 기원이 되었다.[121]

---

118) Ralph Talcott Fisher, Jr., *op. cit.*, pp. 167~168.

119) *Ibid.*, p. 169.

120) *Ibid.*, p. 169.

121) 과도기에 대한 맑스의 언급은 '고타 강령에 대한 비판(Critique of the Gotha Programme)'에서 언급 되었다. 관련한 내용은 다음의 사이트에서 인용했다. "Between capitalist and communist society lies the period of the revolutionary transformation of the one into the

맑스의 과도기에 대한 접근을 러시아의 현실로 끌어오는 과정에서 대중조직의 역할에 대한 주목은 프롤레타리아독재를 실현하는데 있어 핵심적 조직이었던 노동계급을 대표하는 '노동조합(trade union)'에 대한 관심에서 비롯되었다. 러시아의 내전이 끝난 후 식량부족과 피폐한 조건하에서 농민과 노동자들의 불만은 심화되었고 전시공산주의 체제는 더 이상 유지될 수 없었다. 부르주아 농민까지도 끌어안는 새로운 정책을 계획하고 있던 당 내부에서 '노동조합'의 문제를 들고 반대의견이 제기되었다. '노동조합'으로 표출되었지만, 실제적으로 이것은 비당적 노동자 대중과 농민들에 대한 레닌의 새로운 접근방식과 정책을 둘러싼 갈등이었다.[122)]

1920년 레닌은 노동조합을 '저수지(reservoir)'로 규정하면서, 프롤레타리아 계급의 혁명적 에너지를 흡수한 전위에 의해서만 독재가 가능하다고 설명했다. 이러한 현상은 일종의 '물림기어(cogwheel)'의 배열과 같으며, 이것이 프롤레타리아독재의 메커니즘이자, 자본주의에서 공산주의로의 과도기의 '핵심(essential)'이라고 주장했다. 그는 전위와 진보 대중 그리고 노동자 대중 사이에서 활동하는 다양한 '인전대(transmission belt)' 없이는 프롤레타리아독재가 실현될 수 없다고 단언하면서 당과 대중 사이에서 노동조합의 역할을 강조했다. 레닌은 러시아의 대중은 농민이며 세계 어떠한 진보적 국가에서도 '비프롤

---

other. Corresponding to this is also a political transition period in which the state can be nothing but the revolutionary dictatorship of the proletariat"; https://www.marxists.org/archive/lenin/works/1917/staterev/ch05.htm#fw01(검색일: 2014년 6월 23일).

122) http://www.marxists.org/reference/archive/stalin/biographies/1947/stalin/07.htm(검색일: 2014년 6월 23일).

레타리아 계급(non-proletarian)', 혹은 '완전한 프롤레타리아는 아닌 계급(not entirely proletarian)' 그리고 대중(mass)이 존재한다고 설명했다.[123)]

레닌에 의해 과도기에서 노동계급의 대표성을 가진 노동조합의 역할이 대두되었다면, 스탈린은 과도기의 단계를 구분하고 과도기에 있어서 노동조합을 포함한 다양한 대중조직들의 성격과 역할을 규정했다. 이것은 스탈린이 제기한 일국사회주의론과 연결된다. 스탈린은 1924년『10월혁명과 러시아 공산주의자의 전술』에서 처음으로 일국사회주의론의 단서를 제기하고, 이후 1926년『레닌주의의 제문제』에서 이를 구체적으로 기술했다. 일국사회주의론은 두 개의 테제로 구성되는데 러시아라는 하나의 국가에서도 사회주의 생산의 조직이 가능하며 사회주의 건설을 완료할 수 있다는 제1테제와 사회주의의 최종 승리는 자본주의 부활이 완전히 저지되는 조건에서 이루어지는데 현실은 러시아 주위가 자본주의의 적들에게 포위되어 있기 때문에 체제에 대한 위협이 지속적으로 존재한다는 제2테제로 구성되었다.[124)] 이 논리와 함께 노동조합뿐 아니라, 콤소몰을 포함한 각종 대중조직들을 통틀어 '인전대'로 규정하고, 이들과 당의 관계의 관계를 규정하는 논리가 전개되었다.

한편 북한은 중요한 전환의 시기마다 역사를 재해석, 재구성해 왔다. 주체사상이 새로운 지도사상으로 자리 잡기 이전까지는 사회주의 국가로서 북한이 자신의 성격을 재규정하고 역사를 재구성하는 데, 맑

---

123) V. Lenin, "The Trade Union, the Present Situation and Trotsky's Mistakes (December 30, 1920)," p. 21.

124) 와다 하루끼 지음, 고세현 옮김, 『역사로서의 사회주의』(서울: 창작과 비평사, 1994), 88~91쪽.

스-레닌주의 관점에서의 사회주의 혁명단계가 중요한 기준이 되었다. 역사적 관점에서 민청의 의미를 파악하는 것은, 따라서 해당 시기에 규정한 관점과 사후 재구성된 논리를 종합해야 하는 어려움이 따른다. 김일성을 청년조직의 시원으로 규정하면서 1926년 10월 17일 '타도제국주의동맹' 결성과 같은 해 12월 새날소년동맹 조직을 청년조직의 역사에 포함시킨 것은 그 대표적 사례가 된다.[125)]

혁명단계론의 측면에서 청년조직에 대한 북한의 정당화 논리는 두 가지 측면으로 이해할 수 있다. 하나는 민청 결성에 대해 시기마다 북한 지도부가 어떻게 해석을 달리해 왔는지와 민청의 의미, 그리고 이후 논리의 변화를 살피는 것이며, 두 번째는 역사의 재구성을 통한 정당화 관점에서 청년조직의 위상이 북한 역사에서 어떻게 변화되었는

---

125) 『위대한 수령 김일성동지의 불멸의 혁명업적 10』(평양: 조선로동당출판사, 1998), 114쪽; 북한이 역사를 '재해석'했다는 표현은 다소 편향적으로 보일 수 있다. 사실에 대한 확인이 불가능하기 때문에 종종 북한의 역사는 '허구' 혹은 '날조'로 인식되는 경향이 있기 때문이다. 김일성의 '타도제국주의동맹' 건설 역시 북한 역사의 논란이 되는 부분 중의 하나이다. 그러나 김일성의 본명인 김성주라는 이름의 인물이 길림에서 소년단체의 수장이었던 기록이 실제로 존재하기 때문에, 북한의 역사 해석을 철저한 '날조'로 치부해 버리기는 어려운 부분이 있다. 1929년 1월 조선의 각 군(郡)별 교육기관, 경제단체, 사회단체를 조사한 기사가 동아일보에 게재되었다. 장춘(長春) 지역 사회단체로 소개된 '길림소년회(吉林少年會)'의 위원장 이름은 김성주(金成柱)였다. 기사에 따르면 이 단체는 길림성 내에 소재하며, 1926년(大正14年) 5월 설립되었다. 설립 당시 회원수는 35명이었고, 1929년에는 5명으로 기록되었다. "十年一覽 顯著히 發達된 燦然한 地方文化," 『동아일보』, 1929년 1월 16일; 김일성의 본명은 김성주이다. 와다 하루끼 지음, 이종석 옮김, 『김일성과 만주항일전쟁』(서울: 창작과비평사, 1992), 26쪽; 북한의 문헌은 김일성이 화성의숙에 다니던 시절인 1926년 10월 17일 타도제국주의동맹을 결성했다고 기록했다. 화동의숙은 길림성 관할의 산간도시인 화전에 위치해 있었다. 김일성, 『세기와 더불어 1』(평양: 조선로동당출판사, 1992.4), 165쪽, 140쪽.

소련과학아카데미 편, 『현대 마르크스-레닌주의사전』, 220~221쪽.

가 하는 것이다.

민청이 결성되었던 1946년 무렵 북한 지도부가 혁명단계의 관점에서 민청의 결성을 해석했다는 근거는 찾아보기 어렵다. 다만 김일성이 1945년 10월 '조선공산당 북부조선 5도연합회'에서 당 조직 문제를 보고하면서, 당시의 과제로서 '노동자뿐 아니라 자본가도 참여하는 자본민주주의 정권, 민족주의 정권'을 수립하며 노동자와 농민의 토대 위에 선 대중적 정당을 건설할 것을 제기했던 것,[126] 또한 조선공산당이 모든 반일 민주주의당 등과 정치단체들의 광범위한 연합의 기초 위에 '뿔조아민주주의정권(부르주아 민주주의정권)'을 수립할 것을 주장했던 것[127] 정도가 확인될 뿐이다.

한편 레닌과 스탈린에 의해 과도기에서의 대중조직들의 역할이 강조되었으므로, 북한이 '과도기'에 대한 해석을 어떻게 변화시켰는지 그리고 그 속에서 청년조직의 의미는 어떻게 변화했는지 살펴볼 필요가 있다.

사회주의적 개조가 막바지에 이르렀던 1957년, 북한은 과도기에 대

---

126) 정성장, "혁명전략," 세종연구소 북한연구센터 엮음, 『북한의 국가전략』(파주, 2003), 38쪽.

127) 위의 글, 38~39쪽; 이러한 규정은 '해방과 민주적 과제수행을 병행하면서 사회주의적 혁명으로 발전해 나가는' 인민민주주의혁명의 첫 단계에서의 과제와 유사하다. 그러나 해방 직후 국가 수립 이전까지의 시기를 북한이 '인민민주주의혁명' 단계로 규정한 문헌은 찾아보기 어렵다. 다만, 1948년 발행된 『一九四七년 九월말에 파란에서 진행된 몇개 공산당 대표들 정보회의』라는 문헌에 유고슬라비아, 불가리아, 루마니아 등에서의 인민정권수립과 공산당의 역할, 토지개혁 등 사회개혁과 산업의 국유화 등에 대한 각국 공산당 대표들의 토론 내용이 포함되어 있는 점을 보아, 당시 북한이 이를 참고하고 있었음을 추측할 수 있다. 외국문 서적 출판부, 『一九四七년 九월말에 파란에서 진행된 몇 개 공산당 대표들 정보회의』(모스크바: 외국문서적 출판부, 1948).

한 정의를 “일정한 력사적 시기로부터 다른 력사적 시기에로 이행하는 중간계단” 즉, “로동계급이 자본주의를 타도하고 사회주의혁명에서 승리한 후 자기의 정권을 수립하고 그 경제적 토대를 사회주의적으로 개조하기 시작한 때로부터 사회주의(공산주의 사회의 첫 단계) 건설을 완성할 때까지의 력사적 기간”으로 규정했다. 노동계급의 임무는 새로운 정권을 수립하는 것으로 끝나지 않으며, 그 이후에 사회주의 경제를 건설함으로 완수되기 때문에 자본주의 경제에서 사회주의 경제로 넘어가는 과정에 각 국에서 “완전한 하나의 력사적 시기”를 이루는 ‘하나의 과도기’가 필요하다는 것이다. 이 시기의 정권형태는 프롤레타리아 독재로 규정되었다.[128] 이 시기 ‘사회단체’ 혹은 ‘근로단체’의 하나로서 민청은[129] “사회의 일정한 계급 및 계층들이 자기들의 리익을 옹호하며 동일한 목적을 달성하기 위하여 자원적 원칙에서 조직한 단체”로, 직접 정치적 활동을 임무로 하지 않는 것이 정당과 구별된다고 규정되었다.[130]

1959년에는 ‘과도기’의 사전적 용어가 ‘자본주의로부터 사회주의에로의 과도기’로 수정되었다. 사전은 과도기가 사회주의 혁명의 특성이라고 규정했는데, 부르주아 혁명의 목표는 봉건제도를 타파하고 정권을 탈취하는 것으로 완료되지만, 사회주의 혁명은 새로운 노동계급의 정권 수립으로 끝나는 것이 아니라 계속해서 사회주의 경제를 건설함으로써만 완수된다고 설명했다. 이러한 과도기에는 사회주의적 경제형태와 봉건적 및 자본주의적 경제형태가 공존한다고 설명했다.[131]

---

128) 『대중정치용어사전』(평양: 조선로동당출판사, 1957), 52쪽.

129) 사전에는 ‘청년동맹’으로 표기되었다. 위의 책, 149쪽.

130) 위의 책, 149쪽.

131) 위의 책, 213~214쪽; 1957년판 사전과 1959년판 사전의 간행 사이인

이 시기 민청을 포함한 사회단체의 성격에 대한 규정은 기본적으로 1957년과 동일하다. 그러나 1957년에는 직접 정치적 활동을 하지 않는 특성이 기술된 데 반해, 1959년에는 북한의 사회단체들이 "근로자들의 조직적 활동과 정치적 열성을 제고하기 위한 자원적 조직들"이라는 설명과 사회단체가 "맑스-레닌주의 당의 로선과 정책을 대중 속에 적극 관철시키며 대중을 당 주위에 련결시키는 역할을 수행"한다는 설명이 추가되었다. 이 시기 사회단체의 범위에는 직업 동맹, 농민 동맹, 청년 동맹, 여성 동맹, 생산 및 소비 협동 단체, 과학 및 기술 보급 련맹, 문학 및 예술 동맹이 포함되었다.[132] 설명이 추가된 것은 1958년 제1차 당대표자회의 영향 때문일 것이다. 맑스-레닌주의 노선 추구의 공식화, 사회단체의 정치성 그리고 당과 대중을 연결하는 사회주의 체제 사회단체의 역할이 이론적으로 논의되었음을 추측할 수 있다.

이 시기에는 프롤레타리아독재에 대한 개념도 구체화되었다. 1957년의 정의는 "로동계급이 정권을 쟁취한 후 그 정권을 리용하여 전복된 계급의 반항을 진압하며, 정권에서의 령도권을 장악하고 로동계급의 사상을 지도사상으로 하여 사회주의-공산주의를 건설하는 로동 계급의 정치"로 규정되었고 부르주아 독재와의 차이점으로 "근로 농민 기타 일체 피착취 근로 인민들과의 동맹과 그들의 방조에 의거"한다고 설명되었다.[133] 한편 1959년에는 프롤레타리아 독재에 관한 문제가 "맑스-레닌주의에서 주되는 문제"로 전제하면서 프롤레타리아 독재

1958년 제1차 당대표자회가 개최되었다. 제1차 당대표자회에서는 북한이 향후 사회주의 건설문제에 대해 논의하고 당중앙위원회가 제시한 인민경제발전 제1차 5개년 계획안을 적극 지지하고 이행할 것이 결의되었다. 백학순, 『북한 권력의 역사』(파주: 한울, 2010), 539~554쪽.

132) 『대중정치용어사전』(평양: 조선로동당출판사, 1959), 163쪽.

133) 『대중정치용어사전』(평양: 조선로동당출판사, 1957), 320쪽.

의 과업이 '피착취 근로대중을 예속 상태에서 해방'시키는 것뿐 아니라, 그들에게 "사회주의적 교양을 주며, 나라의 전체 경제를 사회주의적으로 개조하여 사람이 사람을 착취하는 일체 낡은 제도를 없애는 데 있다."고 규정했다. 또한 노동계급은 피착취 비프롤레타리아 대중의 지지를 받는 조건에서만 사회주의 혁명을 수행할 수 있기 때문에 '노동계급과 근로농민과의 동맹'이 '프로레타리아 독재의 최고 원칙'이라고 설명했다. 또한 이 시기 민청을 포함한 대중조직들의 역할이 규정되었는데, 공산주의 사회를 건설하기 위해 "근로자들의 선봉적 부대인 공산당, 로동당들은 프로레타리아 독재의 지도적 및 향도적 력량"이며 "직맹, 협동조합, 민청 등 근로자들의 대중적 조직들은 당과 광범한 인민 대중을 련결시키고 있는 로동계급 독재 체계에 있어서의 인전대의 역할"을 한다고 설명되었다.[134] 이는 1920년 레닌이 노동조합의 역할을 규정하면서 러시아의 대중은 농민이며, 어떤 선진적 나라에도 비프롤레타리아 층이 있다고 설명한 것과 같은 맥락으로서 북한이 사회주의 체제 건설과 관련해 맑스-레닌주의에 기초한 이론적 논리를 수립하고 있음을 확인할 수 있다.

1961년에는 '승리자의 대회'로 불리는 제4차 당대회가 개최되었다. 대회에서는 사회주의적 개조를 완료하고 사회주의 기초 건설 기간을 단축하여 완수하였고 북한 지역의 혁명적 민주기지 건설을 공고히 하였음이 보고되었다.[135]

제4차 당대회 이후 간행된 사전에 나타난 과도기(자본주의로부터 사회주의에로의 과도기)나 사회단체에 대한 설명은 1959년에 비해 크

134) 『대중정치용어사전』(평양: 조선로동당출판사, 1959), 301~302쪽.

135) 김일성, "조선로동당 제4차대회에서 한 중앙위원회 사업총화보고," 『김일성저작집15』(평양: 조선로동당출판사, 1981), 157~184쪽.

게 변화하지 않았다. 다만 프롤레타리아 독재에 대한 설명이 추가되었는데 프롤레타리아 독재의 기능으로서 첫째, 정권을 장악한 후 이를 이용해 전복된 계급들의 반항을 진압하여 외래 침략자들로부터 사회주의 전취물을 보위, 둘째, 국가적 지도에 의해 비프롤레타리아 군중을 사회주의에로 인입, 셋째, 프롤레타리아독재, 즉 '국가 관리 체계'를 통한 사회주의를 건설할 것이 규정되었다. 당의 지도적 역량과 직맹, 민청, 여맹 등 근로자들의 대중조직들이 당과 대중을 연결하는 '인전대'의 역할을 한다는 설명 역시 그대로 포함되었다. 한편 이 시기에는 프롤레타리아 독재에 대한 사회주의 진영의 논쟁이 설명에 반영되었다. 즉, '수정주의자들'이 프롤레타리아 독재의 본질을 '폭력에만 귀착'시키고 '민주주의 중앙 집권제의 지도 원칙을 부인'하고 지방분권제를 주장하며, "'순수 민주주의'를 운운하면서 사회주의 건설을 포기"한다고 지적하면서 수정주의자들이 "맑스-레닌주의에서 가장 근본적인 문제인 프로레타리아 독재의 력사적 일반성을 부인함으로써 맑스-레닌주의의 본질을 외곡하여 그 혁명적 정신을 거세"한다고 기록했다.[136]

과도기에 대한 북한의 해석은 1967년 김일성이 '자본주의로부터 사회주의로의 과도기와 프롤레타리아독재 문제에 대하여'의 발표를 통해 새롭게 규정되었다. 당시 사회주의 국가들 사이에서 과도기의 종결과 프롤레타리아 독재 그리고 국가의 소멸 문제에 대해 많은 논쟁이 있어 왔고, 1956년 소련공산당 제20차 당대회에서 중국과 소련 간의 논쟁의 쟁점 중의 하나가 프롤레타리아독재 규정을 둘러싼 견해 차이이기도 했다. 소련은 생산관계의 사회주의적 개조가 완료되고 사회주의 제

136) 『대중정치용어사전』(평양: 조선로동당출판사, 1964), 426~427쪽.

도가 수립되면 과도기가 끝나는 것으로 파악, 1961년 제22차 당대회에서 '프롤레타리아독재로부터의 전인민적 국가로의 성장·전화'를 선언한 바 있다. 그러나 중국은 높은 단계의 공산주의에 이르기까지 과도기가 지속되는 것으로 파악하고 이 기간 동안 계급투쟁이 지속된다는 계속혁명의 입장을 견지했다.[137)]

김일성은 과도기를 "공산주의의 높은 단계까지 보는 것은 너무 지나치며 사회주의까지로 보는 것"이 옳지만, "사회주의혁명이 승리하고 사회주의제도가 수립되면 곧 과도기가 끝난다고 보는 것은 잘못"되었다고 주장했다.[138)] 이는 과도기의 역사적 기간 및 경계설정에 있어 소련 및 중국으로부터 독자적인 입장을 보여주는 것으로, 새로운 과도기의 규정으로 '노동자계급이 권력을 장악한 후 사회주의제도가 승리하기까지의 단계'와 '사회주의제도가 수립된 후 사회주의의 완전한 승리, 무계급사회가 실현'되는 두 단계로 구분했다.[139)]

한편 김일성은 프롤레타리아독재는 "과도기의 전기간에 있어야 할 것은 더 말할 것도 없고 과도기가 끝난 다음에도 그것은 공산주의의 높은 단계까지 반드시 계속되어야 한다."고 제기,[140)] 과도기와 '프롤레타리아독재' 기간을 구분해서 파악했다. 프롤레타리아독재의 임무는 사회주의혁명단계에서 자본주의적 착취제도의 청산과 사회주의적 생산관계 확립을 통한 사회주의제도의 수립이며 사회주의 완전한 승리

137) 최청호, "북한의 사회주의혁명과 건설이론," 경남대학교 극동문제연구소 편, 『북한사회주의건설의 정치경제』(마산: 경남대학교 출판부, 1993), 4쪽.

138) 김일성, "자본주의로부터 사회주의에로의 과도기와 프롤레타리아독재 문제에 대하여," 『김일성저작집 21』, 264~266쪽.

139) 최청호, 앞의 글, 5~6쪽.

140) 김일성, "자본주의로부터 사회주의에로의 과도기와 프롤레타리아독재 문제에 대하여," 271쪽.

를 위한 단계에서는 공산주의의 사상적 요새와 물질적 요새를 완전히 점령함으로써 공산주의의 높은 단계를 실현하는 것으로 규정했다.[141] 과도기와 프롤레타리아독재에 대한 새로운 규정을 통해 북한의 과도기에 대한 인식은 사회주의의 완전한 승리의 기간과 과제를 포함하는 것으로 조정되었고 과도기와 프롤레타리아독재 기간을 다르게 설정함으로써 과도기에 대해서는 일국적 차원을, 프롤레타리아독재에 대해서는 제국주의와 연결시켜 세계적 차원에서 성격을 규정했으며, 사회주의제도가 수립된 이후에도 사회주의 건설과 공산주의에로의 이행을 위해 혁명이 계속되어야 한다는 '계속혁명론'을 제기했다.[142]

1985년 북한은 주체사상을 통해 근로단체를 새롭게 규정하면서 근로단체의 결성과 개편을 혁명 단계와 연결시켰다. 특히 청년조직의 경우 "정권전취를 위한 혁명투쟁 단계에서는 핵심청년들로 공청과 같은 혁명조직을 따로 내오며 그 영향 밑에 활동하는 각계각층의 청년단체를 조직하는 것이 중요"하며, 노동계급이 정권을 잡은 이후에는 "각계각층의 청년들을 하나의 청년조직에 묶어 세우는 것이 합리적이며 필수적"이라고 주장했다. 노동계급이 정권을 잡은 후 결성된 새로운 청년 조직은 "새 사회의 주인으로 된 각계각층의 청년들을 망라하는 대중적인 청년조직"으로 규정했다. 문헌은 조선민주청년동맹을 "우리 나라에서 로동계급의 새 정권이 수립된 때로부터 사회주의 제도가 확립될 때까지 혁명단계에 가장 적합한 청년조직"으로서 이 혁명단계에서 "당의 믿음직한 후비대, 외곽단체"로서의 자기의 사명을 훌륭히 수행했다고 치하했다.[143]

---

141) 최청호, 앞의 글, 9쪽.

142) 위의 글, 9~10쪽.

143) 『위대한 주체사상 총서 9: 영도체계』(평양: 사회과학출판사, 1985), 211쪽.

또한 사회주의혁명의 새로운 단계에서 그에 맞게 청년조직을 발전시켜야 하며, "생산관계의 사회주의적 개조가 완성되어 개인상공업자와 개인농민들이 사회주의적 근로자로 되고 모든청년이 사회주의로동청년으로 됨에 따라" 민청을 사회주의로동청년으로 개편한다고 설명했다. 즉, 사회주의 혁명이 승리하고 사회주의제도가 확립되면 청년들의 계급이 사회주의로동청년으로 통일되며, 이로 인해 선행혁명단계의 청년조직은 사회주의 사회에 맞는 새로운 조직으로 발전해야 한다는 것이다.[144)]

주체사상의 관점에 따르면 민청의 결성은 프롤레타리아독재 이전과 이후의 시기로 구분해 설명된다. 즉, 프롤레타리아독재 이전에는 소수 혁명적 청년들로 구성된 공청을 통해 프롤레타리아 독재를 위해 투쟁하며, 프롤레타리아독재가 실현된 이후에는 '새 사회의' 노동계급을 비롯한 각계각층의 청년들을 포괄하는 대중적 청년조직으로 새롭게 조직되어야 한다는 논리이다. 한편 사회주의 국가들의 체제 전환 이후 북한은 과도기에 대한 논의를 축소시켰다. 해방 직후로부터 인민위원회가 수립되었던 1947년 2월까지를 반제반봉건민주주의혁명 단계로 규정했던 과거의 주장과 달리, 1998년 간행된 문헌에서 해방 직후 1950년까지를 '민주주의혁명' 시기로 폭넓게 규정하고 자본주의에서 사회주의로의 이행 단계를 삭제한 것을 대표적 사례로 들 수 있다.[145)]

다음으로 역사의 재구성을 통한 정당화 관점에서 청년조직의 위상이 북한 역사에서 어떻게 변화되었는가를 살펴보는 것도 중요하다. 북한의 역사에서 '청년조직의 시원'은 청년이 가지는 '혁명성'과 '계승성'

144) 위의 책, 211~212쪽.

145) 『위대한 수령 김일성동지의 불멸의 혁명업적 10』, 114쪽.

측면에서 중요한 의미를 가진다. 사회주의 혁명의 위업을 계승하는 '청년'의 상징성은 권력계승을 정당화하기 위한 핵심적 요인으로도 작용하기 때문이다. 이러한 의미에서 북한이 청년조직의 시원으로 주장한 '타도제국주의동맹(혹은 'ㅌ.ㄷ', 타도제국주의동맹의 약칭)'이 북한의 역사서술에서 어떻게 재구성되었는지 살펴보는 것은 의미 있다.

김일성이 최초로 결성한 청년조직으로 주장되는 '타도제국주의동맹'은 1970년 간행된 사전에서 처음 발견된다. '타도제국주의동맹'은 김일성이 1926년 가을 화전에서 "우리 나라에서 사회주의, 공산주의를 건설하기 위하여 끝까지 싸울 결의를 다진 견실한 청년들과 학생들을 망라하여 조직하신 우리 나라에서 최초의 진정한 맑스-레닌주의적혁명조직"으로 규정되었다. 'ㅌ.ㄷ'의 목적은 '조선에 사회주의, 공산주의를 건설하기 위하여 투쟁'하며, 당면과제는 '일본제국주의를 타도'하고 '조선의 해방과 독립을 이룩'하는 것으로, 목적과 투쟁임무에 대해 맑스-레닌주의적 투쟁강령을 채택했다고 설명되었다. 타도제국주의동맹은 1927년 반제청년동맹으로 개칭되었다고 설명되었다.[146)]

1973년 간행된 사전은 타도제국주의동맹의 결성일을 기존의 1926년 가을에서 1926년 10월 17일로 구체화했다. 김일성의 부친인 김형직이 사망한 1926년 6월 이후 김일성이 화전현의 화성의숙에 입학했다는 설명이 추가되었는데, 이 시기 가계 우상화의 일환으로 김형직이 등장하고 있었던 사실을 확인할 수 있다.[147)]

이후 타도제국주의동맹은 김일성에 의해 1975년 10월 9일 당창건 30주년 기념 연설에서 직접 언급되었다. 그는 "1920년대 후반기에 새

---

146) 『정치용어사전』(평양: 사회과학출판사, 1970), 609쪽.

147) 『정치사전』(평양: 사회과학출판사, 1973), 1145~1146쪽.

로 자라난 조선의 젊은 공산주의자들이 근로인민대중속에 들어가" 자주적 입장에서 민족해방과 계급해방을 위한 투쟁을 전개했으며, 그 출발점이 1926년 타도제국주의동맹의 결성이었다고 주장했다.[148] 같은 해 10월 17일 『로동신문』은 '조선혁명의 출발점'으로서 '타도제국주의동맹'의 49주년을 기념하는 글을 게재, 북한의 역사에서 타도제국주의동맹의 이론적 위상을 정당화했다. 기고는 "장차 조선혁명을 떠메고나갈 새세대의 공산주의자들을 수많이 키워냄으로써 조선인민의 민족해방투쟁과 공산주의운동을 새로운 높은 단계에로 발전시킬 핵심력량과 주체적 혁명력량"을 마련했다고 평가했다.[149] 타도제국주의동맹의 의미는 이후 김정일에 의해 "조선공산주의운동과 조선혁명의 새로운 출발을 알리는 력사적 선언"으로, "새 형의 당, 주체형의 혁명적 당창건을 위한 투쟁의 출발점"으로 확대되었다.[150]

그런데 북한이 역사를 재구성하면서 이론적 정당화의 도구로서 타도제국주의동맹을 공식화한 1975년은 김정일의 후계체제 구축이 시작된 시점이기도 하다. 김정일은 1974년 2월 당중앙위원회 제5기 제8차 전원회의에서 당중앙위원회 정치위원회 위원에 선출되어 후계자로 공인되었고 이즈음부터 '당중앙'으로 불리었다. 또한 같은 해 '김일성주의'를 선포, 사상의 해석권을 장악했다.[151] 청년조직의 시원으로서 김

148) 김일성, "조선로동당창건 30돐에 즈음하여: 조선로동당창건 30돌기념대회에서 한 보고(1975년 10월 9일)," 『김일성저작선집 7』(평양: 조선로동당출판사, 1978), 206쪽.

149) 류병기, "조선혁명의 새 기원을 열어준 위대한 출발점: 타도제국주의동맹결성 마흔아홉돐에 즈음하여," 『로동신문』, 1975년 10월 17일.

150) "조선로동당은 영광스러운 〈〈ㅌ.ㄷ〉〉의 전통을 계승한 혁명적당이다(1982.10.17)," 김정일, 『주체혁명위업의 완성을 위하여 4: 1978~1982』(평양: 조선로동당출판사, 1987), 436~466쪽.

151) 정성장, 『현대북한의 정치: 역사·이념·권력체계』(파주: 한울, 2011), 101

일성이 결성했다고 주장되는 '타도제국주의동맹'이 등장하면서 북한 역사 속에서 '공산주의 운동의 출발점과 새로운 당의 성격으로 전환점'으로 정당화되고, 후계체제의 구축에까지 확장되었음을 확인할 수 있다.

2. 인전대론적 측면

'인전대(transmission belt)'의 개념은 1920년 레닌의 '노동조합(혹은 직업동맹, trade union)'의 과업에 대한 연설에서 처음 등장했다. 레닌은 사회주의로 이행하는 단계에서 프롤레타리아독재가 필수적이기 때문에 당은 프롤레타리아 계급의 전위를 끌어들이고 이들이 프롤레타리아 독재를 실천해야 하며, 프롤레타리아독재는 노동조합과 같은 기반 없이 실현될 수 없고, 정부도 기능할 수 없다고 주장했다. 따라서 노동조합은 프롤레타리아 전위대와 대중을 '연결(link)'하고, 자본주의에서 공산주의로 이행할 수 있다는 확신을 주어야 한다고 강조했다. 대중조직들이 프롤레타리아독재를 직접 실천할 수 없지만, 프롤레타리아 전위로부터 진보적 계급까지 진보적 계급으로부터 노동자대중까지 포괄하는 다양한 인전대' 없이는 프로레타리아독재가 실현될 수 없다는 것이다. 레닌은 '프롤레타리아 독재 체제(system of the dictatorship of the proletariat)'에서 노동조합은 당과 정권(government) 사이에 위치하며, 노동조합은 국가조직이 아닌 '학교(school)', 즉 행정과 경제관리와 공산주의를 가르치는 학교로 규정했다.[152)]

쪽; 황장엽, 『황장엽회고록: 나는 역사의 진리를 보았다』(서울: 한울, 1999), 173~186쪽; 백학순, 『북한 권력의 역사』, 630~631쪽.

152) V. Lenin, "The Trade Union, the Present Situation and Trotsky's

이 시기 콤소몰은 '인전대'로 설명되기 보다는 1920년 10월 콤소몰 제3차 대회에서 레닌이 규정한 사상교양단체이자 후비대로서의[153] 성격이 강조되었다. 스탈린은 1924년 군당위원회 비서 강습회에서 콤소몰을 '로동청년의 자원적 조직'으로서, 프롤레타리아 핵심 주위의 농민청년들을 인입하고 동맹원들을 양성할 것을 콤소몰의 과업으로 규정했다.[154] 또한 1928년 5월 콤소몰 제8차 대회에서는 사상교양과 후비대의 기능을 언급하면서, 특히 새로운 사회주의적 인테리를 양성하며, 새로운 간부를 양성할 것을 강조했다.[155]

한편 콤소몰의 인전대로서의 성격은 스탈린에 의해 규정되었다. 1923년 제12차 당대회에서 당의 사업에 대한 전망을 보고하면서 당과 대중을 연결하는 인전대로서 대중조직들을 언급했으며, 이후 1926년 '레닌주의 제문제에 대하여(On the Problems of Leninism)'에서 개념을 더욱 구체화했다.[156] 스탈린은 과도기에서의 프롤레타리아독재 체제를 설명하면서, "생산방면에서 당과 계급을 연결시키는 노동계급

Mistakes (December 30, 1920)," pp. 19~42.

153) 레닌, "청년 동맹의 제 과업," 『청년에 관하여』(평양: 조선로동당출판사, 1956), 296~197쪽; 쓰쁘 튜비모브, "브.이.레닌의 공청 제3차대회에서 진술한 '청년동맹의 과업'에 대하여," 『레닌-쓰딸린적 공청』(평양: 청년생활사, 1950.4), 39~91쪽.

154) 스딸린, "로씨야 공산당(볼쉐위크) 제13차 대회의 결과에 대하여(발취): 로씨야 공산당(볼쉐위크) 중앙 위원회가 조직한 군당 위원회 비서 강습회에서 한 보고(1924.6.17)," 『맑스 엥겔스 레닌 쓰딸린 로동계급의 당』(평양: 조선로동당출판사, 1965), 582쪽.

155) 쓰.이.무사쑈브, "전련맹 레닌공산청년동맹 제8차대회에서의 이.브.쓰딸린의 연설에 대하여," 『레닌-쓰딸린적 공청』(평양: 청년생활사, 1950.4), 92~145쪽.

156) http://www.marxists.org/reference/archive/stalin/biographies/1947/stalin/07.htm(검색일: 2014년 6월 23일).

의 대중조직으로서 노동조합, 국가 방면에서 당과 근로자들을 연결시키는 대중조직으로서 소비에트, 농민을 사회주의 건설에로 끌어들이는 방면에서 당과 농민 대중을 연결시키는 협동조합, 노동계급의 전위대가 새 세대를 사회주의적으로 교양하며 젊은 후비를 양성하는 것을 쉽게 하여 줄 사명을 가진 로농청년의 대중 조직으로서의 콤소몰, 마지막으로 프로레타리아 독재 체계 내에서 이 모든 대중 조직들을 지도할 사명을 가진 기본적인 향도적 력량으로서 당"이 대체로 '독재 기구의 전모'라고 규정했다.[157] 스탈린은 당과 대중조직간의 관계를 설명하면서 당은 프롤레타리아독재를 실현하지만 직접 실현하는 것이 아니라 '인전대'인 대중조직들을 통해 실현할 수 있으며 당이 대중조직들을 대신할 수 없다고 강조했다.[158] 그는 노동조합과 소비에트, 협동조합을 '당 밖에 있는 조직'으로 규정한 반면, 콤소몰은 '로농청년들의 대중단체'로서, '당 밖에 있지만 당과 직접 연결되어 있는 조직'으로 규정했다.[159]

해방 직후 조선공산당 북조선 분국의 주도로 단일한 대중조직들의 수립이 추진되었다. 5도당 열성자대회에서 채택된 결정서에는 대중조직들의 수립에 대한 내용이 포함되어 있다. 결정서 18항은 '북부 조선당부'는 대중적 당이 되기 위하여 '勞動組合, 農民團體, 靑年團體, 學生團體, 모뽈小뿌루인테리團體(소부르조아인테리 단체를 의미하는 것으로 추정)' 등 광범한 보조조직을 가질 것을 결정했다. 당시 대중조직

157) 스탈린, "레닌주의의 제 문제에 대하여(발취): 전련맹 공산당(볼쉐위크) 레닌그라드 단체에 드림," 『맑스 엥겔스 레닌 쓰딸린 로동계급의 당』(평양: 조선로동당출판사, 1965), 614~615쪽.

158) 위의 글, 615쪽.

159) 위의 글, 611~613쪽.

들의 성격이 당의 인전대로 명확히 규정되지는 않았으나 이것은 레닌과 스탈린 시기를 거치면서 당과 대중을 연결하는 인전대로서 규정되었던 각종 대중조직의 결성과 유사한 맥락으로 볼 수 있다.[160)]

민청은 결성 이후 사상교양단체, 후비대, 그리고 당의 방조자로서의 개념으로 설명되었다. 1948년 11월 민청 제3차 대회에서 김일성이 민청의 사상교양 기능을 강조한 데서 최초로 성격이 규정되었다. 1956년 민청의 내부 문헌은 당이 "당과 근로대중을 밀접히 연결시키며 광범한 인민대중들을 당 정책 실현을 위한 투쟁에로 적극 조직 동원하기 위하여 근로단체들을 조직하여 지도"하고 있으며 여기에서 청년들의 역할을 매우 중요시하고 있다고 강조했다.[161)] 또한 민청에 대한 당의 지도를 강조하면서, 당의 '후비대'이며 '방조자'로서[162)] 역할을 추가했다. 이 시기 '방조자'의 개념은 "광범한 청년들을 당 주위에 결속시키며 당을 도와 청년들을 당 정책 실천에로 적극 조직동원하며 그들을 사회주의 정신으로 교양하며 정치 사상 수준과 문화 기술 수준을 제고시키는 역할 수행"으로 규정되었는데,[163)] 이는 '인전대' 개념을 구체화한 표현으로 해석할 수 있다.

민청의 '인전대'로서의 개념은 1959년에 등장했다. 그러나 사전적 용어가 아닌, 프로레타리아독재를 정의하는 과정에서 '직맹, 협동조합, 민청 등 근로자들의 대중적 조직들'이 "당과 광범한 인민 대중을 련결시키고 있는, 로동 계급 독재 체계에 있어서의 인전대의 역할"을

---

160) "朝鮮共産黨 北部朝鮮分局設置," 『正路』, 1945년 11월 1일(창간호).

161) "조선로동당은 민주 청년 동맹의 조직자이다," 『조선로동당과 민청』(평양: 민주청년사, 1956.6), 6~9쪽.

162) "민주 청년 동맹은 조선 로동당의 후비대이며 방조자이다," 『조선로동당과 민청』(평양: 민주청년사, 1956.6), 13~20쪽.

163) 위의 글, 13~20쪽.

한다는 설명에 포함되었다.[164)]

'인전대'의 개념은 1962년 간행된 사전에서 정의되었는데, 1959년과 같은 방식으로 용어에 대한 설명 없이 사회단체 혹은 근로단체에 대한 개념 해설 등에 포함되었다. 1962년에 정의된 '인전대'의 개념은 "일정한 사회적 조직체의 의도나 지시를 다른 사회적 조직이나 대중들에게 전달하고 침투시키며 그들 간의 유기적 련계를 보장하는 역할을 노는 사회적 조직'을 기계의 피대에 비유하여 이르는 말"로 설명되었다. "직맹, 민청, 여맹 등의 근로단체들이 당과 대중과의 연계를 보전하는 인전대", "당은 정권 기관, 경제 기관, 근로 단체 등 자기의 강력한 인전대들을 통하여 당 정책을 대중 속에 침투하며 관철시키다."는 문장이 사례로 적용되었다.[165)] 근로단체뿐 아니라 정권 기관과 경제 기관까지도 광범위하고 인전대로 규정되었음을 알 수 있다.

1970년에 간행된 정치용어사전과 1973년에 간행된 정치사전에도 '인전대'는 별도로 용어에 대한 규정 없이 대중조직들에 대한 설명에 포함되어 기술되었다. 1970년에는 '근로단체'를 정의하면서 "광범한 군중에 대한 사상교양단체로서의 근로단체는 프로레타리아독재체계에서 당의 외곽단체이며 당과 대중을 련결시키는 인전대이며 당의 믿음직한 방조자"로 설명하고 북한의 근로단체로서 직업동맹, 농업근로자동맹, 사회주의로동청년동맹, 녀성동맹을 포함시켰다.[166)] 1973년에는 '사회단체'를 "조선로동당의 외곽단체이며 당과 대중을 련결시키는

164) 『대중 정치 용어 사전』(평양: 조선로동당출판사, 1959), 301~302쪽.

165) 과학원 언어문학연구소 사전연구실, 『조선말 사전 6』(평양: 과학원출판사, 1962), 475쪽.

166) 『정치용어사전』, 74~75쪽; '사회단체'도 유사하게 정의되었다. 『정치용어사전』, 322~323쪽.

인전대인 근로단체들과 당의 령도밑에 고유한 자기의 사명과 특성을 가지고 활동하는 사회조직들"로 구분했다.[167)]

이후 1985년 주체사상의 관점에서 대중조직에 대한 '인전대'로서의 개념이 이론적으로 규정되었다. 대중조직은 "혁명적 영도체계로서의 프로레타리아독재체계의 중요한 구성부분"으로서, 각계각층의 군중은 근로단체들을 통해 조직화, 의식화되며 '당과 수령의 두리에 굳게 뭉치게 된다'고 강조했다. 따라서 대중을 포괄하는 근로단체들의 조직과 역할 제고가 영도체계 확립에 중요한 문제라고 설명했다. 근로단체는 '당과 대중을 연결시키는 인전대'로서, 당의 '방조자'이며 '후비대'로서 규정되었다. 이를 통해 당의 대중적 지반을 공고히 하고 대중에 대한 등의 영도적 역할이 강화된다고 설명했다.[168)] 김일성은 근로단체들이 당밖의 광범한 군중을 조직한다고 설명했는데, 이러한 개념은 스탈린이 "레닌주의의 제 문제에 대하여"에서 기술한 당과 대중조직과의 관계와 매우 유사한 논리이다. 한편 혁명에의 계승자로서 청년조직의 역할이 추가되었는데, "혁명과 건설에서 청년들이 차지하는 특수한 역할"로 인해 다른 근로단체들의 건설보다 더욱 중요한 의의를 가지며, 청년들은 혁명의 대를 이어 나갈 계승자로서 혁명의 대를 이어나가고 사회주의, 공산주의 위업의 완성을 위해 청년들을 사상적, 도덕적으로 준비시키는 것이 매우 중요하다고 강조되었다.[169)]

1998년 『위대한수령 김일성동지의 불멸의 혁명업적』의 발간을 통해 근로단체 건설 이론이 새롭게 정리되었다. 앞서 밝힌 바처럼 김일성이 청년조직의 시원으로 정당화됨과 함께, 대중조직에 대한 레닌과 스탈

167) 『정치사전』, 528~529쪽.

168) 『위대한 주체사상 총서 9: 영도체계』, 194쪽.

169) 위의 책, 210~211쪽.

린의 논리를 초월하는 '독창적 이론'으로서, 당이 대중단체를 조직하는 목적은 당의 대중적 지반을 공고히 하고 당의 방조자, 후비대를 마련하는 데 있다고 강조했다. 문헌에서 근로단체는 '근로자들의 대중적 정치조직이며 사상교양단체', '노동계급의 당의 외곽단체이며 인전대', '노동계급의 당의 방조자이며 후비대'로 규정되었다.

1998년의 논리는 사회주의 국가들의 체제전환 이후에 수립되었는데 계급과 근로단체의 성격 규정이 변화되었다. 즉, 근로단체의 역할로서 사상교양이 더욱 강조되었고 사상교양의 대상이 노동계급 전반에서 근로자 개개인으로 구체화되었다. 이는 당이 각계각층의 광범한 군중을 의식화, 조직화하기 위해 근로단체를 조직했지만 근로단체에 포괄하는 대상을 제한하며 선발된 사람만으로 조직하는 것은 근본목적에 배치된다는 표현에서 확인할 수 있다. 또한 근로단체가 '생산과만 연결되어 있는 행정기관'도 '문화계몽단체'도 아니며 "동맹원들을 혁명적으로 교양하고 정치적으로 각성시켜 공산주의적인간으로 만들고 당과 수령의 두리에 묶어세우며 그들을 당의 혁명로선과 정책을 관철하기 위한 투쟁에로 조직동원하는 사상교양단체, 정치적조직"으로 규정된 것에서도 드러난다. 대중단체들을 프롤레타리아독재의 공간으로만 보는 견해로는 대중단체들의 대중적, 정치적 성격을 올바로 밝힐 수 없다고 주장하면서 근로단체를 "인민대중의 자주성을 옹호하고 실현하기 위한 혁명의 주체의 구성부분"으로 새롭게 규정한 것 역시 사회주의 국가들의 체제전환 이후 북한의 논리 변화를 확인할 수 있는 부분이다.[170)]

당과의 관계, 근로단체로서의 역할은 근본적으로 크게 달라지지 않

170) 『위대한수령 김일성동지의 불멸의 혁명업적 10』, 28~31쪽.

았으나, 당과 근로단체의 관계가 '수령-당-대중'의 관계로, '수령-당-대중'이 '조직사상적으로 결합되어 있는 사회정치적생명체'로 확장되었음도 확인할 수 있다.

제3장 청년조직의 결성 및 당과의 관계 형성
: 1945년 8월~1948년 10월

제1절 북조선민주청년동맹의 결성과정

1. 북조선민청 결성의 준비

해방 직후 북한 지역의 공산주의 청년조직의 결성은 공산당 조직이 각 도의 상황에 따라 개별적으로 결성되었던 것과 병행되었다. 이후 김일성에 의해 대중성을 표방하는 단일한 청년단체로서 민청을 결성할 것이 제기되었다. 토착 공산주의의자들은 애초에 범대중적 청년단체의 결성에 반대했으나, 11월 15일 조선공산당 북조선분국 제2차 확대집행위원회 직전 김일성을 포함한 소군정 영향하의 공산주의자들과 토착 공산주의자들 간의 통일전선에 대한 타협이 있은 후, 민청 조직 결성에 대한 반대의 수위를 낮추었다. 11월 23일 발생한 반공 성격의 신의주 학생 운동은 토착 공산주의자들이 공산주의 청년단체 유지 주장을 관철하는데 장애물이 되었다. 토착 공산주의자들은 대중적 청년단체의 결성에 완전히 합의하지는 않았지만, 민청 조직 준비 과정에 협조하기 시작했다.

본문에서는 공청을 민청으로 전환하는 논의가 제기되었던 11월 15일

조선공산당 북조선분국 제2차 확대집행위원회를 기준으로, 회의 소집 이전을 소군정 영향하의 공산주의자들이 민청 결성을 주도했던 시기로, 이후를 다양한 배경을 가진 분국 지도그룹들이 민청 결성에 대해 제한적 협력관계를 보였던 시기로 구분했다.

본 연구가 민청 결성과 관련하여 지도그룹 간의 주장이 대립에서 제한적 협력 관계로 변화되었다고 판단하는 배경에는 11월 15일 제2차 확대집행위원회 직전 지도그룹 간의 합의가 있었을 것이라는 가정이 중요하게 작용했다. 그 근거로서 11월 14일 『정로』에 게재된 기사들의 성격을 분석하고자 한다. 이후 11월 23일 신의주 학생사건 이후 학생청년들을 민청에 포함시킬 것이 김일성에 의해 제기되는 등 11월 15일 이후 민청 결성 준비 행보가 적극적으로 변화했음을 확인할 수 있다.

【표 3-1】 민청 결성 공식화 이전의 관련 일정 및 사건

일시	회의 및 관련 일정	장소	성격
1945.9.20	민청 결성을 위해 지방에 파견되는 빨치산 그룹 일원들과의 회합		김일성 주도
1945.10.6	민청 준비회의	평양부청사 회의실	김일성 주도
날짜 미정	청년간부 양성을 위한 단기 강습 진행	평양, 평남도, 함북도 등 5개도	
1946.10.18	김일성과 공청간부들 회의	조선공산당 북조선분국 청사	김일성 주도
1945.10.20	평안남도, 황해도, 함경남도 3도의 '공청일군 협의회'		김일성 주도

일시	회의 및 관련 일정	장소	성격
1945.10.28~29	민주청년열성자대회	평양	김일성 주도
1945.10.30	'전체 청년들에게 보내는 편지' 발표		김일성 주도
1945.10.31	각 도 청년열성자대회		김일성 주도
1945.11.15	분국 제2차 확대집행위원회에서 공청을 민청으로 개편 할 것 논의	평양	
1945.11.23	신의주 학생사건 발생		반공 성격
1945.11.26	평남도민청결성대회		김일성 주도
1945.11.27	북조선공산당 각 도시군 청년부장과 민주청년동맹 위원장 회의		김일성 주도, 토착계열 협조
1945.11.28	김일성, 신의주 방문		
1945.12.17~18	분국 제3차 확대집행위원회에서 공청을 민청으로 개조하는 방향 문제 정식 거론	평양	
1945.12.22	민청 시국 강좌 진행		연합적 성격 (민주당 포함)
1945.12.28	김일성, 학생동맹을 민청에 통합할 것 제기.		
1946.1.8	민청 평남도대표 열성자대회		김일성 주도 연안계 협조

일시	회의 및 관련 일정	장소	성격
1946.1.16~17	민주주의청년단체 대표자회의에서 '조선민주청년동맹북조선위원회' 결성	평양 인민극장	연합적 성격

* 출처: 김일성, 『청소년사업에 대하여』(평양: 조선로동당출판사, 1966.2, 동경: 조선청년사, 1966.9 (번인출판)); 사회과학원 력사연구소, 『조선전사』 23(평양: 과학·백과사전출판사, 1981); 『위대한 수령 김일성동지의 불멸의 혁명업적 10: 주체형의 혁명적근로단체건설』(평양: 조선로동당출판사, 1998); 『근로자』, 제1호(122)(1956.1.25), 70~80쪽; 『정로』; 『조선중앙년감 1949年版』와 『조선중앙년감 1950年版』; 김광운, 『북한정치사연구 Ⅰ: 건당 건국 건군의 역사』(서울: 선인, 2003); 서동만, 『북조선사회주의체제성립사 1945~1961』(서울: 선인, 2005), 중앙일보 특별취재반, 『비록 조선민주주의인민공화국』(서울: 중앙일보사, 1992)을 참고해 작성.

가. 소군정 영향하의 공산주의자들의 민청 결성 주도 시기

민청 관련해 소집된 회의 중 문헌을 통해 확인되는 첫 회의로 1945년 10월 6일 평양부청 회의실에서 열렸던 '조선민주청년동맹 준비회의'를 들 수 있다.[1] 이날 회의는 평양부청 회의실에서 개최되었으며 '각계 청년대표' 200명이 참가, 조선민주청년동맹 준비회의의 성격을 띠었다. 회의는 김일성을 명예회장으로 추대하고 선언, 강령, 규약초안을 심의·가결하고 구조선신탁회사 자리를 사무실로 정했다.[2] 이 회의와 관련해 『조선전사』는 10월 6일 '공청일군 협의회'가 소집되어 '민주청년

1) "各界 青年 網羅 民主青年同盟 結成," 『正路』, 1945년 11월 14일; 북한의 문헌은 1945년 9월 20일 민청 결성을 위해 만주 빨치산 그룹의 일원들이 각 도로 파견되었고 이를 위한 회의가 9월 20일에 열렸다고 밝혔다. 또한 이 회의 이전에 민청 결성 준비위원회가 이미 조직되었다고 밝혔다. 『위대한 수령 김일성동지의 불멸의 혁명업적 10: 주체형의 혁명적근로단체건설』, 162쪽.

2) 1945년 11월 1일 정로의 창간호가 발행되었다. 10월 6일의 이 회의는 뒤늦게 11월 14일에 게재되었으며 그 기간 동안 공청 해산과 민청 결성에 대한 논쟁이 진행되었던 것으로 추측된다. 본문에서 관련된 설명이 진행될 것이다. 앞의 글, 『正路』, 1945년 11월 14일.

동맹 결성준비위원회'를 조직했으며, 민청결성준비위원회는 각 도 민청에 민청 결성과 관련된 사업을 진행하고 지방 민청단체를 결성하는 등 민청 중앙 조직을 내오기 위한 사업을 맡았다고 설명했다.[3)]

한편 공청 건설이 김일성과 만주출신 빨치산 그룹의 입북과 더불어 당 창건과 병행해 시작되었다는 증언이 존재한다. 북한의 고위 관리였던 서용규는 조선공산당 북조선분국 창설 직전인 1945년 10월 초 공청준비위원회가 평양에서 비밀리에 발족되어 일제 때 기독교 청년구락부(지금의 만수대 예술극장 뒤) 사무실에 자리를 잡았다고 증언했다.[4)] 그는 '빨치산 그룹 가운데 젊은 층인 김익현(후에 인민무력부 부부장), 김성국, 박우섭, 정만금, 김원주 등이 각 도로 밀파'되었다고 증언했다.[5)]

민청 결성이 준비된 시점과 관련하여, 조선공산당 북조선분국 창설 직후인 10월 말부터 김일성에 의해 당 밖에서 조직사업이 진행되었다

---

3) 사회과학원 력사연구소, 『조선전사 23』(평양: 과학·백과사전출판사, 1981), 79쪽.

4) 중앙일보특별취재반, 『비록 조선민주주의인민공화국』(서울: 중앙일보사, 1992), 303쪽.

5) 그가 기억한 10월 초 회의는 『정로』에서 밝힌 10월 6일의 민청준비회의로 추정된다. 김익현은 민청의 초대 노동부장을 역임했다. 위의 책, 303쪽; 북한의 문헌에는 민청 결성 준비에 만주 빨치산 그룹이 깊이 관여했음이 드러난다. 사례로 해방 직후 평양시공청에 파견되어 사업했던 빨치산 일원은 이후 김일성이 "아직 군복을 입고 있던 나에게 새 양복을 해 입히시고 평양시 공청부위원장으로 파견하시던 그 감격의 날을 나는 평생을 두고 잊을수 없다."며 김일성이 그를 평양시공청에 파견한 후에도 자주 불러 "과업실행정형을 청취하시고는 잘되고 잘못된 점들을 일일이 지적"했다고 회고했다. 이 사례는 민청 결성을 준비하는데 빨치산 그룹이 깊이 개입되어 있었음과 이들이 귀국한 직후부터 민청 결성 작업에 착수했을 가능성을 추측케 한다. 『위대한 수령 김일성동지의 불멸의 혁명업적 10』, 162쪽.

는 주장들이 존재한다.[6] 그러나 『정로』와 『조선전사』 그리고 서용규의 증언을 종합하면 분국창설 이전에 이미 평양의 김일성을 중심으로 대중성을 띤 단일한 청년단체를 결성하려는 움직임이 있었던 것으로 해석된다.[7] 공식적인 기록은 아니지만 10월 5일 '북조선에 독자의 공산당 조직을 만들기 위한 회의에 대한 예비회의'가 비공개로 개최되었다는 증언이 있다.[8]

---

6) 서동만은 공청을 민청으로 개편하는 방침이 이미 분국 창설 직후부터 김일성에 의해 당 밖에서 제시되었고 10월 말부터 조직작업이 진행되고 있었다고 설명했다. 그 증거로 10월 29일 김일성이 '민주청년열성자대회'에 참석하여 연설했던 점을 들었다. 1946년 1월 17일 채택된 '북부조선민주주의청년단체대표자회의 결정서'에는 1945년 10월 30일 김일성의 제안으로 조선민주청년동맹준비위원회가 결성되었다고 기록되어 있는데 서동만은 이것이 10월 29일의 것과 같은 것이라고 파악한다. 서동만, 『북조선사회주의체제성립사 1945~1961』(서울: 선인, 2005), 81쪽; 김종수 역시 서동만과 같은 맥락에서 1945년 10월 30일 김일성에 의해 소집된 '민주청년열성자대회'에서 조선민주청년동맹 준비위원회가 결성되었다고 설명했다. 김종수, 『북한 청년동맹 연구: 체제 수호의 전위대, 청년동맹』(파주: 한울, 2008), 111쪽.

7) 김일성을 환영하기 위해 소군정 주최로 열린 '평양시환영 군중대회'는 10월 14일에 개최되었다.

8) 박병엽은 사람들의 주목을 끌지 않기 위해 회의에 소련군 대신 공청원들이 사복을 입고 경비를 섰다고 증언했다. 항일유격대집단이 귀국하였을 당시 북한에서는 정치테러가 계속되었다. 평안남도 당 책임비서 현준혁도 테러로 피살되었다. 이에 따라 항일유격대 집단은 김일성의 귀환을 비밀에 붙였으며 김책이 주동이 되어 경위대를 조직 운영하였다. 대회가 비공개로 준비된 또 다른 이유는 테러방지 때문이었다. 김일성, 『세기와 더불어 8권』(평양: 조선로동당출판사, 1998), 146~147쪽; 김광운, 『북한정치사연구 I : 건당 건국 건군의 역사』(서울: 선인, 2003), 148~149쪽; 한편 북한의 문헌은 9월 20일 민청 결성 준비를 위해 만주 빨치산 그룹들이 각 도로 파견되기 전 김일성과 회합이 있었으며, 이 회의 이전에 이미 민청 결성 준비위원회가 조직되어 있었다고 기록했다. 『위대한 수령 김일성동지의 불멸의 혁명업적 10』, 162쪽; 김일성이 원산에 도착한 날은 9월 19일로 알려져 있다. 북한이 사후 재구성한 역사를 그대로 받아들이기는 어렵지만, 북한의 주장대로라면 민청 결성을 위한 준비모임과 각 도로 파견

북조선 5도 인민위원회 연합회의(10월 8~10일), 서북5도당 책임자 및 열성자회의(10월 10~13일)는 모두 10월 6일 평양에서 소집되었던 '조선민주청년동맹 준비회의' 혹은 '공청일군 협의회' 이후에 개최되었다. 당시 평양에는 현준혁 사망 이후 김용범, 박정애 등 소군정 영향하의 공산주의자들이 활발하게 활동하고 있었다. 이후 토착공산주의자들이 김일성의 민청 결성 제기에 반발했던 것으로 보아 10월 6일 회의는 김일성과 만주 빨찌산 그룹을 포함한 소군정 영향하의 공산주의자들이 주축이 되었을 것이다.

조선공산당북조선분국 집행부가 공식 출범한[9] 10월 20일에는 평안

되는 빨치산 그룹들과의 회합은 사전에 계획되어 이들의 입국후 원산에서 열렸다는 얘기가 된다. 김일성은 그들이 원산에 도착한 이후 함경남북도에서 사업할 소조들 중 일부와 철원 방면을 담당할 일원들을 기차를 태워 보냈다고 회고했다. 그들 중에는 김책, 안길, 최춘국, 류경수, 조정철, 리을설 등이 포함되어 있었다고 한다. 9월 20일 김일성은 서해지구에서 사업할 일원들과 평양으로 출발, 9월 22일에 도착했다고 회고했다. 김일성, 위의 책, 475~479쪽; 이러한 북한측의 주장은 민청의 결성이 소련의 영향하에 사전 계획되었을 가능성을 추측하게 한다. 소련의 개입을 입증하는 또 다른 사례로 1945년 10월 20일경 작성된 것으로 보이는 소군정의 보고서를 들 수 있다. 이 보고서는 조선공산당 북조선 분국의 결성 내용과 당시 조선의 정세, 1945년 12월 제1차 당대회를 개최하고 당조직을 꾸릴 것이라는 계획 그리고 남북조선에 공청 결성을 시작하고 있으며 공청의 파급력을 높이기 위해 공청을 '조선민주청년동맹'으로 개칭하는 의견이 형성되고 있다는 내용이 포함되어 있다. AGShVS RF. F. 172. OP 614631. D. 23(Cold War International History Project(CWIHP) North Korea International Documentation Project(NKIDP) Record ID 114890), pp. 21-26.

9) 집행부에 조직부장 주영하, 선전부장 윤상남, 간부부장 리동화, 청년부장 김욱진, 노동부장 최경덕, 농민부장 리순근, 부녀부장 박정애, 총무부장 박정호, 산업부장 정재달 등이 인선되었다는 증언이 있다.(박병엽 증언) 김광운, 앞의 책, 169쪽; 집행부 인선에 대한 문헌 기록은 찾을 수 없으나 이때 인선된 김욱진, 최경덕, 리순근, 박정애가 이후 각각 민청, 직맹, 농맹, 여맹의 위원장으로 선출되었다.

남도, 황해도, 함경남도 3도의 공청일꾼 협의회가 소집되었다. 기록에 따르면 이날 공청 결성의 중심이 될 청년 핵심 양성을 목표로 평양시를 비롯한 전국 각지에서 집중적인 단기 강습을 진행하도록 조치하였다고 밝혔다.[10)]

10월 28~31일 사이에는 민청 준비회의가 개최되었다. 이 회의에 대한 설명은 문헌마다 약간의 차이가 있다. 『조선전사』는 10월 28~29일 평양에서 개최된 '민주청년열성자대회'에서 공청을 민청으로 개편할 것을 결정하고 동맹강령 초안을 채택했다고 밝혔다.[11)] 한편 1956년 1월 『근로자』에는 10월 29일 '각 도 공청 지도자 및 열성자 협의회'가 개최되어 유일한 청년단체 조직에 대한 문제가 토의, 10월 31일 '각 도 청년열성자대회'가 개최되어 대회에서 김일성이 '민주주의인민공화국 수립의 한 깃발 아래 청년들은 모든 힘을 총동원하라'고 교시했다고 기록되었다.[12)] 대회에 이어 10월 30일 '전체 청년들에게 보내는 편지'

10) 김일성 주도의 민청 결성 준비가 평양을 중심으로 진행되었고 집행부에서 청년부장으로 선출되었다고 증언된 김욱진이 함남 홍원 출신이었던 점으로 보아 포섭된 인물들을 중심으로 지역별로 단체 조직을 진행했던 것으로 판단된다. 『순간북조선통신』, 1947년 11월 하순호, No.13; 김광운, 위의 책, 197쪽에서 재인용; 이 회의 직전인 10월 18일 김일성과 공청간부들과의 회의가 조선공산당 북조선분국 청사에서 개최되었다고 북한의 문헌은 밝혔다. 『위대한 수령 김일성동지의 불멸의 혁명업적 10』, 163~164쪽.

11) 사회과학원 력사연구소, 앞의 책, 77쪽.

12) 박용국, "민주 청년 동맹은 조선 로동당의 후비대이며 적극적 방조자이다," 『근로자』, 제1호(122)(1956.1.25), 70~80쪽; 이주철은 민주청년동맹 결성을 결정한 시점으로 1945년 10월 29일을 주장했다. 이주철, "북조선 로동당의 당원과 그 하부조직에 관한 연구," 고려대학교 대학원 사학과 박사학위논문(1998), 235쪽; 그 직후 11일 1일 조선공산당 기관지 『정로』 창간호가 발행되었다.

가 발표되었다.[13)]

종합해 보면 10월 28~31일의 회의들은 10월 20일 소집된 평남, 황해, 함남의 공청간부 협의회를 주축으로 확대되었던 것일 가능성이 높다. 10월 28~31일 사이 각 도 공청 지도자 및 열성자 협의회 후 '전체 청년들에게 보내는 편지'를 발표하고 마지막 날 각 도 청년열성자대회가 개최되었던 것으로 보인다. 민청의 결성은 평양을 포함한 평양 지역의 소군정 영향하의 공산주의자들의 주도로 진행되어 10월 20일 무렵에는 황해, 함남으로 확대되었고 10월 말경에는 전체 도로 확대되었다. 회의 이름에서 확인할 수 있듯이 민청 결성은 각 도별로 조직되었던 공청간부들을 중심으로 진행되었다.

11월 15일 개최된 분국 제2차 확대집행위원회는 당 차원에서 공청을 민청으로 개편할 것을 논의했다. 북한의 문헌은 분국 제2차 확대집행위원회에서 통일전선 강화를 위한 당의 대책이 수립되었고, 이에 따라 민청과 직업동맹 북조선총국이 결성되었다고 밝혔다.[14)] 분국 결성 직후 김일성이 민청 전환에 본격적으로 착수했다는 데에는 대체로 의견이 모아지지만 11월 15일 회의에서 민청으로의 전환이 논의된 배경에 대해서는 각기 다른 주장이 존재한다.[15)] 공청에서의 민청으로 개편

13) 사회과학원 력사연구소, 앞의 책, 77쪽; 박용국, 위의 글, 70~80쪽.

14) "조선 공산당 북조선 조직위원회의 창설,"『당의 공고화를 위한 투쟁』(평양: 조선 로동당 출판사, 1956.11), 32~40쪽.

15) 김광운은 2차 확대집행위원회를 계기로 김일성이 북조선 지역을 독자 단위로 한 공산당 분국이 만들어진 이상 통일전선도 북조선 지역만을 단위로 결성한다는 전략에 기초를 두고 북조선 민청을 결성하고자 했다는 논리를 폈다. 김광운, 앞의 책, 171~193쪽; 서동만 역시 공청에서 민청으로의 개편 작업이 김일성에 의해 적극적으로 추진된 것은 북조선 지역만을 단위로 통일전선을 결성한다는 전략에 기초를 둔 것이라는 데는 김광운과 의견을 같이 했으나, 더 나아가 노동자 조직이나 농민조직은 서울의 박헌영 측이 주도권을 주고 있어 '분국' 형태로 밖에 만들 수 없지만 서울 당중

에 대한 공식적인 논의가 어떠한 배경에서 어떻게 진행되었는지, 실제 작업은 어떻게 진행되었는지 구체적으로 파악하기는 어렵다.

다만 본 연구는 11월 15일 분국 제2차 확대집행위원회가 단순히 공청을 민청으로 개편하는 당 차원의 논의가 시작된 시점이 아닌, 이미 김일성과 토착 공산주의자들 간의 '합의'가 어느 정도 완료된 직후라는 주장을 전개하고자 한다. 설명의 근거로서 본문에서는 1945년 11월 7~14일 게재된 『정로』의 기사들을 근거로 들고자 한다.

11월 7일 '조선공산당 중앙집행위원회 총비서 박헌영'의 이름으로 게재된 기사는 "중앙의 지도와 연결의 지도기관으로서 정치행동을 더 효과적으로 하기 위해서 북부조선 각도의 책임자와 열성자는 중앙지도하에서 조선공산당 북조선 분국을 조직하여 지도하도록 결정"[16]한다고 하여 분국 설치를 인정하면서도 북부조선 분국이 서울 중앙의 지도하에 있음을 명확히 했다.

한편 11월 14일 『정로』에 실린 다음의 세 건의 기사는 서울 중앙과 북한의 토착 공산주의자 그룹, 그리고 김일성 간의 타협이 진행되고 있음을 드러낸다.

첫째, 박헌영이 "진보적 민주주의 제단체의 대표자의 집결로서 전조

앙의 영향력이 약한 청년단체나 여성단체의 경우 북부조선을 중심으로 별도의 새로운 조직을 만들 수 있었다는 주장을 내 놓았다. 서동만은 제2차 확대집행위원회에서 이 문제가 제기된 것은 분국 밖에서 추진되어 온 작업을 분국 안으로 가지고 들어오는 의미가 있으며, 이에 대해 오기섭을 중심으로 하는 국내계는 맹렬히 반대했고 함경남도에서도 거부하는 움직임이 강했으나 결국 이 방침은 관철되어 갔다고 설명했다. 서동만, 앞의 책, 81~82쪽.

16) 분국설치 승인 날짜는 10월 23일로 게재되었다. "朝鮮共産黨 中央委員會 指示,"『正路』, 1945년 11월 7일.

선민족통일전선이 결성될 것”을 승인하는 기사가 게재되었다.[17] 분국 설치에 이어 통일전선 노선에도 박헌영의 서울 중앙과 그의 지도를 받는 토착 공산주의자들이 합의했음이 드러나는 부분이다.

둘째, ‘조선공산당 북조선분국 비서 OKS’(오기섭으로 추정)의 명의로 ‘중앙의 지시를 위한 투쟁’의 기사를 싣고, ‘당원자격 입당수속 당원 규률 세포’에 대한 기사를 게재하기 시작했다. 이는 입당원칙에 대해 서울 중앙과 분국의 합의가 이루어졌음을 의미한다.[18]

셋째, ‘各界 青年 網羅 民主青年同盟 結成’의 제목으로 10월 6일 평양부청 회의실에서 ‘조선민주청년동맹 준비회의’가 개최되었다는 기사가 소급해 게재되었다.[19] 『정로』는 11월 1일 창간호 발행 이후 청년단체에 대한 기사를 게재하지 않았으며 11월 14일 ‘조선민주청년동맹’의 명칭으로 청년단체에 대한 첫 기사를 게재한 셈이다. 이후 『정로』는 청년단체의 이름을 ‘조선민주청년동맹’으로 일관했다.

언급된 일련의 기사들은 11월 15일 분국 제2차 확대집행위원회 직전에 서울 중앙 영향하의 토착 공산주의자들과 김일성 간의 합의가 이루어졌고 이것이 14일 『정로』에 표현되었던 것으로 판단하는 근거가 된다.

11월 14일까지 민청 결성 준비 과정을 요약하면, 소군정 영향하에 김일성 주도로 10월 6일 평남의 공청간부와 분국 열성자들을 중심으

---

17) 朝鮮共產黨 中央委員會 代表 朴憲永, “朝鮮民族統一前線 結成에 對한 朝鮮共產黨의 主張,” 『正路』, 1945년 11월 14일.

18) 또한 이에 대해 오기섭이 글을 쓴 것은 그가 당에 대해 해박한 지식이 있었던 것 외에, 분국 내에서 그가 조직 부문의 역할을 맡고 있었음을 드러낸다.

19) 그러나 선언, 강령, 규약초안의 내용은 나타나 있지 않다. “各界 青年 網羅 民主青年同盟 結成,” 『正路』, 1945년 11월 14일.

로 민청결성 준비회의가 조직되었고, 10월 20일 분국 집행부 결성을 계기로 민청 결성의 진행이 본격화되었으며 이에 대한 서울 중앙 및 서울 중앙 영향하의 토착 공산주의자들과의 이견이 11월 15일 제2차 확대집행위원회 회의 직전에 상당 부분 좁혀졌던 것으로 볼 수 있다. 북한 지역에 기반이 없었던 김일성에게 토착 공산주의자들의 조력이 필요했을 것으로 판단되지만 토착 공산주의자들은 적극적이기보다는 제한적인 협력 태도를 보였다.

나. 분국 지도그룹들의 제한적 협력 시기

11월 23일 발생한 반공 색채를 가진 신의주 학생사건은 그동안 잠재해 있었던 당의 청년사업에 대한 이견을 좁히는 계기가 되었다. 공산주의 사상을 가지고 있었던 다수의 지식인층을 포괄하면서도 중농 이상의 부르주아 출신이 대부분인 계급적 모순을 가지고 있었던 학생층을 어떻게 포괄할 것인지는 당기관지인 『정로』가 창간되는 시점에도 확정되지 않았던 것으로 보인다.[20]

신의주 학생 사건과 관련하여 찰스 암스트롱은 이 사건이 당과 정권에 전환적 계기가 되었고 김일성이 이에 결정적 역할을 했다고 설명했다. 그는 김일성이 신의주 학생 사건을 통해 사회적으로 포괄적이고 정치적으로 규율이 선 대중정당의 필요성을 인식했을 것이라고 주장

---

20) 5도당 열성자 대회의 결정서 18항은 '북부 조선 당부'는 대중적 당이 되기 위하여 '勞動組合, 農民團體, 靑年團體, 學生團體, 모뽈小뿌루인테리團體(소부르조아인테리 단체를 의미하는 것으로 추정)' 등 광범한 보조조직을 가질 것을 결정했다. 결정서 내용에 따르면 청년단체와 별도로 학생, 인테리 단체등을 결성할 것을 결정했으며, 이것은 11월 1일 시점에서 의미하는 보조조직으로서 '청년단체'는 소수 핵심을 위주로 한 공청조직을 의미하는 것으로 파악된다. "朝鮮共産黨 北部朝鮮分局設置," 『正路』, 1945년 11월 1일(창간호).

했다. 또한 당이 '북한의 잠재적 문제요소'인 청년들의 에너지를 담아내야 했기 때문에 신의주 학생 사건을 계기로 '민족적 청년조직'인 민청을 시작으로 북부 조선의 공산주의 계열 사회·정치단체들의 이념적 경직성과 정치적 제약이 약화되어 더욱 포괄적이고 대중적으로 변화했다고 주장했다. 암스트롱은 이러한 관점의 이동은 부분적으로 김일성 자신의 젊은 시절 '민족주의 통일전선전술'로의 회귀와 동시에 당시 소군정이 요구했던 연합형성의 형태였다고 강조했다.[21]

신의주 학생사건이 소군정과 김일성의 청년정책에 대한 입장에 영향을 주었을 가능성은 매우 크다. 그러나 이 사건으로 인해 당시 북한의 공산주의 계열 사회단체들의 정치적 성격이 더욱 대중적이고 포괄적으로 바뀌었다는 암스트롱의 주장은 과도한 해석이다. 신의주 학생 사건 발발 이전부터 각종 사회단체들의 결성이 준비되고 있었고 당내에 통일전선에 대한 논쟁이 벌어졌으며 이미 10월부터 대중적 성격의 청년단체 결성의 준비가 김일성 그룹과 평남도당위원회 중심으로 진행되고 있었기 때문이다. 신의주 학생 사건은 사회단체들의 '대중화'의 원인이라기보다는 소군정 영향하 공산주의자들이 통일전선을 통한 인민정권 수립 목표 수행을 '가속화'하고 통일전선의 노선에 이견을 가졌던 박헌영 영향하의 토착 공산주의자들의 반발을 약화시키는 근거가 되었을 가능성이 높다.[22]

21) 찰스 암스트롱 지음, 김연철·이정우 옮김, 『북조선탄생』(파주: 서해문집, 2006), 108~109쪽.

22) 암스트롱은 또한 신의주 사건 직후 공산주의 청년동맹의 명칭을 민주청년동맹으로 바꾸었고, 공산주의라는 단어가 다음해 공산당 및 많은 당 조직에서 삭제되었다고 주장했는데 이것 역시 확대해석으로 판단된다. 1945년 11월 14일 『정로』는 10월 6일 평양에서 '민주청년동맹' 준비회의가 열렸다는 기사를 게재했다. 위의 책, 110쪽; 『정로』, 1945년 11월 14일.

신의주 학생사건 이후인 11월 27일 개최된 '민주청년동맹대회'에서[23] 김일성은 해방에 대한 소군정의 원조를 강조하면서 "우리들의 갈 길은 오직 민주주의인민공화국의 건설"이라고 주장했다. 그는 "우방의 원조에 의하여" 해방되었으므로 "앞으로 더욱 친밀히" 하여야 하며 소련이 희생을 무릅쓰고 일본으로부터 해방시키고 독립을 돕기 위해 노력하는 것에 대해 "너무나 고맙고도 미안한 일"이며, "이 고마운 은인에게 너무 수고를 시키지 말고…총력결집에 의하여 새 정권을 세우도록 하자!"고 말했다.[24]

11월 27일의 회의는[25] 제2차 확대집행위원회 이후 서울 중앙 및 토착 공산주의자들과 김일성 그룹의 타협하에 공청이 대중적 성격의 조직으로서의 '민청'으로서 전환하는 시점의 전국적 첫 회의의 성격을 띤다. 북한의 문헌 역시 제2차 조선공산당 북조선분국 확대 위원회에서 통일 전선 강화를 위한 당의 대책이 결정된 이후, "당의 옳바른 지도에 의하여" 11월 민주청년동맹과 직업 동맹 북조선 총국이 결성되었다고 밝혔다.[26]

한편 이 시기 민청에 대한 서울중앙과의 명확한 합의는 아직 도출되지 않았던 것으로 보인다. 이를 입증하는 증거로 곧이어 12월 11일 남한에서 개최된 '전국청년단체총동맹대회' 관련 기사들의 성격을 들 수

---

23) 1949년에 발행된 조선중앙년감은 대회의 명칭을 '민주청년동맹대회'로 표기했다.

24) "朝鮮人民의 民族的英雄 金日成 將軍 入城," 『조선중앙년감 1949年版』(평양: 조선중앙통신사, 1949.1), 63~64쪽.

25) 김광운은 11월 27일의 대회를 '북조선민주청년동맹원 대회'로서 '민주청년동맹이 정식으로 활동을 개시'했으며 '북조선에 본부를 갖는 두 번째 사회단체의 결성'으로 의미를 두었다.

26) 『당의 공고화를 위한 투쟁』, 32~40쪽.

있다. 12월 26일『정로』는 12월 11일부터 3일간에 걸쳐 조선청년총동맹 결성대회가 서울천도교대강당에서 개최되었고 전국 13도 23시 218군 2,397개 세포의 동맹원 72만 5,205명을 망라한 전국청년단체로서 파견된 조직(대표) 6백여 명이 참가했다고 밝혔다. 특히 대회에서 '김일성이 명예회장'으로 추대되었다고 밝혔다.[27]

12월 11일에 개최된 대회가 12월 26일에 뒤늦게 게재된 것은 조선청년총동맹의 성격을 두고 양 지도그룹 간의 이견과 합의의 시간이 필요했던 것을 의미한다.[28] 한편 같은 사안을 두고『동아일보』1945년 12월 12일 기사는 김일성을 명예회장으로 추대한다는 내용은 게재되지 않았고 "순국혁명투사들과 연합국 전몰병사에 대한 묵상"과 "임시

27) "朝鮮青年總同盟 結成大會盛大,"『정로』, 1945년 12월 26일.

28) 이는 양 지도그룹이 조선청년총동맹에 대해 어떠한 내용을『正路』에 게재할 것인지 논의했음을 의미한다. 한편 조선청총대회에 대해 대회의 슬로건은 "人共 만세, 조선완전해방만세, 민족통일전선결성만세…" 등이었으며 대회에서 명예의장으로 여운형, 김무정(金武丁), 김원봉(金元鳳), 김일성, 박헌영과 세계 진보적 민주주의 청년대회 의장 미첼손(Mitchelson, 미국인)이 추대되었다는 기록이 있다. "조선청년총동맹결성대회특집,"『건설』, 2권 1호(1946.3), 3~5쪽; 김행선,『해방정국청년운동사』(서울: 선인, 2004), 122~123쪽에서 재인용. 전평과 전농결성대회에서 조공에 대한 지지가 표현된 것에 반해 조공에 대한 청총의 공식적 지지 기록을 찾을 수 없는데, 이는 청년운동이 지닌 본질적 성격, 즉 통일전선적 성격에 기인한다고 볼 수 있다.『해방정국청년운동사』, 122~123쪽.
김일성을 명예의장으로 추대했다는 기록에도 불구하고 조선청총 결성에 대해 이후 북한 문헌은 전국 청년총동맹에 대해 "남조선에서는 공청과 별개로 '조선청년총동맹'이라는 것을 만들어 놓고 청년운동을 분렬시키려고 악랄하게 책동"했다고 표현했다. 또한 "종파주의자들과 지방할거주의자들은 중앙에서는 민청을 조직하여도 지방에서는 공청을 그대로 두어야 한다고 떠벌이면서 각성되지 못한 일부 청년들을 부추겨 회의에서 공청을 유지한다는 결정을 채택"하게 했다고 표현하면서 공청을 민청으로 전환하는 문제가 계속 논쟁이 되었다는 것을 드러내기도 했다. 채종완 저,『청년사업경험』(평양: 사회과학출판사, 1990), 12~13쪽.

정부 요인을 비롯하야 각 정당 대표자들의 축사"가 있었다고 게재했다.[29)]

12월 17~18일 개최된 분국 제3차 확대집행위원회에서 김일성이 책임비서로 선출되었고 대회에서 공청을 민청으로 개조하는 방향 문제가 정식으로 거론되었다고 전해진다.[30)] 11월 27일의 전국 범위의 도시 군 청년부장과 민청위원장 회의가 있은 후에 제3차 확대집행위원회에서의 공식적으로 거론된 점은 민청의 조직사업과 당의 승인이 별개로 진행되었던 것을 추측할 수 있다.

이 회의에서 새롭게 구성된 집행위원회는 김일성, 김용범, 오기섭과 새로 소련에서 입북한 허가이(조직부장), 중국에서 들어온 박일우, 무정과 김재욱(청년부장) 그리고 국내 출신 윤상남(선전부장) 등 19명이었다.[31)] 당의 청년부장은 김욱진에서 소련계 김재욱으로 바뀌었고, 당 조직부장 역시 소련계인 허가이가 맡게 되었다. 이로서 조선공산당 북조선 분국의 지도부에 소련계 및 만주 빨치산파들, 연안계 등 해외파들이 대거 진출하면서 상대적으로 토착 공산주의자들의 입지가 좁아졌다는 것을 알 수 있다. 따라서 공청을 민청으로 전환하는 문제에 대해서 김일성이 자신의 주장을 더욱 강력하게 펼칠 수 있는 조건이 만들어졌다.[32)]

---

29) "全國青總大會第一日 各地代表七百名 一堂에," 『동아일보』, 1945년 12월 12일.

30) 중앙일보특별취재반, 앞의 책, 306쪽.

31) 김광운, 앞의 책, 186~147쪽.

32) 11월 말에서 12월 중순까지 소련계 한인들과 소련에 주둔하던 만주 빨치산 출신 그룹들 그리고 김두봉, 무정, 최창익 등 연안계의 주요멤버가 귀국했다. 대거 귀국한 소위 '해외파' 공산주의자들은 박헌영의 지도하에 있는 국내파 공산주의자들의 영향력을 약화시키는 계기가 되었던 것으로 보인다. 실제로 1946년 1월 조직된 민청 북조선위원회 중앙부서에 연안

한편 12월 26일『정로』 지면에 12월 22일부터 일주일간 민청 시국 강좌가 진행된다는 기사가 게재되었다. 첫날인 22일에는 김일성이 '민족통일전선과 조선건국'을, 23일에는 연안계인 무정이 '중국공산당의 신민주주의와 중화민족', 24일에는 최용건이 '조선건국과 현하 보안정책'을, 25일에는 오기섭이 '조선공산당의 정치노선'을, 26일에는 조만식이 '조선민주당의 정치노선'을 강연했다.[33] 강연의 일정과 내용에서 드러나듯이, 김일성이 통일전선과 건국에 대한 주제로 첫 강연을 했다는 것으로서 그의 정치적 위상과 역할을 파악할 수 있다. 또한 귀국한 지 얼마 되지 않은 연안계 무정이 강연한 것은 이후 연안계의 당 지도그룹 대열에 급속한 진입을 암시한다고 볼 수 있다. 이와 반대로 대표적인 토착 공산주의자인 오기섭은 '조선공산당에 정치노선'이라는 중요한 당의 정책을 강연하면서도 연안계인 무정과 최용건 뒤의 순서로 배치되어 토착 공산주의자들에 대한 견제를 추측할 수 있다. 한편 민주당의 조만식도 강연자에 포함되었는데 이는 통일전선을 표방하는 민청의 '대중성'을 의식했기 때문으로 추측된다.

12월 28일 김일성은 '학생 동맹을 민주청년동맹에 통합할데 대하여'를 발표, 학생청년은 독립적으로 존재하는 계급이나 계층이 아닌, 사회 여러 계급들과 계층들에 속하며, 따라서 학생은 민청에 가입하고 학생동맹은 민청에 통합하도록 촉구했다.[34] 김일성 주도로 진행되었

계로 추측되는 인물들이 포함되었다.

33) "民靑時局講座,"『正路』, 1945년 12월 26일.

34) 김일성, "학생 동맹을 민주청년 동맹에 통합할 데 대하여(학생 청년들에게서 받은 질문에 대한 대답, 1945.12.28),"『청소년사업에 대하여』(평양: 조선로동당출판사, 1966.2, 동경: 조선청년사, 1966.9 (번인출판)), 1~2쪽. 그러나 이 날짜에 대해 박용국은 12월 30일 김일성이 '학생 동맹을 유일한 청년단체인 민주청년동맹에 합류시키는 문제에 대해 간곡하게 학

던 대중적 청년조직으로서 '민청' 결성에 대한 논란들은 학생동맹을 청년동맹에 통합함을 결정함으로 마무리 지어졌던 것으로 추측된다.

1946년 1월 8일 민청 평남도 열성자 대회가 개최되었다. 이 회의는 민청이 공식적으로 결성되기 이전 문헌에 나타난 마지막 회의이다. 1월 8일 회의의 명칭은 '민청 평남도대표열성자대회'로서 민청 회의실에서 각 군대원 70명의 참가하에 개최되었다고 전해진다. 회의에는 조공북부조선분국책임비서 김일성, 독립동맹 주석 김두봉,[35] 부주석 최창익, 여성동맹 대표 ○진순, 보안국장 최용건, 사법국장 최용달, 노조전평 현○○, 농민위원회 이○○ 등 조선공산당과 독립동맹 그리고 노동자, 농민, 여성 단체 대표들과 보안, 사법 담당자가 참석했다.[36] 기사에는 여성동맹, 노조전평, 농민위원회 대표가 모두 참가한 것으로 나타나 있는데 정작 민청위원장의 이름은 나타나 있지 않다. 또한 오기섭 등 토착 공산주의자들의 참석 여부가 기록되지 않은 반면, 김두봉(대리), 최창익 등 연안계의 참석이 눈에 띈다.

다. 민청 결성 준비에 관여했던 인물들

1946년 1월 선출된 민청의 초대 위원장은 토착 공산주의자 김욱진이었다. 그러나 민청 결성 준비는 주로 김일성 및 만주출신 빨치산 그룹과 평남도당 위원회를 중심으로 소련계 및 연안계 일부 인사들의 도움을 받아 진행되었던 것으로 보인다. 관련된 인물로는 평남도당에서

생청년들에게 교시'했다고 밝혔다. 박용국, 앞의 글, 70~80쪽.

35) 기사에 '대리'로 기록된 것으로 보아 김두봉은 직접 참가하지 않고 대리참석했던 것으로 추측된다.

36) "모스크바會議決定支持 反動分子 排擊決議 民靑平南道代表大會," 『正路』, 1946년 1월 12일.

활동했던 것으로 보이는 양영순, 만주 빨치산 그룹의 전창철·김익현 등, 소련계열로 추정되는 김재욱 그리고 연안파로 추정되는 방수영·송군찬 등을 들 수 있다.

양영순은 해방 직후 평남도당 지구위원회 공청위원장으로 알려져 있으며[37] 서북5도당 책임자 및 열성자 대회에 김용범, 박정애와 함께 참석했다. 김용범, 박정애와 함께 소련공작원 출신으로도 분류되는 인물이다.[38] 양영순이 이들과 함께 소련 공작원 출신으로 분류된다는 것은 그가 어느 정도 소련과의 연관성을 갖고 있었던 것으로 추측할 수 있다. 한편 1946년 1월 16일 민청 결성대회에서 조선공산당북부조선분국 소속으로 소개된 양영순은 해방 이후 북조선청년단체의 총괄적 사업보고와 각도 청년단체대표자들의 지방정세 및 투쟁경과를 보고하기도 했다.[39]

---

37) 양영순(楊永筍)은 『正路』에의 기고를 통해 청년들의 과업은 일제의 잔재 청산이나 신의주 학생사건 등 모순적 현상이 발생하고 있다고 지적했다. 따라서 청년의 과업을 이루기 위해 분산되어 있는 청년들이 통일된 지도하에 재조직해야 한다고 주장했다. "青年運動의 當面課業," 『正路』, 1946년 1월 20일; 1945년 9월 당시 평남도당 지구위원회는 위원장 겸 정치부장 장시우, 선전부장 허의순, 여성부장 박정애, 조직부장 김용범, 경리부장 김광진, 경리부부장 박정호, 공청위원장 양영순 등으로 구성되어 있었다. 김광운, 앞의 책, 97쪽.

38) 위의 책, 157쪽.

39) 이것으로 보아 민청 결성을 위한 최초의 회의였던 1945년 10월 6일 평양의 준비 회의에서 평남도당 공청위원장으로서 양영순이 일정 정도 역할을 했을 것으로 추측된다. "民主獨立國家建設에 青年의 總力集中 朝鮮民主青年同盟北朝鮮委員會結成," 『正路』, 1946년 1월 24일; 이후 양영순은 1946년 5월 25일 북조선로동총동맹 제2차 확대집행위원회에서 북조선직업동맹으로 개편되는 시기 비서부장을 담당했다. 당시 위원장은 공산당 분국 황해도당책임비서였던 최경덕, 부위원장은 박수갑, 조직부장은 최기모, 문화부장은 최호민, 노력임금부장은 한국모 등이었다. 서동만, 앞의 책, 281쪽.

한편 김일성과 함께 귀국한 만주출신 빨치산 그룹 인물에게도 주의를 기울일 필요가 있다. 김일성은 1945년 9월 22일 평양 위수사령부 부사령 직함으로[40] 전창철, 강상호 등과 함께 평양에 도착했다.[41] 김일성은 당시 큰 어려움이던 당간부 양성의 문제를 전창철에게 맡겼다고 전해진다. 전창철의 첫 임무는 '평양노농정치학교'[42]를 당간부 양성기지로 개조하는 사업'으로서, 그는 노농정치학교 교무주임으로 1945년 12월 첫 졸업생을 배출했다고 알려져 있다.[43] 이러한 기록으로 볼 때 당시 전창철의 역할은 해방 직후 평양에서 친빨치산 그룹 성향의 청년들을 발굴하고 양성하는 역할을 맡았던 것으로 추측된다.[44]

민청 결성을 위한 첫 준비모임인 1945년 10월 6일 '조선민주청년동맹 준비회의'의 참석자들도 민청 결성을 준비했던 인물들로 볼 수 있

---

40) 알려진 사례는 1945년 10월 초 함남에 파견되어 사업하던 김책 일행 중 한 사람이 함흥 시내에 대중사업을 마치고 돌아오던 중 총알을 두 발이나 복부에 맞은 사건이다. "위대한 조국의 품과 한 의학자," 『로동신문』, 1993년 2월 6일.

41) 김광운, 앞의 책, 157쪽.

42) 노농정치학교 개설과 관련하여, 평북 박천 지방에도 당의 지원하에 노농정치학교가 개교되었다. 개교된 시기는 평양노농정치학교의 첫 졸업생이 배출되었던 1945년 12월이었다. 정치학, 경제학, 노동운동사, 국사 등의 과목이 개설되었다고 기록되었다. "박천에 정치학교 개설," 『정로』, 1945년 12월 14일.

43) "소왕청유격구의 나날로부터," 『로동신문』, 1990년 4월 19일; 김광운, 앞의 책, 142쪽.

44) 전창철은 1945년 10월 10~13일 서북5도당 책임자 및 열성자 대회에 김일성 등과 함께 참석한 것으로 알려져 있다. 만주출신 빨치산 그룹으로서 김일성, 최용건, 김책, 안길, 서철, 최춘국, 박성철, 리영호, 최현, 전창철, 허봉학, 김경석, 석산이 참석했다고 알려졌다. 전창철은 이후 만경대 혁명학원 원장을 역임했다. 김광운, 앞의 책, 157쪽; 1947년 5월경 미군 정보당국이 조사한 북부조선 군간부 명단에 따르면 전창철은 평양학원의 부원장 겸 문화부주임을 담당했다. Intelligence Summary Northern Korea #37, 31 May 1947; 서동만, 앞의 책, 258쪽에서 재인용.

다.[45] 1945년 10월 초 평양에서 공청준비위원회가 비밀리에 발족되었으며 당시 빨치산 그룹 가운데 젊은 층인 김익현, 김성국, 박우섭, 정만금, 김원주 등이 공청 조직을 위해 각 도로 밀파되었다는 증언이 존재한다. 증언 속의 10월 초 회의는 10월 6일 회의로 추측된다.[46]

증언 속에 언급되는 김익현은 민청 초대 노동부장을 맡았던 인물이다. 그는 김일성 경위연대에 소속되었던 것으로 알려져 있는데 해방 직후 김일성과 함께 귀국한 소련극동전선군 88독립보병여단 제1대대의 명단에는 포함되지 않은 것으로 보인다.[47] 그러나 1945년 9월 19일 김일성 일행이 원산 도착 후 리주하 등 국내 공산주의자들과 접견 시 역시 만주 출신 빨치산 그룹인 서철과 함께 원산시당에 수행했던[48] 기록으로 보아 김일성보다 먼저 귀국해 국내에서 활동했을 가능성도 배제할 수 없다. 특히 그가 민청 초대 중앙조직에서 노동부장의 역할을 맡았던 것은 그가 국내에서 민청 결성에 깊이 관여되어 있었음을 입증한다.[49] 정만금은 여성대원으로서 소련극동전선군 88독립보병여단 1대대에 편제되지는 않은 채 김정숙, 김명화, 김철호, 박경숙, 박경옥, 허창숙, 김옥순, 왕옥환, 리숙정, 전순희, 장희숙, 리계향, 김성옥 등과

45) 사회과학원 력사연구소, 앞의 책, 79쪽.

46) 그가 기억한 10월 초 회의는 『정로』에서 밝힌 10월 6일의 민청준비회의로 추정된다. 중앙일보특별취재반, 앞의 책, 303쪽.

47) 김광운, 앞의 책, 131~132쪽.

48) 김일성, 『세기와 더불어 8』, 477쪽.

49) 그외 김성국과 박우섭, 정만금, 김원주가 민청 결성 준비를 위해 활동했던 기록은 찾아보기 어렵다. 다만 김성국과 박우섭은 만주출신 빨치산 그룹의 일원으로 소련극동전선군88독립보병여단 소속이므로 김익현의 경우처럼 해방 후 국내에서 모종의 임무를 부여 받았을 가능성은 배제할 수 없다.

함께 주로 집단농장으로 파견된 것으로 파악된다.[50)]

한편 소련계 한인들이 대거 입국한 12월 초 새로 선임된 당 청년부장 김재욱은 1912년 함북 경흥 출생으로 1930년 만주 하얼빈에서 공부, 1932년 졸업 후 만주 빨치산 부대에 참가했던 것으로 알려져 있다. 1938년 중국공산당에 입당하고 1945년까지 만주에서 활동하다가 해방 후 귀국하여 조선공산당 평남도당 제2책임비서, 1946년 북로당 평남도당 위원장을 역임했다.[51)] 북로당 제1차 대회에서 43인의 당중앙위원에 선임되기도 했다.[52)] 김재욱이 민청 조직에 어떠한 역할을 했는지에 대한 기록은 찾기 어렵다. 그러나 그가 해방 직후 조공 평남도당의 제2책임비서였던 것으로 보아, 김일성 영향하에 평양에서 개최되었던 민청 준비 회의에 일정 정도 역할을 했을 가능성은 배제할 수 없다.

민청 결성 초기 적극적으로 활동했던 인물로서 연안계로 추정되는 방수영, 송군찬 등도 포함된다. 방수영은 1918년 평양의 상인가정에서 출생, 1941년 와세다 전문학교 정치학과를 졸업하고 그 후 만주에서 약 2년간 있다가 귀국 도중 독서관계로 구금을 당했다고 알려져 있다. 1944년 10월~1945년 5월 동안 평양 기상대에서 근무하기도 했다. 연안으로 갈 준비를 하다 해방을 맞게 되었다.[53)] 1946년 1~2월 사이 민청의 위원장으로 방수영과 김욱진을 혼재해 사용하는 경우가 관찰되었는데 이것은 방수영이 민청 결성 작업에 깊이 관여되었음을

---

50) 김광운, 앞의 책, 123쪽.

51) 위의 책, 186~187쪽.

52) 위의 책, 372쪽.

53) 방수영(方壽永)은 북조선임시인민위원회 위원이자 조선민주청년동맹 위원장으로 소개되었다. 기사에 약력이 소개되었다. “靑年들도 積極參加하야 우리의 政權 을 支持○○,”『正路』, 1946년 2월 16일.

입증한다.[54] 방수영이 해방 직후 북부 조선의 지도그룹 중에서 어느 쪽의 영향을 받았는지는 파악되지 않는다. 다만, 그가 북조선임시인민위원회 주석단에 포함되었고 이후 로동당 창당시 연안계 진반수와 함께 중앙검열위원회 부위원장직을 맡았던 것으로 보아 연안계의 영향을 받았을 것으로 추측된다. 민청 결성 당시 초대 학생부장이었던 송군찬[55] 역시 연안계의 영향을 받았을 것으로 추정되는데 그는 1950년대 후반 김일성종합대학의 교원으로 있다가 연안계 숙청과정에서 학교당위원회 검열과정에서 숙청되었다.[56]

54) 예를 들어, 1월 2일 "조선에 대한 소미영 3국외상 모스크바 회의의 결정에 대하여"라는 기사에는 조선공산당북부조선분국 책임비서 김일성, 조선독립동맹대표 김두봉, 여성총동맹위원장 박정애 등과 함께 민주청년동맹위원장으로 방수영이 게재되었다. "조선에 대한 소미영 3국 외상 모스크바 회의의 결정에 대하야,"『正路』, 1945년 1월 2일; 또한 2월 20일 북조선임시인민회의 결성대회 주석단이 스탈린에게 보내는 편지가『정로』에 게재되었다. 기사는 북조선임시인민위원회 주석단으로 조선공산당북부조선분국 책임비서 김일성, 북조선독립동맹 주석 김두봉, 조선민주당 임시당수 강양욱, 조선노동조합전국평의회 북조선총국위원장 현○○, 여성동맹위원장 박정애, 전국농민조합총련맹북조선연맹 위원장 강진건과 함께 조선민주청년동맹북조선위원회 위원장으로 방수영을 게재했다. 이 시기는 이미 민청 위원장에 김욱진이 선출된 이후였다. "스딸린同志에게 보내는편지,"『정로』, 1946년 2월 20일; 방수영은 북조선로동당 제1차 대회에서 중앙검열위원회 부위원장(위원장 김용범, 부위원장 진반수, 방수영)을 맡기도 했다. 김광운, 앞의 책, 375쪽.

55) 송군찬은 민청 결성 대회 둘째 날인 17일에 사회를 보기도 했다.

56) 당시 김일성종합대학 총장은 소련계 조선인이었고, 당위원장(비서)은 연안계열의 인물이었다. 김일성종합대학 당위원장을 지도하는 평양시당 위원장도 연안계열이었다. 황장엽,『황장엽회고록: 나는 역사의 진리를 보았다』(서울: 한울, 1999), 107쪽.

2. 북조선민청 결성과 초기 조직

가. 북조선민청 결성

북한의 통일된 청년조직인 북조선민주청년동맹의 결성은 소련의 콤소몰과 마찬가지로 당 건설 이후 국가 수립 과정에서 이루어졌다. 콤소몰이 결성 초기부터 공산주의적 성격을 드러내고 청년들을 인입했던 것과는 달리, 당의 통일전선 노선으로 인해 대중성을 표방했던 북조선민청은 사상의식, 출신성분과 상관없이 각계각층의 청년들을 인입하는 정책을 펼쳤다. 북조선민청의 대중성 표방은 사회주의 체제의 청년조직으로서 기능하는데는 일정한 제약이 되었으나, 1960년대 중반 민청이 해당 연령기의 전체 청년을 아우르게 된 조건 중의 하나가 되었다. 한편 콤소몰은 스탈린 시기 전체 청년을 대상으로 한 양적 확대 정책을 전개했지만 성공하지 못했다. 이는 콤소몰이 대중적 성격과 엘리트적 성격이 병존하는 복합적 성격을 지녔기 때문이다. 중국의 경우 엘리트적 성격의 공산주의 청년조직으로 공청단을, 일반 대중조직으로 '중화전국청년연합회'를 별도로 두는 이원화 정책을 추구했다.[57]

1946년 1월 16일 오전 11시 평양 인민극장에서 민주주의 청년단체 대표자 회의가 개최되었다.[58] 17일까지 이틀간 개최된 이 회의는 '조

57) 김종수, 앞의 책, 42~43쪽.

58) 『정로』는 기사에서 '40여만 청년의 민주주의 청년단체 대표자 회의'로 기록했다. 당시 회의의 명칭이 '민주주의 청년단체 대표자 회의'인 것으로 보아 40여만 명이라는 숫자는 민청만이 아닌 복수의 청년단체들에 가입한 청년의 전체 숫자를 의미하는 것으로 보인다. 이를 입증하는 기록으로 1956년 민청 중앙위원장이었던 박용국은 『근로자』에서 '대회에 246,000명의 조직된 청년들을 대표하는 대표자들이 참가'한 것으로 기록, 맹원 수를 246,000명으로 밝혔다. 박용국, 앞의 글, 70~80쪽.

선민주청년동맹북조선위원회'를 결성하고,[59] 각 도 대표 1명과 임시의장(방수영)을 합한 7명의 전형위원이 23명의 위원을 추천, 11명의 상무위원을 선임했다.[60] 회의는 조선공산당 평남도위원회 김상규의 개회사로 시작, 명예의장으로 김일성,[61] 무정, 최용건, 리호제[62]를 추대하고 임시의장 방수영의 사회로 진행되었다. 해방 이후 북부 조선 청년단체의 총괄적 사업 보고와 각도 청년단체 대표자들의 지방정세 및 투쟁경과에 대한 조선공산당 북부조선분국의 양영순[63]의 보고에 이어 오기섭의 축사로서 16일의 회의는 종결되었다. 17일 회의는 송군찬[64]의 사회로 진행되었고 김일성, 소군정 메클렐 중좌, 5도행정국 교육국장 장종식의[65] 축사 후 결정서를 만장일치로 통과시켰다. 회의는

---

59) '조선민주청년동맹북조선위원회'의 명칭은 잠시 불리다가 줄곧 '북조선 민주청년동맹'으로 불리었다.

60) "민주독립국가건설에 청년의 총력집중 조선민주청년동맹북조선위원회 결성," 『정로』, 1946년 1월 24일.

61) 기사는 김일성을 조선공산당 북조선분국책임자 김일성 동무로, 최용건은 최용건'씨'로 달리 표현했다.

62) 리호제는 조선청년총동맹 준비위원장이다. 『동아일보』, 1945년 12월 12일; 조선청년총년총동맹은 1945년 12월 창립, 회원수는 72만 3,000명이었다. 김종수, 앞의 책, 115쪽.

63) 해방 직후 평남도당 공청위원장으로 추정된다.

64) '송군찬 의장'의 의사집행으로 속회되었다. 송군찬은 이날 상무위원으로 선임, 학생부장을 맡았다.

65) 『正路』에 게재된 약력에 따르면 장종식(張鍾植)은 북조선임시인민위원회 위원으로 1908년 제주도 중농가정에서 출생했다. 경성에서 중학교 졸업 후 4년간 소학교 교원생활을 했다. 1927년 대구감옥에서 1년 복역하고, 수감 중 또 다른 사건으로 기소되어 목포형무소에서 대구형무소로, 다시 대전감옥에서 수형생활을 하다가 1933년 출옥했다. 1933년부터 1936년까지 4년간 신문기자로 사회활동에 적극적으로 참가했으며 1937년부터 조직활동을 했다. "北朝鮮臨時人民委員會委員略歷," 『正路』, 1946년 2월 17일.

'전세계 무산계급의 령수 쓰딸린 동무에게 축전을 보낼 것'과 '조선청년총동맹에게 멧세이지를 보낼 것'을 가결한 후 마쳤다.[66)]

이날 채택한 결정서는 1945년 10월 30일 김일성의 제의에 의해 민주청년동맹준비위원회가 결성되었고 현재까지 가입한 맹원수는 40여만 명으로 11월 이후 노동자, 농민, 소시민, 지식청년을 포함한 전 애국적 청년이 대중적으로 참가한 것, 조선민주청년동맹이 강령과 규약에서 전 조선 각층 청년의 이익을 대표한다는 것에서 의미가 있으며 유일한 청년단체인 것,[67)] 그간 청년단체 조직상의 결점으로 중앙기관이 없고, 일부 지역에 동맹 조직이 조직되지 않았고 간부 구성이 미흡한 점, 유사한 강령을 가지고 산발적으로 조직되어 활동한 점,[68)] 반동청년단체들이 활동하고 있는 점을 밝혔다.[69)] 결정서는 또한 북부 조선청년운동을 지도하기 위해 조선민주청년동맹 북부조선위원회를 조직하며, 이 조직은 남조선 청년단체들과 긴밀한 연계를 가질 것과 각 도의 대표들은 1946년 2월 15일 이전에 도대회를 소집하고 본 회의의 결정을 토의할 것을 채택하고 민주청년동맹의 맹원증과 징초를 만들고 위원회의 직접 검열하에 3월 15일 이전에 맹원증 발급을 완료할 것, 규정에 의해 각 부를 구성하고 사업을 준비할 것, 민주청년동맹의 유일한 기관지를 발행할 것, 각 도 민주청년단체을 지도하며 각 도 민

66) "民主獨立國家建設에 青年의 總力集中 朝鮮民主青年同盟北朝鮮委員會結成,"『正路』, 1946년 1월 24일.

67) "北部朝鮮民主主義青年團體 代表者會議決定書,"『正路』, 1946년 1월 25일.

68) 결정서는 강원도청년동맹이 민청의 강령을 그대로 모방했으나 해방청년동맹의 이름으로 활동했다고 지적했다.

69) 결정서는 평북의 백의청년동맹이 파시스트적 암살단으로 학생사건을 선동했다고 주장했다. "북부조선민주주의청년단체대표자회의 결정서,"『정로』, 1946년 1월 25일.

주청년동맹들은 이 지도를 성실히 실행하고 밀접한 연락을 취할 것, 진보적 민주주의 정당을 대표하는 청년지도자의 파견을 요구할 것 등을 제기했다.[70)]

둘째 날인 1월 17일 회의에서 김일성은 "조선민주청년동맹북조선위원회 결성에 대하여"라는 연설에서 조선을 발전시키기 위한 선결조건으로서 민족통일전선의 형성을 제기하면서, 청년들이 아직 광범한 조직체를 가지고 있지 않다고 지적했다. 또한, 공청을 해산하고 민청을 결성한 만큼 민청이 공청 강령이 아닌 '자기의 강령'을 내세워야 한다고 강조했다. 김일성은 적지 않은 청년들이 아직 민청에 가입하지 않고 있는데 그 이유는 민청이 청년을 대상으로 자신의 민주주의적 강령에 대해 철저한 해설사업을 벌이지 않은 탓이라고 지적해, 청년들의 가입이 활발히 진행되고 있지 않음을 드러내기도 했다.[71)] 김일성은 민청이 역량을 기르기 위해서는 강력한 규율과 간부양성사업이 필요하며 간부양성반을 만들 것을 제기했다. 또한 검열사업과 통계사업, 친일분자 숙청 사업과 민주당 내의 불순분자 숙청사업 지원을 적극적으로 수행해야 한다고 주장했다.[72)]

1946년 1월 민청 북조선위원회 결성 기사는 이전에 비해 당시의 상황을 비교적 현실적으로 기술했다. 10월 6일 평양의 민청 결성준비회의와[73)] 12월 11일 조선청총 결성대회에[74)] 대해서는 김일성만을 유일한

---

70) "북부조선민주주의청년단체대표자회의 결정서,"『정로』, 1946년 1월 25일.

71) 김일성, "조선 민주 청년 동맹 북조선 위원회 결성에 대하여(북조선 민주 청년 단체 대표자 회의에서 한 연설, 1945.1.17),"『청소년사업에 대하여』, 3~6쪽.

72) 위의 글, 3~6쪽.

73) "各界 靑年 網羅 民主靑年同盟 結成,"『정로』, 1945년 11월 14일.

74)『정로』는 이 기사를 12월 26일에 게재했다. 1945년 12월 11일부터 3일간

명예회장으로 추대했다고 기술한 반면, 1946년 1월 16~17일의 민청 북조선조직위원회 결성 시에는 첫날 축사를 토착 공산주의자인 오기섭이 맡았고, 조선청년총동맹준비위원장 리호제를 김일성과 함께 명예의장으로 추대, 민청이 조선청총과 긴밀한 연계를 가질 것을 적시했다. 또한 1946년 1월 16~17일 시점까지 민청 조직 결성의 진행이 제대로 되고 있지 않은 상황을 그대로 드러냈다. 이것은 특히 민청 결성 직전 연안계와 소련계 공산주의자들의 입국 이후 김일성이 서울 중앙과 토착 공산주의자들에 대한 견제를 강화했던 것과 대비된다.

당시의 정황으로 추측할 때 민청 결성과정에서 토착 공산주의자들의 도움이 절실히 필요했던 것으로 보이는데, 그것은 그간 소군정의 영향하에서 김일성과 평남도당위원회를 중심으로 추진되던 민청의 조직 구성이 제대로 진행되고 있지 않았음을 유추하게 한다. 특히 민청의 초대 위원장으로 토착 공산주의자 출신을 선출한 것은 토지개혁을 포함해 계획된 정치일정에 대중들의 지지를 이끌어 내기 위해서였을 것이다. 회의 첫날인 16일 오기섭이 축사를 한 것을 그 근거로 들 수 있다. 당시 민청뿐 아니라 농민동맹과 직업동맹 모두 토착 공산주의자들이 수장을 맡았으며 이것은 앞서 설명한 것처럼 임시인민위원회 선거와 토지개혁에서 대중적 지지를 획득하려는 목적이었던 것으로 보인다.

에 걸쳐 조선청년총동맹 결성대회가 열렸다. 서울천도교대강당에서 전국 13도 23시 218군 2397개 세포의 동맹원 72만 5,205명을 망라한 전국청년단체로서 파견된 조직(대표) 6백여 명이 참가했다. "조선청년총동맹 결성대회성대 전국각지에서 육백여 대표 참집 창년의 의기를 고양," 『정로』, 1945년 12월 26일; 대회에서 '김일성이 명예회장'으로 추대되었다고 게재되었는데, 대회가 11일에 개최되었는데 26일자 기사에 게재된 것으로 보아 소군정 및 김일성 그룹과 국내 공산주의자 그룹간에 대회의 성격을 놓고 또 한번의 갈등과 타협이 있었던 것으로 추측된다.

한편 회의에서 명예의장으로 김일성, 무정, 최용건, 리호제가 추대되었는데 이는 만주 빨치산계열, 연안계열, 서울 중앙으로 구성된 지도부의 연합체적 성격을 반영한다.

민청 결성 이후 1946년 3월 2~4일 평안남도 인민위원회 회의실에서 3백여 명의 남녀학생들이 참가한 가운데 평양학생대회가 진행되었다. 대회는 일부 학생들이 자본가 지주들의 영향으로 반동적 행동을 표현했으며 이들을 숙청하기 위해 열성적 학생들이 '학생선구대'를 조직, 투쟁하고 있다고 밝혔다. 이날 평안남도 인민위원회 교육부장 김응의 개회사로 시작, 임시집행부위원을 선거하고 각 단체 대표들의 축사에 이어 소군정의 교육고문관 뚜식 소좌와 도인민위원회 부위원장 리주연의 격려사 이후 '북조선인민위원회 위원장 김일성장군에게 보내는' 메시지와 선언서를 가결하고 종료했다.[75)]

이 회의 직전인 2월 10일 『정로』에 북조선5도행정국 교육국장 장종식과 일문일답 기사가 게재되었다. 기사는 서두에서 "과거 조선학생들의 정치적 학생운동은 로동자, 농민의 경제적 정치적 투쟁과 아울러 반일본제국주의 투쟁"의 역사를 가지고 있었다고 치하하면서, 그러나 이것이 해방 직후 "일부 반동분자"들에게 이용되어 "진보적 민주주의에 입각한 정치로선으로부터 벗어나는 경향"이 나타나고 있다고 설명했다. 장종식은 해방 직후 "일부 공산당원들의 과오와 가짜 공산주의자들의 비행"으로 인해 학생들이 그릇된 선입관을 가지게 되었으며 이것이 공산주의자들의 전체적인 과오라는 선입관은 버려야 한다고 강조했다. 또한 일부 파시스트 반동분자들이 감수성이 예민한 학생들의 애국심을 역이용해 자신들의 정치적 야심을 충족하려 하고 있다고 비

75) "先鋒學徒 三百餘名 一堂에 모여 討論白熱! 平壤學生大會 烈光裡進行," 『정로』, 1946년 3월 27일.

난했다.[76] 장종식은 감수성이 예민한 학생층인만큼 무비판적인 행동을 간혹 취할 수 있지만 이로 인해 학생들을 억눌러서는 안되고 "진정한 마음으로 성의를 다하여 그릇된 것은 타이르고 모르는 것은 알도록 설명"해야 한다고 말했다. 또한 "조국의 해방을 위해 싸워온 애국적 혁명 투사 선생께 부탁하야 민주주의적 정치선전에 대한 바른 인식을 가지도록 국제적 객관정세와 조선에 대한 문제를 해석·강의하도록" 할 계획을 밝혔다.[77]

1월 16~17일 개최되었던 민청 북조선위원회 결성 때와는 달리, 평양의 학생대회에는 소군정의 교육 고문관이 참석하고 김일성에 대한 지지를 확인했던 것으로 보아 평양과 평안남도의 청년단체 활동은 확연히 소군정의 영향하에 김일성의 주도로 이루어지고 있었던 것으로 파악된다. 1945년 11월 23일 신의주 학생사건에서 소군정과 김일성이 당시 학생들의 처벌에 신중한 태도를 취했던 것과 달리, 평양학생대회의 내용은 '반동학생들에 대한 숙청' 등 당시 소군정 영향하의 분위기에 저항하는 학생들에 대해 매우 과격한 반응을 보였다.

나. 민청의 초기 조직

민청 결성 당시 조직은 위원장 1인, 부위원장 1인 및 9개의 중앙부서로 구성되었다.[78]

---

76) "그릇된 先入觀을 버리고 大國的情況을 살피라. 北朝鮮教育局長 張鍾植氏와 一問一答,"『正路』, 1946년 2월 10일.

77) 위의 글; 이후 김일성에게 보내는 편지형식의 글이 게재되기도 했다. "青年의 熱血을 기우려 民主主義國家建設盟誓(金日成同志에게 보내는편지),"『正路』, 1946년 2월 27일.

78) 결성 당시에는 각 도 대표 1명과 임시 의장(방수영)을 합한 7명의 전형위원이 23명의 위원을 추천하고 11명의 상무위원이 선임되었다. "民主獨立

【표 3-2】 조선민주청년동맹 북조선위원회 상무위원 명단

직위명	성명	직위명	성명
위원장	김욱진	부위원장	박일순
조직부장	리응하	총무부장	리창협
선전부장	김상규	농민부장	허인흡
노동부장	김익현	소년부장	엄효숙
여자부장	현금란	학생부장	송군찬
체육부장	리인원		

* 출처: 『정로』, 1946년 1월 24일 기사를 재구성.

1946년 1월 구성된 민청 북조선위원회 상무위원들이 어떠한 인물이었는지 확인할 수 있는 기록은 많지 않다. 그러나 제한된 자료를 통해 파악되는 인물들의 배경으로 볼 때 초기 중앙조직 구성은 만주 빨치산계열, 연안계열, 토착계열 등의 연합적 성격이 반영된 것으로 판단된다.

초대 위원장으로 선출된 김욱진은 1919년 함남 홍원에서 출생, 만주 용정의 중학교에서 수학, 1939년 홍원 제4차 농민조합사건에 연루되어 6년간 복역했던 것으로 알려져 있다.[79] 농조활동을 활발히 벌였던 김욱진은 오기섭과 동향으로, 그의 영향을 받았던 인물로 추측된

國家建設에 靑年의 總力集中 朝鮮民主靑年同盟北朝鮮委員會結成," 『正路』, 1946년 1월 24일; 공청을 해산하고 민청으로 전환하는 과정에서 공청 창설에 활동했던 인물들은 다른 기관으로 보내지고 새로운 인물들로 집행부가 구성되었다는 증언이 존재한다. 공청 핵심이 남아 있으면 민청이 공산당 청년조직으로 비쳐질 소지가 컸다는 것이 그 이유였다. 따라서 공청 창설에 활동하던 인물들 중 일부는 평양학원과 보안훈련소로 보내졌고 새 집행부에는 위원장 김욱진, 부위원장으로 조용희(공산 계열)와 김영환(청우당 계열)이 선출되었다는 것이다.(서용규 씨의 증언) 그러나 1946년 1월 16일 민청 위원장으로 선출된 김욱진 외에 나머지 두 사람에 대한 기록은 찾아볼 수 없다.

79) 김광운, 앞의 책, 199쪽.

다. 그는 민청 초대 위원장으로서 민청 초기 조직의 정비와 토지개혁 지원활동, 맹원 증대, 선거지원의 활동 등을 주도했던 것으로 보인다. 그는 1946년 8월 북조선로동당 제1차 대회에서 오기섭과 함께 43명의 당중앙위원에 포함되었으나 임시인민위원회에는 선거 이후 뒤늦게 보선되었다. 이때 함께 보선된 6인의 위원은 청우당수 김달현, 교통국장 허남희, 노동부장 오기섭, 보안국장 박일우, 상업국장 장시우, 민청 책임자로서 김욱진이었다.[80)]

초대 조직부장, 제2차 대회 이후 농청부장을 역임했던 리응하 역시 함북 명천 출신으로 토착 공산주의자였던 것으로 파악된다.[81)] 그러나 그가 오기섭 계열인지, 혹은 1948년 이후 당에 등장하는 박금철 등 갑산계열인지는 명확하지 않다.

초대 민청 중앙부서에서 선전부장을 맡았던 김상규는 민청 결성대회에서 개회사를 한 인물로서 조선공산당 평남도위원회 소속으로 소개되었다.[82)] 따라서 그는 평남도당 소속으로서 김일성의 영향하에 민청 결성을 준비했던 인물로 추측된다.

민청 조직의 초대 학생부장이었던 송군찬은 1940년 와세다전문 상과를 졸업[83)]한 인물로 1946년 1월 17일 민청 결성대회에서 의장으로

---

80) 이들의 면면으로 볼 때 애초 임시인민위원 선거에 나서지 않고 뒤늦게 보선된 것은 상식적이지 않다. 견제차원이었던 것으로 판단된다. 『로동신문』, 1946년 11월 28일; 김광운, 위의 책, 418쪽.

81) 1931년 10월 3일 동아일보에 명천 동군동면 사립보통학교 동사판 사건으로 검거된 8명 중 한 명으로 청진검사국으로 송치되었다는 기사가 있다. "明川署事件, 八名은 送局," 『동아일보』, 1931년 10월 3일.

82) "民主獨立國家建設에 青年의 總力集中 朝鮮民主青年同盟北朝鮮委員會結成," 『정로』, 1946년 1월 24일.

83) "今春東京各專門大學朝鮮人卒業生一覽," 『동아일보』, 1940년 2월 8일.

서 의사 집행을 진행했다.[84] 그는 9월 제2차 민청 대회에서 기관지 주필로 선임되었다.[85]

3. 북조선민청의 조직운영과 인적 특성

가. 북조선민청의 조직운영

1946년 5월 민청중앙위원회 제1차 확대위원회가 개최되었다. 회의는 조직체계와 내부 부서들을 개편하고, 맹원 심사 및 맹증 교부사업을 진행할 것을 결정했다. 또한 초급단체 사업 강화를 위해 '초급단체 공작요강'을 발표했다.[86]

같은 해 5월 13일 북조선공산당 상무집행위원회에서 김일성이 민청사업의 강화발전을 강조한 이후[87] 5월 30일 각 도당위원회 청년사업부장, 도민청위원회 위원장 연석회의가 개최되었다.[88] 김일성은 회의에서 '민주조선건설에서의 청년들의 임무'라는 연설을 통해 일제의 사상적 잔재가 남아 있는 청년들에 대해 민청의 훈련과 교육이 부족함을 지적하고 향후 과제를 제기했다.[89] 김일성은 민청의 간부진 강화와 맹

84) "民主獨立國家建設에 靑年의 總力集中 朝鮮民主靑年同盟北朝鮮委員會結成,"『정로』, 1946년 1월 24일.

85) 와세다대학을 졸업한 인물로 방수영을 들 수 있는데 민청 결성 회의에서 방수영이 16일의 의사 진행을, 송군찬이 17일의 의사 진행을 했던 것으로 보아 두 사람 모두 민청 준비에 일정한 역할을 했던 것을 추측할 수 있다. 김종수, 앞의 책, 144쪽.

86) 김광운, 앞의 책, 199~200쪽. 앞에서 밝힌 바대로 1950년대 후반 연안파 숙청 시기 송군찬은 김일성 종합대학의 교원으로 있다가 숙청되었다.

87) 위의 책, 200쪽.

88) 김일성, "민주 조선 건설에서의 청년들의 임무(각 도당 위원회 청년사업부장, 도민청 위원회 위원장 련석 회의에서, 1946.5.30),"『청소년사업에 대하여』, 7~12쪽.

89) 연설에서 김일성은 민청의 맹원이 80여만 명이라고 밝혔는데 1월 민청

원들에 대한 교양사업 강화, 민청의 선전망 확대 및 민청선전원제도 수립, 간첩 색출, 학생사업 강화, 여성간부 양성, 소년단 사업 강화, 다른 사회단체들과의 관계를 강화할 것을 지적했다.[90] 김일성은 연설에서 특히 학생들과의 사업 강화를 강조하면서 해방 직후 학생들의 반소, 반민주개혁 시위 등을 언급했다. 또한 민청이 학생들을 교양하는 방식이 현실적이지 않다며, 반동적 성향의 학생들은 극히 일부이므로 학생들을 일률적으로 다루지 말고 개별적으로 각자의 성분에 따라 교양해야 한다고 강조했다.[91]

인민위원회 선거를 앞두고 1946년 8월 3일 제1차 민청 평양시 대표자회의가 대의원 400여 명의 참석으로 개최되었다. 평양시의 경우 6개의 구 조직과 그 산하에 3백여 개의 초급단체, 23,000여 명의 맹원이 조직되었고[92] 9월 무렵 민청의 하부조직이 갖춰졌다.[93] 9월 14일에는 평안남도 선거지도위원회가 결성되어 평남인민위원장인 강진건이 위원장으로, 부위원장으로 홍기황(민주당)과 김재욱(북로당)이, 사회단체들 중 민청에서는 오운식 부위원장이 선거지도위원으로 선임되었다.[94] 오운식은[95] 1946년 1월 11명의 상무위원회에 포함되어 있지 않던 인물로서 같은 해 9월 29일 민청 제2차 대회에서 부위원장으로 선출되었다. 제2차 대회에서 부위원장으로 선출되기 이전에 이미 민청

북조선위원회 결성 시점으로부터 약 3배(박용국), 혹은 약 2배(정로 기사) 증가한 숫자이다. 위의 글, 7~12쪽.

90) 위의 글, 7~12쪽.

91) 위의 글, 7~12쪽.

92) 『로동신문』, 1946년 9월 1일; 김광운, 앞의 책, 201쪽.

93) 위의 책, 201쪽.

94) 위의 책, 402쪽.

95) 오운식에 대한 구체적인 설명은 인적 특성 부분에서 다루었다.

대표 자격으로 평남 선거지도위원으로 선임되었다는 것은 민청 대회 이전에 부위원장으로 활동하고 있었거나 평안남도에서 그에 준하는 중요한 위치에 있었던 것으로 추측할 수 있다.

11월 인민위원회 선거를 앞두고 9월 29일 북조선민주청년동맹 제2차 대회가 개최되었고 이어 10월 2일 북조선민청 제1차 상무위원회가 소집되었다. 북조선민청 제2차 대회에서 김일성은 '민주 력량의 확대강화를 위한 민청 단체들의 과업'에 대해 연설했다.[96] 김일성은 연설에서 당면한 최대의 과업은 민주주의인민공화국을 수립하는 것이며 이를 위해 광범위한 군중을 포괄하는 사회단체들, 그중에서도 민청의 역할을 제고하는 것이 필요하다고 주장했다.[97] 김일성은 현 시점에서 민청은 130만여 명의 맹원이라는 양적 확대를 이루었다면서[98] 맹원의 질적 강화가 필요하다고 제기했다. 김일성은 민청 조직의 강화를 위해 청년들에 대한 민주주의적 교양사업을 전개하고, 과학과 기술을 교양하고, 진보적 혁명사상으로 튼튼히 무장해 민청 내 사상통일을 강화해야 한다고 주장했다.[99] 또한 민주역량의 강화를 위해 전체 민청원들은 인민위원회가 발표하는 모든 법령들을 적극 지지, 솔선 실천해야 하며 민주개혁의 성과를 공고히 하기 위한 투쟁에 앞장서야 한다고 말했다.[100] 김일성은 대회에서 민청원들이 11월 3일 예정되어 있는 도시군

---

96) 김일성, "민주 력량의 확대 강화를 위한 민청 단체들의 과업(북조선 민주 청년 동맹 제2차 대회에서 한 연설, 1946.9.29)," 『청소년사업에 대하여』, 13~17쪽.

97) 위의 글, 13~17쪽.

98) 위의 글, 13~17쪽; 그러나 이 시기 맹원 수가 100만 명이라는 기록도 있다. 박용국, 앞의 글, 70~80쪽.

99) 김일성, 앞의 글, 13~17쪽.

100) 위의 글, 13~17쪽.

인민위원회 선거의 선전사업에 적극적으로 임할 것과, 농업현물세 납부와 추수돌격 운동에도 적극 참여할 것을 제기했다.[101)]

한편 1946년 9월 개최된 민청 2차 대회 이후 중앙위원회 부위원장이 박일순에서 노민, 오운식 2인으로 바뀌는 등 조직의 변화가 있었다.

【표 3-3】 민청의 중앙부서 비교(1946년 1월 vs. 1946년 10월)

민청 결성대회(46.1)		민청 제2차 대회 이후(46.10)		
부서명/직위	부서장	부서명/직위	부서장	부서 구성
위원장	김욱진	위원장	김욱진	
부위원장	박일순	부위원장	노민 오운식	
조직부장	리응하	조직부장	안병기	총 9명. - 부부장, 맹원검찰과장, 맹원검찰과원, 지도원
총무부장	리창협	총무부장	김동수	총 12명. - 서무과장, 서무접수, 서무과원, 서무잡역, 서무소제, 경리과장, 경리과원, 자동차 담당 2명.
선전부장	김상규	선전부장	염상경	총 12명. - 부부장, 일반선전과장, 일반선전과원, 맹원교양과장, 맹원교양과원, 지도원, 제작

101) 연설 중 '민청은 조선로동당의 믿음직한 방조자로 되여야 하며'라고 언급되어 있는데 이전의 연설로 보아 그 당시 당에 대한 언급은 없었으며 이후 추가된 것으로 판단된다. 위의 글, 13~17쪽.

민청 결성대회(46.1)		민청 제2차 대회 이후(46.10)		
부서명/직위	부서장	부서명/직위	부서장	부서 구성
농민부장	허인흡	농청부장	리응하	총 3명 – 지도원 2명
노동부장	김익현	노청부장	허환	총 3명 – 지도원 2명
소년부장	엄효숙	학생소년 부장	김채순	총 6명 – 부부장, 학생과장, 학생과원, 소년과장, 소년과원
학생부장	송군찬	체육부장	김○○	총 2명 – 지도원
여자부장	현금란	신문편집실	송군찬 (주필)	총 6명
체육부장	리인완	검열위원회 위원장	박원균	총 2명 – 서기
		프린트실	박창형 (책임자)	총 5명

* 출처: 『정로』, 1946.1.24; 북조선민청 제1차 상무위원회 회의자료(1946.10.2); 통일부 북한자료센터 소장 MF267를 참고해 재구성.

1946년 1월 민청 결성 대회와 1946년 10월 제2차 대회 직후의 중앙부서를 비교해 보면 결성 당시에 비해 민청의 중앙부서 운영에 어떠한 변화가 있었는지 파악할 수 있다.

첫째, 부위원장 1명에서 2명으로 증가했다. 이는 위원장단의 업무가 확대되어 위원장 및 2명의 부위원장이 사업 영역을 분담해 활동했을 가능성을 추측하게 한다. 민청 중앙위원회나 상무위원회의 지시 문건은 대개 부위원장(노민 부위원장 이후 리영섬 부위원장으로 교체)의 이름으로 작성되었던 것으로 보아 부위원장은 민청 내부 행정을 담당했을 것으로 추정된다. 김욱진 위원장이나 오운식 부위원장은 실제 활동은 하고 있으나 이들 명의의 지시 문건은 찾아보기 어렵다.

둘째, 검열위원회와 신문편집실이 신설되었고, 농민부는 농청부로, 노동부는 노청부로 개편되었고, 학생부와 소년부는 학생소년부로 통합되었다. 민청의 기관지 창설은 1946년 1월 회의 결정서에서 제기한 바 있다.

셋째, 인원면에서 부서의 규모는 선전부(12명), 총무부(12명), 조직부(9명), 학소부·신문편집실(6명), 노청부·농청부(3명), 체육부(2명)의 순이며 이로써 부서의 위상과 역할을 가늠할 수 있다. 부서의 규모면에 있어서 선전부는 가장 위상이 높고 중요한 역할을 했을 것으로 추측할 수 있다. 이것으로써 당시 민청이 선거와 정권 수립 등과 같은 정치적 일정에 따라 일반대중과 청년들을 대상으로 한 사상교양 및 선전사업에 주력했음을 파악할 수 있다.

총무부의 경우 선전부와 함께 중앙 부서 중 규모가 가장 큰데, 민청의 간부축소 결정이 있은 후 각 도시군의 총무부 인원이 대폭 감소되었다. 농민부가 농청부로, 노동부가 노청부로 개편되었는데, 실제 이들의 역할이 어떤 것이었는지 파악할 만한 자료를 찾기 어렵다. 이들이 민청에 가입한 청년들 중 농민청년과 근로청년을 담당한 것인지, 아니면 복수 단체에 가입할 수 있었던 당시 조건하에서 농민동맹과 직맹의 청년들까지 포괄했던 것인지는 연구가 필요하다. 다만, 이들 부서의 규모가 크지 않았던 것으로 보아(부서인원이 모두 3명씩) 민청맹원 중의 해당 계층 청년들을 담당했을 것으로 추측된다.

한편 학생소년부는 비록 학생부와 소년부가 통합되긴 했지만 부서인원이 6명으로 조직부 다음 가는 규모를 가졌다. 이것은 당시 민청이 학생사업과 소년단사업에 큰 주의를 기울였음을 드러낸다. 신문편집실의 경우 학생소년부와 마찬가지로 6명의 인원이 소속되어 있는데,

이것은 신문편집실의 위상이 높다기보다는 부서의 특성상 기자, 편집인원 등 전문인력이 필요했기 때문이었던 것으로 생각된다. 신설된 검열위원회는 민청 중앙부서가 지시한 사안들의 수행이 제대로 되었는지 검열하는 업무를 맡았을 것으로 추정된다. 그러나 검열위원장 1인과 서기 1명의 구성으로 중앙 부서의 사업들을 모두 검열할 수 있었을 것이라고는 생각되지 않는다. 검열이라는 제도가 민청에 도입된 초기로서 이 당시에는 형식적으로 운영되고 있었을 것으로 추측된다.

1947년에는 민청 초급단체들에 대한 조직 강화작업이 진행되었다. 평북 선천군[102] 동림 3구 초급단체 회의록에 따르면 1947년 2~3월 사이 맹원재등록과 맹증징수 사업이 실시된 이후 6~7월에 2차 맹원재등록 사업이 실시되었다. 8월부터 11월까지 중앙에서 작성된 유일교재에 의한 집중교양사업이 진행되었고 12월부터 1948년 2월까지 농한기를 이용한 동기 교양사업이 진행되었다.[103]

선천군 청녕 초급단체의 경우도 비슷한 일정을 진행했다. 회의록에

---

102) 평안북도 선천군(宣川郡)은 평안북도 서부의 중심에 위치한 농업지역이다. 경제적으로 농업이, 문화적으로 기독교가 발달했다. 조선 시기부터 서울-신의주 간 도로가 개통, 조선과 청나라 간의 문화·경제 교류에 중요한 역할을 했다. 이는 선천군에 기독교가 빠르게 유입될 수 있었던 배경이 되었다. 김성보는 선천군에서 강력했던 기독교적 민족·자본주의 계열의 영향력이 해방 후 빠르게 소멸되고 급진적 농민과 사회주의 세력의 영향력이 이를 대체했다고 설명했다. 김성보, "지방사례를 통해 본 해방 후 북한사회의 갈등과 변동: 평안북도 선천군," 『동방학지』, Vol.125 (2004), 169~220쪽.

103) 제2차 대회 시기에도 맹원재등록사업을 진행했던 것으로 보인다. 초급단체는 회의에서 '1947년부터는 동맹원들의 정치의식 수준을 높이며 동맹조직에서 더욱 튼튼히 집결'할 것을 목적으로 했다. Item #22-12 "북조선민주청년동맹 선천군 동림3구 초급단체 총회 회의록(1948.9.18)," RG242 National Archives Collection of Foreign Records Seized Record Group WAR20061391, 국립중앙도서관 전자자료.

서 1946년 조직사업이 '원칙없이 종합주의적으로 맹원들을 흡수한 관계로 우리 초급단체는 강화되지 못'했다고 지적했다. 1947년 2~3월 맹원재등록 사업과 3~4월 맹증 수여 사업을 통해 '불순분자, 남조선 도주자, 행방불명' 등을 이유로 10명의 맹원을 제외하고 이색분자들을 제명해 조직을 강화했다고 밝혔다. 6~7월 맹원재등록사업을 재실시해 조직에 대한 인식을 제고하고 7월 간사를 새롭게 선거했다. 8~11월 정치의식 수준 제고를 위해 집중교양사업을 진행, 11월~1948년 3월 유일제강 교재로 동기 맹원교양사업을 진행했다.[104)]

선천군 동림 3구 초급단체 회의록은 평가에서 2월과 3월의 맹원재등록, 맹증징수사업을 통해 '초급단체 내 부분적으로 불순경향을 퇴치하고 교양간사들을 개선하여 교양을 강력히 침투시켰다'고 기록했다. 또한 "1947년도 조직사업에서 너무 무원칙하게 맹원을 흡수한 관계로 우리 초급단체가 강화되지 못하고 부분적으로 맹원 중에서 총회와 학습회에 참가하지 않으며 동맹에 대한 인식사업에서 미약한 맹원들이 많았다."고 비판했다.[105)]

초급단체들의 일정으로 볼 때, 민청 제2차 대회 이후 맹원재등록을 상반기에 두 차례나 실시하고 중앙에서 제작한 유일제강을 통해 집중교양학습을 진행하는 등 민청단체들의 조직정비가 강도 높게 진행되었던 것으로 보인다. 1948년 2월 16일 북조선민청은 제9차 중앙위원

104) Item #22-12 "북조선민주청년동맹 선천군 신부면 청녕 초급단체 총회 회의록(1948.9.15)," RG242 National Archives Collection of Foreign Records Seized Record Group WAR20061391, 국립중앙도서관 전자자료.

105) Item #22-12 "북조선민주청년동맹 선천군 동림3구 초급단체 총회 회의록(1948.9.18)," RG242 National Archives Collection of Foreign Records Seized Record Group WAR20061391, 국립중앙도서관 전자자료.

회에서 제3차 중앙대회의 소집 및 지도기관 사업결산과 선거사업을 중지, 연기하자는 중앙상무위원회의 제의를 승인했다. 연기의 이유로서 조선임시헌법 초안 인민토의 사업과 학생사업, 소년사업 등 중요한 사업에서 전 동맹의 힘을 집중하기 위함을 들었다.[106] 그러나 제3차 민청대회의 연기는 1947년도의 조직재정비 사업의 성과가 기대에 미치지 못했던 것도 중요한 배경이 되었던 것으로 판단된다.

1948년 3월 북조선민청 중앙위원회는 도시군의 일부 부서 폐지와 간부정원 축소에 대한 결정을 채택했다. 중앙위원회는 결정의 배경으로 간부들에 대한 정치 사상교양이 미약하고 사상적으로 부화하는 사실들이 있으며 간부들 간에 사상적 통일과 강한 규율이 서지 못해 책임 간부들의 지도하에 통일적으로 사업하지 못하는 경향이 있다고 지적했다.[107] 따라서 중앙위원회는 간부사업의 결함을 시정하기 위해 첫째, 도의 학생부, 총무부를 폐지해 간부정원을 축소하고 간부지도원을 없애는 대신 조직부장이 직접 간부사업을 중점적으로 취급하며 맹적에 관련한 간부사업 및 통계 등 통신적 지도사업을 담당하는 전문인력인 통신지도원 1인을 배치할 것, 둘째, 평양시를 제외한 각 시군의 간부수를 시는 평균 8명, 군은 7명으로 축소할 것과 시군의 부서를 폐지하고 시군 내 2개 면을 주로 담당하여 현지지도하는 지도원들로 단일화하고 동맹 전반사업을 조직하며 지도원들의 사업을 통솔 지도하는 위원장 및 위원장 대리, 조직선전부장을 둘 것, 시군의 서류업무와 재

106) "북조선민청 제9차 중앙위원회 '제3차대회 소집 및 각급 지도기관 사업결산과 선거사업 연기에 대한 결정(북조선민청 중앙위원회 부위원장 노민, 1948.2.16)," 통일부 북한자료센터 소장 MF483.

107) "북조선민청 제70차 중앙위원회 '도시군 부서 일부 폐지와 간부 정원 축소 및 사업방식 개선에 관한 결정(북조선민청 중앙위원회 부위원장 리영섭, 1948.3.31)," 통일부 북한자료센터 소장 MF483.

정사업상 사무를 보는 전문인력으로서 등기원 1명을 배치할 것, 셋째, 평양시 및 평양시내 각 구의 간부 정원수를 축소하고 조직선전부장이 위원장을 대리하게 하고 소년지도원을 폐지하는 대신 시에 소년부를 설치할 것, 넷째, 면의 지도적 핵심체로서 면열성자제도를 광범하게 적용할 것을 결정했다. 이러한 지침은 1948년 4월까지 완료하며 "지정한 기간 내에서 새로 간부들을 선거하고 공작 이동시키는" 등의 사업집행의 책임을 중앙조직부, 간부부 그리고 각 도 위원장들에게 위임했다.[108]

이 시기 간부축소와 부서개편 방침의 특징은 총무부와 같은 사무·지원부서를 축소하고, 조직선전부장에게 실무의 전권을 주고, 통신원·등기원 등 통계·재정·서무의 전문인력을 두는 등 사업의 효율성을 제고하고 재정적 부담을 줄이는 목적을 가졌던 것으로 추측된다. 이와 더불어 4월까지 지정한 정원 내에서 새로 간부를 선거하도록 하는 지시는 제3차 대회 이전에 기존의 간부들을 교체하려는 정치적 의도 여부를 의심하게 한다. 간부축소결정은 기존의 간부들에 대한 질책을 담고 있었으며 민청 중앙의 노민 부위원장에서 리영섬 부위원장으로 교체된 직후 채택되었다. 리영섬 부원장은 민청 부위원장 이전에 북조선로동당의 청년부 부부장이었다고 알려져 있다.

1948년 4월 6일 민청 중앙 조직부에 통신과를 설치해 하부로부터의 과업들이 제때 정확히 구체화되도록 보장하기 위한 통신지도사업을 강화하는 결정이 채택되었다.[109] 통신과의 설치는 각 지역의 민청단체

---

108) 위의 자료.

109) 1955년 7월 25일 '당 통보사업의 개선 강화를 위하여'라는 글이 『근로자』에 게재되었는데 민청단체에 설치되었던 '통신과' 업무와 유사한 점이 발견된다. 통보제도는 당단체들이 당과 정부의 시책을 실천하는 과정에서 일어나는 일들을 당 상급기관과 지도간부들에게 보고하는 것으로서, '당

들이 민청 중앙에 보고하는 체계를 갖추는 것을 목적으로 하며, 이것은 북조선 민청 중앙위원회의 중앙집권화 노력의 일환이었던 것으로 판단된다.[110] 이 즈음인 4월 28일 김일성이 민청 간부들을 직접 만나 '민청사업방법을 개선할 데 대한 강령적 교시'를 주었다고 알려져 있다.[111]

나. 인적 특성

(1) 간부 성격

1946년 9월 민청 제2차 대회 이후 민청 중앙간부 일부가 교체되었다. 부위원장은 기존의 1명 체제에서 2명으로 증가했고 노민과 오운식

중앙위원회와 각 도당 위원회들의 조직부 통보과가 전문적으로 통보사업을 담당 집행'하며 '통보과는 당 기관 내 한 개 부서인 조직부에 속해 있으나 당위원회의 전반적 사업 부문에 걸쳐 통보사업을 조직 진행하는 것만큼 어떤 한 개 부서의 사업에만 치우칠 수 없다' 고 통보사업의 업무체계를 밝혔다. 또한 통보 간부가 사무원이 아닌 '정치일꾼'이며 따라서 '당 조직정치사업과 경제사업, 그리고 일정한 문화적 소양과 사건을 분석할 줄 알며 민속히 오류를 적발하며 창발적인 제의를 할 수 있는 능력을 소유'해야 한다고 밝혔다. 박용국, "당 통보 사업의 개선 강화를 위하여," 『근로자』, 제7호(116) (1955.7.25), 51~64쪽; 신설 통신과의 과장으로 조직부 책임지도원 이근이 결정되었다. "북조선민청 제57차 중앙상무위원회 '통신과 설치에 대한 결정(북조선민청 중앙위원회 부위원장 리영섬, 1948.4.6)," 통일부 북한자료센터 소장 MF483.

110) 1955년 당조직지도부 내의 통신과 설치와 운영에 대한 설명이 『근로자』에 실렸다.

111) "위대한 수령님께서는 청년일군들은 청년들의 감정과 특성에 맞게 여러가지 형식과 방법으로 흥미있는 사업들을 광범히 조직하여주며 청년들이 있는곳에서는 언제나 혁명적 락관주의와 혁명적 기백이 넘쳐흐르고 약동하는 분위기로 끓어넘치도록 하여야 한다고 하시면서 청년사업일군들은 늘 청년들속에 들어가 그들과 사업을 토의하며 군중의 힘을 조직하고 동원하는 혁명적인 방법으로 사업하여야 한다고 교시하시였다." 채종완, 앞의 책, 124쪽.

이 부위원장을 맡았다. 1948년 3월 부위원장 노민의 후임으로 선임된 리영섬은 북조선로동당 청년부 부부장이었던 것으로 알려져 있다. 그는 민청 중앙위원회 부위원장에 선임된 후 선거 연기, 간부 축소 등 간부정책의 변화를 꾀했으며 이것은 민청 중앙위원회의 중앙집권화의 의도가 있었던 것으로 파악된다.[112)]

오운식은 1919년생으로, 1946년 9월 민청 제2차 대회에서 부위원장으로 선임되었다. 국제활동을 활발히 벌인 인물로, 1949년 3월 29일~4월 8일까지 모스크바에서 개최된 레닌공청 제11차 대회에 민청 대표 자격으로 참가했으며[113)] 그 외에도 체코슬로바키아, 핀란드 등에도 북한 청년대표로 참가했다고 알려져 있다. 그는 6·25전쟁에 참가해 정전 후 지리산에서 빨치산 활동을 하다가 부인 최순자 씨와 함께 생포되었다. 기사에 의하면 그는 입산 후 정치부를 담당했으며 모스크바 유학생이었다고 한다.[114)]

---

112) 리영섬은 1912년 9월 12일 출생하여 1953년 7월 15일 사망했다. 남로당 출신으로 북한 신미리 애국열사릉에 안치되었으며, '남조선혁명가'로 기록되었다. 정전 후에 사망한 것으로 되어 있는데 '남조선혁명가'로 칭해진 것으로 보아 전쟁 중 빨치산 활동을 하다가 남한에서 사망했을 가능성도 있다. 김광운, 앞의 책, 807쪽; 서동만, 앞의 책, 217쪽, 446쪽. 남한 출신이었음에도 1946년 제2차 당대회에서 민청 위원장이던 김욱진 대신 당중앙위원회 후보위원에 선임되었을 정도로 당의 신임과 영향력이 있었던 것으로 보인다.

113) 편집부, "레닌공청 11차 대회는 무엇을 토론결정하였는가," 『청년생활』, 제2권 제6호(1949.6), 20~21쪽.

114) 1951년 지리산에서 부인 최순자와 함께 생포되었는데 그의 당시 나이는 32세로 기록되었다. 함께 체포된 자로 조일평(당시 36세, 김일성 대학 강사, 이승엽 지령으로 남부군단 사령부 정치위원) 등이 있다, "斷末魔의 지異殘匪 討伐戰 從軍記 上," 『동아일보』, 1951년 12월 25일; 다큐멘터리 "현대사 발굴-빨치산," 『KBS』, 1991년 6월 27일; 인민군 장교였던 최태환은 빨치산으로 참전 당시 오운식과의 조우를 회상했다. 오운식과 최태환은 1948년 9월 제2차 민청대회에서 처음 만났다. 최태환은 보위성 민

(2) 맹원 성격

해방 이후부터 민청 제3차 대회 개최 이전인 1948년 6월까지 민청 맹원 수의 변화는 다음과 같다.

【표 3-4】 민청 맹원수 변화(1945년 10월 20일~1948년 6월)

시기	맹원수가 언급된 단서 혹은 출처	맹원수	비고
1945.10.20	소군정 보고서	남북조선의 공청 회원 수 6,000명[115]	북한지역 공산주의자 수는 3,000여 명.
1946.1. 16~17	민청 북부조선위원회 결성	맹원수 246,000명[116]	1945.12. 북부조선공산당원수 4,530명[117]

청위원장으로서 인민군대 내의 민청조직대의원 자격으로, 오운식은 민청 중앙위원회 부위원장 자격으로 회의에 참가했다. 최태환은 오운식이 서너 살 위였다고 회고했다. 오운식은 중앙당 간부였으며 인민군 남진 후 민청사업을 위해 남한으로 내려왔다. 전쟁 중에도 『볼셰비키당사』, 『국가와 혁명』 등의 서적을 소지하고 탐독했을 정도로 지식수준이 높았다. 전쟁 중 빨치산 전북도당에서 문화부사령의 직책을 담당했다. 최태환·박혜강 지음, 『젊은 혁명가의 초상』(서울: 공동체, 1989), 236, 295, 299~300, 315쪽.

115) 이 보고서는 10월 20일~12월 사이 작성된 것으로 파악된다. 보고서는 당시 북한 지역의 공산주의자 수를 3,000명으로 기록했다. AGShVS RF. F. 172. OP 614631. D. 23(Cold War International History Project(CWIHP) North Korea International Documentation Project (NKIDP) Record ID 114890), pp. 21-26.

116) 박용국, "민주 청년 동맹은 조선 로동당의 후비대이며 적극적 방조자이다," 『근로자』, 70~80쪽.

117) 『정로』, 1946년 5월 24일.

시기	맹원수가 언급된 단서 혹은 출처	맹원수	비고
1946.5.30	각 도당 위원회 청년사업부장, 도민청위원회 위원장 연석회의	맹원 수 80여만 명[118)]	1946.4 북부조선 조공당원 26,000명[119)]
1946.8.28	북조선로동당 창립대회	130여만 명[120)]	면 이상 민청 간부의 85%가 당원[121)]
1946.9.29	민청 제2차 대회	맹원 100만 명[122)]	
1947.6.23	세계청년축전 참가대표 환송 체육대회	80만 명[123)]	각급 인민위원회 위원으로 선거된 맹원은 188,000명으로 전체 인민위원 수의 43%[124)]
1947.12.17	북조선직업총동맹 제2차 중앙대회 연설(김일성)	민청 맹원 80만 명[125)]	직맹원 40만 명[126)]

118) 김일성, "민주 조선 건설에서의 청년들의 임무: 각 도당 위원회 청년 사업부장, 도민청 위원회 위원장 련석 회의에서(1946.5.30)," 『청소년사업에 대하여』, 7~12쪽.

119) 김광운, 앞의 책, 301쪽.

120) "북조선로동당 창립대회 회의록," 『朝鮮勞動黨大會 資料集』, 제1편(서울: 국토통일원 조사연구실, 1988), 16~17쪽.

121) 위의 책, 51쪽.

122) 박용국, 앞의 글, 70~80쪽.

123) 김일성, "북조선직업총동맹 제2차중앙대회에서 진술한연설(1947.12.17)," 『조국의통일독립과 민주화를위하여』(평양: 국립인민출판사, 1949), 453~467쪽.

124) 위의 글, 18~27쪽.

125) 김일성, "북조선직업총동맹 제2차중앙대회에서 진술한연설", 앞의 책, 453~467쪽.

126) 위의 글, 453~467쪽.

시기	맹원수가 언급된 단서 혹은 출처	맹원수	비고
1948.6		1,248,570명[127]	

혹은

맹원수 40여만 명[128]

1945.12.11. 조선청년총동맹 맹원수 723,000명[129]

혹은 129만 명[130]

결성 이후 46.8 사이 직총청년부가 민청에 통합.

혹은

맹원 130만 명[131]

(1949년판 연설기록)

100여만 명[132]

(1966년판 연설기록)

* 출처: 『조국의통일독립과 민주화를위하여』; 김일성, "미래의 조선은 청년들의 것이다: 세계 청년 축전에 참가할 대표 환송 체육대회에서 한 연설(1947.6.23)," 『청소년사업에 대하여』; 『근로자』, 제1호(122) (1956.1.25), 70~80쪽; 『정로』, 1946년 1월 24일, 25일, 1946년 5월 24일; "民主改革과 人民的結束," 『조선중앙년감 1949年版』(조선중앙통신사, 1949); "북조선로동당 창립대회 회의록," 『朝鮮勞動黨大會 資料集 제1편』(서울: 국토통일원 조사연구실, 1988); 김종수, 『북한 청년동맹 연구』; AGShVS RF. F. 172. OP 614631. D. 23(Cold War International History Project(CWIHP) North Korea International Documentation Project(NKIDP) Record ID 114890), pp. 21~26를 참고.

---

127) "民主改革과 人民的結束," 『조선중앙년감 1949年版』(조선중앙통신사, 1949.1), 91~92쪽.

128) 『정로』, 1946년 1월 24일, 25일.

129) 김종수, 앞의 책, 115쪽.

130) 위의 책, 51쪽.

131) 김일성, "민주 력량의 확대 강화를 위한 민청 단체들의 과업," 『청소년사업에 대하여』, 13~17쪽.

132) 김일성, "미래의 조선은 청년들의 것이다: 세계 청년 축전에 참가할 대표 환송 체육대회에서 한 연설(1947.6.23)," 『청소년사업에 대하여』, 18~27쪽.

소군정 보고서에 따르면 해방 직후 남북 조선의 공청원 수는 1945년 10월 20일을 기준해 6,000여 명으로, 북한 지역의 공산주의자 수는 3,000여 명으로 추산되었다.[133] 1945년 12월경 북한 지역의 공산당원 수는 4,530명으로 추산되었다.[134]

1946년 1월 17일 조선민주청년동맹 북조선위원회 결성 당시 민청 맹원수는 약 40만 명으로 발표되었으나[135] 1956년 1월 이 숫자는 246,000명으로 수정되었다.[136] 1945년 12월 결성된 조선청년총동맹은 맹원 수를 723,000명으로 발표했는데[137] 1945년 10월 20일 남북 조선을 합해 공청원 수가 6,000명이었던 것에 비하면 불과 수 개월 만에 남북한 각각 청년단체의 맹원 수가 급증한 것을 알 수 있다.

민청 맹원의 확장 사업은 1945년 10월 6일 평양에서 준비회의가 개최된 이후 공청원 모집을 통해 진행된 것으로 추측된다. 그러나 민청이 공식적으로 결성되기 이전인 1945~1946년 초 맹원등록이나 맹원 통계가 이루어졌다는 기록은 찾아보기 어렵고, 발표 시기에 따라 맹원 통계에 차이가 있기 때문에 맹원수의 통계의 정확성은 신뢰하기 어려운 부분이 있다. 1946년 5월 30일 맹원 수는 80여만 명으로[138] 결성 당시인 1월에 비해 2배 증가했다. 2월 임시 인민위원회 선거와 3월 토

---

133) 이 보고서는 10월 20일~12월 사이 작성된 것으로 파악된다. 보고서는 당시 북한 지역의 공산주의자 수를 3,000명으로 기록했다. AGShVS RF. F. 172. OP 614631. D. 23(Cold War International History Project(CWIHP) North Korea International Documentation Project(NKIDP) Record ID 114890), pp. 21–26.

134) 『정로』, 1946년 5월 24일.

135) 『정로』, 1946년 1월 24일; 1946년 1월 25일.

136) 박용국, 앞의 글, 70~80쪽.

137) 김종수, 앞의 책, 115쪽.

138) 김일성, “민주 조선 건설에서의 청년들의 임무,” 앞의 책, 7~12쪽.

지개혁 사업을 진행하면서 민청의 맹원 확장도 함께 이루어졌던 것으로 판단된다. 특히 토지개혁 사업을 통해 빈농청년의 인입이 용이하게 이루어졌을 것으로 보인다.[139]

1946년 8월 북로당 창립대회에서 민청 위원장 김욱진은 맹원수를 130만 명이라고 밝혔다. 김욱진은 민청의 확장과 직총 청년부가 민청에 통합된 것을 원인으로 언급했으며 이 숫자는 같은 해 5월에 비해서도 50만 명이 증가한 것이다.[140]

1946년 9월 민청 제2차 대회 개최 시기의 맹원 수에 대해서는 혼선이 있다. 1966년 발간된 북한 문헌의 제2차 대회의 김일성 연설에는 130만 명으로,[141] 1956년 박용국의 기고에는 100만 명으로[142] 나타나 있다. 이 차이는 단순한 통계상의 오류라기보다는, 1956년과 1966년[143]의 시점에서 맹원에서 감하거나 더해야 할 영역의 변화가 있었을 가능성이 있다.

---

139) 1946년 4월 무렵 북조선공산당원의 수는 26,000명이었다. 김광운, 앞의 책, 301쪽.

140) "북조선로동당 창립대회 회의록,"『朝鮮勞動黨大會 資料集』, 제1편, 16~17쪽. 같은 날 김욱진은 맹원수를 129만이라고도 언급했다.

141) 김일성, 앞의 글, 7~12쪽. 김종수는 결성대회로부터 2차 대회에 맹원이 급격히 증가한 원인으로서 첫째, '민주개혁'인 토지개혁, 국유산업화 영향으로, 인한 중간 계층의 가입…즉 토지개혁의 성공적 추진이 민청원의 폭발적 증가라는 결과를 낳았던 것, 둘째, 직업총동맹 청년부가 민청으로 통합되면서 민청 구성원이 증가한 것을 들었다. 김종수, 앞의 책, 126쪽.

142) 박용국, 앞의 글, 70~80쪽.

143) 1946년에 발표된 연설이지만 북한의 역사서술의 관행상 1966년의 시점에 맞추어 수정되었을 수 있기 때문에 연설 시기가 아닌 문헌의 간행시기를 기준으로 했다.

1947년 6월 민청의 맹원 수도 80만 명과[144] 100만여 명[145]으로 혼선이 있다. 1949년 간행물에서 80만 명이라고 밝힌 것은 1947년 2~3월, 6~7월 두 차례에 걸쳐 실시된 맹증재등록사업으로 인해 조직이 정비되었기 때문일 것이다. 이것은 같은 해 12월 김일성이 민청 맹원을 80만 명이라고 밝힌 것과도 연관된다.[146]

1948년 6월 민청 맹원수는 1,248,570명으로[147] 반년 동안 50만에 가까운 숫자가 증가했다. 이것은 이 시기 민청의 지도를 받는 소년단 사업이 강조되어 특히 학교를 통해 소년단원들이 민청원으로 인입되는 숫자가 증가한 것이 원인으로 보인다.

1946~1948년 사이 실제 초급단체의 맹원 가입 현황을 평북 선천군 사례를 통해 살펴보면 다음과 같다. 평북 선천사범인민학교 교원 초급단체의 경우 가맹 당시 연령대는 14~24세, 가입 시기와 인원은 전체 30명 중 1946년 20명, 1947년 9명, 1948년 1명이었다. 전체 중 22명에게 1947년 3~9월 사이 맹증이 수여되었다.[148] 1947년 진행된 두 차례의 맹원재등록 사업 과정에서 일부 교원 맹원들이 정리된 것으로 판단된다. 맹원들의 지식 정도는 전문(중퇴 및 졸업) 5명, 중등(중퇴 및 졸업) 24명, 초등(중퇴 및 졸업) 1명이었다. 로동당원은 10명이었다. 교원

---

144) 김일성, "북조선직업총동맹 제2차중앙대회에서 진술한연설," 『조국의통일독립과 민주화를위하여』, 453~467쪽.

145) 김일성, "미래의 조선은 청년들의 것이다," 『청소년사업에 대하여』, 18~27쪽.

146) 김일성, "북조선직업총동맹 제2차중앙대회에서 진술한연설," 453~467쪽. 1966년에 간행된 문헌에서 1946년 9월에 30만 명, 1947년 9월에 20만 명을 더해 발표한 부분에 대해서는 연구가 필요하다.

147) "民主改革과 人民的結束," 『조선중앙년감 1949年版』(조선중앙통신사, 1949), 91~92쪽.

148) 나머지 8명에게는 맹증 수여의 기록이 없었다.

청년들은 가정출신이 다양한 편이었는데, 지주가정 출신 2명, 중농가정 출신 6명, 상인가정 출신 3명, 자유업가정 출신 1명, 노동자가정 출신 5명, 사무원가정 출신 7명, 소시민가정 출신 1명, 빈농가정 출신 5명이었다.[149)]

평북 선천군 선천면 초급단체 간부명단은 1947년 7월 새로 선출된 간사 107명을 대상으로 했다. 초급단체마다 책임자, 조직간사, 교양간사의 3명으로 구성되었다. 간부의 연령대는 16~30세로, 로동당원은 49명, 민주당원은 10명이었다. 지식 정도는 전문학교(중퇴 및 졸업) 2명, 중학교(중퇴 및 졸업) 35명, 국문해독 가능 1명, 소학 69명이었다. 종교는 기독교 14명, 천주교 1명, 천도교 1명으로 나타났다. 가정성분은 기업주 3명, 수공업자 1명, 상인 16명, 지주 5명, 부농 1명, 중농 24명, 빈농 26명, 노동 19명, 사무원 10명, 소시민 2명이었다. 본인의 직업 역시 다양했는데 본인의 성분은 기업주 2명, 사무원 44명, 노동 34명, 소시민 4명, 수공업자 1명, 상인 3명, 중농 10명, 빈농 4명, 직공 2명, 학생 3명이었다.[150)]

평북 '선천군 민청 가맹원서'는[151)] 선천중학교 학생 50명을 대상으로

---

149) Item #22-9 "동맹원 명부, 선천사범 부속 인민학교 초급단체," RG 242 National Archives Collection of Foreign Records Seized Record Group WAR200601269, Captured Korean Documents, Doc No. SA 2006 Series WAR200601391, 서울 국립중앙도서관 전자자료.

150) Item #32 "평북 선천군 선천면 초급단체 간부명단," RG 242 National Archives Collection of Foreign Records Seized Record Group WAR200601269, Captured Korean Documents, Doc No. SA 2006 Series WAR200601391, 서울 국립중앙도서관 전자자료.

151) 작성년도 미상. 명단 중 1931년생인 맹원의 나이가 16세로 적힌 것으로 보아 1948년에 작성된 것으로 추정된다. Item #27~4 "선천군 민청 가맹원서," RG242 National Archives Collection of Foreign Records

했다. 1948년 민청 11월 제3차 대회에서 민청 가맹연령이 16~26세로 규정되었는데, 맹원들이 가입했던 시기의 연령대는 14~18세로 가맹연령에 미치지 못해도 가맹이 승인되었다. 이 시기 소년단도 운영되었는데 학생청년의 경우 소년단은 인민학교, 민청은 중학교를 기준으로 가입했던 것으로 보인다. 대개의 경우 보증인 2명을 함께 기록했다. 가맹 시기와 인원은 1946년 5월 가맹한 인원이 50명 중 8명, 9월 38명, 10월 2명, 1947년 3월 2명으로 나타났다. 9월에 가입한 인원이 가장 많은 것으로 보아 1946년 9월 제2차 민청 대회 전후로 맹원 확장사업이 진행되었을 것으로 추측된다. 학생맹원들 중에서는 정당이나 기타 사회단체에 가입한 사람은 한 사람도 없었고, 종교를 가진 경우는 1명(기독교) 있었다.

1949년에 작성된 것으로 보이는 선천군 농민청년들 70명을 대상으로 한 민청 가맹원서를 살펴보면 가입했던 시기의 연령대는 15~22세로서 학생청년에 비해 연령대의 폭이 컸다. 가맹 시기와 인원은 1946년 5월 40명, 같은 해 6~10월 10명, 1947년 9명, 1948년 9명으로 나타났다.[152] 선천중학교의 경우 1946년 9월 초 가맹인원이 50명 중 38명을 차지했던 반면, 선천군의 농민청년의 가맹 시기는 1946년 5월이 70명 중 40명으로 압도적으로 많았다. 이것은 토지개혁의 영향으로 추측된다.

농민청년(70명)인 맹원들의 가정 출신은 지주 1명, 부농 2명, 중농

Seized Record Group WAR200601269, Captured Korean Documents, Doc No. 2006, WAR200601391, 서울국립중앙도서관 전자자료.

152) 나머지는 수기를 제대로 읽을 수 없는 인원.

23명, 빈농 42명[153]으로 빈농이 42명으로 다수를 차지했지만 중농 이상의 숫자도 26명으로 적지 않았다. 선천군 농민청년들의 학력은 소학졸업이 25명, 국문해독 정도가 4명이었다.[154] 농민청년들의 경우 다수가 정당 및 사회단체에 중복 가입했는데 여성동맹 3명, 농민동맹 8명, 농민조합12명, 로동당 4명이었다. 로동당원 4명은 모두 농민동맹원이기도 했다. 공청(1945년 11~12월 가입, 2명)을 적은 청년들도 있었는데 이들은 민청 결성 이전에 공청으로 가입했다가 재가입했던 것으로 추측된다. 가입정당으로 '공산당'을 적은 청년도 있었다.[155]

평북 선천군의 경우 기독교도가 상대적으로 많고 보수적인 지역으로 알려져 있다. 간부와 교원, 일반 맹원을 비교할 때 간부와 교원들의 가정출신이나 본인성분이 일반 맹원에 비해 '계급성이 불량한', 즉 부유한 경우가 훨씬 많았다. 1947년 7월 이후에 작성된 선천군 선천면 초급단체 간부명단의 경우 가정출신이 지주, 상인, 기업주이거나 기독교도인 경우에도 로동당원이 되었던 것으로 파악된다.

제2절 북조선민청과 북로당의 관계

북조선민청은 조직의 정치적 지향과 운영에 당의 다원적인 지도그룹들의 영향이 어느 정도 반영되었던 것으로 보인다. 특히 크게 두 그

153) 2명은 기록에서 누락되었다.

154) 나머지는 학력이 기록되지 않았다.

155) Item #27~5 "선천군 민청 가맹원서," RG242 National Archives Collection of Foreign Records Seized Record Group WAR200601269, Captured Korean Documents, Doc No. 2006 WAR200601391, 서울국립중앙도서관 전자자료.

룹, 소군정의 영향을 직접적으로 받았던 김일성을 포함한 해외파 공산주의자들과 토착 공산주의자들 간의 갈등이 가장 표면적으로 드러났고 이것은 초기 민청의 운영에 영향을 주었다. 당과 정권 수립 과정에서 주민의 지지를 이끌어 내야 할 소군정 영향하 공산주의자들의 필요에 따라 일부 토착 공산주의자들은 노동자와 농민 그리고 청년들을 포괄하는 사회단체 대표로 상당기간 등용되었다. 그러나 그 과정에서 토착 공산주의자들은 정치적으로 견제 받았다.

소련 콤소몰의 경우 결성 초기 형식적이지만 당으로부터 자율성이 허용되었다. 이것은 당 정책을 청년에게 파급하는 데 있어 효율성을 감안해, 콤소몰에 대한 당의 통제와 자율성 허용을 두고 고민한 결과였다. 기본적으로 레닌은 대중조직을 당과 대중을 연결하는 고리로 인식했기 때문에, 결성 당시부터 대중조직과 당의 관계는 매우 밀접히 연결되어 있었다. 한편 북조선민청은 당시 당 지도부의 다원성에 영향을 받았다. 따라서 조선공산당 북조선분국의 책임자로서 소군정 영향하에 정치 일정을 계획대로 진행해야 했던 김일성 입장에서는 북조선민청에게 어느 정도 '의도하지 않은' 자율성이 허용되었던 상태로 인식했을 가능성이 높다.

본문에서는 민청이 결성되었던 1946년 1월로부터 강령과 규정이 수정되고 새로운 중앙위원회가 구성되었던 1948년 11월 민청 제3차 대회 개최 직전까지의 시기를 대상으로 북조선민청과 당의 관계를 집중적으로 살펴보도록 한다.

1. 결성 초기 북조선민청의 성격

북조선민청은 조선공산당 서울 중앙의 지도, 소군정의 영향, 대중적 단체의 지향을 표방하면서도 공산주의 색채를 노출하는 등 결성 당시 조직의 '정체성 혼란'을 그대로 드러냈다. 민청의 초대 위원장은 토착 공산주의자로서 함남 홍원에서 농조활동을 해 온 김욱진이 선임되었지만 11명의 상무위원들은 소군정 영향하의 공산주의자들, 연안계열 공산주의자들의 영향을 받은 인물들이 선임되는 등 당시 지도그룹의 다원성을 반영했다.

민청 지도부 구성의 다원성은 당이 민청을 지도하는데 제약이 되기도 했다. 특히 위원장이었던 김욱진은 김일성 등 소군정 영향하의 공산주의자들의 입장에 우호적이지 않았다. 그 근거로서 첫째, 민청 중앙위원회 지시문서가 대부분 부위원장 명의로 작성되었고, 둘째, 민청이 결성되고 김욱진이 공식적으로 중앙위원장에 선거된 이후에도 한동안 임시위원장이었던 방수영이 민청위원장으로 불리었었던 기록들이 존재하고, 셋째, 김욱진은 1946년 8월 북조선로동당 창립대회에서 당의 민청에 대한 지도의 오류를 지적해 김일성과 대립했으며, 넷째, 1946년 8월 북조선로동당 창당시 사회단체 대표들과 함께 43인의 중앙위원회에 포함되었으나, 1948년 3월 제2차 북조선로동당대회 중앙위원 명단에서 제외(당시 최경덕 직맹위원장, 조영 여성위원장 등 사회단체장들은 포함되었음)되었던 것, 그리고 오히려 당시 부위원장이었던 리영섬이 후보위원으로 선출되었던 점을 들 수 있다.[156)]

156) 민청위원장이 당중앙위원 명단에 속하지 않았던 경우는 1948년 제2차 당대회가 유일하다. 1956년 제3차 당대회에서 민청위원장 박용국은 중앙위원회 후보위원으로, 1961년 제4차 대회의 경우 민청위원장인 오현주는 중앙위원 명단에 포함되었다. 한편 북로당 제2차대회에서 양영순이라는 인물이 직업동맹 상무위원 자격으로 검사위원에 선임되었다. 1945년 9월 평남도 공청위원장을 맡고 있었다고 알려진 양영순과 같은 인물인지 확인이 필요하다. 서동만, 앞의 책, 941~944쪽; 김욱진은 1946년 인민위원회 선거에서 위원선출이 되지 않았다가 이후 오기섭 등

김욱진과 당의 갈등은 민청 제2차 대회 직후 개최된 1946년 10월 2일의 상무위원회 사례에서도 드러난다. 김욱진을 비롯한 신임 중앙집행부장들이 참석한 이날 회의의 안건은 7건이었는데 안건이 논의된 순서는 "1. 중앙직원 정원 급료 및 배치에 대하여, 2. 검열의뢰에 대하여, 3. 동기 석탄 확보를 위한 운반 작업에 있어서 하급 민청에서 할 사업에 대하여, 4. 추수돌격, 농업 현물세 납부, 추기파종, 추경운동에 관한 민청의 협력에 대하여, 5. 선거사업에 관한 민청과업의 구체적 실시에 대하여, 6. 10월 사업계획서, 7. 남조선 파업 노동자 방조에 대하여"였다. 논의된 최초의 안건인 '중앙직원 정원 급료 및 배치에 대하여'는 민청 중앙조직에 대한 것이었고, 특이하게 '선거선전에 관한 민청과업의 구체적 실시에 대하여'가 다섯 번째 순서로 배치되었다.[157)]

당시 도시군 인민위원회 선거를 목전에 두고 김일성이 선거의 중요성을 당내외에서 강조하고 있던 상황에서, 민청 상무위원회에서 선거선전사업이 다섯 번째로 논의된다는 것은 상식적이지 않다. 이 회의의 진행을 김욱진 위원장이 했던 것을 감안했다면 안건 배치에는 위원장의 의도가 다분히 포함되었다고 추측된다.[158)]

5명과 함께 추가로 보선되기도 했다. 당시 인민위원으로 선출되었던 청년의 비율과 민청이 인민위원회 선거에서 했던 중요한 역할을 감안할 때 그가 인민위원에 선출되지 않았던 것은 상식적이지 않다.

157) 이날 방청자들로는 상무위원회에 포함되지 않은 검열위원장, 총무부장, 학소부 부부장, 평양시 대표(4명)이 기록되었다. 상무위원 중 2명이 결석했는데 한 명은 학소부장인(학생소년부로 추정됨) 김채순이고 나머지는 이날 회의에서 작성된 중앙부서 조직도에 나타나 있지 않은 김영태이다. 동일 인물인지는 알 수 없으나 8월 북로당 창립 대회에서 당 청년사업부장은 김영태였다. "북조선민청 제1차 상무위원회 회의자료(1946. 10.2)," 통일부 북한자료센터 소장 MF267.

158) 본 연구는 토착 공산주의자로 추정되는 김욱진이 능력과 경험으로 인해 등용은 되었으나 김일성 및 다른 지도그룹들로부터 지속적인 견제를 받

상무위원회와 중앙집행부서가 구성되었지만 초기 민청은 이처럼 중앙조직조차 안정되지 못했다.[159] '민주개혁' 등 당면한 시급한 정치적 일정을 앞두고 민청은 충분한 준비가 갖춰지지 않은 상태에서 결성된 것으로 보인다.

2. 사회단체 지도에 대한 당내 이견

조선공산당 북조선분국 창설 당시 당의 지도노선과 규약을 해설할 정도의 오랜 공산주의자였던 오기섭은 1946년 8월 북조선로동당 창립대회에서 대중화한 북로당의 지도이론을 둘러싼 논쟁 속에서, 맑스-레닌주의가 아닌, '로동당의 강령 2조'를 새로운 북로당의 유일한 이론과 사상으로 통일할 것을 강조했다. 그가 제기한 북로당의 유일한 이론과 사상은 '인민공화국의 건설을 위하여 전조선적으로 주권을 인민의 정권인 인민위원회에 넘기도록 할 것'이었다.[160] 조공 분국과 북조선임시인민위원회에서 토착 공산주의 계열의 거두로 역할을 해 왔던 그는 합당과정에서 견제를 받았던 것에 대해 불만을 표시했다. 새로운 연합세력들의 견제와 배척 속에서 오기섭으로 대표되는 토착 공산주의 계열은 정치적 영향력을 점점 잃어갔다.

북로당 창립대회에서 대표적 사회단체인 직총 대표 최경덕과 민청 대표 김욱진은 당의 사회단체 지도방법의 결점을 지적하고 개선할 것

았다고 판단했다. 반면 김광운은 1946년 10월부터 김일성의 노선에 적극 추종했던 방수영과 김욱진은 그 공을 인정받아 북조선임시인민위원회 위원 등 간부로 선임되었다는 의견을 피력했다. 김광운, 앞의 책, 199쪽.

159) 결성 회의 첫날 임시의장으로 회의를 진행했던 방수영은 김욱진 초대 위원장이 선출된 이후에도 한동안 민청위원장으로 불리었다.

160) "북조선로동당 창립대회 회의록,"『朝鮮勞動黨大會 資料集』, 제1편, 86쪽.

을 공식적으로 요구했다. 최경덕은 북로당이 대중적 성격을 가졌지만 당은 '인민의 전위부대'이므로 사회단체와는 다르며 당은 광범위한 인민을 포괄하기 위해 사회단체를 필요로 한다고 주장했다. 사회단체는 당의 외곽에서 대중을 발동, 동원, 교육하기 때문에 북로당은 스스로 대중적이라 해서 사회단체를 경시할 것이 아니라, 사회단체의 지도를 적극 실현할 것을 강조했다. 그는 직업동맹이 모든 직장, 공장, 광산에 초급단체를 조직하는 등 민주건설과업에 막중한 역할을 하고 있다고 강조하면서, 당이 '푸랙치(당조)'를 통해 사회단체를 검열·원조하고 우수한 간부를 배치하고, 단체의 대중적 교양사업을 조직하고, 대중동원과 훈련사업을 바르게 집행하는 등 사회단체에 대해 관심을 가질 것을 촉구했다.[161)]

민청 대표로서 김욱진은 양당 합당과정에서 민청에 발생한 오류들을 인정했다. 그러나 그 역시 민청이 짧은 시간 내에 맹원의 수를 129만여 명으로 확장하고, 면 이상 간부의 85%가 당원일 정도로 민청이 '당원을 길러내는 학교', '로동당원을 길러내는 저수지' 역할을 했다고 강조하면서 민청에 대한 당의 지도가 부족함을 지적했다. 김욱진은 평남토지개혁 당시 당이 당조를 통해 민청을 지도하는 것이 아니라 오히려 민청 내의 당원들을 차출했다며 이러한 이유로 민청 간부층이 약화되었다고 비난했다. 또한 소년단 사업의 중요성을 강조하면서 당이 이에 관심을 가져야 한다고 촉구했다.[162)]

토착 공산주의자들로서 중요한 사회단체들의 수장이었던 최경덕, 김욱진과 당의 관계는 매끄럽지 않았던 것으로 보인다. 그러나 당의

161) 위의 책, 86쪽.
162) 위의 책, 51쪽.

관심과 지도를 절실히 요구했던 민청, 직업동맹의 대표들에 대한 김일성의 반응은 냉담했다. 김일성은 사회단체에 대한 교양이 미비하다고 지적하면서 그 책임을 '당' 자체가 아닌 '사회단체의 당원인 간부들'에게 돌렸다.[163] 그의 변명은 당만이 사회단체를 영도해야 한다는 인식은 옳지 않으며 각 당이 사회단체를 독차지할 것이 아니라 당원들이 모범적인 운영을 통해 사회단체를 잘 지도해야 한다는 것이었다. 또한 로동당원뿐 아니라 다른 당 사람들과도 정책 실현에 협조해야 할 것도 지적했다.[164] 김일성은 민청에 대해서, 130만의 맹원을 가졌지만 교양사업이 부족하며 당원들은 민청을 포함한 사회단체 조직원들을 지도 교양하는데 힘써야 한다고 간단히 언급했다.[165]

사회주의 체제에서 당과 대중을 연결하는 '인전대'의 개념으로 발전한 사회단체들의 성격으로 볼 때, '당만이 사회단체를 영도해야 한다는 인식은 옳지 않으며 각 당이 사회단체를 독차지할 것이 아니라 당원들이 모범적인 운영을 통해 사회단체를 잘 지도해야 한다'는 김일성의 주장은 궤변에 가깝다. 오히려 당이 당조를 통해 사회단체에 대한 지도를 해 줄 것을 촉구한 민청과 직맹의 위원장의 주장이 당시의 상황에서 타당했던 것으로 보인다. 당시 김일성의 주장은 사회단체에 대한 당의 지도 책임을 회피하려 했던 것으로, 사회단체를 제대로 지도할 수 없었던 당시 당의 능력의 한계, 그리고 토착 공산주의자들에 대한 정치적 견제가 이유였을 것으로 추측된다.

163) 위의 책, 55쪽.
164) 위의 책, 56쪽.
165) 위의 책, 56쪽.

3. 사회 및 군대 민청단체에 대한 당의 이원적 지도

이 시기 민청단체에 대한 당의 지도는 공식화되지 않은 상태였으며, 사회 및 군대의 민청단체에 대한 당의 지도가 이원적으로 운영되었다. 군대의 민청단체에 대해서는 문화부제도를 통해 간접적으로 이루어졌으며, 사회 민청단체의 경우 주로 민청 지도간부의 통제를 통한 당의 인적 지도가 이루어졌다. 이 시기 당단체 및 사회단체 간부에 대한 당의 인사권한에 대한 결정이 채택되었는데, 이것은 당의 사회단체 간부에 대한 인사권 행사가 제도화된 것으로도 볼 수 있다.

가. 사회 민청단체에 대한 당의 지도

민청에 대한 당의 지도는 민청의 지도부를 통해 인적으로 이루어졌으며 민청이 당 정책을 수행하는데 유리하도록 조직이 개편되고 조직활동이 이루어졌다. 따라서 본문에서는 당이 사회단체 간부 인선에 어떠한 영향력을 미쳤는지, 그리고 당의 지도에 의해 민청의 조직은 어떻게 개편되었고 조직활동은 어떻게 진행되었는지에 대해 분석하고자 한다.

1946년 10월 21일 당중앙위원회 상무위원회가 채택한 '간부배치 및 이동에 관하여'는 당과 사회단체의 중요 간부들을 두 개의 범주로 나누어 첫 번째 그룹은 중앙당 간부부가 취급, 중앙상무위원회에서 비준하며, 두 번째 그룹은 도당 간부부가 취급하고 도당상무위원회가 비준하도록 하는 내용이었다.[166)]

표에서 드러나듯이 사회단체의 간부들이 당간부들과 같은 수준으로

166) "간부 배치 및 이동에 관하여-조선로동당 중앙상무위원회 제9차 회의 결정서," 『결정집 1946.9~1948.3』, 38~39쪽; 서동만, 앞의 책, 246쪽에서 재인용.

당간부부의 영향하에 있는 것을 알 수 있다. 민청 중앙위원회는 위원장, 부위원장, 부장, 부부장까지 당간부부가 취급, 중앙상무위원회의 비준을 받으며 도민청위원회나 시·군민청위원회의 경우 역시 도간부부가 취급, 도상무위원회가 비준하도록 계획된 것이다. 이 결정이 당시 현실적으로 어떻게 구체화되었는지는 확인할 수 없으나 당이 중앙위원회와 각 도당을 통해 민청 중앙위원회와 지역단체의 간부들에 대한 인사권을 행사하려 했음을 입증하는 근거가 된다.

인사권을 통한 민청에 대한 당적 지도를 드러내는 이 결정은 두 가지 중요한 의미를 가지고 있다. 첫째, 당간부부가 민청 간부들을 직접 취급하고 중앙당 및 도당 상무위원회에서 비준한다는 점뿐만 아니라, 민청의 간부들이 최소한 민청단체와 당단체 간에 '상호 이동'할 수 있는 제도적 근거가 된 것이다.

【표 3-5】 당중앙위원회 상무위원회 간부 배치 및 이동 결정
(1946년 10월 21일 당중앙위원회 상무위원회 결정)

<table>
<tr><td rowspan="4">중앙당간부부 취급
중앙상무위원회
비준</td><td rowspan="3">당단체</td><td>중앙당부:
각부장, 부부장, 과장, 지도원</td></tr>
<tr><td>도당부:
위원장, 부위원장, 부장, 부부장</td></tr>
<tr><td>시(구역) 당부: 위원장, 부위원장</td></tr>
<tr><td>사회단체</td><td>중앙조직:
위원장, 부위원장, 부장, 부부장</td></tr>
<tr><td rowspan="2">도당 간부부 취급
도당상무위원회
비준</td><td rowspan="2">당단체</td><td>도당부:
과장, 지도원</td></tr>
<tr><td>시·군당부 이하:
부장, 부부장, 과장, 면당·공장당
위원장, 부위원장</td></tr>
</table>

도당 간부부 취급	사회단체	도조직: 위원장, 부위원장, 부장, 부부장, 과장
		도당상무위원회 비준

* 출처: "간부 배치 및 이동에 관하여-조선로동당 중앙상무위원회 제9차 회의 결정서," 『결정집 1946.9~1948.3』, 38~39쪽; 서동만, 246쪽에서 재인용한 부분을 참고해 재구성.

이 결정의 두 번째 의미는 민청 중앙위원회 조직부장 안병기의 제의에 의해 이 안건이 논의되었다는 점에서 찾을 수 있다. 안병기는 민청 제2차 대회에서 신임 조직부장으로 선출된 인물로서, 이후 민청 조직에 대한 논의들은 대개 안병기에 의해 제기되었다. 이 시기 당의 조직부장은 허가이로서, 당 정비를 위해 그가 유일당증 수여 등 갖가지 사업들을 진행하고 있었던 상황으로 볼 때, 민청 중앙의 조직부장이 이 시기 당 조직부서의 영향을 받았던 것으로 추측된다.[167]

사회단체에 대한 당의 인사권이 제도적으로 보장되었던 것과 병행해 민청은 조직 개편을 통해 조직을 강화하고 당과 정부의 정책에 이전보다 적극적으로, 구체적으로 참여하는 결정들을 내놓았다.

1946년 5월 13일 북조선공산당 상무집행위원회에서 '민청사업을 강

167) 1947년 1월 11일 민청 중앙상무위원회의 '건국사상동원운동에 있어서 민청 각급 조직부의 사업방침에 관한 결정' 역시 중앙조직부장 안병기의 제안에 의해 논의되었다. 건국사상동원운동은 김두봉과 김일성에 의해 제기되어 확대된 해방 후 최초의 사상운동으로서, 이 회의는 건국사상동원운동에 민청이 조직적으로 기여할 수 있도록 구체적 지시사항을 담고 있다. 또한 회의는 곧 예정된 '면리 인민위원회 선거'를 위해 초급단체의 활성화 지침을 지시하기도 했다. "북조선민주청년동맹 제14차 중앙상무위원회 결정서 제1호 건국사상동원운동에 있어서 민청 각급 조직부의 사업방침에 관한 결정, 1947년 1월 15일 북조선민청 각 도시군 조직부장 연석회의에서 지시 연구(1947.1.11, 북조선민주청년동맹중앙위원회 부위원장 노민)," 통일부 북한자료센터 MF267.

화발전시킬 것'을[168] 강조했던 김일성은 5월 30일 '각 도당 위원회 청년사업부장, 도민청위원회 위원장 련석회의'에 참석해 향후 민청의 과업을 제시했다.[169] 그는 회의에서 민청의 간부를 강화해야 하며 필요한 경우 젊은 인재를 등용하고, 맹원들에 대한 정치교양사업을 통해 사상을 통일하고 단결을 공고히해야 한다고 주장했다. 또한 군중선동, 반간첩투쟁, 농촌에서의 증산운동 등 청년들의 정치적, 경제적 활동을 독려했다. 그는 농촌의 리, 공장, 학교에 민청선전원을 두고 군중들에게 시사문제를 해설하는 '민청선전원제도'를 도입할 것을 제기하기도 했다. 또한 소년단 사업을 강조해 적절한 인원을 배치할 것을 제기하기도 했다. 김일성은 이 연설에서 민청이 다른 군중 단체들과의 단결을 강화해야 한다고 강조하면서 일부 지방에서 민청과 여맹, 로동조합, 농민조합 사이에 마찰이 있었음을 드러냈다.[170]

민청을 강화할 것에 대한 김일성의 제기는 이후 민청의 조직과 활동에 반영되었다. 1946년 8월 28일 개최된 북조선로동당 창립대회에서는 '당원등록과 통계에 대한 세칙'이 규정되었는데 "시(구역) 군 당부는 당원 이동통계 및 당원들의 변동에 대한 등록을 정확히 하기 위해 당원 검찰책에 (가) 지식정도의 변동, (나) 학설 또는 기술발명에 대한 것, (다) 외국에 대한 것, (라) 민청생활에 대한 것 등을 기록"하도록 했다.[171] 당원 감찰책에 민청 생활에 대한 기록이 요구된 것은, 당과의

168) 김광운, 앞의 책, 200쪽.

169) 김일성, "민주 조선 건설에서의 청년들의 임무,"『청소년사업에 대하여』, 7~12쪽.

170) 위의 글, 7~12쪽.

171) 위의 글, 96쪽.

관계에서 민청의 중요성을 반영한다.[172)]

1946년 12월 6일 오운식 부위원장이 비준한 '민청각급 기관 인원 축소에 관한 결정'은 민청 중앙위원회 및 각 도·시·군·면 민청위원회의 정원을 축소하고 생산작업과 관련없는 초급단체를 정리하는 내용을 담고 있다. 이 조치를 통해 기존의 면 이상 북조선민청 전체 간부 총수가 반 가까이 줄어들었으며, 무능력한 간부들을 전출하고, 유능한 간부들을 생산부문과 정권기관에 공직 이동할 수 있게 하였다.[173)]

북조선민청 결성 1주년을 앞두고 1947년 1월 11일 개최된 북조선민청 제14차 중앙상무위원회는 건국사상동원운동에 관한 결정과 함께 '전면적 맹원재등록 사업에 관한 결정'과 '규약수정에 따르는 제반 조치에 관한 결정', 그리고 '민청망조직에 대한 결정'을 채택했다. 이 세 건의 결정은 민청이 당의 지도를 받고 정책을 수행하는데 유리하도록 조정되었다는 의미를 가진다.

1월 11일 결정된 맹원재등록 사업은 조직부장 안병기에 의해 제안되었으며, 사업의 목적을 맹적 정리 및 불순분자 숙청, '면·리 인민위원회 사업의 활동단위가 되는 초급단체의 강화'에 두었다.[174)] 이후 북한의 문헌은 1947년에 전동맹적으로 진행된 간부심사사업은 민청 내 '불

172) "북조선로동당 창립대회 회의록,"『朝鮮勞動黨大會 資料集』, 제1편, 11쪽.

173) "북조선민청 제2차 중앙확대위원회 결정서 제3호 '민청각급 기관 인원 축소에 관한 결정(1946.12.6)," 통일부 북한자료센터 MF267.

174) "북조선민주청년동맹 제14차 중앙상무위원회 결정서 제3호 '전면적 맹원재등록사업에 관한 결정'(1947.1.11 북조선민주청년동맹중앙위원회 부위원장 노민)," 통일부 북한자료센터 MF267; 그러나 맹원재등록 사업은 목표대로 달성되지 않아 사업진행과정에서 착오를 시정하는 결정이 다시 채택되었다. "제17차 중앙상무위원회 결정서 제2호 '맹원재등록사업상 착오를 시정할데 대한결정'(1947.2.17 중앙민청부위원장 노민)," 통일부 북한자료센터 MF267.

순분자들과 우연분자들'을 제거하고 "위대한 수령님과 당에 충실한 로동청년, 빈고청년들을 대담하게 간부로 등용"함으로써 간부를 질적으로 강화했다는 데 의의를 두었다.[175] 이것을 통해 1947년 민청의 맹원재등록사업은 기존의 토착 공산주의자들인 간부과 맹원들을 정리하고 새로운 간부들을 충원하기 위한 당의 의도가 포함되어 있었던 것을 알 수 있다.

같은 날 결정서 제5호를 통해 '규약 수정에 따르는 제반 조치에 관한 결정'이 채택되었는데, 면 위원의 경우 '규약 제26조에 의하여 선거하되 정부기관 및 기타 사회단체의 열성적 청년일군들을 선출'하며 면 민청에 면위원회를 둘 것을 채택했다.[176] 이 조항은 비록 선거라는 형식을 거쳐야 했지만 당시 정부기관과 사회단체 간의 인사 이동이 존재했다는 것과 당, 정부기관, 사회단체 등에 복수 가입이 가능했다는 사실을 입증한다. 따라서 한 사람이 복수 기관의 복수 지위를 가질 수도 있었다는 것을 추측하게 한다.

북조선민청 제14차 상무위원회는 이날 또한 '극비'로 '민청망조직에 대한 결정'을 채택했다.[177] 회의는 조직부장 안병기의 '보고'를 듣고 결정했다고 기록되었다. 이 안건은 반간첩투쟁에 대한 민청의 임무에 대해 이미 '김일성 위원장이 우리들에게 똑똑히 제시한 것'이었다고 확인하면서, 반간첩투쟁은 '민주주의 자주독립국가 건설'을 위해 각 정당

---

175) 채종완 저, 앞의 책, 106~107쪽.

176) "북조선민주청년동맹 제14차 중앙상무위원회 결정서 제5호 '규약수정에 따르는 제반조치에 관한 결정'(1947.1.11 북조선민주청년동맹중앙위원회 부위원장 노민)," 통일부 북한자료센터 MF267.

177) "북조선민주청년동맹 제14차 중앙상무위원회 결정서 제7호 '극비: 민청망조직에 대한결정'(1947.1.11 북조선민주청년동맹중앙위원회 부위원장 노민)," 통일부 북한자료센터 MF267.

사회단체의 조직을 강화하고 주민들에게 간첩에 대한 증오심과 경각심을 높일 수 있는 사업으로서, 지금까지의 반간첩투쟁 조직을 재검토하고 새로 '민청망'을 조직할 것을 결정했다. 결정은 민청 내에서의 '간첩분자' 색출, 그리고 대외적 정보수집 공작을 주요 업무로 하는 소수정예분자로 민청망을 조직하며 '본인 이외에는 누가 민청망 관계자인지 모르게' 하도록 당부했다. 민청망에 대한 서류는 '극비'로 취급하며 민청망 명부는 2부를 작성해 한 부는 해당 급 보안서에, 한 부는 책임자가 보관하고, 기타 서류는 가급적 작성하지 않으며 민청망 내용에 대한 것은 상무위원 상호 간에도 비밀을 지키도록 당부했다. 또한 민청망 사업의 중심은 학교와 철도, 군수공장에 두며 민청 자체 내 조직의 '반동분자'들과 '청년운동을 파괴 분렬시키려는 민주주의정당원의 가면을 쓴 동맹 내 간첩분자들'에 주목할 것을 명시했다.[178)]

1월 11일에 채택된 '맹원재등록 심사사업'과 '민청망 사업'은 민청 조직 내 불만세력들을 숙청하기 위한 조치의 일환으로 이 사업들을 진행함으로써 민청의 간부들을 각 도의 토착 공산주의자들 중심에서 당의 영향하에 있는 신진 청년들과 새로 가맹한 근로, 농민출신 맹원들 속에서 새로운 간부들을 등용하려는 계획임을 알 수 있다.

1948년 2월 13일 북조선민청 제9차 중앙위원회는 '동맹조직장성문제에 관한 결정'을 채택, 맹원의 수가 감소하고 있는 추세를 지적하면서 민청의 양적 확대와 함께 신가맹 맹원의 대상으로 근로청년들과 20세 이하의 어린 청년들의 인입에 주력할 것을 지시했다.[179)] 북조선

178) 위의 자료.

179) 문헌은 민청 조직의 가입비율이 지역에 따라 불균형하며 특히 평남도 56%는 '장성이 극히 불량함'이 지적되었다. 평남도는 소군정과 김일성 및 만주출신 빨치산 그룹들이 해방 직후 주둔하면서 활동했던 지역임에도 민청 가맹 수준은 매우 저조함을 알 수 있다. 사회단체 강화에 토착

민청 중앙위원회는 제3차 대회의 소집과 각급 지도기관 사업결산 및 선거사업을 연기할 것을 결정하면서, 연기의 사유로서 '조선임시헌법 초안 인민토의 사업 및 동맹 본신사업에서 학생사업 소년사업 등 중요 사업에 전 동맹의 힘을 집중'하기 위함이라고 기록했다.[180)]

같은 날 북조선민청 중앙위원회는 '조직문제에 관한 결정'에서 부위원장 노민이 타 기관으로 이동하고 후임으로 중앙위원 리영섬의 결정을 채택했다.[181)]

1948년 3월 27~30일 북조선로동당 제2차 대회가 소집되었다. 대회에서는 1차 대회보다 토착 공산주의자들에 대한 배척이 더욱 강하게 가해졌다. 오기섭은 격렬한 비판을 받았음에도 당중앙위원 명단에 포함되었으나. 민청 위원장인 김욱진은 중앙위원이나 후보위원 명단에 포함되지 못했다. 대신 1948년 2월 부위원장 노민의 후임으로 민청

공산주의자들이 역할이 중요했던 증거이다. "북조선민청 제9차 중앙위원회 '동맹조직장성문제에 관한 결정'(1948.2.13 북조선민청 중앙위원회 부위원장 노민)," 통일부 북한자료센터 소장 MF483.

180) "북조선민청 제9차 중앙위원회 '제3차 대회 소집 및 각급 지도기관 사업결산과 선거사업 연기에 대한 결정'(1948.2.16 북조선민주청년동맹중앙위원회 부위원장 노민)," 통일부 북한자료센터 소장 MF483.

181) 이날 결정의 비준자는 김욱진 위원장으로, 이 시기까지는 김욱진이 민청 중앙위원장의 역할을 하고 있었음을 알 수 있다. 그러나 앞서 밝힌 것처럼 위원장 선임 후 이 1948년 11월 3차 대회 기간까지의 민청 회의록 중 김욱진이 참석했거나 비준한 기록이 남아 있는 문헌은 단 2건만 찾을 수 있었다. 이것은 김욱진이 민청활동에서 배제되었거나, 혹은 당시 3인의 위원장이 각기 역할을 분담해 노민(이후 리영섬) 부위원장이 민청 조직의 내부 행정을 담당하고 김욱진과 오운식은 각기 역할을 수행했을 2가지 가능성을 추측하게 한다. 남아 있는 민청 회의록 중 오운식의 기록도 몇 건 되지 않는 것으로 보아 두 가지 가능성을 모두 배제할 수 없다. 확실한 것은 11월 제3차 대회에서 김욱진 위원장이 경질되었다는 점이다. "북조선민청 제9차 중앙위원회 '조직문제에 관한 결정' (1948.2.16 북조선민청 중앙위원회 위원장 김욱진)," 통일부 북한자료센터 소장 MF483.

중앙에 들어온 리영섬이 당중앙위원회 후보위원 명단에 올랐다.[182)]

북로당 제2차 대회 직후인 3월 31일 북조선민청은 중앙위원회를 소집하고 "도시군 부서 일부 폐지와 간부정원축소 및 사업방식 개선에 관한 결정"을 채택, 또다시 조직의 정비를 꾀했다.[183)] 부위원장 교체 이후 회의의 승인은 대부분 리영섬 부위원장이 담당했던 것으로 보인다. 북조선민청은 "통신과 설치", "면민청 열성자제도", "간부사업세측 일부 수정", "보고제도 확립", "재정제도 수립에 관한 결정" 등 민청 조직을 재정비하는 일련의 지침들을 연속적으로 제기했다.[184)]

1948년 4월 30일 북로당은 당중앙위원회 제1차 정기회의를 개최하

---

182) 리영섬은 노민 부위원장의 후임으로서 이후 민청 중앙의 회의의 승인을 도맡아온 인물이다. 그의 이력을 찾기 어려우나 그가 이전 당청년부의 부부장을 맡았다는 의견이 있다. 이 대회에서 갑산계 인물들이 중앙위원(리송운, 박금철)과 후보위원(리효순)에 포함되었다. 와다 하루끼, 『북조선: 유격대국가에서 정규군국가로』(서울: 돌베개, 2002), 114~115쪽.

183) "북조선민청 중앙위원회 '도시군 부서일부 폐지와 간부정원축소 및 사업방식 개선에 관한 결정'(1948.3.31 북조선민청 중앙위원회 부위원장 리영섬)," 통일부 북한자료센터 소장 MF483.

184) "북조선민청 중앙위원회 '도시군 부서일부 폐지와 간부정원축소 및 사업방식 개선에 관한 결정'(1948.3.31 북조선민청 중앙위원회 부위원장 리영섬)," 통일부 북한자료센터 소장 MF483; "북조선민청 제57차 중앙상무위원회 '통신과 설치에 대한 결정'(1948.4.6 북조선민청 중앙위원회 부위원장 리영섬)," 통일부 북한자료센터 소장 MF483; "북조선민청 제57차 중앙상무위원회 '면민청 열성자제도 확립에 대한 결정'(1948.4.6 북조선민청 중앙위원회 부위원장 리영섬)," 통일부 북한자료센터 소장 MF483; "북조선민청 제57차 중앙상무위원회 '간부사업세측 일부수정에 대한 결정'(1948.4.8 북조선민청 중앙위원회 부위원장 리영섬)," 통일부 북한자료센터 소장 MF483; "북조선민청 제57차 중앙상무위원회 '통계 및 보고제도 확립과 문서간소화에 대한 결정'(1948.4.8 북조선민청 중앙위원회 부위원장 리영섬)," 통일부 북한자료센터 소장 MF483; "북조선민청 제58차 중앙상무위원회 '제35차 중앙상무위원회 '통일적 동맹 재정제도 수립에 관한 결정' 일부 수정에 대한 결정(1948.4.13 북조선민청중앙위원회 부위원장 리영섬)," 통일부 북한자료센터 소장 MF483.

고 당기구를 구성했다. 이 회의에서 오기섭은 상무위원에서 탈락했다.[185] 같은 해 5월 군당에서 농민부와 노동부가 폐지되었다.[186] 이것은 조직부가 농민부와 노동부의 업무까지 관할하는 것을 의미하기도 했다.[187]

1948년 9월 9일 조선민주주의인민공화국이 수립된 이후, 북조선민청은 '동맹강령 및 규약 수정에 관한 결정'을 채택하고, 규약수정초안작성위원회를 조직했다. 위원회는 리영섬, 오운식, 지창익, 리능훈, 허환, 김두식, 김창천, 양봉태, 박승익, 허인흡, 리재필, 장서진, 리응하, 양남진, 주병록, 안병기, 라형순으로 구성되었다.[188] 이들 중에는 민청 제2차 대회에서 선임된 상무위원 외에도 새로운 인물들이 포함되었다. 제2차 대회 이전 이미 오운식 부위원장이 평남 민청 대표로 선거지도위원회 활동을 했던 것처럼, 이들 중 일부는 이후 개최된 제3차 대회에서 중앙위원회에 새롭게 포함되었다.

나. 문화부를 통한 군대 민청단체 지도

1946년 10월 21일 북로당 중앙상무위원회는 민청의 향후 행보에 의

---

185) 서동만, 앞의 책, 218~219쪽.

186) "북조선로동당강원도인제군당상무위원회회의록 제10호," 『北韓關係史料集, 2: 朝鮮勞動黨 資料, 2(1945年-1948年)』(과천: 국사편찬위원회, 1982), 245쪽; 서동만, 위의 책, 359쪽.

187) 대신 당농민부의 농민사업 부문은 농민동맹을 통해 수행했다. 서동만, 위의 책, 360쪽; 당청년부도 폐지되었는데 농민동맹의 경우처럼 민청이 당의 청년사업을 대행했는지 여부는 파악되지 않는다.

188) "북조선민청 제12차 중앙위원회 '동맹 강령 및 규약 수정에 관한 결정'(1948.8.27 북조선민주청년동맹 부위원장 리영섬)," 통일부 북한자료센터 MF267.

미 있는 3건의 결정을 채택했다. 군대에 당조직을 두지 않을 것,[189] 군대 내 민청조직에 관한 건,[190] 그리고 간부배치 및 이동에 관한 결정이었다.[191] 첫 번째와 두 번째 안건은 결과적으로 김일성 및 만주출신 빨치산 계열의 문화부를 통한 군대 내 민청 단체 지도를 가능하게 했고, 세 번째 안건은 당간부부가 사회단체 간부의 배치에 관여하는 내용으로 당의 사회단체에 대한 개입을 제도화하는 의미를 가진다.[192]

첫 번째 결정은 명목상으로는 "보안훈련소, 철도경비대는 북조선 인민의 민주개혁을 보장하는 전 인민의 군대인 바, 이 군대의 당군화를 방지하고 군대의 통일적 통솔권을 보장"하기 위한 목적으로 직접 군내 당조직을 두지 않는다고 설명했지만,[193] 그 이면에는 허가이 등 소련계 한인들이 장악하고 있던 당이 만주출신 빨치산 그룹이 주도하고 있던 군조직 준비에 개입하지 않도록 하려는 목적이 숨겨져 있었던 것으로 보인다. 이 결정은 '군대 내 민청조직에 관한 결정'과 직접적인 관련성을 갖는다.

---

189) 이 결정은 이 조치에 관한 집행과 검열의 책임을 김책에게 위임하고 있다. 군대 창설 작업은 물론 군내 정치사업에 관한 빨치산파의 주도권을 엿볼 수 있다. "군대 내 당조직에 대하여–북조선로동당 중앙상무위원회 제9차회의 결정서(1946.10.21)," 『결정집 1946.9~1948.3』, 39~40쪽; 서동만, 앞의 책, 271쪽에서 재인용.

190) "군대 내 당조직에 대하여–북조선로동당 중앙상무위원회 제9차회의 결정서(1946.10.21)," 위의 책, 40~41쪽; 서동만, 위의 책, 273쪽에서 재인용.

191) "간부 배치 및 이동에 관하여–조선로동당 중앙상무위원회 제9차 회의 결정서", 『결정집 1946.9~1948.3』, 38~39쪽; 서동만, 위의 책, 246쪽에서 재인용.

192) 간부배치 및 이동에 관한 결정에 대해서는 앞의 소절에서 구체적으로 설명되었다.

193) "군대 내 당조직에 대하여–북조선로동당 중앙상무위원회 제9차회의 결정서," 서동만, 위의 책, 271쪽에서 재인용.

군대에 당조직을 두지 않는 대신 민청 단체를 조직하고 민족보위성 소속 문화부가 군대 내 민청을 관리하게 하는 두 번째 결정은 당시 민족보위상이 만주출신 빨치산 그룹 최용건이었던 것으로 볼 때, 만주출신 빨치산 그룹이 군대의 민청 조직을 주도하려는 의도로 추측된다.[194)]

소련의 경우에도 초기에는 군에 대한 당의 직접적 지도가 이루어지지 못했다. 군 내부의 조직이 필요하다는 인식에 따라 1917년 6월 이전 이미 군부 전후방에 광범위한 당 세포망이 형성되었지만 1919년까지만 해도 사실상의 중앙 조직이 존재하지 않았다. 군대 내 당 세포조직들은 대부분 자연 형성되었던 것으로 보인다. 1919년 무렵 중앙통제 조직이 형태를 갖추기 시작, 육군과 해군에 '정치국'이 신설되어 군부의 모든 정치활동의 감독과 조정의 책임을 가지며 중앙정치부의 지휘를 받았다. 중앙정치부은 당시 당중앙위원회 직속이 아닌 혁명전쟁 위원회(당시 인민전쟁상이었던 트로츠키가 혁명전쟁 위원회의 위원장) 소속이었으며, 당중앙위원회 서기국과 긴밀히 연계했다고 전해진다. 이 조직망에서 인사권과 당 결정 집행권을 포함한 군부 내 모든 정치

194) 그러나 이러한 내용들을 구체적으로 확인할 수 있는 6·25전쟁 이전의 인민군과 관련한 기록은 찾기 어렵다. 서동만은 기록이 없는 원인이 북한 당국이 역사를 편집해서라기보다 실제 상황이 반영된 것으로 보았다. 6·25전쟁 이전 당이나 정부 안에서 군에 대한 논의 흔적은 찾기 어렵고 김일성의 군부대나 군사학교 방문 연설을 통해 추측할 수 있다고 설명하면서 이것은 북한의 역사서술의 특징으로서 '편집'이 아닌 당시 조건에 따른 실제상황의 반영으로 판단했다. 미소군 점령하의 남북분단과 대립, 정부 수립 이전의 창설 준비, 소련군 점령통치와 소련의 군사 원조 등의 조건에 여러 정파의 연합체라는 북로당의 정체성이 인민군을 공식적인 정치 통제로부터 분리시켰다는 주장이다. 이러한 주장은 인민군이 당과 정권 밖에서 '자율적 존재'로 만들어진 반면 '당, 정부의 지도와 군 수뇌부의 인적 결합'에 의해 군대 내부의 자율적인 통제가 이루어졌다는 논리를 뒷받침한다. 서동만, 위의 책, 279쪽.

과업에 대한 집행권이 부여되었다.[195)]

이후 1924년 소련 군부에 대한 당의 정치적 통제체제가 개편되어 중앙정치부가 중앙위원회의 직접 지도 아래 놓여져 '중앙위원회의 군 지부(軍 支部)'와 같은 기능을 하도록 조정되었다. 당시 군대에는 농민 출신이 압도적이었으며[196)] 군대 내의 정치조직은 공산주의 사상 교양, 사기 진작, 복지와 검열 등 다양한 역할을 했다. 군부 내 당 조직의 또 다른 중요한 책임은 매년 입소하는 신병들 중 신입 당원을 모집하고 교육해 고향으로 돌려 보냄으로써 농민들 사이에 약한 당의 조직망을 강화하는 것이었다.[197)]

1927년의 경우 소련 군대 내 공산당원은 8만 2천 명, 콤소몰 맹원이 12만 명으로 전군에서 공산주의자 총수는 20만 2천 명으로 약 37%에 달했다. 이 시기 장교의 절반 이상이 공산당원이었고, 이들은 군부 내 당기구 요직의 2/3를 차지했고, 콤소몰 맹원들은 주로 하부 구성원을 이루었다.[198)] 연대에는 공산청년동맹 조직이 설치되었고 휘하 부대에 선전 책임자와 고문관이 배치되었다.[199)]

군대에 대한 당의 지도가 초기에는 정치담당 부서(소련의 경우 정치국, 북한의 경우 문화부)를 통해 비공식적으로 이루어졌고 군대 내 청

---

195) 레오날드 샤피로 저, 양흥모 역, 『蘇聯共産黨史』(서울: 문학예술사, 1986), 249~250쪽.

196) 1926년의 경우 전체 군인의 71.3%가 농민출신이었으며, 노동자 출신은 18.1%, 기타 성분은 10.6%였다. 제2차 대전 직전에 전체 군인의 절반 이상이 공산주의자로서 공산청년동맹 맹원이었고, 1952년 10월 기준으로, 전체 군장교 중 당원이거나 공산청년동맹원의 비율은 86.4%로 증가했다. 레오날드 샤피로 저, 위의 책, 311, 473쪽.

197) 위의 책, 311~312쪽.

198) 위의 책, 312쪽.

199) 위의 책, 471~472쪽.

년동맹 조직이 설치되었다는 면에서 북한의 군대 내 민청단체 조직은 소련군과 콤소몰의 경험을 원용했음을 입증한다. 소련과 북한 모두 당 내 통일성과 당이 정부와 사회에 대한 통제력을 갖추는 과정에서 군에 대한 당의 지도를 공식화하기 이전에 지도자의 최측근을 통해 군대에 대한 '인적 지도'를 행사하려 했던 것으로 파악된다. 이후 당을 강화하는 과정에서 소련과 북한 모두 당중앙위원회 아래 군대를 담당하는 정치부서를 직속시켰다.

한편 역사적 측면에서 인민군은 '항일 빨치산 투쟁'이라는 전통에서 정당성을 찾았고 군 창설 초기부터 그 정점에 '민족의 영웅'으로서 김일성이 각인되었던 것을 확인할 수 있다. 빨치산 그룹 일원이 수장으로 있는 '민족보위성'의 민청 단체 지도는 따라서 군대를 통한 김일성의 민청 개입으로도 이해할 수 있다.[200] 임시인민위원회 보안국장이던 최용건은 1946년 10월 21일 당중앙상무위원회가 군대 내 민청 조직을 결정하기 직전인 8월 인민군의 전신인 '보안간부훈련대대부' 사령관으로 취임했다. 당시 문화부사령은 역시 만주 빨치산 그룹인

---

200) 서동만은 군에 대한 통제가 김일성을 정점으로 하여 민족보위성을 통해 만주파를 중심으로 이루어졌다고 설명했다. 당에 군사담당 부서가 없고 당에 관한 문제는 민족보위성 문화부상에 위임되었는데 빨치산파의 김일이 문화부상으로서 군내 정치사업의 자율성이 유지되었다고 설명했다. 서동만, 앞의 책, 274쪽; 이대근 역시 김일성이 인민군의 창설을 주도했다는 취지로 설명했다. 그는 김일성이 귀국 직후 소련의 후원 아래 군대와 보안대 조직에 주도적으로 나섰으며, 1946년 2월 평양학원의 설립목적이 정규 군대를 창건하기 위한 군사정치 간부들을 키우는 것이라는 김일성의 연설을 들어, 이 때부터 인민군 창건작업이 시작되었다고 이해했다. 또한 당에 군대를 담당하는 조직이나 인물이 없고 군대에 당 조직이 없었다는 점을 들어 당과 군대가 독립적으로 발전했다고 주장했다. 그는 김일성의 만주파가 초기부터 군대에 많은 세력을 확보했다고 강조했다. 이대근, 『북한 군부는 왜 쿠데타를 하지 않나: 김정일 시대 선군정치와 군부의 정치적 역할』(서울: 한울, 2003), 44~48쪽.

김일이었다.[201)]

같은 해 11월경 이미 청년들의 입대가 진행되고 있었고, 입대를 추천하는데 민청이 개입하기도 했다.[202)] 1947년에는 군의 계급제도가 생기고 장병에게 계급이 부여되었다. 당시 간부의 90% 이상이 농민출신으로 소학교만 나온 사람이 태반이어서 군관들의 교육수준이 낮았다고 전해진다. 그러나 당시 소련군 고문들은 조선인 군관들이 무식하다고 비난하지 않았는데 그 이유는 혁명 직후 소련군 간부들의 수준도 마찬가지였고, 지식을 자랑하는 것은 부르주아 잔재라는 인식 때문이었다는 것이다. 당시 정치학습은 군사학습보다 우선할 정도로 강조되었고 매일 일과의 한두 시간은 반드시 정치학습을 진행했다.[203)]

1947년 3~4월에는 제1차 군관숙청이 단행되었다.[204)] 사례로서 항일전의 경력으로 과장이 되었으나 일본군에 전향한 사실이 밝혀진 중좌와 지주의 아들이었던 참모장의 파면, 19세의 어린 후방부대대장이

---

201) 최용건의 후임으로 임시인민위원회 보안국장에 박일우가 취임했다. 서동만은 이 시점에서 보안국과 군사기구가 분리되며 만주파의 대다수가 군대에 들어가게 되었다고 보았다. 명목상으로는 보안간부훈련소가 보안국에 소속된 형태였지만 실질적으로 보안대대훈련부는 인민위원회에서 독립해 있었다고 설명했다. 1947년 2월 임시인민위원회가 북조선인민위원회로 공식화되었을 때, 보안국이 폐지되는 대신 치안과 38도선 경비를 임무로 하는 내무국이 설립되었다. 신임 내무국장은 보안국장이었던 박일우가 맡았다. 서동만, 위의 책, 276쪽.

202) 황해도나 평남 농촌 출신으로 보이는 청년들이 입대했는데 이 중 '나라를 위해 좋은 곳에 가게 되어 부럽다'며 입대를 추천한 민청위원장에게 속았다는 청년의 사례가 소개되었다. 주영복, 『내가 겪은 조선전쟁』(서울: 고려원, 1990), 90쪽.

203) 당시 군가 중에는 '김일성의 노래', 빨치산의 노래' 등이 소련군가 등과 함께 불려졌다고 한다. 주영복, 위의 책, 99~100쪽.

204) 비슷한 시기, 민청초급단체에는 맹원재등록사업과 유일제강을 통한 집중적 사상교양이 진행되었다.

경험부족을 이유로 경리관에게 모든 것을 위임하고 중위로 강등되어 전출되는 일들이 발생했다. 6명의 소대장 중 2명이 자산가의 아들이라는 이유로 추방되었다.[205] 제2보병 사단의 경우 전 사단에서 대략 100명 이상의 군관이 숙청되었고 특히 민주당, 청우당 출신의 군관은 전멸하다시피 했다.[206] 1947년은 민청 내부에 간부심사사업이 진행되었던 시기로, 당시 군대를 포함한 민청의 전 단체를 대상으로 했던 것으로 보인다.

1948년 3월 15일 북조선민청은 제54차 중앙상무위원회를 소집, '내무국 경비처 소속 각여단 보안대 및 학교내 민청단체들의 지도체계 변경에 대한 결정'을 채택했다.[207] 결정은 내무국 경비처 소속 각 여단 보안대 및 학교내 민청단체를 지역의 시군면(구) 위원회 소속에서 분리해 '내무국 경비처 문화부'의 지도로 이관하는 내용으로, 이와 관련한 맹적이동 등 제반수속을 4월 10일 전으로 완료할 것을 각 도시군 위원장들에게 지시했다.[208]

민족보위성의 문화훈련국이 군대 내 민청단체의 지도를 담당했으

---

205) 주영복, 위의 책, 104~105쪽.

206) 이와 별도로 1945~1948년 사이 수천 명의 조선인들이 소련으로 파견되어 군사교육을 포함한 다양한 교육과 훈련을 받았고 조선인민군 간부들은 1948년 4월부터 비밀리에 모스크바에서 훈련을 시작했다는 주장도 있다. 이는 군관숙청과 더불어 새로운 군관의 양성이 진행되었다는 것을 의미한다. 주영복, 위의 책, 106쪽; 암스트롱 역시 1948년 6월 군내 일본군 경력을 가진 모든 군관의 숙청작업이 끝났다고 주장했다. 찰스 암스트롱, 앞의 책, 367쪽.

207) "북조선민청 제54차 중앙 상무위원회 '내무국 경비처 소속 각여단 보안대 및 학교내 민청단체들의 지도체계 변경에 대한 결정'(1948.3.15 북조선민청 중앙위원회 부위원장 리영섬)," 통일부 북한자료센터 소장 MF483.

208) 위의 자료.

며, 산하에 조직부, 선전부, 민청지도부, 군사출판부 등의 부서를, 각 급 부대의 문화부는 선전과, 민청지도과를 두었다는 주장이 있다.[209)] 그러나 1948년 9월 11일 북조선민청이 대회 표창사업 추천을 위해 인민군에 보낸 문헌에는 수신인이 '인민군대 총사령부 문화부 민청지도원, 내무국 경비처 문화부 청년사업과'로 되어 있다. 이로 보아, 이 시기 군대 내 정치사업 담당 부서가 인민위원회 산하 민족보위성의 문화훈련국과 내무국 경비처 문화부 그리고 인민군 총사령부 문화부로 나누어져 있고, 인민군 총사령부 문화부는 민청 지도원제로, 내무국의 경우 '청년사업과'라는 별도의 부서로 운영되고 있음을 알 수 있다.[210)]

209) 이대근, 앞의 책, 51쪽.

210) "제3차 중앙대회 기념 표창사업에 관하여-인민군대 총사령부 문화부 민청지도원, 내무국 경비처 문화부 청년사업과장 앞(1948.9.11, 민청중앙위원회 부위원장 리영섭)," 통일부 북한자료센터 소장 MF267; 김일성의 발언을 통해 파악되는 1947년까지 문화부의 임무는 노동자·농민을 비롯한 근로인민의 이익을 위해 싸우는 인민의 군대임을 인식시킬 것, 군사지휘관의 훈련지도를 돕고 군인들이 전투훈련에 성실히 참가하도록 교양할 것, 군인들이 군사규율을 자각적으로 준수할 것, 군인 일상생활에 깊은 관심을 갖고 문화 오락 사업을 다양하게 조직할 것, 일제 사상의 잔재를 청소하고 혁명정신을 소유하도록 할 것, 제반 민주개혁의 성과와 의의에 대해 깊이 인식시킬 것, 당의 노선과 정책을 해설, 교육하는 사업을 잘 할 것, 항일유격대원들의 '백절불굴정신'으로 군인들을 교양할 것, 지휘관 명령을 신속 정확시 집행할 것 등 군인들의 정치교양에 관한 것이 주요 임무였다. 이대근, 위의 책, 50~51쪽.

제3절 북조선민청의 역할

1. 정권 수립 지원

가. 정치 활동

민청은 국가 수립과정에서 인민위원회 참여, 선거지원, 국가보위, 간부 양성 등 정권 수립을 지원하는 역할을 담당했다. 특히 선거를 통한 정권기관 수립과정에서 민청은 사회단체 연합조직의 일원으로 인민위원회에 참여해 주도적 활동을 벌였다. 각 정당 사회단체의 연합체적 성격으로 임시 조직이지만 최초로 결성된 '각정당사회단체발기위원회'가 1946년 2월 5일 북조선임시인민위원회의 수립을 결정했고, 2월 7일 정당 사회단체 대표들이 참석한 예비회의에서 북조선임시인민위원회의 당면한 과업과 선거에 관련해 논의되었다. 2월 8일 평양에서 '북부조선 각 정당 사회단체 각 행정국 급 각도 시군 인민위원회 대표확대회의'가 7일 예비회의에 참석했던 각 정당 사회단체 대표 14인의 발기로 소집되었다. 회의에 참석한 각 정당 사회단체, 각 행정국, 각 도시군 인민위원회를 대표한 137명에는 정당대표 6명, 사회단체 대표 8명, 행정국장 11명이 포함되어 있었다.[211)]

김일성은 이날 회의에서 정당과 사회단체들이 주민들의 각 층을 연합하면서 '유일한 민주주의적 인민전선'의 기초 위에서 '민주주의적 조선독립국가'를 '급속히 건설'하는 것을 목적으로 강조했다. 김일성은 소련군사령부가 북한 지역 내 '민주주의적' 정당들과 사회단체들의 사업을 다방면으로 협조해 왔으며, 이와 함께 북부 조선에 '자주적이고 민주적인' 지방행정기관과 행정국 등 자치기관들이 조직되어 많은 성

---

211) 김광운, 앞의 책, 265쪽.

과를 달성했다고 밝혔다.[212] 그러나 '중앙주권기관'의 부재로 각 행정국과 지방인민위원회들이 자기 부문에서만 활동하고, 상호 관련되지 않음을 지적하면서 행정국들과 지방인민위원회들을 총괄하고 지도하는 중앙행정기관을 조직할 필요가 있으며, 통일정부 수립 이전까지 '북조선임시인민위원회'가 중앙행정기관의 역할을 해야 할 것이라고 밝혔다.[213]

이러한 과정을 통해 1946년 2월 9일 23인의 임시인민위원회 위원들이 선출되었다.[214] 북조선임시인민위원회는 미소공동위원회에 대한 북조선공산당의 민주기지노선을 구체화한 11개조 당면과업을 발표했는데[215] 이 시기 각 지역의 민청단체들은 '민주주의국가건설'에 대한 지지문들을 발표하고[216] 미소공동위원회 공동 코뮤니케에 대한 성명을

212) 김일성, "목전 조선정치형세와 북조선림시인민위원회의 조직문제에 관한 보고: 북조선민주주의각정당 사회단체 행정국 인민위원회대표 확대협의회에서(1946.2.8)," 『조국의통일독립과 민주화를위하여』(평양: 국립인민출판사, 1949), 1~14쪽.

213) 김일성은 각 정당 및 사회단체들의 지도자들이 북조선임시인민위원회를 조직할 것을 제기했고 이를 위해 발기부를 조직했다고 밝혔다. 또한 발기부의 의견에 소련군사령관이 동의하고 환영했다고 강조했다. 김일성, 위의 글, 1~14쪽.

214) 위원회는 위원장 김일성, 부위원장 김두봉, 서기장 강량욱(상무위원회 3인), 보안국장 최용건, 산업국장 리문환, 교통국장 한희진(후임 허남희), 농림국장 리순근, 상업국장 한동찬(후임 장시우), 체신국장 조영렬, 재정국장 리봉수, 교육국장 장종식, 보건국장 윤기녕, 사법국장 최용달, 기획부장 정진태(후임 박성규), 선전부장 오기섭(후임 리청원), 총무부장 리주연, 그 외 박정애, 무정, 강영근, 강진건, 방수영, 방우용, 김덕영, 리기영, 홍기황, 현창형 등 23인의 위원으로 구성되었다. 김광운, 앞의 책, 267쪽.

215) 김광운, 위의 책, 277쪽.

216) 지지문들은 김일성에 대한 존경심을 표하면서 '독립국가건설'을 강조했다. 1946년 1월 28일 민청 황주군위원회 군총결성대회는 '청년영웅 김일성장군은 위대한 민족해방투사요 진실한 청년의 지도자…장군의 과거로

발표하는 등[217] 북한 지역 내 정치적 일정과 관련해 정당 및 사회단체 연합체, 임시인민위원회와 보조를 맞추어 활발하게 활동했다.

1946년 6월 22일 김일성은 '북조선 민주주의 각 정당 사회단체 대표회의'에서 정당 및 사회단체 대표자들이 상설적으로 협의할 수 있는 기관으로서 '민주주의민족통일전선위원회'를 결성할 것을 제의했다. 김일성은 '민주주의민족통일전선위원회'는 '한 개 정당이 독점하는 것이 아니고 각 정당이 서로 동등적 립장에서 동등한 권리로써 협의하는 기관'으로 규정하면서 의장은 각 정당의 책임자들이 '윤번으로 돌아가며' 직무를 집행하며 각 군, 각 도 중앙까지 위원회를 조직할 것을 제기했다.[218]

이어 1946년 7월 22일 '북조선민주주의 제정당 사회단체의 견고한

서 장군의 투쟁이 가장 옳은 것임을 알었기 때문에 또한 청년인 동무만이 알 수 있는 우리들의 심정이기에…장군을 존경…'한다고 표현했다. "青年의 熱血을 기우려 民主主義國家建設盟誓(金日成同志에게 보내는편지)", 『正路』, 1946년 2월 27일; 민청 금천군위원회는 '백두산상에서 가진 곤난을 극복하고 일본제국주의의 악괴들의 군대를 괴롭히는 김일성장군의 용감과…우리들은 불타는 정의와 굳게 지키는…김일성장군과…여러 혁명선배의 지도 아래 완전히 성취될 것을 굳게 믿는바입니다…'로 표현했다. 1946년 3월 2~4일 평남도 인민위원회 회의실에서 평양학생대회가 개최되어 '반동적' 학생들을 숙청하기 위해 '학생선구대'의 조직과 활동을 설명하고 '김일성장군에게 보내는 멧세-지와 선언서'를 가결했다. "先鋒學徒 三百餘名 一堂에 모여 討論白熱! 平壤學生大會 烈光裡進行," 『正路』, 1946년 3월 27일.

217) 이 성명서는 조선민주청년동맹북조선위원회 제5차 상무위원회가 위원장 김욱진의 보고를 듣고 모스크바 결정 지지를 성명하는 청원서에 서명하는 각 정당 및 사회단체와 협의할 것을 결정한 것이라고 밝혔다. "쏘米共同委員會 共同콤뮤니케 第五号에 저 한 聲明(民青北朝鮮委員會請願書)," 『正路』, 1946년 4월 28일.

218) 김일성, "북조선 민주주의민족통일전선위원회 결성에대한 보고: 북조선 민주주의각정당 사회단체 대표회의에서(1946.6.22)," 『조국의통일독립과 민주화를위하여』, 89~98쪽.

연합체'로서 '북조선민주주의민족통일전선'이 결성되었다.[219] 북조선민전은 이후 북한 지역에서 전개된 정치 일정에 주민들을 조직·동원하고 사업을 진행하는 역할을 맡았다. 북조선민전 결성 직후 8.15 해방 1주년 기념대회를 주관, 215만의 군중을 동원했으며, 다음해 5.1절 행사에는 280여만의 군중을 동원했다.[220] 북조선민전의 중요한 역할 중의 하나는 선거의 진행이었다. 1946년 11월 3일 도시군인민위원회 선거를 시작으로, 1947년 2월 리(동)인민위원회 선거, 3월 5일 면인민위원회 선거가 진행되었다.[221] 민청은 정권 수립을 지원하는데 있어 독자적으로도 활동했지만, 이 시기 조직된 정당 및 사회단체 연합체의 일원으로서 적극적인 활동을 벌인 것으로 보인다.

1946년 11월 도시군인민위원회 선거를 앞두고 제1차 민청 평양시 대표자회의가 개최되었다. 회의는 평양시에 6개의 구와 3백여 초급단체 아래에 23,000여 명의 맹원이 조직되어 있음을 밝혔다.[222] 9월 5일 임시인민위원회 제2차 확대위원회에서 각급 인민위원회를 법적으로 공고화할 것이 제시되고, 선거규정이 발표되었다.[223] 각 지역별로 선거지도위원회가 결성되었는데 평남 선거지도위원회의 경우 인민위원장인 강진건을 중심으로 각 정당과 사회단체 대표들로 구성되었다. 민청의 대표로는 중앙위원회 부위원장인 오운식이 포함되었다.[224]

선거를 앞두고 개최된 북조선민주청년동맹 제2차 대회에서 김일성

219) "解放後 北朝鮮 政治情勢,"『조선중앙년감』, 1950(상)(평양: 조선중앙통신사, 1950), 200쪽.

220) 위의 책, 200쪽.

221) 위의 책, 200쪽.

222)『로동신문』, 1946년 9월 1일; 김광운, 앞의 책, 201쪽에서 재인용.

223) 위의 책, 399~400쪽.

224) 위의 책, 402쪽.

은 민족의 당면한 최대 과업은 민주주의인민공화국을 하루 속히 수립하는 것이고 이를 위해서는 무엇보다 민주주의 역량을 확대 강화하는 것이 중요하다고 강조했다. 또한 민주역량을 강화하기 위해서는 광범한 군중을 망라하는 사회단체들의 역량을 제고해야 하며, 특히 사회단체 중에서 '극히 중요한 위치'를 차지하고 있는 민청의 역할을 제고할 것이 필요하다고 강조했다.[225] 그러나 당시 민청과 직총 등 주요 사회단체의 수장을 맡았던 토착 공산주의자들과 당과의 갈등으로 볼 때, 선거에 있어서 민청이 당과 유기적으로 협조관계를 맺기는 어려웠을 것으로 판단된다.

각 정당 및 사회단체의 연합체인 북조선민주주의민족통일전선의 중요성에 대해 암스트롱은 '공산주의자들과 로동당이 통일전선의 전위대'였으며 북조선민주주의민족통일전선은 '광범위한 대중들이 공산주의자들의 지도 아래 정치 과정에 참여할 수 있는 수단'이라고 주장했다.[226] 특히 농민, 노동자, 여성 청년 등 다양한 사회단체와 문화, 학술단체를 포괄했고 '5백만 명의 조직화된 대중'들을 대표한다고 주장되었던 것을 근거로 들었다.[227]

한편 11월 선거 결과 북조선민전이 내세운 후보 중 97%가 당선되어[228] 1,186명의 도시군 인민위원회가 구성되었다.[229] 각급 인민위원회 선거

225) 김일성, "민주 력량의 확대 강화를 위한 민청 단체들의 과업," 『청소년사업에 대하여』, 13~17쪽.

226) 찰스 암스트롱, 앞의 책, 184쪽.

227) 그러나 당시 한 사람이 당과 사회단체들에 중복해 가입할 수 있었기 때문에 북조선민전이 포괄하는 인원수만을 근거로 북한이 주장하는 바를 그대로 받아들이기는 어렵다. 위의 책, 184쪽.

228) 위의 책, 187쪽.

229) "解放後 北朝鮮 政治情勢," 앞의 책, 201쪽.

에서 인민위원으로 당선된 민청원은 전체 인민위원수의 43%를 차지하는 18,800여 명에 달했다. 이 결과는 북조선민전 활동에서 민청이 차지하는 비중이 얼마나 큰지를 입증한다.[230)]

나. 선전활동

주민들을 대상으로 한 선전활동은 계획된 정치일정을 완수하는데 매우 중요한 요인이었다. 김일성은 문화인들이 대중적이지 못하고, 선전전 문화전의 전개 방법을 배워야 하며, 사상적 단결과 통일이 필요함을 지적하면서[231)] 문화인들에 대한 임무로서 농촌 및 각 지역과 직장에 선전망과 선전대를 조직해 주민들에게 국가의 정책을 선전·해석할 것, 국제적 선전망을 조직해 소련 및 중국을 포함한 타 국가들에 조선에 대한 선전활동을 벌일 것, 모스크바 3국회의 결정을 지지하는 선전교양사업을 널리 전개하고 북조선인민위원회 위원장이 발표한 20개 정강을 기초로 하는 '조선의 임시정부건립을 촉진하는 운동'을 전개할 것 등을 제기했다.[232)]

1946년 5월 30일 '각 도 민주청년동맹위원장 회의'에서 김일성은 '토지개혁에서 얻은 승리'를 더욱 공고히하며 '민주주의 기본력량을 계속 확대'하기 위해 청년들의 임무가 크다고 강조하면서 80여만 명의 맹원을 질적으로 향상시키기 위해서 민청 간부와 맹원을 교육하고 선전사업을 강화하는 것을 중심과업으로 삼도록 제기했다.[233)] 특히 민청

230) 김일성, "민주주의림시정부수립을 앞두고 조선청년에게 고함: 세계민주청년축전 참가대표 환송체육대회에서(1947.6.23)," 『청소년사업에 대하여』, 349~375쪽.

231) 위의 글, 57~65쪽.

232) 위의 글, 57~65쪽.

233) 김일성, "민주주의조선건국에있어서의 청년들의 임무: 각도민주청년동

의 선전망을 확대하고 민청선전원제도를 만들어 농촌의 각 리, 도시의 각 공장, 학교 마다 선전원을 배치하도록 제기했다. 김일성은 선전원들이 군중이 알기 쉬운 언어로 해설해야 하고, 농촌에서는 농민과 함께 일하고 휴식하면서 선전해야 한다고 강조하면서 청년인테리는 '인민의 인테리', '건전한 이론가'가 되어야 한다고 언급했다.[234)]

도시군 인민위원회 선거 이후 1946년 11월 25일 소집된 북조선임시인민위원회 제3차 확대위원회에서 김일성은 선거사업에서 선전원들의 역할을 높이 평가했다. 소학생으로부터 중학생, 청년, 여성, 예술인, 각 사회단체 맹원들이 총동원되었음을 언급하면서 특히 학생들의 해설사업에 대해 치하했다. 그는 선거선전사업이 하나의 '군중적 운동'으로 전개되어 인민대중에게 깊이 침투되었기 때문에 선거에서 승리할 수 있었다고 강조했다.[235)]

1946년 9월 무렵 지역별로 조직된 선거지도위원회와 함께 선거선전위원회가 구성되었다. 선거선전위원회는 선거와 관련된 토론회, 강연회 등 선전활동을 전담했으며, 각급 단위의 선거선전위원회는 민청 맹원, 학생, 교원, '선진 노동자'들을 주축으로 한 '선거선전대'를 각 지방에 파견했다.[236)] 선거선전대는 강연회, 좌담회를 비롯한 각종 집회를 개최했고 선전 작업 이후에는 선거인 명부 작성을 진행했다. 문맹자들이 많았기 때문에 선거선전과 함께 문맹퇴치운동도 전개되었다.[237)] 인

맹 위원장회의에서(1946.5.30)," 위의 책, 67~73쪽.

234) 위의 글, 67~73쪽.

235) 김일성, "북조선민주선거의 총결과 인민위원회의 당면과업: 북조선림시인민위원회 제3차 확대위원회에서(1946.11.25)," 위의 책, 177~213쪽.

236) 중앙일보특별취재반, 『비록 조선민주주의인민공화국, 하』(서울: 중앙일보사, 1993), 256~257쪽.

237) 위의 책, 259쪽.

민위원회 선거의 경우 특히 민청이 선거선전사업에 적극 동원되었다. 선거선전에 동원된 민청 맹원 수는 39만 6,282명(학생 민청 맹원은 15만 7,809명)이었으며 전체 선거위원회 위원의 28%에 해당하는 2만 2,057명의 민청 맹원이 선거위원으로 활동했다. 1948년 실시된 최고인민회의 대의원 선거에는 민청 맹원 중 선거선전원으로 30만 6,500명이 활동했으며, 선거선전위원으로 활동한 민청 맹원은 전체의 40%로 1만 9,755명이었다.[238]

특히 선거의 선전과 실시 과정에서 초급단체 민청 맹원들의 직접적 기여가 있었다. 민청의 평북 선천군 신부면 여봉 초급단체의 경우 1946년 11월 3일 도시군 인민위원회 선거에 선전원 2명, 선거위원 1명, 연락원 22명을 동원하고 경비를 담당했으며,[239] 1947년 2~3월 면동 인민위원회 선거사업에는 선전원 2명, 선거위원 2명, 경비원 7명이 동원되었다.[240] 1947년 2월 24~25일과 3월 5일 동위원, 면위원 선거에서 맹원들은 해설 선전사업과 경비 및 연락에 동원되었다.[241]

평북 선천군 신부면 청녕 민청 초급단체는 1947년 2월 선거사업에서 선전원 3명, 선거위원 1명, 연락원 15명을 동원하고,[242] 면 동 인민

---

238) 『위대한수령 김일성동지의 불멸의 혁명업적10』, 201~220쪽.

239) Item #22-12 "북조선민주청년동맹 선천군 신부면 삼양 초급단체 총회 회의록," 1948.9.15, RG242 National Archives Collection of Foreign Records Seized Record Group WAR20061391, 국립중앙도서관 전자자료.

240) 위의 자료.

241) Item #22-12 "북조선민주청년동맹 선천군 신부면 여봉 초급단체 총회 회의록," 1948.9.16, RG242 National Archives Collection of Foreign Records Seized Record Group WAR20061391, 국립중앙도서관 전자자료.

242) Item #22-12 "북조선민주청년동맹 선천군 신부면 청녕 초급단체 총회 회의록," 1948.9.15, RG242 National Archives Collection of

위원회 선거사업에 선전원 4명, 선거위원 1명, 연락원 9명, 경비원 12명을 동원했다.[243] 1948년 8월 25일 실시된 최고인민회의 대의원 선거에 시사 학습회를 3회 개최해 78명이 참가했고 독보회를 5회 개최해 136명이 참가했다. 선거의 경비사업에 하루에 2명씩 35명을 동원, 선거연락원으로 19명을 동원했다. 호별 방문에 12명이 동원되어 48호를 방문했고 벽보선전사업에 5명이 동원, 24장의 구호를 붙였다. 입후보자 환영 지지대회에는 맹원인 유권자 46명이 참가했다.[244]

평북 선천군 동림 3구 초급단체는 1947년 인민위원회 선거사업에 선전원 1명, 선거위원 1명, 연락원 및 경비원 6명을 동원했다.[245]

선거에 대한 선전활동뿐 아니라 북한 지역에 전개된 정치 일정들에 대한 선전 해설사업에도 초급단체의 민청 맹원들이 동원되었다.

평북 선천군 신부면 삼양초급단체는 1947년 5월 7일 '미소공동위원회 재개시 조선 임시정부 수립을 앞두고 각 정당 사회단체는 무엇을 요구하는가'에 대한 김일성의 연설을 해설하는 등의 선전사업에 맹원 2명을 동원했다.[246] 같은 해 평북 선천군 신부면 청녕 민청 초급단체 역시 '제2차 미소공동위원회 재개 중 조선임시정부 수립을 앞두고 각

Foreign Records Seized Record Group WAR20061391, 국립중앙도서관 전자자료.

243) 위의 자료.

244) 위의 자료.

245) Item #22-12 "북조선민주청년동맹 선천군 동림3구 초급단체 총회 회의록," 1948.9.18, RG242 National Archives Collection of Foreign Records Seized Record Group WAR20061391, 국립중앙도서관 전자자료.

246) Item #22-12 "북조선민주청년동맹 선천군 신부면 삼양 초급단체 총회 회의록," 1948.9.15, RG242 National Archives Collection of Foreign Records Seized Record Group WAR20061391, 국립중앙도서관 전자자료.

정당 사회단체들은 무엇을 요구할 것인가'에 대한 김일성의 연설에 대한 지지대회를 개최, 47명이 참가했으며 전체 맹원들을 대상으로 한 학습회를 개최했다.[247] 또한 1948년 유엔 조선위원단 반대항의 대회 14회 실시, 조선민주주의인민공화국 헌법토의에 38명이 참가해 지지 결성서를 채택했다.[248]

평북 선천군 선천 고급중학교 교원 민청 초급단체는 유엔 반대운동, 조선민주주의인민공화국 헌법토의, 최고인민회의 대의원 선거 등에 맹원들이 총 궐기하고, 8.15, 5.1절 행사를 위한 선전해설대로 3명을 동원했으며, 학생맹원들을 조직동원해 가정방문, 가두해설하는 선전반을 운영했다.[249] 평북 선천군 선천 고급중학교 민청 학교위원회는 최고인민대의원 선거를 위해 열차공작대와 음악부 부원들은 '근 1개월간 침식을 제때에 하지 못하며 싸워 타 선전대의 모범'이 되었다고 밝혔다.[250]

다. 간부 양성

인민위원회 선거에서 인민위원으로 당선된 민청 맹원 수는 전체 인

---

247) Item #22-12 "북조선민주청년동맹 선천군 신부면 청녕 초급단체 총회 회의록," 1948.9.15, RG242 National Archives Collection of Foreign Records Seized Record Group WAR20061391, 국립중앙도서관 전자자료.

248) 위의 자료.

249) Item #29 "초급단체 회의록-선천 고급 중학교 교원 민청 초급단체, 1948," RG242 National Archives Collection of Foreign Records Seized Record Group WAR20061269, 국립중앙도서관 전자자료.

250) Item #29 "초급단체 회의록-북조선민주청년동맹 선천군 선천고급중학교 학교위원회 회의록, 1948," RG242 National Archives Collection of Foreign Records Seized Record Group WAR20061269, 국립중앙도서관 전자자료.

민위원의 43%인 18,800여 명이었다.[251] 이 숫자는 당시 민청 맹원이 정치적 활동에 적극적으로 참여했으며 그 비중이 얼마나 컸는지를 확인할 수 있다. 민청 맹원은 이 시기 인민위원으로서 각급 정권기관에서 활동했다.

해방 이후 각급 교육기관들이 급속히 증가했으며 이것은 간부 양성과 밀접한 관련을 가진다. 1947년 6월 23일 김일성은 세계민주청년축전 참가대표 환송 체육대회에서 민족간부의 중요성을 강조했다. 김일성은 1947년 인민경제발전계획의 일부로서 인민교육기관의 확대사업이 진행되었으며 이것은 민족간부와 기술인재의 양성을 목적으로 한다고 밝혔다. 그는 해방 전에 비해 인민학교 수가 230%가 증가했으며, 6개의 대학에 6,399명이 입학하게 되며, 그중 김일성종합대학에서는 3,870명이 수학하게 될 것이라고 강조했다.[252]

1947년 7월 2일 평양시내 중등 전문대학 졸업생 환영대회에서 김일성은 학교 입학 시 노동자 농민 자제들에게 입학 기회를 확대하고 중등학교 이상, 특히 고급중학전문학교 이상에는 기숙사를 완비, 식량과 생필품, 학용품을 배급하고 빈곤한 집안의 자제에게는 수업료 면제와 학비 보조의 혜택을 주었고, 16,000명 이상의 학생이 국비로 공부할 수 있는 장학금제를 실시했다고 강조했다. 또한 3백여 명의 외국유학생 및 교원단과 의사들의 견학단을 소련에 파견했고 이후에도 외국유학생을 지속적으로 판견할 것이라고 밝혔다.[253] 그는 졸업생들에게 '민

251) 김일성, "민주주의림시정부수립을 앞두고 조선청년에게 고함," 앞의 책, 349~375쪽.

252) 김일성, "북조선각급학교졸업생에게 고함: 평양시내 중등 전문 대학 졸업생 환영대회에서(1947.7.2)," 위의 책, 363~375쪽.

253) 위의 글, 363~375쪽.

중의 선두에 서서 군중을 지도하고 그들한테서 배우며 군중속에서 공작'하는 '선진적 일꾼'이 되도록, '민주주의적 애국자'가 될 것을 강조했다.[254)]

1947년 10월 1일 북조선종합대학 창립 1주년 기념대회에서 김일성은 "일본 제국주의의 폐허 위에 새로운 조선인민의 국가를 세우기 위하여는 우선 온 인민의 선두에 설 민족간부를 양성하지 않고는 도저히 불가능한 일"이었다고 강조하면서, "조국건설의 길에서 뭉친 민주력량과 그 기초위에 선 인민위원회의 힘"으로 가능했다고 밝혔다.[255)] 그는 북조선종합대학의 창립 목적이 "높은 과학기술로 무장되고 정치적으로 훈련되어 민주주의 조국의 건설과 민족 발전을 위하여 헌신 투쟁할 수 있는 우수한 민족간부 양성"에 있다고 강조했다.[256)] 김일성은 학생들에게 일본 제국주의 잔재 숙청과 철저한 애국심 및 건국사상을 소유, 정치교양을 제고하고 국내 국제 정세를 학습할 것, 과학과 기술로 무장할 것, 북조선의 모든 학원에 대한 모범이 될 것, "높고 큰 민족적 자존심과 기개를 가지고 인민을 영도하는" 민족간부가 되기 위해 노력할 것을 제기했다.[257)]

이러한 교육제도의 개선에 기초를 두고 민청조직 내에 각 지방에서 '로동청년, 농민청년들의 선진분자로 지도핵심을 길러낼 것'이 요구되었다.[258)] 결성된지 얼마 되지 않은 시점에서 민청조직은 급속히 확대

---

254) 위의 글, 363~375쪽.

255) 김일성, "북조선 종합대학창립 1주년기념대회에서 진술한훈시(1947. 10.1)," 앞의 책, 423~429쪽.

256) 위의 글, 423~429쪽.

257) 위의 글, 423~429쪽.

258) 채종완, 앞의 책, 104쪽.

되었고 그 과정에서 인입된 '반동분자들과 불순분자들'을 제거하고 '핵심대렬을 튼튼히 꾸리고 그들의 선봉적 역할을 높이는 것'이 당면과제가 되었다.[259] 이를 위해 초급단체를 강화하고 초급단체 간부들의 역할을 제고하도록 요구되었다. '간부는 청년동맹의 기본핵심역량'이며 '청년들의 교양자, 조직자이며 청년사업의 지휘성원들'[260]로서, 간부사업은 민청 사업에서 중요한 문제로 제기되어 왔다.[261]

간부양성 기관으로서 해방 이후 로농정치학교와 도당간부훈련반, 그리고 시·군당 당원훈련소들이 설치되어 당 및 정권기관 간부들과 함께 민청 간부들이 양성되었고, 각 도·시·군에 민청학원이 설치되었으며 이에 기초해 1946년 11월 5일 중앙청년간부학교가 창설되었다.[262] 고위 간부 양성기관으로서 1946년 7월 1일 설립된 '중앙고급지도간부학교'에는 파견된 학생 170명 중 민청 간부 9명이 포함되었다.[263] 1945년 12월 15일 박천 지역에 로농정치학교가 개설되어 정치학, 경제학, 노동운동사, 국사등의 과목을 교육했다.[264] 이러한 간부양성기관을 통해 많은 민청의 간부들이 교육·훈련되어 민청뿐만 아니라 당 및 정부기관, 사회단체에 파견되었다.

259) 위의 책, 105쪽.

260) 위의 책, 105쪽.

261) 위의 책, 105~106쪽.

262) 위의 책, 109~110쪽.

263) 소련공산당 중앙위원회의 재가에 의해 설립된 '중앙고급지도간부학교'는 소련군 장교를 고문으로, 강사진은 소련공산당원인 재소 한인들에 의해 구성되었다. 이는 간부 양성 교육에서 소련의 영향을 반영한다. 교육과정은 처음에는 3개월 단기 코스였다가, 1948년 6개월 코스로 확대방침이 세워졌다. 김성보, "북한 정치 엘리트의 충원과정과 경력 분석: 정권기관 간부를 중심으로(1945~1950)," 『동북아연구』, Vol.3 (1997), 217~218쪽.

264) "박천에 정치학교 개설," 『정로』, 1945년 12월 14일.

2. 사회개혁 지원

가. 토지개혁 지원

북한 내 각 정당 및 사회단체들을 중심으로 1946년 2월 9일 선거된 북조선임시인민위원회는 '민주개혁'을 강행하기 위한 제도적·조직적 기반이 되었다.

북조선임시인민위원회는 위원장 김일성, 부위원장 김두봉, 서기장 강량욱 등 3명의 상무위원회를 중심으로 23명의 위원으로 구성되었다. 각 정당 및 사회단체의 대표들이 임시인민위원회 위원에 포함되었다.[265]

임시인민위원회는 '11개조 당면과업'과 '20개조 정강'을 통해 '민주개혁'의 방침을 드러냈다. 임시인민위원회가 주체가 되어 진행했던 민주개혁의 구체적인 내용은 토지·농민문제의 해결, 노동법령 실시, 중요산업 국유화, 남녀평등법령 실시, 교육에서 일제 잔재의 척결 등이었다.

제기된 민주개혁의 사업 중 가장 복잡하고 대중적 참여를 필요로 했던 것은 토지개혁과 현물세 납부사업이었다. 토지개혁은 1946년 3월 5일 '북조선임시인민위원 및 각 국장의 연대회의'에서 '북조선토지개혁에 관한 법령' 공포, 6일 북조선 지역 14개 정당·사회단체 협의회에서 토지개혁을 지지하는 공동성명서 발표, 7일 임시인민위원회 결정 제4호 "'북조선토지개혁에 대한 법령'에 대한 결정서"가 채택되는 절차를 통해 시작되어[266] 3월 31일까지 한 달이 채 못 되는 기간에 전격적으로 전개되었다. 토지개혁이 단행되기 전까지의 의사결정 과정에

265) 김광운, 앞의 책, 267쪽.

266) 서동만, 앞의 책, 338~339쪽.

대해 아직 밝혀진 바가 많지 않은 것처럼, 토지개혁의 실시 과정에 대해서도 자료의 제약으로 인해 해명되지 못한 부분이 많다.

토지개혁 과정에서 사회단체들은 농민들을 대상으로 한 선전사업을 담당했다. 직맹, 민청, 여맹 조직은 농촌에 토지개혁지원대를 파견했으며, 민청은 특히 선전대와 가창대를 조직해 해설선전사업을 담당했다.[267] 민주청년동맹 북부조선위원회와 다른 사회단체들이 조직된 지 두 달이 채 되지 않은 시점에 토지개혁이 전개되었기 때문에 토지개혁의 실질적인 진행에 이들이 지대한 영향을 끼치지는 못했다. 실제로 토지개혁은 각급 인민위원회의 지도 아래 90,697명의 고농·빈농으로 구성된 11,500여 개의 농촌위원회가 리 단위로 집행한 것으로 알려져 있다.[268] 그러나 당과 사회단체 등 서로 다른 단체에의 중복 가입이 가능했던 당시의 조건으로 볼 때, 민청의 경우 학생을 제외한 다수의 민청원들이 당, 인민위원회, 농민단체 등 각자의 직군 소속으로 토지개혁 사업에 참여했을 것으로 추측된다.[269] 토지개혁 과정에서 동원의 사례로서 평안북도의 동원인원 구성을 통해 토지개혁 동원 인력 중 기본적으로 민청원의 참여가 가장 많고 인민위원회-농민동맹의 순임을

267) 『위대한수령 김일성동지의 불멸의 혁명업적 10』, 201~220쪽.

268) 김광운, 위의 책, 289쪽; 서동만, 위의 책, 345쪽.

269) 정당과 사회단체에 중복 가입했던 근거로서, 미군 노획문서에 포함된 인민군 병사의 자서전을 들 수 있다. 56추격기련대 2대대 1중대의 무기공작원 직무를 맡은 특무상사 김주석과 비행학생 문택용은 민청원인 동시에 당원이었다. 또한 윤히철은 민청, 직맹, 조쏘문화협회, '애투' 등 4개 사회단체와 로동당에 소속되어 있었다. 윤희철은 현물세창고 경비대원으로, 문택용은 인민공장의 자위대로 근무하기도 했다. Item #111.1~111.5 "자서전외," 1950, RG242 National Archives Collection of Foreign Records Seized Record Group War20061269, SA2009 I Series WAR200700443 , 국립중앙도서관 전자자료.

알 수 있다.[270)]

【표 3-6】 평안북도 토지개혁 동원인원 구성

소속	인원 및 비율
당	944명(8.6%)
인민위원회	2,495명(22.7%) – 도 304명, 군 800명, 면 1,391명
보안관계자	676명(6.2%)
노동조합	821명(7.5%)
농민동맹	2,639명(24.1%)
민청	3,105명(28.3%)
여맹	285명(2.6%)
총계	10,965명

* 출처: 손전후, 『우리나라 토지개혁사』, 127쪽; 서동만, 북조선사회주의체제성립사 1945~1961』(서울: 선인, 2005), 347~348쪽에서 재인용해 구성.

또한 인민위원회 위원 중 민청 맹원이 43%를 차지했으며, 민청의 면 이상 간부 중 85%가 당원인 것을 감안할 때[271)] 실제로 토지개혁 사업에 동원된 인력 중 상당수는 민청 맹원이었을 것으로 판단된다. 따라서 통계에서 '민청원'으로 분류되는 인력은 대부분 학생이며, 다른 민청 맹원들은 각자의 직업에 따라 당, 인민위원회, 농민동맹, 보안관계자(보안대·경비대·자위대) 등의 분류로 통계되었을 것으로 추측된다.

또한 1946년 1월 결성 시기 40여만 명이었던 맹원 수가[272)] 1946년

270) 손전후, 『우리나라 토지개혁사』(평양, 과학백과사전출판사, 1983), 127쪽; 서동만, 앞의 책, 347~348쪽.

271) "북조선로동당 창립대회 회의록," 『朝鮮勞動黨大會 資料集』, 제1편, 51쪽.

272) 『正路』, 1946년 1월 25일.

8월 129만 명으로 급증한 것은[273] 토지개혁 과정에서 다수의 농민청년들의이 가맹했기 때문이다.

나. 교육개혁 지원

(1) 학교교육 지원

1948년 3월 26일 북조선민청 중앙위원회는 '1948년도 신입생 추천사업에 대한 결정'을 채택했다. 이 사업은 민청이 상급 학교진학에 대한 학생들의 추천권을 행사하는 것으로, 외형상으로는 교육을 지원하는 것이 실질적으로는 청년학생들 내에서 민청의 위상을 강화하기 위한 조치였다. 결정서 내용에 "'1947년도 신입생전형 협조사업총결에 대한 결정서' 내용을 다시 검토 비판"하도록 한 것으로 보아, 이미 1947년도 신입생 전형에서 '협조'의 형식으로 유사한 사업이 전개되었고 1948년도 학기에 '신입생 추천'으로 구체화었을 것이다.[274] 특히 이 사업은 "다수 근로인민의 자제가 지원하는 조건에서 모집인원수를 초과확보할 것"을 지시해,[275] 학생층에서 노동자 농민계급 비율의 제고를 의도했던 것으로 보인다.

학교 내의 모든 학생 단체들을 민청 단체에 합류시키고 이에 광범한 학생 군중을 인입할 데 대한 김일성의 교시에 따라, 각 학교와 대학들에 민청 초급단체와 위원회들이 조직되었다.[276] 당시 학교의 민청단체

---

273) 북조선로동당 창립대회에서 민청 위원장 김욱진이 밝혔다. "북조선로동당 창립대회 회의록", 앞의 책, 51쪽.

274) "북조선민청 제56차 중앙위원회 '1948년도 신입생 추천사업에 대한 결정'(북조선민청 중앙위원회 부위원장 리영섬, 1948.3.26)," 통일부 북한자료센터 소장 MF483.

275) 위의 자료.

276) 『해방후 10년간의 공화국 인민 교육의 발전』(평양: 교육도서출판사,

는 학교 내 공산주의 성향의 학생조직을 확대 강화하고, 이를 통해 학생들을 사상교양하는 역할을 추구했던 것으로 보인다. 또한 토지개혁 등을 통해 다수의 농민출신 청년들이 학교로 인입되면서 학생의 구성 성분이 노동자 농민 중심으로 변화되기도 했다.[277]

한편 1946년 11월 김일성이 사상의식 개변과 건국사상총동원운동을 제기한 이후, 민청 중앙위원회는 1947년 1월 4일 '학생 사업 특별 강화에 대한 결정'을 채택, 학생들의 기풍과 사상의식 개변운동을 전개했다. 앞서 기술된 민청의 신입생 추천사업에 대한 관여도 건국사상총동원운동의 일환으로서 전개된 '학생애국사상 제고운동' 기간 중 성과를 높일 것이 강조되었다.[278] 이 운동의 결과 함경남도를 비롯한 많은 지역의 학생들이 "일부 락후한 경향들과 투쟁하며 호상 비판하며 자기비판을 활발히 전개하면서 성과를 거두었다."고 평가되었다.[279] 학교 유일 교육 체계 확립과 관련해, 학교에서 학과 학습의 질과 규율 강화, 사회문화 사업들이 전개되었고 각종 경쟁운동들이 전개되었다.[280]

학교 내 민청 초급단체의 조직 측면에서, 평북 선천군의 사례를 통해 학교 초급단체의 당시 운영 상태를 실제적으로 살펴보고자 한다. 학교 내 민청 초급단체는 초기에 각급 학생들로 구성된 위원회와 교원들로 구성된 간사회가 조직되어 있었다.

평북 선천군 선천 고급중학교의 경우, 민청 발족 초기에 각 학급 학

1955), 77쪽.

277) 위의 책, 77쪽.

278) "북조선민청 제56차 중앙위원회 '1948년도 신입생 추천사업에 대한 결정'(북조선민청 중앙위원회 부위원장 리영섬, 1948.3.26)," 통일부 북한자료센터 소장 MF483.

279) 『해방후 10년간의 공화국 인민 교육의 발전』, 78쪽.

280) 위의 책, 78쪽.

생으로 민청 위원회가 구성되었다가 1947년 9월 교원초급단체에서 간사회를 조직하고 교원 초급단체 총회에서 학교위원회가 조직되었음을 알 수 있다. 1947년 9월 개최된 북조선민청 선천 고급중학교 학교위원회 회의록에는 1947년의 경우 "행정적으로 구별되어 있는 초급중학교와 교사반이 합하여 있기 때문에 사업상 혼란을 가져왔고 복잡한 가운데 사업을 진행시켰다"고 기록되어 있다.[281] 1947년 11월 지도기관 선거를 통해 위원장에 김홍린, 조직부장에 전병린이 선출되었고 이후 개인 사정으로 몇 차례 간부 교체가 있었다. 간부의 교체의 주된 원인은 자질과 능력 부족이었다.[282]

1948년 2월 학교위원회에서 교원만을 분리해 새롭게 간사회가 조직되었고, 민청 제3차 대회를 앞둔 1948년 9월 교원초급단체 지도기관 사업결산 및 지도기관선거 총회가 개최되었다.[283] 1948년의 9월의 총회는 이전의 회의들에 비해 형식을 갖추었던 것으로 보인다. 회의는

---

281) 예를 들어 처음 민청 학교위원회를 결성한 '오관웅'이 1947년 9월 학교위원회 위원장으로 선출되었는데, 그는 '자기 책임을 방관시하고 학교당국에 아무런 연락도 없이 장기결석'했고, 조직부장이던 '오세권'은 '하급생이라는 구실로 자기 사업을 태만하고 제때에 회의를 못 가졌고 뿐만 아니라 맹원들을 조직으로 결속시키지 못하여 조직사업은 낙성'되었다고 비판받았다. Item #29 "초급단체 회의록-북조선민주청년동맹 선천군 선천고급중학교 학교위원회 회의록, 1948," RG242 National Archives Collection of Foreign Records Seized Record Group WAR20061269, 국립중앙도서관 전자자료.

282) 위원장 한신웅은 간사들을 잘 파악하지 못하고 관료주의적으로 사업하며 간부들과 맹원들을 위협해 맹원과 밀접한 관계를 가지지 못했다고 비판받았다. 선전부장 최일원의 경우 자기가 맡은 사업에 대하여 관심이 없고 학습화와 교양사업을 전개할 줄 몰랐으며 위원장의 사업에 협조할 줄 모르고 모든 지시에 응할 줄 모른다는 이유로 비판받았다. 조직부장 이원학은 맡은 사업에 게으르고, 장기결석으로 인해 민청 위원회의 조직사업에 막대한 지장을 주었다고 비판 받았다. 위의 자료.

283) 위의 자료.

조직간사의 맹증검열, 출석확인, 개회선언, 임시집행부 선거, 회순 통과, 결정서 작성위원 선거, 보고, 전문 토론 결정, 선거세칙 낭독, 입후보자 추천, 중앙동맹에 드리는 결의문 통과, 기타, 폐회선언의 순서로 진행되었다.[284] 지주계급 출신인 이전의 책임간사가 1948년 3월 행방이 묘연해져 교양간사가 책임간사의 역할을 맡았고, 조직간사도 지주계급출신으로서 '이전'하여 책임간사와 조직간사를 보선했다고 회의록에 기록되었다.[285] 당시 '사무원'으로 분류되는 교원들 중 지주 출신들이 상당수 있었던 것으로 보이며, 1948년 민청 내 조직정비사업이 진행되었던 것을 추측할 수 있다.[286] 이것으로 볼 때 학교 내에 학생으로 구성된 학교 민청위원회와 교원으로 구성된 교원 민청반(초급단체)이 존재하며 교원 민청원이 학생들로 구성된 학교 민청위원회를 지도하는 형식으로 운영되었던 것을 알 수 있다. 그러나 앞서 회의록에 '사업이 혼란'되었다고 기록된 것처럼 서로의 역할 분담이 명확치 않아 제대로 운영되지는 않았던 것으로 보인다.

한편 1948년 9월 총회에서 선출된 교원 민청 초급단체의 간부들의 성격은 중농 출신, 과거 민청 조직에서 간부를 했던 인물들이 대부분

284) 위의 자료.

285) 위의 자료.

286) 회의는 '그 당시 교사반 민청 맹원이 4명이었기 때문에 교원 민청반이 미약해 사업상 대단히 곤란'했다고 밝히면서 '한병숙 동무와 같이 연령이 30 이상이라 하여 민청조직에 대한 인식이 희박하고 사업상 주장을 주었으며 간사회에서 충분한 토의를 하지 않고 총회에 제출하는 형식주의적 작풍이 아직 남아 있으며 교원반 맹원 자신이 아직 자기들의 역할에 대하여 연구가 부족'하다고 비판했다. 또한 간사회의 역할이 적었다고 비판하면서 '학교민청위원회를 영도하지 못하고 그들의 간부간에 서로 리탈된 점을 연구하지 못하고 시정하지 못했다'고 비판했다. 위의 자료.

이었음을 알 수 있다.[287)]

1948년 9월 선천 고급중학교 학교위원회 총회 역시 이전의 회의에 비해 형식을 갖추었다. 총회는 선천고급중학교 강당에서 열렸으며 총 맹원 579명 중 550명 참석(참석률 97%), 맹증검열-점명-개회선언-임시집행부 선거-결정서 초안 작성위원회 선거-결산보고-질문-토론의 순서로 진행되었다.[288)] 활동 측면에서 교원초급단체는 규율을 엄수하고 전체 맹원들이 단결하여 초급단체에서의 결정과 지시를 완수하기 위한 사업으로서 간사회를 매월 2회, 총회를 매월 1회 정도 개최했다. 이전에 총회에서 토론과 비판사업의 전개가 원활하지 않았으나, 현재 초급단체가 비약적으로 강화되었다고 자평했다.[289)] 간사회의 역

---

287) 김승류(남, 26세, 중농성분, 교양주임), 김광석(22세, 사무원 성분, 부친은 면인민위원장 역임, 현재 평양에서 사무원 근무중), 안종찬(남, 21세, 중농 성분으로 자작농, 교대 재학시절 선전간사 담당), 김응찬(남, 22세, 노동계급 성분, 과거 선천 1중학교에서 교양간사 담당), 고봉호(남, 26세, 사무원 성분, 사범학교 시절 선전간사 담당)가 선출되었다.

288) 학교위원회는 정의원으로 이원학(만 19세, 빈농출신, 조직부장), 정순체(만 19세, 빈농출신), 김병렬(만 19세, 빈농출신), 최일원(만 19세, 빈농출신, 중학교에서 선전부장 역임, 여름방학 기간중 열차공작대로 활동), 김순홍(만 18세, 노동계급 출신, 과거 민청 초급단체 출신), 이창건(만 17세, 노동계급출신), 한경철(만 19세, 노동계급 출신), 김창룡(만 17세, 중농출신, 선천중학교 재학시 조직간사), 김응찬(만 21세, 노동계급출신, 교사), 계신환(만 17세, 빈농출신, 삼봉중학교 민청위원장 역임), 오세권(만 18세, 노동계급 출신, 해방 후 학생선도대 활동)을, 후보위원으로 박희상(만 18세, 중농출신, 결정서작성위원), 홍근표(만 16세, 중농출신), 박희민(만 17세, 빈농출신), 박병량(만 17세, 빈농출신)을 선출했다. Item #29, "초급단체 회의록-북조선민주청년동맹 선천군 선천고급중학교 학교위원회 회의록, 1948," RG242 National Archives Collection of Foreign Records Seized Record Group WAR20061269, 국립중앙도서관 전자자료.

289) Item #29 "초급단체 회의록-선천 고급 중학교 교원 민청 초급단체, 1948," RG242 National Archives Collection of Foreign Records Seized Record Group WAR20061269, 국립중앙도서관 전자자료.

할이 적어 학교 민청위원회를 영도하지 못하고 간부간에 서로 "이탈된 점을 연구하지 못하고 시정하지 못했다."고 비판했다. 따라서 향후 지도기관으로서 간사회 역할을 제고하고, 동맹의 조직적 강화와 조국건설에 동맹의 조직적 역량을 집중하도록 지도하기 위해 꾸준히 사업하며 일상적으로 동맹사업을 연구하며 맹원들의 동향을 살펴 '옳게 나가도록 혁신적 노력을 할 것'을 결정했다.[290)]

교원초급단체의 당면과업으로서 '동맹장성문제'에 특별한 주의를 돌릴 것, 동맹원들의 동맹규율 강화와 이에 대한 교양사업 전개가 포함되었으며, 이를 위해 "자기 담임 학생들을 정확히 파악하고 가정과의 긴밀한 연락을 취하기 위해 가정방문을 실시할 것"이 검토되었다.[291)] 또한 인민정권 강화, 국가재산 애호, 단결된 조직적 역량을 동원하는 방향에서 조직을 강화하며, 따라서 간부들은 항상 초급단체를 염두에 두고 이를 강화하는 방향에서 사업을 계획, 지도하며, 직장에서 직장규율을 엄수하고 교원단체 맹원 중 모범교원이 많이 나올 것을 결정했다.[292)] 또한 체육사업 및 문화사업, 오락 및 휴식 조직에 주의를 돌려 청년들을 "조국을 보위하는 건전한 투사로서, 고상한 민주주의 민족문화건설에 이바지하게 하는 방향에서 전개"할 것을 검토했다. 이를 위해 전 맹원을 체육동호반에 가입해 운동하며 수시로 초급단체 대항경기를 조직할 것을 검토했다.[293)]

활동면에 있어 지적된 결점은 학교행정당국의 사업과 민청사업이 명확히 구별되어 있지 않아 독자성을 발휘하지 못하고, 민청사업에 취

290) 위의 자료.
291) 위의 자료.
292) 위의 자료.
293) 위의 자료.

미를 갖지 못하며, 학교위원회의 계획서를 세워주었기 때문에 자발적인 창발력을 발휘하지 못하고, 교원초급단체와 학교위원회 초급단체 간사회의 계획이 명확히 분리되지 않고, 교원 간의 사상통일이 부족한 점 등이다.[294] 학교위원회는 간사회 강화를 위해 간사학습회를 23회 실시하고 위원회로부터 일상적 지도검열을 하는 등 간부들 스스로 정치적 수준을 높이기 위해 노력하고 간사회의 질적 강화를 도모했다고 밝혔다.[295]

(2) 소년단 지도

민청은 아동들의 유일한 단체로서 소년단의 창설과 지도의 책임을 맡았다.[296] 1946년 1월 30일 민청 중앙위원회 상무위원회는 소년단을 조직할 데 대한 준비사업을 토의했다. 1946년 4월 15일 민청중앙위원회 제1차 확대위원회에서 학교 및 농촌, 직장들을 중심으로 소년단을 조직하고 이미 조직된 소년 단체들을 유일한 소년단조직에 합류시켜 통일할 것을 결정했다.[297]

1946년 5월 30일 각도 민주청년동맹 위원장 회의에서 김일성은 소년사업이 민청의 가장 큰 과업의 하나라고 강조하면서 "소년들을 옳게 정신적, 육체적으로 교양함으로써 앞으로 우리의 계승자를 만들어야

---

294) 위의 자료.

295) Item #29, "초급단체 회의록-북조선민주청년동맹 선천군 선천고급중학교 학교위원회 회의록, 1948," RG242 National Archives Collection of Foreign Records Seized Record Group WAR20061269, 국립중앙도서관 전자자료.

296) 『해방후 10년간의 공화국 인민 교육의 발전』(평양: 교육도서출판사, 1955), 80쪽.

297) 위의 책, 80쪽.

한다.”고 주장했다. 따라서 민청이 소년단 조직사업을 방조하고 옳게 인도하며, 어린이들이 즐기는 공부, 운동, 체육, 유희 또는 담화, 동화, 조직에 적당한 인재를 배치할 것을 제기했다.[298)]

조선소년단은 1946년 6월 6일 민청의 지도하에 창설되었다.[299)] 소년단 단체는 학생들의 학과 학습과 규율의 강화, 사회적 노동 조직, 각종 문화 오락 사업들을 전개했는데 북한의 문헌은 소년단이 소련의 학교 피오네르 사업의 경험을 ‘광범히 연구 섭취’했다고 밝혔다.[300)] 소년단의 상징으로서 단기, 복장, 넥타이, 휘장 등이 제작되었으며 이는 “소년단원의 영예감을 교양하며 단결과 규율을 강화하며 조직 생활에서 미를 조성”하는 것을 목적으로 했다.[301)] 소년단 활동을 위해 학교에 소년단 실이 설치되었고, 문학 크루쇼크, 운동 경기 크루쇼크, 연예 크루쇼크 등을 조직, 각급 학교에서는 모범 소년단과 분단 창설 운동을 전개하는 등 각종 과외사업과 교외사업이 조직되었다.[302)]

1947년 북한지역의 도시, 농촌, 학교, 직장 등에 조직된 1,783개의 소년단 단체에 62만 명의 단원이 가입했다. 그러나 이 시기, 학교 내 소년 단체들은 ‘정치적 사회적 문제에 치중’하고, ‘소년단원들의 심리와 연령에 적합한 구체적인 지도와 교양방법을 통해 사업을 조직하지 못했’고, ‘소년단 단체들과 학교와 긴밀한 연계를 갖지 못했’으며, ‘학교장과 교원들이 소년 단체들을 학과 학습과 규율 강화를 위한 사업에

---

298) 김일성, “민주주의조선건국에있어서의 청년들의 임무”, 앞의 책, 67~73쪽.

299) 『해방후 10년간의 공화국 인민 교육의 발전』, 80쪽.

300) 위의 책, 80~81쪽.

301) 위의 책, 81쪽.

302) 위의 책, 81쪽.

인입하는 것'이 잘 되고 있지 않다고 지적되었다.[303)]

이러한 결점을 시정하기 위해 1947년 3월 당은 소년단 사업 강화를 위해 민청의 소년단에 대한 지도적 역할을 제고하고 소년단 사업에 민청의 우수한 간부를 파견하고 지도방법을 개선할 것을 제기했다. 당의 결정이 있은 후, 1947년 3월 26일 제21차 민청 중앙위원회 상무위원회에서는 학교와 농촌, 가두 등에서 소년단 조직을 강화할 것을 토의했다. 이 회의에서 학교 내 민청 단체들이 소년단 사업의 지도 강화와 민청의 후비대 육성하는 사업 진행, 소년단에 대한 지도체계와 방법을 개선할 것이 논의되었다. 특히 중앙에서 시·군에 이르기까지 '소년부'를 설치할 것이 결정되었는데[304)] 이는 실제로 1948년 민청 제3차 대회의 조직개편에 반영되었다.

소년단의 사기 진작을 위해 각종 휴양활동이 조직되었다. 1947년 5월 제25차 민청 중앙 위원회 상무 위원회는 당중앙위원회의 지시에 근거, '여름 방학 시의 학생 휴양 조직 협조에 관한 결정'을 채택했다. 이에 따라 1947년 8월 학업이 우수하고 소년단 사업에 열성적인 학생들을 위해 휴양소를 설치, 강원도 외금강 '중앙 소년단 지도일군 양성소'에서는 200명의 소년단 간부들이 휴양의 기회를 가졌다. 그 외에도 일반 학생들의 휴양과 훈련을 위하여 12개 도시와 중요 군에서 지방 실정에 따라 야유회·수욕장·등산대 등이, 학교 단위로 유람회·등산·야유회·수욕·오락회 등이 조직되었다.[305)]

1948년 7월 초에는 각 도·시·군 소년단 지도간부들의 연석 회의가 소집되어 소년단 창설 이후 2년간 소년단 활동에 대한 사업 총화 및

303) 위의 책, 81쪽.

304) 위의 책, 81쪽.

305) 위의 책, 82쪽.

학교 내 소년단 사업내용 및 방법에 대해 논의했다. 또한 같은 달 각 도내 우수 소년단원 300명으로 구성된 '도 소년단 연합회'를 조직하고, 각 학교 소년단의 연예대 간부와 소년단 지도원의 강습회를 개최했다.[306] 이 시기 민청 중앙위원회는 소년단의 기본 구호로 "새 민주 조선을 위하여 항상 배우며 준비하자!"를 제기했다.[307]

다. 사회적 동원 추동: 건국사상총동원운동

1946년 12월 건국사상총동원운동이 전개되었다. 이 운동은 애국운동·증산운동·절약운동의 진행과 함께 애국사상·민주사상·주인의식을 고취하는데 중점을 두었다.[308]

김일성은 1946년 11월 25일 임시인민위원회 제3차 확대회의에서 11월 3일의 선거를 검토하면서 사상사업의 개조를 제기했다. '전국민적으로 되는 군중적으로 되는 건국정신총동원운동과 사상의식을 개조하기 위한 투쟁을 전개할 것'을 호소하면서 각급 인민위원회가 선전해석, 민간자본의 산업부흥에의 동원, 그리고 금융기관에 저축하도록 동원할 것을 제기했다. 또한 동기농한기를 이용해 문맹퇴치운동과 농촌계몽사업을 전개할 것을 제기했다. 또한 건국사업에서 가장 중요한 것은 인재문제라고 강조하면서 인민위원회는 각 지방에 야간기술학교, 야간중학교, 기타 각종 훈련소를 세워 인재양성에 총력을 기울여야 한다고 강조했다.[309]

---

306) 위의 책, 82쪽.

307) 위의 책, 83쪽.

308) 중앙일보특별취재반, 앞의 책, 268~269쪽.

309) 김일성, "북조선민주선거의 총결과 인민위원회의 당면과업," 앞의 책, 177~213쪽.

1946년 12월 2일 북로당 상무위원회 제14차 회의와 북조선민전 중앙위원회 제8차 회의는 '건국사상총동원운동'의 전개를 결의했으며, 북조선임시인민위원회는 '건국사상총동원선전요강'을 발표했다. 이후 당, 정권기관, 대중단체, 공장, 농촌 집회에서 건국사상총동원운동이 전 군중적으로 추진되었다.[310)]

이에 따라 각 정당 및 사회단체들은 인민을 대상으로 한 선전대를 전 지역에 파견해, 특히 농민층에게 "과거의 썩은 생활을 고치자", "쌀 한알, 실 한오라기라도 절약해 조국 건설에 바치자", "무식은 파멸이다" 등의 슬로건을 선전했다.[311)]

건국사상총동원운동의 기본은 '새 나라를 건설해 나가는 자력갱생의 정신을 갖도록 하며, 개인의 이익보다 사회 전체의 이익을 소중히 여기고 애국주의사상으로 대중을 무장시켜 집단주의에 기초한 사회윤리를 갖도록' 하는 것이었다.[312)] 당시 북한은 부족한 원료와 연료, 자재 및 식량을 자급자족하고 경제를 복구·발전시키며 주민생활을 안정시킬 과제를 가지고 있었기 때문에 건국사상운동은 여러 부문의 군중운동으로 전개되었다. 12월 15일 북로당 중앙상무위원회가 황해도 재령군 농민대회의 애국미헌납운동 및 양곡수매사업 보장운동 전개에 대한 호소를 적극 지지하고 전 북한의 운동으로 조직 전개할 것을 결정한 이래, 건국사상총동원운동은 절약운동·국가재산애호운동·애국미헌납운동으로 확대·전개되었다.[313)]

---

310) 김광운, 앞의 책, 341쪽.

311) 중앙일보특별취재반, 앞의 책, 270쪽.

312) 안철, "건국사상총동원운동으로 새 조국 건설의 초행길을 열어나간 위대한 영도,"『력사과학』, 2호(1995), 21쪽; 김광운, 앞의 책, 343쪽.

313) 그러나 건국사상운동이 1946년 말까지 주로 중앙간부 차원에 머물렀으며, 전국적으로 전개되지 못했다는 주장도 있다. 김광운, 위의 책,

1947년 1월 20일 북로당 중앙상무위원회가 정주 철도종업원들의 채탄돌격대운동을 적극 지지하며 이를 전 인민의 애국적 건국운동으로 조직·전개하기 위한 결정서를 발표하면서 브리가다 운동이 활발하게 조직되었다. 학생들도 '애국노동'으로 건국사상운동에 동참해, 1947년 한 해 동안 111만 6천여 명이 동원되었던 것으로 알려졌다.[314)]

한편 1946년 11월 김일성이 사상의식 개변과 건국사상총동원운동을 제기한 이후, 민청 중앙위원회는 1947년 1월 4일 '학생 사업 특별 강화에 대한 결정'을 채택, 학생들의 기풍과 사상의식 개변운동을 전개했다. 앞서 기술된 민청의 신입생 추천사업에 대한 관여도 건국사상총동원운동의 일환으로서 전개된 '학생애국사상 제고운동' 기간 중 성과를 높일 것이 강조되기도 했다.[315)] 이 운동의 결과 함경남도를 비롯한 많은 지역의 학생들이 "일부 락후한 경향들과 투쟁하며 호상 비판하며 자기 비판을 활발히 전개하면서 성과를 거두었다."고 평가되었다.[316)] 학교 유일 교육 체계 확립과 관련해, 학교에서 학과 학습의 질과 규율 강화, 사회문화 사업들이 전개되었고 각종 경쟁운동들이 전개되었다.[317)]

함경북도의 경우, 1947년의 하기 학생휴양사업조직과 대학입학생 추천사업에서 범한 '과오를 퇴치'한다는 목적으로 1947년 10월 함북도에 '학생애국사상 총궐기사업'이 진행되었다. 구체적인 활동으로 학업

343~344쪽.

314) 위의 책, 344~345쪽.

315) "북조선민청 제56차 중앙위원회 '1948년도 신입생 추천사업에 대한 결정'(북조선민청 중앙위원회 부위원장 리영섬, 1948.3.26)," 통일부 북한자료센터 소장 MF483.

316) 김광운, 앞의 책, 78쪽.

317) 위의 책, 78쪽.

성적 제고를 위해 지역적 반을 조직하고, 반 내에 학과별 지도 책임자를 선정해 학생들을 상시적으로 지도, 매주 1회씩 집체토론을 진행했다. 또한 벽보판에 '문제란', '해답란'을 설정, 모범답안을 제시해 초급단체에 학과성적의 예정 점수를 설정하고 '반대항경쟁운동'을 전개했다. 반면, 교원들의 형식적 지도, 교원들의 민청에 대한 관심 부족 등이 결점으로 지적되어 당시 학교 내 민청 초급단체와 교원 간의 연계가 잘 이루어지지 않았음도 확인할 수 있다.[318)]

318) "북조선민청 제55차 중앙위원회 '함북도 학생애국사상제고운동전개정형에대한결정' (북조선민청 중앙위원회 부위원장 리영섬, 1948.3.22)," 통일부 북한자료센터 소장 MF483.

제4장

청년조직의 확대·개편 및 당 지도의 강화

: 1948년 11월~1956년 10월

제1절 민청 조직의 개편 및 인적 구성 변화

1. 민청의 조직 개편

가. 민청 제3차 대회에서 개정된 강령과 규약 분석

1948년 11월 14일 북조선민주청년동맹 제3차 대회가 개최되었다. 간부 축소 방침 이후 감소되었던 중앙조직의 인원은 제3차 대회에서 11명의 상무위원과 54명의 중앙위원을 선출하는 등 대폭 확대되었다. 이 시기부터 민청은 북로당의 사상교양 단체로 성격을 분명히 했다.[1)]

민청 제3차 대회가 11월에 개최된 배경으로 국가 수립 지원에 집중, 남북로동당 합당 이전 사회단체에 대한 당의 영향력 확보 등을 들 수 있다. 민청 제3차 대회의 준비일정은 최고인민회의 선거, 헌법 채택, 내각 구성 등 정부 수립을 위한 모든 준비가 끝난 이후인 9월 10일부터의 초급단체 총회로 시작되었다. 민청은 1948년 초 예정되었던 제3차

---

1) 이종석, "김일성사회주의청년동맹 연구," 이종석 편, 『북한의 근로단체 연구』(성남: 세종연구소, 1998), 32쪽.

대회의 연기 이유로서 '조선임시헌법 초안 인민토의 사업'을[2] 들 정도로 정부 수립 지원에 힘을 쏟았기 때문에 국가 수립 지원은 당시 민청의 최대 과업이었다.

또한 남북로동당의 합당을 앞두고 민청 조직을 재정비할 필요가 요구되었다. 사회단체 지도에 대한 그간의 당과 사회단체 대표들과의 갈등은 결성 이후 사회단체들이 당의 정책을 수행하는데 제한조건이 되었다. 따라서 남북로동당 합당 이후 사회단체에 대한 당의 영향력을 확보할 수 있도록 민청의 조직을 사전에 개편했을 것으로 추측된다.[3]

민청 제3차 대회 이후 민청의 조직사업의 강화가 진행되었다. 1948년 11월 이후 1949년 7월까지 민청은 86,205명의 신입맹원을 받아들였고[4] 지방단위의 핵심맹원을 양성하는 열성자제도가 전개되었다. 한편 제3차 대회 이후 동맹의 양적 확대와 질적 제고 사업의 미비, 초급단체 지도사업 부족으로 인한 간부사업의 실책, 규율의 문란화, 관료주의적 경향, 검열사업의 부족 등이 지적되었다.[5] 이를 위한 개선책으로 초급단체에 대한 지도 강화, 맹적 사업 등을 통한 내부 조직 정비, 비맹원청년들을 대상으로 한 맹원 확장, 맹증과 휘장에 대한 관리 강화,

---

2) "북조선민청 제9차 중앙위원회 '제3차대회 소집 및 각급 지도기관 사업 결산과 선거사업 연기에 대한 결정'(북조선민청 중앙위원회 부위원장 노민, 1948.2.16)," 통일부 북한자료센터 소장 MF483.

3) 1948년 9월 당중앙위원회 상무위원회 제10차회의에서 직업동맹의 조직 개편이 논의되었다. 이후 각 도에 직업동맹 도평의회가 신설되고 직업동맹 산별 중앙위원회들이 개편되었다. 이는 사회단체에 대한 당의 영향력을 확보하기 위해 남북로동당 합당 이전 사회단체들의 조직개편이 이루어졌을 것이라는 본 연구의 주장의 근거가 된다. 『위대한 수령 김일성동지의 불멸의 혁명업적 10: 주체형의 혁명적근로단체건설』, 199쪽.

4) 최철수, "동맹 조직사업 강화를 위한 동맹단체들의 과업," 『청년생활』, 제2권 제7호(1949년 7월호), 12~15쪽.

5) 위의 글, 12~15쪽.

규율 강화, 관료주의적 경향 근절, 검열사업 강화, 간부들의 지도수준 강화가 제기되었다.[6] 이 시기 맹원의 확장은 민청 가입 연령 이전의 소년들, 여성청년 그리고 노동자 농민 출신의 청년들을 대상으로 집중적으로 전개되었다.

민청 제3차 대회 이후 소년단 사업도 더욱 강화되었다.[7] 인민학교의 반을 기본조직으로, 소년단원들이 체계적이고 의무적으로 민청에 가입하는 시스템이 구축었으며 이는 이후 민청이 해당 연령기의 전체 청년을 포괄하게 된 하나의 조건을 마련했다.[8] 여성에 대한 민청 가맹의 강조는 남녀평등의 개념도 있었겠지만, 당시 노동력 부족과 남자 맹원들의 군입대 등으로 부족해진 인원을 보충하려는 의도가 다분했다. 여성맹원의 확대는 전쟁발발 이후 전쟁 수행과 후방의 원호 및 복구사업이 진행되면서 더욱 강조되었다.

한편 민청 제3차 대회는 제2차 대회의 강령과 규약을 수정했다. 본문에서는 제3차 대회에서 개정된 강령과 규약 분석을 통해 민청의 성격과 조직을 파악하고자 한다.[9]

---

6) 위의 글, 12~15쪽.

7) 1948년 11월 제3차 대회에서 개정된 규약 제5조는 일반적으로 맹원 2명의 보증이 필요한데 반해 소년단원은 맹원들의 보증서 없이 소년단위원회의 추천서만으로 가입이 가능하도록 명시했다. 이 제도가 정착되면서 학교-소년단-민청으로 이어지는 청년들에 대한 제도적 관리가 운영되었다.

8) 1964년 민청은 전 청년을 포괄하는 사회주의적 청년단체로서 '사회주의로동청년동맹'으로 개조되었다.

9) 김종수에 의해 민청 제3차 대회에서 개정된 규약 일부분이 최초로 인용되었다. 김종수는 강령과 규약 전문은 찾지 못했지만 해설자료를 통해 규약의 일부분을 인용할 수 있었다고 밝혔다. 김종수, 『북한 청년동맹 연구: 체제 수호의 전위대, 청년동맹』(파주: 한울, 2008), 398~402쪽; 본문에서는 국립중앙도서관 전자자료 미국 노획문서 중 수기노트에 기록된 강령과 규약 전문을 인용, 전체적 맥락에서 강령과 규약의 특징을 이해하고 분석하고자 한다. Item#129 "북조선 민주청년동맹 강령, 규약," RG242

【표 4-1】 민청 제3차 대회 강령과 규약 요약(1948년 11월)

강령	
단체명칭	북조선민주청년동맹
단체성격	청년들의 대중적 사회단체
주요역할	도시와 농촌의 광범한 선봉적 민주청년들을 자기 대렬에 단결시킨다.
맹원임무	조국인 조선민주주의인민공화국의 정치 경제 및 문화발전을 위하여 헌신적으로 투쟁하는 것이 최대 임무.
과업	1. 맹원과 전체 청년들에게 정치적 자각과 전면적 문화수준을 제고, 향상시키기 위하여 견결히 투쟁. 조국 민주건설에 대한 무한한 충성심과 자기 인민에 대한 애호사상 배양. 일제 및 봉건적 사상잔재를 청년들의 의식에서 근절. 제국주의 사상의 영향 반대 투쟁 및 근로자들이 선진적이며 과학적인 진보적 민주주의 사상으로 청년들 교양. 2. 조선민주주의 인민공화국 중앙정부와 정강 주위에 전체 민주청년을 결속시키며 청년들의 투지를 민주개혁의 전조선적 공고확대와 부강한 통일적 민주주의 독립국가인 조선민주주의 인민공화국을 위한 투쟁에로 인도. 3. 본 동맹은 북조선 제정당 사회단체로 구성된 민주주의 민족통일전선에 속하며 민주개혁의 전조선적 실시와 그 확대 공고화를 기하는 민주주의 민족통일전선의 모든 시책을 전적으로 지지하며 그 실현을 위하여 투쟁. 4. 국가의 기본법인 조선민주주의인민공화국헌법의 모든 원칙을 철저히 실시하기 위하여 투쟁. 5. 민족경제를 부흥 발전시키며 그것을 조선민주주의 자주독립 국가의 경제로 전환시키기 위하여 적극 투쟁.

National Archives Collection of Foreign Records Seized Record Group WAR200601269, Captured Korean Documents, Doc.No. SA2010, 서울 국립중앙도서관 전자자료.

<table>
<tr><th colspan="2">강령</th></tr>
<tr><td>과업</td><td>6. 청년들에게 우리 조국의 복리와 번영을 위한 로력에 대한 애착심을 배양함. 본 동맹은 청년들을 생산증산경쟁에 적극 망라시키며 인민경제의 각 분야에서의 생산능률의 정상적 제고를 조성하며 선진기술과 작업의 선진방법을 획득함에 청년들을 방조.
7. 민주주의적 민족문화의 부흥과 금후 발전을 위한 투쟁은 본 동맹의 가장 중요한 과업의 하나임. 본 동맹은 청년들의 전면적 문화수준의 향상을 촉진시키며 또 청년들의 체력과 정신을 단련하는 대중적 체육문화를 솔선하여 발전.
8. 남조선 청년들도 북조선청년들과 같이 동일한 자유와 권리를 정치 경제 및 문화생활 부문에서 보장받도록 하기 위하여 투쟁.
9. 조선인민적 민주주의공화국의 옹호는 애국자들의 신성한 의무. 본 동맹은 인민군대의 복무를 고상한 영예와 명예의 임무로 인정하면서 인민군대를 열렬히 사랑하는 정신으로 청년을 교양함. 본 동맹은 청년들에게 군사지식과 군사기술을 소유하도록 방조.
10. 세계민주청년련맹의 정강을 전폭적으로 지지하며 국제주의적 정신으로 청년들을 교양하며 조선청년과 세계민주청년들과 위선 전세계 민주청년들의 선봉대인 쏘베트 청년들과의 단결의 공고를 전력을 다하여 협조함. 본 동맹은 인민의 공고하고 장구한 민주주의적 평화를 위하여 민주와 진보를 위하여 반동과 파시즘을 반대하는 그들의 투쟁에서 세계의 자유를 애호하도록 청년들을 조직.</td></tr>
<tr><th colspan="2">규약</th></tr>
<tr><td>1장
총칙</td><td>• 명칭: 북조선민주청년동맹
• 성격과 역할: 북조선의 광범한 선봉적 민주청년들을 자기 대렬 내에 단결시키는 대중적 단체.
• 가입조건: 동맹의 강령 규약을 승인하고 동맹 조직에서 열성적으로 사업하며 동맹의 결정에 복종하는 만 16~26세 이하의 청년으로서 동맹대렬 내에 가입하는자.</td></tr>
<tr><td>2장
가맹절차</td><td>• 맹원 2명의 보증 얻은 후 가맹원서를 초급단체에 제출.
• 소년단원의 경우 맹원 보증서 없이 소년단위원회 추천서 첨부.</td></tr>
</table>

규약	
2장 맹원의무	• 선진적인 과학리론 습득해 광범한 청년들에게 보급, 청년들의 문화수준 향상을 위해 노력. • 헌법 준수 및 북조선의 제반 민주주의개혁을 전조선적으로 실천하기 위하여 투쟁. • 국가법령 준수, 국가 및 사회재산 애호 절약, 인민경제 건설 사업에 열성적으로 참가. • 청년군중과 밀접한 련계 강화, 국토 보위 위해 적극 노력. • 동맹의 결정과 지시 실행, 규약에 복종. 초급단체 회의 참가, 맹비 규정 시일내 납부.
2장 맹원권리	• 동맹 내 선거권과 피선거권. • 동맹회의와 출판물에 있어 동맹사업의 실질적 문제토의에 참가. • 자기의 활동과 행동에 관하여 토의결정하는 회의에 참가. • 동맹내 각급 기관 및 중앙위원회에까지 각종 문제 신청과 의견제출. • 동맹 각급회의에서 각 기관 및 맹원들에 대해 비판할 권리. 다수가결로 접수된 결정에 대하여서는 비판불가.
3장 조직체계	• 동맹의 최고기관은 동맹 대회. 정기대회는 1년 1회. • 동맹대회의 사업 –강령 및 규약접수 또는 그의 수정 –중앙위원회, 중앙검사위원회 선거. –중앙위원회 및 중앙검사위원회 사업보고 청취 및 승인 –동맹사업의 기본방침에 관한 결정 –동맹재정에 관한 결정 • 중앙위원회 사업 –동맹대회 결정 집행 –대회와 대회 간의 동맹사업 지도 –하급 민청단체의 지도 및 각 부문 공작 맹원 사업지도 –소년사업 지도 –각 부장 임명과 그의 지도 –동맹기관지 편집부 임명과 그의 지도 • 중앙위원회 일상적 사업 지도 위해 위원중 9~11명의 중앙상무위원회 선거.

	규약
3장 조직체계	• 중앙위원회는 중앙위원중 중앙상무위원회 위원장, 부위원장 선거 및 중앙부서 조직.(정치문화교양부, 조직부, 간부부, 학생사업부, 소년부, 체육부, 경리부) • 동맹대회는 재정경리 검사를 위해 중앙검사위원회는 5~7명으로 선거. 중앙검사위원회 위원중 위원장 1명 선거. • 도, 시(구), 군, 면 위원회 선거. • 동맹이 다수로 모여 있는 공장, 광산, 철도 운수기관, 학교 기타 등에 도상무위원회의 승인을 얻어 면, 구와 동등한 급의 민청위원회 조직, 시(군)및 구에 직속. • 인민군대, 보안대 및 경비대 등에 조직되어 있는 단체는 중앙위원회에 직속. • 민청의 기본단체는 초급단체로, 공장, 광산, 철도, 운수기관, 학교, 인민군대, 보안기관, 경비대, 사무기관, 농촌, 가두 등에 맹원 5명 이상 모여 있는 곳에 전부 조직. 일상적 사업 지도를 위해 맹원 20명 이상의 경우 초급단체 위원회 선거하며, 그 이하의 단체에서는 초급단체 위원장, 부위원장 선거.
제4장 규률	• 동맹 강령 규약을 위반하고 동맹 위신을 저락시키는 맹원은 초급단체 총회 또는 동맹 각급 조직에서 과오 정도에 따라 주의, 경고, 엄중경고, 출맹 등 처분. • 출맹 처분 결정은 시군 상무위원회 비준. 부당한 처분에 대해 출맹 당한 맹원이 중앙위원회에까지 상소할 수 있음. • 중앙위원회 위원이 동맹 강령 규약 위반시 중앙위원회가 책벌 적용해 출맹까지 시킬 수 있음. • 동맹재정은 가맹금, 맹비 및 기타수입으로 충당. • 가맹금은 5원, 맹비는 월수입 700원까지 월 3원, 700원 이상~1000원까지 월 5원, 1000원 이상 월 10원, 농민 월 5원, 학생 월 2원.

* 출처: Item#129 "북조선 민주청년동맹 강령, 규약," RG242 National Archives Collection of Foreign Records Seized Record Group WAR200601269, Captured Korean Documents, Doc.No.SA2010, 서울 국립중앙도서관 전자자료.

민청 제3차 대회에서 개정된 강령 및 규약의 특징은 다음과 같다.

첫째, 공식명칭을 '북조선민주청년동맹'으로 규정해 민청이 포괄하는 영역을 북한 지역으로 제한했다. 결성 초기 조직의 명칭은 '조선민주청년북조선위원회'로서, 이는 민청이 서울 중앙의 영향을 받는 지역 위원회의 성격을 내포했다. 남북로동당 합당을 앞둔 시점에서 이러한 제스처어는 당시 남한의 조선청총이 와해되는 상황에서 북조선민주청년동맹 주도로 청년단체를 이끌어 가겠다는 의도가 포함된 것으로 판단된다.

둘째, 당시 민청은 조선공산당 북조선분국의 영향을 받았지만 대중성을 표방했기 때문에 강령과 규약의 내용에서 공산주의적 색채를 드러내지 않았다. 이는 강령과 규약이 단체의 성격을 '대중적 사회단체'로 규정한 것으로 유추할 수 있다. 단체가 인입하려는 대상을 '북조선의 도시와 농촌의 광범한 선봉적 민주청년들'로 표현했는데, '선봉적'은 함축적으로 사상의 '진보성'과 행동의 '적극성과 진취성, 혁명성'을 의미한다.[10] 따라서 이 시기의 민청은 전체의 각계각층을 민청에 인입하기보다는, 일부 '선봉적' 청년들을 맹원으로 인입, 이들이 일반 청년들을 교양·추동하고 교양된 청년들을 가맹시키는 시스템을 추구했던 것으로 보인다.

셋째, 당과 민청의 연결성은 명확히 드러나지 않은 반면, 국가적 단체로서의 성격과 국가적 역할이 강조되었다. 이것은 강령 전체에서 나타나는데, 강령에서 규정한 맹원의 임무가 "조선민주주의인민공화국의 정치 경제 및 문화발전을 위하여 헌신적으로 투쟁하는 것"인 점,

10) 이종석은 민청 제3차 대회에서 김일성이 '청년들을 '민주사상'과 '과학적 선진이론'으로 무장시킬 것을 주장했는데, 여기서 민주사상은 사회주의 사상이며 과학적 선진이론은 기본적으로 맑스-레닌주의를 의미하는 것이라고 주장했다. 이종석, 앞의 글, 32쪽; 김일성, "청년들에 대한 사상 교양사업은 민청단체들의 기본임무(1948.11.14)," 『김일성선집 2』(평양: 조선로동당출판사, 1953), 289쪽.

민청의 과업이 "조선민주주의 인민공화국 중앙정부와 정강 주위에 전체 민주청년을 결속시키며 청년들의 투지를 민주개혁의 전조선적 공고확대와 부강한 통일적 민주주의 독립국가인 조선민주주의 인민공화국을 위한 투쟁에로 인도" (강령에서 제기한 과업 제2항), "북조선 제 정당 사회단체로 구성된 민주주의 민족통일전선에 속하며 민주개혁의 전조선적 실시와 그 확대공고화를 기하는 민주주의 민족통일전선의 모든 시책을 전적으로 지지하며 그 실현을 위하여 투쟁"한다는 항목(강령에서 제기한 과업 제3항) 등에서 특히 드러난다.

넷째, 민청의 군대 복무를 임무로 규정해 국가보위 과업을 명문화했다.

다섯째, 국제적 연대, 특히 소련 청년들과의 연대를 강조했다.

여섯째, 가맹 연령대를 만 16~26세로 규정했다. 앞 절에서 평북 선천군 초급단체의 사례를 통해 확인되듯 실제 민청에 가입하는 연령대의 편차는 매우 컸다. 만 16~26세의 연령대는 실제 가입하는 연령대를 반영한 것일 수도 있지만, 당시 정치적, 경제적, 군사적 국가적 정책들이 진행되던 상황에서 노동력과 군대입대 연령을 감안해 정해진 것이 아닌가 추측된다.

일곱째, 맹원 가입 시 맹원 2명의 보증서가 필요한데 반해 소년단원의 경우 맹원 보증서 없이 소년단위원회 추천서만으로 가입신청이 가능하도록 해, 소년단원에게 민청에 가맹시 혜택을 주었다. 민청의 제3차 대회가 한 차례 연기되었던 이유 중 하나가 '학생사업 소년사업 등 중요사업에서 전 동맹의 힘을 집중'하기 위해서였으며,[11] 1948년도

11) "북조선민청 제9차 중앙위원회 '제3차대회 소집 및 각급 지도기관 사업 결산과 선거사업 연기에 대한 결정(북조선민청 중앙위원회 부위원장 노민, 1948.2.16)," 통일부 북한자료센터 소장 MF483.

에 소년단 사업이 활발히 전개되었던 것에서 알 수 있듯이, 이 시기 소년단사업은 계획적으로 적극 강화되었다. 또한 1948년 3월 민청이 초급중학교부터 대학교까지 입학 추천의 기능을 가짐으로써 학교에서 민청의 입지는 더욱 강화되었다. 민청은 학생 추천사업을 통해 "청년들에게 민청에 대한 위신을 제고시키며 특히 현재 전개되고 있는 학생애국사상 제고운동 기간중에 제반성과를 더욱 높이도록 결부시켜 진행"[12)]할 것을 강조했다.

여덟째, 강령 및 규약을 어기거나 동맹의 위신을 떨어뜨리는 맹원에 대한 처벌 규정을 포함시켰는데, 중앙위원회 위원의 경우 중앙위원회에서 처벌을 결정하도록 했다. 이것은 당시 민청 지도부의 연합체적 성격을 반영한 것으로 민청 중앙위원회 내에 지도부의 의견에 반대하는 인물들을 탈락시키기 위한 제도적 장치였던 것으로 판단된다.

아홉째, 하부단체의 조직체계를 명문화했다. 기관의 중요성을 감안해 '동맹원이 다수로 모여있는' 생산기관, 교육기관 등에 도상무위원회의 승인하에 민청위원회를 조직하도록 규정했다. 또한 기본단체로서 초급단체를 '맹원 5명 이상 있는 곳'에는 '전부' 초급단체를 조직하도록 규정해 부문별, 기관별, 지역별 등 초급단체의 조직 체계를 명확히 구분하지는 않았다.

열째, '인민군대, 보안대 및 경비대 등에 조직되어 있는 단체는 중앙위원회에 직속'하도록 규정해 이미 군대 및 보안관련 기관들에 민청단체가 조직되어 있음을 공식화했다.

---

12) "북조선민청 제36차 중앙위원회 '1948년도 신입생 추천사업에 대한 결정'(북조선민청 중앙위원회 부위원장 리영섭, 1948.3.26)," 통일부 북한자료센터 소장 MF483.

나. 민청 중앙부서 개편과 남북 민청 통합

1948년 초 간부축소 방침에 따라 축소된 민청 중앙부서는 민청 제3차 대회에 확대 개편되었다. 또한 1950년 4월 작성된 민청 중앙부서 명단으로 보아, 제3차 대회와 1950년 4월 사이 중앙부서의 확대 개편이 더 있었던 것으로 보인다.

1946년 1월부터 1950년 4월까지 중앙부서 변화를 통한 민청 제3차 대회 이후 중앙부서 개편의 특징을 살펴 보면 다음과 같다.

첫째, 선전부의 성격이 변화했다. 이것은 선전부의 명칭 변화로 확인할 수 있는데, 결성초기 선전부(1946.1)에서 정치문화교양부(1948.11)로, 다시 교양부(1950.4)로 변화되었다. 1948년 민청 제3차 대회에서 선전부가 '정치문화교양부'로 개편되면서 '사상교양'의 성격이 강화된 것으로 판단된다. 민청 제3차 대회 시기부터 민청의 '사상교양단체'로서의 성격이 구체화된 것을 입증한다.

둘째, 민청 제2차 대회와 제3차 대회 사이 신설된 것으로 보이는 '간부부'가 지속되었다. 조직부와 간부부 사이에 업무 분담이 있었을 것으로 판단되며, 이는 민청 중앙부서가 포괄하는 간부의 양적 확대가 있었던 것을 의미한다.

【표 4-2】 1946년 1월~1950년 4월 사이 민청 중앙부서 조직

1946.1	1946.4	1948.11	1950.4
위원장 1명	위원장 1명	위원장 1명	위원장 1명
부위원장 1명	부위원장 2명	부위원장 2명	부위원장 2명
조직부	조직부	조직부	조직부
체육부	체육부	체육부	체육부
–	–	(신설)간부부	간부부
–	–	(신설)경리부	경리부

1946.1	1946.4	1948.11	1950.4
–	(신설)신문편집실		
–	(신설)검열위원회		
–	(신설)프린트실		
–	–	–	(신설)부리가다부
선전부	선전부	(개편)정치문화교양부	(개편)교양부
학생부	(개편)학생소년부	(개편)학생사업부	(개편)학생부
소년부	(통폐합)	(재분리)소년부	소년부
총무부	총무부	(폐지)	
농민부	농청부	(폐지)	
노동부	노청부	(폐지)	
여성부	(폐지)		

* 출처: 『정로』, 1946년 1월 24일; "북조선민청 제1차 상무위원회 회의자료(1946.10.2)," 통일부 북한자료센터 소장 MF267; 『중앙년감』(1949년판); "10/8 평남도 평북도 함북도 민청위원회 부부장이상 간부명단(1950.4.4)– 중앙부부장 이상 간부명단," RG242 National Archives Collection of Foreign Records Seized Group WAR200601269, Captured Korean Documents Doc No SA2005 Series WAR200601343, 국립중앙도서관 전자자료 참고.

셋째, 농업, 노동, 여성 분야의 부서가 폐지된 채 지속되었다. 이것은 해당 분야의 청년들을 민청이 어떻게 다루었는지에 대한 의문을 낳는다. 1946년 북로당 창당시 민청위원장이 직총의 청년들을 민청이 포괄하게 되었다고 언급했는데, 실제로 농업과 산업 부문의 청년들을 다룰만한 부서가 민청에 존재하지 않았다. 민청 제3차 대회 이후 중앙부서에 '부리가다부'[13]가 신설되었는데 '부리가다부'에서 생산분야의 청년들을 담당했을 가능성이 있다. 1950년 4월 민청 중앙 부리가다부

13) 특히 청년단체인 콤소몰 회원들에 의해 사회주의경쟁운동의 형태로 브리가다 조직이 급속히 확장되었다. 따라서 1950년 민청 중앙부서의 부리가다부는 공장·기업소 등 생산부문의 청년들을 담당하는 역할을 맡았을 것으로 추측된다.

부부장 중의 한 명은 '홍순권'이었는데 그는 1962년 민청 중앙위원회 위원장이 되었다.[14)]

넷째, 민청 제3차 대회 이후 학생부와 소년부가 지속되었다. 이것은 이후 전개된 청년학생과 소년단에 대한 강화정책과 관련있다. 학교 내에서의 민청사업은 이후 의무교육 제도의 확장과 연계되어 북한 전체의 학령기 아동이 학교에 입학해 소년단에 가입하고, 이후 민청에 자동적으로 가입하는 체제가 정착할 수 있도록 강화되었다.

다섯째, 총무부를 폐지하는 대신 재정관련 업무를 '경리부'로 조정한 것으로 보인다. 또한 기관지, 검열위원회 등의 부서가 중앙부서 명단에서 보이지 않았다. 기관지의 경우 교양부에 통합되었을 가능성, 검열위원회의 경우 폐지되었거나 다른 형식으로 존재했을 가능성도 존재한다.

1949년 7월 민청 조직부장 최철수는 제3차 대회 이후 조직사업의 결점을 지적하면서 초급단체들에 대한 지도 강화, 일부 단체의 혼란스러운 동맹 내부조직 정비, 동맹 조직통계와 맹적사업 강화, 맹원확장을 위한 비맹원 교양, 여성청년 및 소년단 이후 민청 연령에 이른 청년들의 가맹 대책 수립, 관료주의적 사업경향 개선, 동맹사업 진행상황의 체계적 검열, 민청단체 간부들의 지도수준 제고 등을 이후 개선점

14) 기록에 따르면 홍순권은 1950년 당시 24세(1926년생으로 추정), 빈농 출신의 소학교 졸업자로서, 1946년 8월 로동당 입당, 평철도(평남철도로 추정) 민청위원장을 역임했다. 도당학교에서 정치수업을 받았다. 홍순권은 1956~1962년 사이 당 중앙위원회 조직지도부 간부들이 민청 위원장으로 '파견'되었던 이래, 민청 내에서 양성되어 위원장이 된 첫 사례로 판단된다. "10/8 평남도 평북도 함북도 민청위원회 부부장이상 간부명단(1950.4.4)-중앙부부장 이상 간부명단," RG242 National Archives Collection of Foreign Records Seized Group WAR200601269, Captured Korean Documents Doc No SA2005 Series WAR200601343, 국립중앙도서관 전자자료.

으로 제기했다.[15] 최철수는 특히 상급 지시를 지키지 않는 일부 단체들을 시정하기 위해 동맹중앙위원회가 "동맹상급 지시를 연구하지 않으며 규정한 방침을 임의로 위반하여…자기 결점을 음폐하며 허위적 보고를 실시하는 분자들에 대하여 강력한 투쟁을 조직할 것이며 심한 경우 엄격한 책벌을 적용할 것"을 지적했다고 밝혔다. 또한 동맹 조직사업의 결점으로 "민주주의적 원칙과 중앙집권적 규율이 잘 지켜지지 않아 소수간부들이 단독적으로 사업을 진행하는 폐해도 발생"한다고 지적했다.

최철수의 기고는 제3차 민청 대회에서 강령 및 규약 개정과 함께 조직 개편을 단행했지만 중앙위원회의 지도가 하부단계에 엄격히 적용되지 않고, 하부단체의 저항과 반발이 존재했음을 드러낸다. 이것은 해방 직후 민청 하부단체에서 활동하던 토착 공산주의계열의 청년들과 당 지도부의 연합적 성격을 반영해 인선된 민청 중앙위원회 간부들 간의 갈등의 표현으로 이해할 수 있다.[16]

이후 전쟁 중이었던 1950년 12월 21일 당중앙위원회 제3차 전원회의에서 남북 사회단체 통합이 결정되었고, 1951년 1월 남북 민청이 통합되었다.[17] 이 시점은 10월 21일 당중앙위원회 정치위원회에서 군의

---

15) 제3차 대회 이후 86,205명의 신입맹원이 가맹했고, 동맹 내 열성분자들의 수가 증가했다고 밝혔다. 최철수, 앞의 글, 12~15쪽.

16) 중앙위원회 간부 성격에 대해서는 민청의 양적 확대 부분에서 구체적으로 다룰 예정이다.

17) 당 중앙위원회 제3차 전원회의는 '근로인민들의 전투적 역량을 일층 강화하며 당과 정부의 정책들을 견결히 실천하며 조국해방전쟁이 근로인민에게 제기하는 제반 전투적 과업을 성과있게 실천하는데 가장 적절한 대책'으로 평가하면서 남북으로 분리되어 있던 모든 근로단체와 문화예술단체를 통일하며 현존하는 중앙위원회들을 연합해 통일적 지도기관으로 건립하고 단일한 행동강령을 채택할 것을 결정했다. 김종수, 앞의 책, 192~193쪽.

정치교양사업이 총정치국에 이관되고 박헌영이 초대 총정치국장에 임명되었던 상태로서, 중국 인민지원군의 38선 진격이 결정된 이후였다. 당시는 북한 지도부가 전쟁 상황을 긍정적으로 파악하고, 통일의 가능성을 염두에 두었던 정치적 판단이 있었다고 생각된다. 그러나 사회단체들의 통합이 실제로 진행되었던 1951년 1월은 전쟁이 장기화 국면에 접어드는 시점이었다. 사회단체 통합을 결정했던 시기와 실제로 통합이 진행되었던 시기의 전세와 정치적 상황은 상반된 것이었다.

1951년 1월 17~18일 양일간 개최된 남북조선민주청년동맹 중앙위원회 연합회에서 위원장 김욱진, 부위원장 리환기, 김기수, 김영숙으로 구성된 4인의 지도부가 선출되었다.[18] 김일성은 남북 민청 통합을 기념하는 연설에서 민청에게 전쟁 승리를 위해 첫째, 인민군 내 청년들이 지휘관과 상급의 명령을 충실히 집행하며 군사규율과 부대질서를 강화하며 어떠한 어려운 환경에서도 전투임무를 수행해야 하며 여기에 청년당원들과 민청원들이 모범적 역할을 할 것, 특히 해방지구에서 선전사업을 강화할 것, 둘째, 후방의 민청단체와 청년들은 인민군대의 진격과 빨치산들이 활동범위를 넓히도록 적극 협조할 것, 셋째, 해방지구의 복구사업을 적극 지원할 것, 유자녀학원을 꾸리는 사업에 적극 협조할 것, 넷째, 농업증산활동에 청년들을 동원할 것 등을 제시했다.[19]

18) 위의 책, 194~195쪽.

19) 남북조선민주청년동맹 중앙위원회 연합회의 이틀째인 1월 18일 김일성의 연설은 1980년에 출판된 『김일성저작집』에 게재되었다. 문헌에는 '지난 5년간 당에 의해 훈련된', '로동당의 믿음직한 후비대인 민주청년동맹' 등 당의 영도를 강조했는데 정황상 이 부분은 북한 역사 기록의 특성상 사후적 정당화가 이루어진 부분으로 보인다. 김일성, "현정세와 민청단체들의 당면과업에 대하여(1951.1.18)," 『김일성 저작집 6』(평양: 조선로동당출판사, 1980), 259쪽.

김일성이 새롭게 통합된 민청에게 제기한 과업들은 전쟁 수행, 복구사업, 농업증산활동 등 당시의 위기상황을 타개하기 위해 필수적인 부문이었다. 서울 점령을 코앞에 두었던 남북 사회단체의 통합 발표 시점과 달리, 언제가 될지 모를 진격을 기다리던 시기에 남북의 민청단체가 통합되었기 때문에 김일성은 민청의 통합 그 자체보다는, 전쟁 수행뿐만 아니라 전쟁의 장기화에 대비한 후방사업에 관심이 쏠려 있었다.[20]

통합된 민청의 구체적인 조직구성에 대해서는 알려진 바 없다. 그러나 활동 측면에 있어서, 전쟁이 장기화 국면에 접어든 1951년 후반기부터는 민청의 중앙위원회와 일부 도시군면 위원회들이 전쟁 수행과 후방복구뿐만이 아닌, 후방의 청년들을 대상으로 한 사상교양, 교육지원활동도 전개했다. 또한 민청 조직의 하급단체에 대한 지도 강화를 지속적으로 강조했다.

다. 전후 민청의 조직 개편

앞서 설명되었듯이 이전 시기 민청 중앙조직은 당지도부의 연합체적 성격을 반영해 김일성 계열, 연안계열 등의 배경을 가진 인물들이 민청 상무위원회에 선출되었다. 그러나 정전 후 당중앙위원회 조직지도부를 포함한 주요 부서를 친김일성 계열로서 갑산출신과 일부 토착 공산주의자들이 장악하면서 이들의 영향하의 조직지도부 간부가 민청 중앙위원회 위원장에 선출되었다.

---

20) 1951년 1월 20~21일 남한 전평 출신의 현훈을 위원장으로, 원동근을 부위원장으로 직맹이 통합되었다. 당시 직맹 중앙위원 97명 중 56명이 전평 출신이었다. 『조선중앙년감 1951~52』(평양: 조선중앙통신사, 1951-1952), 480쪽; 서동만, 『북조선사회주의체제성립사 1945~1961』(서울: 선인, 2005), 453쪽.

전후 민청에 대한 조직 개편의 특징은 다음 절에서 당과의 관계와 함께 구체적으로 다루고자 한다.

2. 민청의 인적 구성

가. 간부 성격

민청 제3차 대회에서는 위원장을 포함한 중앙위원회의 간부를 대폭 교체·확대해 54명의 중앙위원을 선출하고 중앙위원 중 11명의 상무위원을 선출했다. 대회에서 선출된 민청 중앙지도기관명단은 다음과 같다.

【표 4-3】 민청 중앙지도기관(1948년 11월 제3차 대회)

위원장	현정민
부위원장	오운식, 장서진
상무위원	현정민, 오운식, 장서진, 지창익, 최철수, 양남진, 강갑신, 주연, 최제한, 김창천, 리윤보(이상 11명), *중앙위원은 이들을 포함해 54명.

* 출처: 『조선중앙년감』(1949년판) 참고.

대회에서는 정치문화교양부, 조직부, 간부부, 학생사업부, 소년부, 체육부, 경리부의 중앙부서를 구성했는데 부장인선에 대해 나타난 문헌은 찾을 수 없다.

다만 미군 노획문서 중 발견된 1950년대 민청 중앙과 각 도 간부들의 명단과의[21] 비교를 통해 추론이 가능하다.

21) "10/8 평남도 평북도 함북도 민청위원회 부부장이상 간부명단(1950.4.4)- 중앙부부장 이상 간부명단," RG242 National Archives Collection of Foreign Records Seized Group WAR200601269, Captured Korean Documents Doc No SA2005 Series

【표 4-4】 민청 중앙간부 비교

<table>
<tr><th colspan="2">1948.4</th><th colspan="2">1948.11</th><th colspan="3">1950.4</th></tr>
<tr><td>위원장</td><td></td><td>위원장</td><td>현정민</td><td colspan="2">위원장</td><td>현정민</td></tr>
<tr><td>부위원장</td><td>리영섬</td><td>부위원장</td><td>오운식
장서진</td><td colspan="2">부위원장</td><td>오운식
장서진</td></tr>
<tr><td rowspan="2">선전부장</td><td rowspan="2">리능훈</td><td rowspan="2">정치문화
교양부</td><td rowspan="2"></td><td rowspan="3">교양부</td><td>부장</td><td>지창익(33)</td></tr>
<tr><td rowspan="2">부부장</td><td rowspan="2">김용호(27)
신용히(25)
리윤보(27)</td></tr>
<tr><td>조직부장</td><td>안병기</td><td>조직부</td><td>지창익</td></tr>
<tr><td rowspan="2">간부부장</td><td rowspan="2">허 환</td><td rowspan="2">간부부</td><td rowspan="2"></td><td rowspan="2">조직부</td><td>부장</td><td>최철수(30)</td></tr>
<tr><td>부부장</td><td>김종선(24)
김근수(25)</td></tr>
<tr><td rowspan="2"></td><td rowspan="2"></td><td rowspan="2">학생사업부</td><td rowspan="2"></td><td rowspan="2">간부부</td><td>부장</td><td></td></tr>
<tr><td>부부장</td><td>김근수(31)</td></tr>
<tr><td></td><td></td><td>소년부</td><td>강북○</td><td colspan="2">학생부</td><td>강 북(30)
전금단(29)</td></tr>
<tr><td></td><td></td><td>체육부</td><td></td><td colspan="2">소년부</td><td>강갑신(25)
정○하(29)</td></tr>
<tr><td rowspan="2"></td><td rowspan="2"></td><td rowspan="2">경리부</td><td rowspan="2"></td><td rowspan="2">체육부</td><td>부장</td><td>리덕종(37)</td></tr>
<tr><td>부부장</td><td>김창천(32)</td></tr>
<tr><td rowspan="2"></td><td rowspan="2"></td><td rowspan="2"></td><td rowspan="2"></td><td rowspan="2">경리부</td><td>부장</td><td>김학주(29)</td></tr>
<tr><td>부부장</td><td>마창섭(28)</td></tr>
</table>

WAR200601343, 국립중앙도서관 전자자료.

1948.4		1948.11		1950.4		
				부리가다부	부장	황종선(28)
					부부장	김진규(27) 홍순권(24)[22]
				비서		박세모(28)

* 출처: "북조선민청 대표명부(1948년 4월),"[23] 통일부 북한자료센터 소장 MF483; 『조선중앙년감』(1949년판); "10/8 평남도 평북도 함북도 민청위원회 부부장이상 간부명단(1950.4.4)-중앙부부장 이상 간부명단," RG242 National Archives Collection of Foreign Records Seized Group WAR200601269, Captured Korean Documents Doc No SA2005 Series WAR200601343, 국립중앙도서관 전자자료 참고.

민청 제3차 대회에서 위원장으로 선출된 현정민은 연안계열로 파악되는 인물로서 1950년대 중반까지 도당위원장, 당농업부장으로 활약하다가 1956년 이후 숙청된 것으로 알려져 있다. 그는 1949년 9월 2~8일까지 부다페스트에서 개최된 제2차 세계청년대회에서 세계민주청년연맹 집행위원회 위원으로 선출되었다. 당시 세계민청 위원장은 기 드 보아송(프랑스), 부위원장은 니꼴라이 미하일로브(소련)였다. 중국은 공청단이 막 수립되려던 시점이었기 때문에 세계민청 지도기관에 중국 공청단 간부는 진출하지 못했던 것으로 보인다.[24] 현정민을

---

22) 홍순권은 1962년 민청 중앙위원회 위원장이 되었다. 그는 위원장이 되기 전 당 중앙위원회 중앙부서 간부를 역임했다. 홍순권의 경력은 그가 민청 내에서 양성되어 민청 중앙위원회 간부, 그리고 당 중앙위원회 간부로 등용된 사례로 의미있다. 홍순권에 대하여는 제3절에서도 기술했다.

23) '유엔결정과 남조선 단선단정을 반대하고 조선의 통일적 자주독립을 위하는 전 조선정당사회단체 연석회의'에 파견된 북조선민청 대표명부이다. 따라서 전체 간부를 포괄하지는 않는다.

24) "世界 民主青年聯盟," 『조선중앙년감 1950』(평양: 조선중앙통신사,

포함해 이 시기 민청 위원장단은 적극적인 국제활동을 벌였다. 제3차 대회에서 부위원장으로 선출된 오운식, 장서진은 각각 소련 공청대회와 중국 신민주주의청년단 창립대회에 참가했다.[25)]

부위원장이었던 오운식, 장서진은 각각 소련, 중국 등의 경험적 배경을 가지고 있었던 것으로 보인다. 오운식은 1949년 3월 29일~4월 8일까지 모스크바에서 개최된 레닌공청 제11차 대회에 민청 대표 자격으로 참가했으며, 그 외에도 체코슬로바키아, 파란 등에도 북한 청년대표로 참가했다고 알려져 있다.[26)] 장서진은 군대 내 민청 조직의 책임자이며 중국출신이라는 기록이 존재한다.[27)] 그러나 그가 1948년 10월

1950), 165쪽; 국제직업연맹의 경우 1950년 기준 류소기가 부위원장을 역임했다. "國際職業聯盟,"『조선중앙년감 1950』, 158쪽.

25) 편집부, "빛나는 성과를 거둔 신민주주의 중국청년대회,"『청년생활』, 제2권 제6호(1949.6), 22~23쪽.

26) 소련 공청대회에 참가하는 등 국제적 감각과 모스크바 유학생이었다는 기록으로 보아 소련계로도 분류할 수 있겠지만, 모스크바 유학파 출신으로서 소군정의 영향하에 있던 평양의 김용범, 박정애 등에 가까운 인물로도 볼 수 있다. 그는 1946년 1월 민청 결성 시 상무위원회에 포함되지 않았다가 동년 9월 2차 대회에서 부위원장으로 선출되었다. 부위원장으로 선출되기 이전에 민청대표 자격으로 평남 선거지도위원으로 선임되었으며 이것은 그가 평양에서 김용범, 박정애 등 계열로 함께 활동했을 가능성을 추측하게 한다.

27) 서동만은 1958년 12월 2~10일 김일성의 중국방문에 군사대표단이 동행했으며, 이 방문에 동행한 군 인물들은 단장 김광협(대장), 부단장 허봉학(김일성군사대학장, 중장), 단원에 김창덕(소장)·지병학(소장)·장서환(소장)·장봉진(대좌) 이었다고 밝혔다 또한 '장서환'이라는 인물이 군내 민청 조직의 책임자로 중국출신이며 1949년 중공 신민주주의 청년단 제1차 대표자회의에 참가했다고 기록했다. 그가 소개한 '장서환'이라는 인물은 '장서진'의 오기인 것으로 판단된다. 1958년 장서진의 계급은 '소장'으로, 김창덕, 지병학과 같은 급의 상당히 높은 지위를 차지하고 있었던 것으로 보인다.『인민일보』, 1958년 11월 22일; 서동만, 앞의 책, 777~778쪽에서 재인용.

시점에서 함남도 민청 위원장이었던 것으로 보아, 연안계가 아닌 만주 출신으로 당시 토착 공산주의자들의 영향력이 강했던 함남 지역에 파견되어 활동했을 가능성이 높다. 연안계열이었다면 1958년 이전에 숙청되었을 가능성이 높은데 김일성의 중국 방문에 동행했을 정도의 신임을 받았다면 만주 출신일 가능성이 높다.

정치문화교양부장 지창익은 평북도민청 부위원장과 민청 중앙위원회 조직부장을 역임했다.[28)]

제3차 대회에 등용된 간부들의 배경으로 볼 때 현정민(연안계), 오운식(김용범, 박정애 등 소군정 영향하의 공산주의 계열), 장서진(만주출신)으로, 지도부의 다원성을 반영했던 것으로 파악된다.

한편 1950년 4월 민청 중앙간부 자료는 이 시기 민청 간부들의 성격을 조금 더 구체적으로 파악하는 데 도움을 주었다.[29)] 위원장과 부위원장을 제외한 민청 부장 이하 과장까지 30명의 연령, 출신, 성분, 지식정도, 외국 경험, 정치학교교육, 입당시기, 전직장 경력은 다음과 같다.

민청 중앙간부들의 연령은 대개가 전체 가맹 연령범위인 만 16~26세 이상이었다. 이것은 가맹 연령기준이 실제로 잘 준수되지 않고 있음을 증명한다. 토지개혁 이후였음에도 출신성분 중농 이상이 2명이 존재했고 부농으로 표시된 수도 1명 있었다. 본인 성분은 사무원이 18명으로 반 이상을 차지했고, 외국경험자는 전체의 1/3인 10명으로, 그중 만주·동북·연안을 포함한 중국 경험자가 일본보다 2명 많았다. 중앙

---

28) "북조선민청 대표명부(1948년 4월)," 통일부 북한자료센터 소장 MF483.

29) 국립중앙도서관 전자자료 미군 노획문서에 1950년 4월 시점의 민청 중앙 부부장 이상 간부 명단, 민청중앙 지도원 이상 간부명단, 민청 각도 부부장 이상 간부 명단이 포함되어 있었다. 이 자료를 통해 민청 제3차 대회 이후 전쟁 직전까지 민청 중앙과 각 도당의 간부 조직의 변화와 전쟁 직전 민청 중앙 및 도당 조직의 특징을 확인할 수 있었다.

간부 중 26명이 로동당원이었는데 그중 북로당 창당 이전자가 14명으로 과반수를 차지했다. 그중 민주당과 청우당에 각각 1명씩 중복 가입했다. 민청 중앙간부가 되기 전 경력으로서는 민청 중앙부서 경력자가 15명으로 50%를 차지했고 도시군민청 경력자가 9명 있었다.

민청 중앙 부리가다부 부부장 홍순권은 생산기관인 평철도의 민청 위원장을 역임했으며 1962년 민청 중앙위원회 위원장이 되었다. 홍순권은 1950년 당시 24세(1926년생으로 추정), 빈농의 가정출신, 본인 성분은 노동계급, 지식정도는 소학교졸업, 외국 경험은 없으며, 도당 학교에서 정치교육을 받았고 북로당 창립일이었던 1946년 8월 28일에 입당했다. 그의 출신지는 나와 있지 않으나 1962년 무렵 당중앙위원회에 김영주와 함께 박금철, 리효순 등 갑산출신 인물들이 활발히 활동하고 있었던 점을 감안하면 갑산출신이거나 적어도 갑산출신 당지도부 인물들의 지원을 받은 인물로도 추측할 수 있다. 그는 민청 내에서 양성되어 당 중앙위원회 간부로, 그리고 민청 위원장에 등용된 첫 번째 사례이다.

【표 4-5】 민청 중앙간부 과장 이상 통계(1950년 4월)

항목	통계(총 30명)	비고
연령	21~25세 6명 26~30세 20명 30세 이상 4명	최저연령 23세 최고령 33세
가정출신	부농 1 중농 3 소시민 1 사무원 1 빈농 19 노동 5	
본인성분	사무원 18 학생 1 로동 6 빈농 5	
지식정도	대학 1 중학 15 소학 14	

항목	통계(총 30명)	비고
외국경험	중국 6 일본 4	2명은 중국, 만주 모두 경험
정치학교 경험	고급간부학교 3 중앙당학교 12 도시군당학교 3 강동정치학교 1	중앙민주당학교 1명 있음.
입당시기	북로당 창당 이전(1946.8) 14 북로당 창당 이후 12	입당시기없음 4 민주당 중복 가입 1 청우당 중복 가입 1
전직장 경력	민청 중앙부서 15 도시군민청 9 기타 교원 2 자가농업 1 생산기관(민청(평철도)위원장) 1	

* 출처: "10/8 평남도 평북도 함북도 민청위원회 부부장이상 간부명단(1950.4.4)-중앙부부장 이상 간부명단,"RG242 National Archives Collection of Foreign Records Seized Group WAR200601269, Captured Korean Documents Doc No SA2005 Series WAR200601343, 국립중앙도서관 전자자료 참고.

【표 4-6】 민청 중앙 지도원 이상 통계(1950년 4월)

항목	통계(총 46명)	비고
연령	21~25세 17명 26~30세 26명 30세 이상 3명	최저연령 22세 최고령 37세
가정출신	부농 1 중농 6 상업 1 기업주 1 빈농 29 노동 8	
본인성분	사무원 20 학생 2 로동 21 빈농 3	
지식정도	대학 3 전문 1 중학 16 소학 26	
외국경험	중국 10(그중 만주·동북 9) 일본 4	중국 및 헝가리 1
정치학교 경험	중앙당학교 8 도당 9	

항목	통계(총 46명)	비고
입당시기	북로당 창당 이전(1946.8) 10 북로당 창당 이후 29	입당시기없음 6
전직장 경력	당(청년사업부) 1 민청 중앙부서 8 도시군민청25 생산기관 3 국가기관 1 교대학생 2 민주당선전부1	* 5명 기록 없음

* 출처: "10/8 평남도 평북도 함북도 민청위원회 부부장 이상 간부명단(1950.4.4)-중앙부부장 이상 간부명단," RG242 National Archives Collection of Foreign Records Seized Group WAR200601269, Captured Korean Documents Doc No SA2005 Series WAR200601343, 국립중앙도서관 전자자료 참고.

민청 중앙 지도원 이상의 그룹은 중앙간부보다 연령대가 더욱 고령화되었다. 26세 이상이 29명으로 전체의 60%를 넘었고, 37세인 인물도 있었다.[30] 출신성분은 중앙간부보다 더욱 다양하고 부유한 층이 많아 중농 이상이 7명(그중 부농 1명), 상업 및 기업주 가정 출신도 있었으며(각 1명) 노동자 및 빈농 가정 출신은 전체의 절반 밖에 되지 않았다. 외국 경험자 14명 중 만주·동북 지역이 9명으로 압도적으로 많았다. 정치학교 경험자는 17명으로 전체의 약 37%를 차지했고 그 중앙당학교와 도당학교에서 양성된 수는 각각 8명, 7명이었다. 이전 경력은 도시군민청이 25명으로 반 이상을 차지했고 당 청년사업부 출신(강수복, 중앙간부부 지도원)과 민주청년사 기자 출신(유호일, 강연과 강사)도 있었다. 생산기관출신이 3명 있었는데 탄광(각각 흥원탄광, 궁심탄광 위원장) 과 제철(청진제철 위원장) 부문의 경력을 가진 이들은 모두 중앙청년부리가다부 지도원으로 활동했다.

각 도 민청 부부장 이상은 우선 연령대 면에서 중앙간부나 지도원들

30) 중앙조직부 지도원인 김용님은 남조선 출신의 여성 지도원이었다.

에 비해 젊은 층(21~25세)의 비율이 높았다. 21~25세의 비율이 중앙 간부의 경우 약 20%, 중앙 지도원 이상이 약 36%였던데 반해 도 민청 간부들의 경우 약 47%에 달했다. 노동자·빈농 가정 출신은 전체의 80%였고, 지식정도는 소학교 졸업 혹은 중퇴가 반 이상을 차지했다. 외국경험은 전체 경험자 중 만주·동북 지역의 경험자가 10명 중 9명으로 압도적이었다. 전체 정치학교 경험자는 30명으로 도당 간부 중 절반 정도 수준이 정치학교에서 교육을 받은 것으로 보인다. 그중 중앙당학교가 18명, 도당학교가 10명으로 중앙당학교에서 양성받은 후 파견된 인물의 수가 전체 정치학교 경험자 중 절반 이상을 차지했다. 전체 중 당원 53명 중 북로당 창당 이후 입당자가 32명으로 절반 이상을 차지했다. 전직장 경력은 도시군 민청 경력자가 38명으로 전체의 약 69%를 차지했고, 민청 중앙부서 출신자는 9명으로 약 16%를 차지했다. 도민청의 경우 전반적으로 연령대가 낮아졌으며, 도시군 민청에서 활동하던 새로운 인물들이 발탁되어 중앙이나 도당 차원의 정치교육을 받은 후 위원장으로 배치되었던 것으로 판단된다.

【표 4-7】 각 도 민청 부부장 이상 통계(1950년 4월)

항목	통계(총 55명)	비고
연령	21~25세 26명 26~30세 27명 30세 이상 1명	최저연령 22세 최고령 31세 (1명 기록 누락)
가정출신	중농 6 / 상업 3 빈농 40 / 노동 4 사무원 2	
본인성분	사무원 19 / 학생 4 로동 21 / 빈농 11	

항목	통계(총 55명)	비고
지식정도	대학 4 중학 21 소학 30	
외국경험	만주·동북 9 일본 1	
정치학교 경험	중앙고급간부학교 1 중앙당학교 18 도당 10 도간부학교 1	평남위원장 장형준
입당시기	북로당 창당 이전(1946.8) 21 북로당 창당 이후 32	입당시기없음 2
전직장 경력	민청 중앙부서 9 도시군민청 38 생산기관 1 국가기관 1 교원 4	

* 출처: "10/8 평남도 평북도 함북도 민청위원회 부부장 이상 간부명단(1950.4.4)– 도 민청 부부장 이상 간부명단," RG242 National Archives Collection of Foreign Records Seized Group WAR200601269, Captured Korean Documents Doc No SA2005 Series WAR200601343, 국립중앙도서관 전자자료 참고.

1951년 1월 통합된 남북 민청의 위원장에는 김욱진이, 부위원장에는 남한 출신 리환기, 북한 출신 김기수, 그리고 출신을 확인할 수 없는 김영숙이라는 인물이 선출되었다. 김욱진은 민청 초대위원장으로 제3차 대회에서 현정민이 위원장을 맡은 후 활동이 보이지 않다가 남북민청이 통합해 새로 결성된 조직에서 다시 위원장을 맡았다. 부위원장인 리환기는 남한의 민애청 중앙위원회 부위원장 출신이다.[31] 김기

31) 리환기는 경복중학 출신으로 해방 후 공청조직을 거쳐 1946년 공업지대인 영등포구 민청책임자, 1946년 10월 서울시 민청 부위원장을 역임했다. 1947년 2월 25일 남대문 민전회관에서 250여 명의 간부와 맹원들과 함께 연행, 1년형을 언도 받았다(당시 26세). 1948년 2월 출옥 후 다시 민애청 조직사업에 착수, 1949년 4월 조직부장 리명복, 선전부장 김영기 등 중앙간부와 서울시민청간부와 함께 다시 피검되었다. 백래산, "백절불굴의 투지: 민애청 중앙위원회 부위원장 리환기 동무,"『청년생활』, 제3권 제4호

수는 함경남도 출생으로 고등보통학교를 졸업했다. 1951년 민청 부위원장으로 선출된 후 1964년까지 부위원장으로 활동했다. 1958년 조선축구협회 부위원장, 1959년 내각 직속 체육지도위원장을 역임했다.[32)]

통합된 민청의 중앙조직의 구체적 부서는 문헌에서 찾아보기 어렵다. 민청은 전쟁 시기에도 유지된 것으로 보이는데 1952년 5월 민청 중앙위원회 제2차 전원회의가 개최되어 조직지도사업을 벌인 기록이 있고[33)] 1952년 9월 7일 개최된 평양시 민청 열성자대회에서 리환기가 민청중앙위원회 부위원장 자격으로 조직지도사업에서의 구체적 대책 등을 제시했던[34)] 것 등을 통해 추측할 수 있다.

통합된 민청의 조직에서 특이한 점은 초대 민청위원장인 김욱진이 다시 등용되었다는 점이다. 해방 이후 간부의 부족으로 잦은 인사교체가 있었지만 교체된 인물이 원래의 자리로 복귀하는 경우는 드물었다. 게다가 김욱진은 오기섭 영향하의 토착 공산주의자로 추측되는 인물로, 1946년 북로당 창당 대회에서 공개적으로 당의 사회단체 지도방법의 문제점을 지적해 김일성과 대립했던 이력을 가지고 있었다. 그런 그가 남북 민청의 통합 조직에서 다시 위원장을 맡게 된 배경에는 전쟁이라는 특수한 위기상황이 작용했다고 판단된다. 청년 인력이 다방면으로 필요한 상황에서 김욱진의 초기 민청 조직을 꾸렸던 경험, 북부 조선에서 청년층의 지지기반, 농촌지역에서의 청년활동 경험 등은

(1950년 4월), 57~60쪽.

32) 김종수, 앞의 책, 195쪽.

33) "동맹 중앙위원회 제2차 전원회의 결정 집행에서 나타난 결함들을 시급히 퇴치하라!," 『민주청년』, 1952년 5월 4일; "형식적인 반관료주의 투쟁은 어떤 결과를 가져왔는가," 『민주청년』, 1952년 7월 9일.

34) "청년들의 창발적 제기를 제때에 해결하여 주는 것은 민청간부들의 일상적 임무!," 『민주청년』, 1952년 9월 18일.

북한 지도부로 하여금 그를 다시 위원장직에 끌어올 수밖에 없는 장점이었을 것으로 추측된다.

나. 전쟁을 통한 맹원의 세대교체

한편 전쟁과정에서 많은 수의 맹원이 희생되었고, 생존한 맹원, 특히 군인의 상당수는 화선입당을 통해 당과 정권기관 등에 등용되었다. 이들의 빈 자리는 해방 직후 교육받기 시작한 새로운 세대가 채웠다. 전쟁은 당뿐만 아니라 일제 시대의 청년들로부터 해방 직후 인민교육제도를 받기 시작한 새로운 청년들로의 '세대교체'를 이루는 계기가 되었다.

(1) 전쟁 과정에서 희생

1948년 11월 제3차 민청 대회에서 밝힌 맹원 수는 약 130여만 명이었다.[35] 제3차 대회 이후 1949년 7월까지 민청에 86,205명의 신입 맹원이 가맹했다는 기록이 있는데[36] 연령 초과나 기타 이유로 출맹하는 인원은 밝히지 않아 이 시기까지 민청 맹원의 대폭적 변화는 없었던 것으로 보인다.

한편 전쟁 발발 이후 1950년 7월 1일 '1914~1932년 출생한 전체 공민'을 대상으로 동원령이 선포되었다. 1950년을 기준으로 했을 때 이 시기에 출생한 이들의 연령은 18~36세로 민청 가맹연령대인 만 16~26세와 상당수 중복되었다. 1950년 7월 11일 기준으로 북반부 지역에

35) 김일성, "청년들에 대한 사상 교양 사업은 민청 단체들의 기본 임무: 북조선 민주 청년 동맹 제3차대회에서 한 연설(1948.11.13)," 『청소년사업에 대하여』(평양: 조선로동당출판사, 1966.2, 동경: 조선청년사, 1966.9(번인출판)), 18~27쪽.

36) 최철수, 앞의 글, 12~15쪽.

서 74만 명, 8월 15일 기준으로 84만 9천여 명의 근로자와 청년학생이 전선에 출동했다.[37] 전선에서 희생된 청년과 맹원수는 구체적으로 밝혀진 바 없으나 김일성은 "조국과 인민과 조선로동당을 위하여 마지막 피 한방울까지 바친 우리 인민군대 청년로동당원들과 민청원들의 수는 수천수만명"에 이른다고 밝혔다.[38]

(2) 입당

1950년 8월 모범전투원들을 대상으로 한 화선입당 정책이 진행되었다. 그러나 군대 내에서의 당원확장은 기대만큼 진행되지 않았던 것으로 보인다.[39] 김일성은 1950년 10월 9일 당중앙위원회 정치위원회에서 당에 "광범위한 근로농민을 끌어들이는 동시에 당의 대중적 성격을 고려하여 근로농민, 전사, 군관, 또는 인텔리들을 계속 받아들일 것을 결정"했다. 이것은 유일당증수여 사업을 통해 허가이가 전개하던 당원 재정비사업을 수정하는 조치로서, 김일성은 당원확대를 위해 종래 20세이던 입당연한을 18세로 낮출 것을 제기했다.[40]

---

37) 여성이 23만 명이었다. 사회과학원력사연구소 편, 『조선전사 25: 조국해방전쟁사 1』(평양: 과학백과출판사, 1981), 212쪽; 서동만, 앞의 책, 449쪽.

38) 김일성, "현정세와 민청단체들의 당면과업에 대하여(1951.1.18)," 『김일성 저작집 6』, 248쪽.

39) 김일성은 1950년 10월 21일 인민군대 내 당단체를 설치할 것을 제기하면서, 8월에 화선입당정책을 제기했으나 인민군대 내에서 당장성사업이 잘 진행되지 않고 있다고 지적했다. 김일성, "인민군대내에 조선로동당 단체를 조직할데 대하여(1950.10.21)," 『김일성 저작집 6』, 151쪽.

40) "당장성에 대하여-당중앙정치위원회 제100차 회의 결정서(1951.10.9)," 『결정집 1947.8~53.7 당중앙조직위원회』, 24~27쪽; 서동만, 앞의 책, 392~393쪽에서 재인용; 김일성은 허가이가 '적의 점령지로부터 탈환한 지역'에서 하부당원들에게 무차별적 징벌을 가해 '60만 당원 중 45만 당원을 징벌에 처했다'고 비난했다. 김일성, "평안북도 당단체의 과업: 평안

전쟁 과정에서 북한은 전 지역의 노동력에 막대한 손실을 입었다. 농촌 노동력도 감소해 평안남도 개천군 조양면에서는 15세 이상의 노동인구가 1950년 3월부터 1951년 2월 사이 33.4% 감소했다.[41] 후방 복구가 진행되는 과정에서 1951년 7월 무렵부터 고위 인사들뿐 아니라 수많은 병사들도 제대하여 농촌에 배치되었다. 원래 전쟁 전부터 공장의 숙련 노동력이 부족했기 때문에 노동자의 징집은 농민보다 억제되었으며 인민군 병사의 대부분은 농촌 출신자들이었다. 제대군인은 전쟁시기에 부녀자와 노인이 맡았던 농촌 노동력의 중심이 되었을 뿐 아니라 농촌 당 조직의 간부와 '핵심당원'이 되었다. 군대 내 기술 인력도 상당수가 제대하여 공장에 보내졌다.[42]

1951년 12월 24일 제4차 당중앙위원회 전원회의에서 관문주의가 비판된 이후 당원확대정책에 따라 당원수가 급격히 불어나 1년간 40% 이상 성장했다. 당원 확대정책이 가장 적극적으로 추진된 곳은 군대로, 6·25전쟁 기간 중 인민군 내 입당자 수는 14만여 명에 달했다.[43] 전사자 및 기존 당원의 포함 여부 등 숫자가 군인당원의 총수와 어떠한 관련이 있는지 불분명하지만, 이 기간 중 입당자 총수 40여만 명과 비교하면 약 1/3의 비율이고, 휴전 당시 조선인민군 병력 총수 28만 4천여 명을 기준으로 보면 절반 정도를 차지하고 있기 때문에, 군대

북도 당단체에서의 연설(1956.4.7)," 『김일성선집 4』(평양: 조선로동당출판사, 1960), 384~385쪽.

41) 박경수, "전시하 춘경 파종사업의 성과적 보장을 위한 농촌 당단체들의전투적 과업," 『근로자』, 1951.2, 107~108쪽; 서동만, 앞의 책, 456~457쪽에서 재인용.

42) 위의 책, 598쪽.

43) 리권무, 『영광스러운 조선인민군』(평양: 조선로동당출판사, 1958), 52쪽; 서동만, 위의 책, 422쪽.

내 당원비율은 일반의 경우보다 훨씬 높았다고 추측할 수 있다. 군관(장교)의 경우 절대 다수가 당원이었던 것으로 보인다. 전쟁 기간 중 '공화국 영웅' 칭호르 받은 사람들의 76%가 로동당원이었다는 통계로 보아도 군대 내 당원의 역할을 짐작할 수 있다.[44]

화선입당 정책을 통해 당원이 된 군인들 다수는 제대후 농촌에 배치되었다. 전후 농업집단화 과정에서 북한 지도부는 농업협동조합관리위원장을 중심으로 제대군인 및 전쟁 유가족을 농촌 하층간부로 대거 등용 내지 투입하는 정책을 펼쳤다. 이른바 '사회주의 농촌 진지' 구축의 인적 토대는 이러한 계층을 중심으로 이루어진 것이다.[45]

(3) 신입 맹원들의 인입

해방 이후 당과 정권은 일제하 부실했던 교육제도를 정비하고 의무교육제의 실시를 준비했다. 민청은 학교위원회와 교원초급단체로 조직되어 학교에서의 교양, 학습의 지원 역할을 담당했고, 특히 인민학교에서의 소년단 양성에도 힘을 기울였다. 이 시기 새로운 교육제도하에서 양성된 소년들은 1950년대 초 민청의 새로운 주역으로 떠올랐다. 특히 소년단이 조직된 인민학교의 경우, '김일성 약전'을 수업하는 등 어린 시기부터 자연스럽게 김일성과 항일무장투쟁에 대한 교육을 받았다. 이들은 훈련된 청년인력이 부족했던 전쟁 직후 새로운 세대로 등장했다.

44) 위의 책, 422쪽.

45) 위의 책, 484쪽.

다. 전후 맹원 확장 사업 전개

전후 민청의 맹원 확장 사업은 '각계각층의 청년들'을 민청에 가맹시키고, 소년단을 통한 '민청 후비'를 인입하는 두 가지 차원에서 전개되었다.

각계각층 청년들의 인입작업은 당이 사회주의적 개조사업을 전개하면서 계급적통일을 추구하는 맥락에서 전개되었다. 1955년 4월 당중앙위원회 전원회의는 당원들의 계급적 교양사업을 강화할 것을 결정했다.[46] 농업협동화의 원칙과 속도에 관해 김일성 및 만주 빨치산 그룹은 생산력 발전의 동력을 농민·노동자 계급의 창발성에서 찾았고, 이에 기반해 북한에 보편적인 사회주의 체제가 수립될 수 있다고 보았다.[47]

사회주의적 개조라는 목표하에서 전쟁과정에서의 희생과 입당으로 인한 맹원의 소실, 혼란한 상황에서 청년들의 제도적·사상적 이탈은 당이 민청을 확대·강화할 필요를 절실히 느끼게 했다. 1955년 4월 당중앙위원회 정치위원회의 민청에 대한 확대·강화 방침이 결정된 이후, 1956년 제3차 당대회는 민청이 각계각층의 청년들을 적극적으로 인입할 것을 강력하게 주문했다. 김일성은 대회의 연설에서 민청이 전쟁과정에서 전선과 후방에서 특출한 공훈을 세웠다고 치하하면서도, 민청중앙위원회를 비롯해 각급 민청단체들이 민청의 본질인 대중성을

46) 김성보, "1950년대 북한의 사회주의 이행논의와 귀결," 역사문제연구소 편, 『1950년대 남북한의 선택과 굴절』(서울: 역사비평사, 1998), 373쪽.

47) 김성보는 김일성 계열이 농업 협동화를 통해 생산력이 발전할 수 있으며 그 위에 기계화를 확대해 사회주의 농업구조를 확보하려는 입장이었다고 보았다. 반면, 반대파에 대하여는 기계공업이 발전된 조건하에 생산력이 발전될 수 있다고 보았고, 따라서 경제조건이 낙후한 현실에서 자본주의적 요소를 이용한 사회주의 생산력 기반조성을 모색하는 입장이었다고 보았다. 위의 글, 381쪽.

망각하고 다수의 근로청년들과 도시청년, 그리고 종교청년들을 인입하는 사업을 불충분하게 해 왔으며, 열성적인 비당원청년들을 지도기관에 참가시키는데 소극적이었다고 지적했다.[48)]

제3차 당대회 이후 발행된 『조선로동당과 민청』[49)]은 민청의 대중적 성격은 "조국통일 독립을 위한 우리 나라의 전체 애국적 민주역량을 단결시키는 로동당의 통일전선 정책에 부합되는 조선청년운동의 가장 정확한 노선"으로 규정하면서 민청을 소수의 '선발된 선봉적 청년'들만 가지고 조직한 협애한 단체로 인정하고 광범한 청년들을 인입하지 않는다면 "민청의 대중적 성격을 위반하는 오류"이며 "혁명에 해를 주게 된다."고 설명했다.[50)] 문헌은 민청이 각계각층의 청년들을 인입하기 위해 민청 단체들이 민청의 대중적 성격을 정확히 인식하고 이에 맞게 청년들의 성분, 직업, 신앙, 정당에 관계없이 민청규약에 규정된 조건에만 적합하다면 가맹시킬 것, 민청 내 청년들의 단결을 강화하기 위해 단체들은 각계각층 청년들의 생활을 잘 알고 실정에 맞게 사업을 조직할 것, 각계각층 청년들 중에서 우수한 청년들을 선거하여 구성할 것을 제기했다.[51)]

맹원의 양적 확대는 사회주의적 개조와 사상교양 강화정책과 맞물려 진행되었다. 또한 인민교육제도의 연장·확대를 통해 학생 청년들을 소년단과 민청으로 자동적으로 가입하도록 제도화하는 작업도 병

48) 김일성, "조선 로동당 제3차 대회에서 한 중앙 위원회 사업 총결 보고," 『김일성선집 4』, 552쪽.

49) 민청 중앙위원회가 운영하는 출판사인 민주청년사에서 1956년 6월 발행되었다.

50) "민청 대렬을 부단히 장성시키며 각계 각층 청년들의 단결을 강화하자," 『조선로동당과 민청』(평양: 민주청년사, 1956.6), 60~69쪽.

51) 위의 글, 60~69쪽.

행되었다.

한편 인민학교의 반을 중심으로 조직된 소년단을 통해 민청 맹원을 인입하는 정책은 학교의 역할을 강화했다. 민청은 학교 내 민청단체를 통해 교원의 업무를 지원하는 것과 학교에 취학하지 못한 소년들을 지도하는 두 가지 방식으로 진행되었다. 이러한 체제는 의무교육제의 확장을 통해 학교가 취학연령의 아동 전체를 포괄하게 되면서 학교 내 소년단과 민청단체들에 대해 학교가 주가 되고 민청은 학생들의 사상교양과 학습을 지원하는 일원적 체계로 점차 변화되었다.

제2절 사회 및 군대 민청단체에 대한 당의 지도

1. 사회 민청단체에 대한 당 지도 제도화 준비

가. 남북 민청통합 이전 당의 지도

1948년 11월 개최된 민청 제3차 대회에서 강령과 규약이 개정되고 중앙위원회에 신임 간부들이 선출되었다. 당의 정책 수행에 적합하도록 조직과 간부구성이 개편되었다. 민청 제3차 대회에서 김일성은 민청이 정권 강화와 경제건설에 적극적으로 협력하고 조직적 확대와 사상통일을 위해 노력한 점을 치하했다. 그는 향후 민청의 가장 큰 과업이 청년들에 대한 사상적 정치적 교양이라고 강조하면서 사상교양의 구체적 내용들을 조목조목 열거했다.[52] 간부 양성과 조직의 확대 강화 등 그가 제기한 구체적 과업들은 이후 민청 운영에 적극적으로 반영되었다.

---

52) 김일성, "민주청년동맹 제3차대회에서 진술한 연설(1948.11.14)," 『조국의 통일독립과 민주화를위하여 제2권』(국립인민출판사, 1949), 269~288쪽.

국가 수립 전후 시기는 정부기관과 사회단체에 대한 당의 직접적 지도가 제도적으로 확립된 상태는 아니었다. 그러나 중앙조직위원회가 강화되면서 정권기관과 사회단체들의 인사권에 대한 권한을 확보하는 등 당은 권한면에서 우위에 서게 되었다. 전쟁이 개시된 직후 '전시상황'이라는 조건은 당·정권·사회단체 간 제도적 연계의 극대화를 가져왔다. 전쟁과정에서 당의 영향력은 점차 강화되었다.

당의 정부기관 및 사회단체에 대한 우위를 확인할 수 있는 근거로서 당의 간부정책을 들 수 있다.

1949년 1월 11일 북로당 중앙본부 간부부장 진반수는 각 도당부 간부부장들에게 1월 5일 방학세의 정치공작원 추천 의뢰를 전달하면서도 내무부 정치보위부를 협조해 '해당 인원을 보장'하도록 지시했다. 진반수가 각 도당 간부부장들에게 보낸 추천 대상의 자격요건은 19~30세까지의 로동당원 및 민청원, 노동자 혹은 빈농의 출신성분을 가지며 군민청위원장 자격이 있는 자, 이남에 가족 친척관계 없으며 주위환경이 정치적으로 문제없는 자였다.[53)]

보안 분야라는 특수한 부문에 관한 것이긴 하나 우선 위의 문서는 이 시기 정부(내무성 정치보위국)와 당, 그리고 사회단체(민청, 여맹) 간의 인사교류가 진행되고 있었음을 나타낸다. 협조는 '정부 해당 국에서 당 중앙본부에 요청(간부부)을 하면, 당 중앙본부에서 도당에 협조 지시를 내리는' 순으로 진행되었음을 알 수 있다. 1월 11일 당간부부장 진반수의 문서를 보면 방학세가 애초 요청한 자격요건이 약간 변

---

53) Item #46 "인민군대 내무성 철(내무성 정치보위국 공작원 모집협조에 대하여(1949.1.11)," RG242 National Archives Collection of Foreign Records Seized Record Group War20061269, 국립중앙도서관 전자자료.

화된 것을 알 수 있는데 연령자격이 18~30세에서 '19~30세'로, 당원 자격을 요청했던 것에서 '로동당원 및 민청원'으로, 시군 민청 위원장 자격에서 '군민청위원장 자격'으로, 그리고 반동진영에 가담가능성만 없으면 국외 친지가 있어도 무방하다는 조건에서 '이남에 가족, 친척 관계 없으며 주위환경이 정치적으로 문제 없는 자'로 변경되었다. 또한 도별 요청인원수에도 변화가 있었는데 남자의 경우 애초 평남 지역으로 요청했던 5명이 12명으로 크게 늘었고, 함남은 8명에서 6명으로, 함북은 6명에서 4명으로 감소했다.[54]

또한 당원 부족 때문이기도 하겠지만 당원과 민청원이 비슷한 급의 자격으로 판단되었음을 알 수 있다. 또한 당시 민청 가입연령이 16~26세인데 반해 노동자 및 빈농민 출신의 군민청위원장 자격을 갖춘 19~30세로 명시한 것으로 보아 간부의 경우 가입연령을 초과한 경우도 존재했음을 알 수 있다.

정부기관 및 사회단체를 아우르는 당의 간부정책은 도당의 역할에서도 확인할 수 있다. 강원도당부 간부부장 주창복은 도당 단체가 간부양성 문제에서 당의 정책에 적극 협조해 왔다고 강조했다. 그는 제2차 전당대회에서 제기된 '국가기관의 간부와 인민경제, 인민교육, 기술자 준비 문제와 교육기관 및 강습소 사업 강화' 부문에 있어 인민위원회를 적극 지원하자는 결정을 실천하기 위해 '책임간부들을 재교양, 훈련해 인민정권간부진이 질적으로 강화'되고 있으며, 도 행정 간부학교 사업을 지원함으로써 인민층에서 새로운 간부들이 대량으로 양성되었다고 밝혔다.[55] 또한 '민족 간부 양성을 직접 책임지는' 교원양성

54) 위의 자료.

55) 주창복, "강원도 당 단체의 간부 양성 사업," 『근로자』, 제4호(50) (1950. 2.28), 99~103쪽.

사업을 협조, 재교육반에서 중학 교원 532명, 양성반에서 666명이 재훈련, 양성되었고[56] 경리간부 양성 사업에도 적극 협조해 소비조합간부 양성소, 재정간부 양성소 등에서 많은 간부들이 양성되어 국가기관, 경제기관의 중용간부로 등용되었다고 밝혔다.[57] 그는 여성간부 양성을 언급하면서 강원도당부가 이 사업에 큰 관심을 두고 협조한 결과 근로여성들이 당과 국가 기관에 진출하고 있다고 강조했다. 그는 생산직장을 중심으로 국가기관, 사회단체에서 일하는 노동자 성분의 여성들을 선발, 도당학교에서 172명을 양성, 도 인민위원회 간부학교에서 51명을 양성하는 등 각종 양성소에서 많은 여성간부들을 양성하고 있다고 밝혔다.[58]

한편 주창복은 근로계층에서 새로운 젊은 간부들을 선발, 등용하는 정책이 잘 시행되지 못하고 있어 일부 시군 당단체들에서 당과 정권, 사회단체들의 결원 간부들을 장기간 보충하지 못하고 있다고 결점을 지적했다.[59] 그는 당의 간부정책에 있어 강원도당의 그간 성과를 보고하면서 당창립 이후 당시까지(1950.2.28) 현직 간부들을 중심으로 3개월반 재교육 양성 인원 1,078명, 당중앙의 결정에 의해 생산직장에서 직접 선발된 6개월반 양성인원은 159명이며, 이들은 당 및 국가기관, 사회단체의 중요한 간부로 등용되었다고 강조했다. 또한 당시 양성된 간부들 중 노동자·빈농 성분은 83%를 차지한다고 밝혔다.[60]

강원도당의 사례를 볼 때, 당의 간부정책을 시행하는 측면에서 도당

56) 위의 글, 99~103쪽.
57) 위의 글, 99~103쪽.
58) 위의 글, 99~103쪽.
59) 위의 글, 99~103쪽.
60) 위의 글, 99~103쪽.

은 인재의 선발, 양성, 그리고 당 및 국가기관, 사회단체 간부의 결원 충원의 역할을 하고 있었음을 알 수 있다. 또한 교육기관과 당, 국가기관 등 기관별로 소속한 각종 간부 양성기관들이 도당의 관할하에 운영되고 있었음을 확인할 수 있다. 즉, '도당은 인재의 선발과 양성을 담당하며, 당, 국기기관 및 사회단체들의 결원 간부가 생겼을 때 당간부부에 요청하면 당간부부가 도당 간부부에 간부 추천 의뢰, 도당 간부부의 간부 추천을 받아 등용'의 방식으로 협조가 이뤄졌음을 알 수 있다.

1950년 6월 11일 내무성 제2처장이 당 중앙본부 간부부장에게 보낸 '인민군 제2정치학교 학생취천에 대하여'의 문서도 이러한 간부추천에의 기관 간 협조를 반영한다. 문서는 '민족보위성 문화훈련국이 제2정치학교 학생추천을 당 중앙본부 간부부장에게 의뢰, 당 중앙본부 간부부장이 내무성 제2처장(위대성)에게 학생 추천에 대한 협조 지시 후 내무성 2처장이 추천된 학생들의 입학 명단을 당간부부에 전달'하는 내용이었다.[61]

내무성에서 작성한 학생들의 추천인원 및 통계표는 다음과 같다. 제2정치학교 입학에 추천된 학생들은 모두 로동당원으로서, 98%가 노동자·빈농 출신이었고, 20~25세가 75%로 압도적으로 많았다.

61) Item #47 "인민군 제2정치학교 학생 추천에 대하여(1950)," RG242 National Archives Collection of Foreign Records Seized Record Group War20061269, SA2006 Series WAR20061391, 국립중앙도서관 전자자료.

【표 4-8】 인민군 제2정치학교 학생 추천인원 및 성분 통계(1950년)

	구분		인원수	%
종별 추천인원	경비국 계통		69	63%
	경비보안처 계통		24	22%
	중앙경위연대		10	9%
	교화처		7	6%
	계		110	100%
출신 및 기타 항목별	출신	로동	93	85%
		빈농	17	15%
	본인성분	로동	54	49%
		빈농	54	49%
		사무원	2	2%
	정당	로동당	110	100%
	학력	소졸	109	99%
		중학	1	1%
	연령별	20~25	82	75%
		26~30	28	25%

* 출처: Item #47 "인민군 제2정치학교 학생 추천에 대하여(1950)," RG242 National Archives Collection of Foreign Records Seized Record Group War20061269, SA2006 Series WAR20061391, 국립중앙도서관 전자자료.

한편 전쟁 개시 직후인 1950년 6월 26일 최고인민회의 상임위원회에서 정령 '군사위원회 조직에 관하여'의 결정을 채택했다. 군사위원회는 사회단체들의 사업을 전시체제로 개편했다. 최고사령관을 수위로 하는 군사위원회는 "전체 인민과 인민군대를 당과 수령의 두리에 굳게 묶어세우고, 정치, 경제, 군사를 비롯한 나라의 모든 사업을 위대한 수령님의 유일적령도밑에 통일적으로 조직지휘하며 나라의 모든 인적 및 물적 자원을 수령님께서 제시하신 전략전술적 방침 관철에로 조직

동원하는 최고전시지휘기구"로 사후 규정되었다.[62] 또한 사회단체들이 "군사위원회의 결정, 지시를 접수하면 그것을 제때에 집체적으로 토의하고 집행대책을 세우며 그 관철을 위한 투쟁을 혁명적으로" 벌이게 하며, "모든 동맹사업을 군사위원회의 결정, 지시 집행을 위한 사업과 밀접히 결합시키고 그것을 철저히 보장하는 원칙"에서 진행하도록 되었다고 설명되었다.[63]

김일성을 위원장으로 조직된 군사위원회는 박헌영(부수상 겸 외무상), 홍명희(부수상), 김책(전선사령관), 최용건(민족보위상), 박일우(내무상), 정준택(국가계획위원장)의 6인으로 구성되었다. 정령은 "일체의 주권을 군사위원회에 집중시켜 전체 인민과 주권기관, 정당, 사회단체 및 군사기관은 그 결정과 지시에 절대 복종해야 한다."고 결정했다. 군사위원회에는 공화국 내각의 각 성 및 국을 비롯, 기타 국가 중앙기관과 각 도·시의 지방군 정부가 배속되었다. 지방 군정부는 각 도 혹은 시인민위원장을 위원장으로 하여 인민군 대표 및 내무기관 대표로 구성되었다.[64]

전쟁 기간 중 당은 전시 정책, 군사위원회는 집행 및 운영으로 역할 분담을 했던 것으로 보인다. 군사위원회의 집행 및 운영은 최고인민회의 상임위원회 정령, 그리고 군사위원회 명령 등에 채택한 결정에 근

---

62) 『위대한 수령김일성동지의 불멸의 혁명업적 10: 주체형의 혁명적근로단체건설』, 226쪽.

63) 위의 책, 226쪽.

64) 『조선중앙년감 1951~1952』, 84쪽, 서동만은 인적구성에서 볼 때 군사위원회가 전시행정과 군사를 총괄하는 최고의사결정기구로 보이지만, 당은 최고의사결정기구인 정치위원회를 통해 별도로 운영되었을 것으로 보았다. 서동만, 앞의 책, 381쪽.

거하였다.[65] 정권기관과 사회단체들은 최고인민회의 상임위원회와 군사위원회가 채택한 결정들을 각자의 영역에서 시행했다. 북한의 문헌에 따르면 1914년부터 1932년 사이 출생한 전체 공민에 대해 동원령이 선포된 1950년 7월 1일 이래 한 달 반여 만인 8월 15일 84만 9천여 명의 근로자와 청년학생들이 입대했다고 한다.[66] 또한 같은 해 7월 6일 군사위원회 결정 제6호로 선포된 '전시로동에 관하여'는 사회단체인 직업동맹의 제의 형식으로 제기되어 사회단체들이 전시에 당과 군사위원회의 시책에 유기적으로 작동했음을 보여준다.[67]

한편 전쟁 후 북한은 남한의 일부 지역을 점령하고 점령지역에서의 토지개혁을 실시했다. 이를 위해 북한의 지방행정요원 중 상당수가 남한에 파견되어 인민위원회와 보안서 등 점령지역의 행정과 치안 등을 지도했다.[68] 이 시스템은 이후 '전권대표'의 이름으로 제도화되었고 전시뿐 아니라 전후 복구 및 당의 정책 실시 과정에서 중앙당의 관리들이 지방에 직접 내려가 정책 실시를 지도하는 '중앙당 집중지도'의 기원이 되었다.[69]

---

65) 전시하 최고인회의 상임위원회가 채택한 정령의 사례는 1950년 7월 1일 '조선민주주의인민공화국 전지역에 동원령을 선포함에 있어서', 1950년 7월 4일 '김일성을 인민군 최고사령관으로 결정' 등이 있으며 군사위원회 결정으로는 1950년 7월 6일 결정 제6호 '전시로동에 관하여', 7월 26일 결정 제23호 '전시의무로력동원에 관하여', 7월 30일 명령 제35호 '군인적령자에 대한 정확한 등록과 군인동원사업의 원활을 기하기 위하여' 등이 있다.

66) 『조선전사 25: 조국해방전쟁사 1』, 212쪽.

67) 조몽우, "공화국로동법의 발전," 『우리나라 법의 발전』(평양: 국립출판사, 1960), 136~137쪽; 서동만, 앞의 책, 448~449쪽.

68) 김남식, 『남로당연구』(서울: 돌베개, 1984), 448~449쪽.

69) 전임 민청위원장이며 농조활동의 오랜 경험을 가진 김욱진은 민청 제2차 대회를 전후해 활동기록이 거의 보이지 않다가 1950년 7월 31일 '해방지

나. 남북 민청 통합 이후 사회 민청단체에 대한 당의 지도

전쟁의 장기화가 예측되는 시점에서 남북 사회단체가 통합된 이후 당의 사회단체에 대한 지도는 후방 복구와 시스템의 정상화를 위한 국가적 시책의 실시과정에서 정권기관, 기업소 등 각종 기관들과 함께 제도적으로 구체화되었다.

후방 복구를 위한 정책에 주민들을 총동원하기 위해 김일성은 1951년 초부터 군중사업을 강화할 것을 강조했다. 특히 사회단체의 조직들을 복구해 그들이 당과 군중 사이를 연계하고 군중들에게 당의 정책을 선전하고 해설하고 주민들 속에서 동원을 촉구하는 역할을 부여했다.[70)]

구에서 실시되는 토지개혁의 의의'라는 제목의 글을 기고했다. 그는 "해방된 남반부와 광대한 지역에서 지금 인민을 위한 민주주의적 토지개혁 사업들이 인민들의 열성적인 참가하에 진행"되고 있다고 설명하면서 토지개혁 사업은 "남반부 해방지역에 있어서 인민들 앞에 제기되고 있는 민주 과업들 중에 가장 중요하고 중심적인 과업"이라고 강조했다.

1948년 11월 민청 제3차 대회에서 후임 현정민 위원장에게 자리를 물려주었던 김욱진은 전쟁 발발 후 남한지역에 파견되어 토지개혁 실시업무를 담당했던 것으로 보인다. 이것은 전시하 당, 인민정권, 사회단체들의 유기적 시스템의 성격으로 볼 수 있다. 김욱진 "해방 지구에서 실시되는 토지 개혁의 의의,"『근로자』, 제14호(60) (1950.7.31), 51~61쪽; 북로당 창립대회에서 당의 사회단체에 대한 지도력을 비판했던 김욱진이 위원장에서 교체된 후 배제된 것이 아니라 남한에 파견되어 토지개혁 실무를 담당했다는 것은, 당시 극심한 간부 부족 상태, 그리고 정치권력 측면에서 토착 공산주의자들이 지도그룹이 점차 배제되었지만 국가적 차원에서 필요한 경우 등용되었던 실용적인 인사 정책을 확인할 수 있다. 당시의 실용적인 인사정책은 당과 정권기관에서 한동안 배제되었던 오기섭이 1956년 제3차 당대회에서 수매양정상으로 복귀한 사례를 들 수 있다. 1954년 말~1955년 초 진행된 수매양정사업의 실패로 곤란에 처한 당은 토착 공산주의자로서 농조활동 경험이 풍부한 오기섭을 복귀시켜 수매양정사업을 맡겼던 것으로 보인다. 그만큼 1954년 말 수매양정사업의 실패는 당에게 치명적이었음을 증명한다.

70) 김일성은 1951년 1월 28일 연설에서 통일전선사업 강화를 제기하면서 가장 중요한 것은 '당이 통일전선 내에서 영도적 역할을 하는 것'이라고 규정했다. 김일성, "조선로동당의 금후사업방침에 대하여(1951.1.28),"『김

전쟁과정에서 당의 사회단체 지도가 강조되었던 사례는 1951년 1월 28일 조선인민군 연합부대 및 중국인민지원군 부대 지휘관, 정치일꾼 연석회의에서 한 김일성의 연설에서 발견된다. 김일성은 당세포 핵심을 양성해 당내정치사업과 함께 군중사업을 광범위하게 전개할 것을 제기하면서 당과 군중의 연계를 강화해 "조선로동당을 강유력한 정당으로 강화발전"시킬 것을 제기했다. 특히 "직업총동맹, 농민동맹, 여성동맹, 민주청년동맹 등을 비롯한 군중단체들을 신속히 복구정리하고 그 기능과 역할을 높이며 군중단체들에 대한 당적 영도를 강화"할 것과 "당조직들은 군중단체들을 통해 군중속에서 선전교양사업을 광범히 전개함으로서 각계각층 군중이 승리에 대한 확고한 신심과 높은 민족적 자부심, 적에 대한 불타는 증오심을 가지도록" 촉구했던 부분은 사회단체에 대한 당의 지도 강화 정책을 입증한다.[71] 김일성은 이어 "군중을 단결시킬줄 알고, 교양할 줄 알며, 동원할 줄 알며, 조직할 줄 아는" '군중단체 핵심'을 당이 더욱 많이 양성해야 한다고 강조했다.[72]

한편, 전쟁 과정에서 민청 기관지를 통해 민청에 대한 당의 직접적 지도가 공식적으로 언급되기도 했다.

『민주청년』은 민청내 중앙집권적 규율 강화를 강조하면서 민청기관들의 '일체 지도적 지시가 당의 영도하에 제시'되었다고 언급했다.[73] 전쟁 과정에서 군대 내 민청단체에 대한 당의 지도가 공식화되었던 것이, 전쟁 후반에 접어들면서 전체 민청단체로 파급된 것으로 보인다.

일성 저작집 6』, 288쪽.

71) 위의 글, 285쪽.

72) 위의 글, 285쪽.

73) "민청내 중앙집권적 규률을 일층 강화하자," 『민주청년』, 1952년 9월 18일.

1952년 9월 7일에는 평양시 민청열성자대회가 개최되어 김일성의 '현계단에 있어 지방행정기관들의 임무와 역할'의 집행정형을 중간 총화했다. 회의에서는 역시 민청 지도사업의 결점이 지적되었다. 특이한 점은 대회에 '시당 부위원장'이 참가, 시민청단체 지도간부들에게 "수령의 2월 연설을 지침으로 삼아 사업을 일상적으로 검토비판"할 것을 강조했다는 점이다. 시당위원회의 시민청위원회에 대한 직접적 지도가 드러나는 대목이다. 한편 대회에서 민청 중앙위원회 부위원장 리환기가 조직지도사업의 결점을 지적했다는 기사는, 민청 중앙위원회가 전쟁 과정에서 기능하고 있었던 것을 나타낸다.[74)]

1952년 9월 23일 『민주청년』은 민주청년동맹이 로동당에 의해 조직되었고, 당의 후비이며 방조자임을 공식화하면서, 청년들이 로동당원들로부터 조국애와 헌신성, 혁명성을 배우며, 청년들은 로동당원이 되는 것을 최대의 희망이자 영광으로 생각한다고 강조했다.[75)] 당규약을 통해서는 1961년에, 민청 규약을 통해서는 1964년에 당과 민청의 관계가 공식화되기 이전에, 사실상 민청 내부에서는 전쟁 과정에서 이미 당의 지도가 공식화되었음을 추측할 수 있다. 이것 역시 당의 군대 내 문화단체에 대한 지도가 공식화되었던 영향인 것으로 판단된다.

한편 김일성의 2월 연설 이후 전당적으로 진행된 '반탐오 반랑비운동'은 각 지역의 민청단체에서도 적극적으로 진행되었다. 당의 정책이 정권기관과, 각 사회단체들에서 조직적으로 시행되었던 것을 알 수 있다. 특히 '반탐오 반랑비운동'의 이름으로 전개된 이 운동은 갑산파 계열이며 김일성의 휘하 세력인 박금철 등이 주도했던 것으로 알려졌다.

74) "청년들의 창발적 제기를 제때에 해결하여 주는 것은 민청간부들의 일상적인 임무! 평양시민청열상자회의에서," 『민주청년』, 1952년 9월 18일.

75) "조선인민의 지도적 향도적 력량," 『민주청년』, 1952년 9월 23일.

이 운동이 전개되는 과정에서 1952년 2월 27일 당중앙위원회 제17차 회의는 '김일성동지 탄생 40주년에 제하여'를 채택하고 김일성에 대해 "영광스러운 지도자이며 수령이며, 조선로동당과 조선민주주의인민공화국의 창건자이며 조직자이며…조국해방전쟁에서 승리의 조직자이며 고무자"의 수식어를 붙였다. 또한 김일성의 활동을 담는 보고, 강연, 해설을 조직하고 출판물에는 김일성의 약사, 논문을 발표하고 특집호를 꾸미도록 했다. 최고인민회의 상임위원회 정령으로 고향 및 활동지역에 기념 유물도 설치되었다.[76)]

1953년 9월 26일 민청 중앙위원회 제3차 전원회의는 '전후 인민경제복구 발전을 위한 투쟁에서의 민청단체들의 역할에 대하여'를 토의하고, 정전과 관련한 김일성의 연설과 조선로동당 중앙위원회 제6차 전원회의의 문헌에 입각해 전체 맹원들이 '복구건설사업에 궐기할 것',

---

76) "김일성동지 탄생 40주년에 제하여-당중앙정치위원회 제1117차 회의 결정서(1952.3.27)," 『결정집 1947.8~53.7 당중앙정치위원회』, 54~55쪽; 서동만, 앞의 책, 434쪽에서 재인용; 1953년 7월 28일 정전과 동시에 김일성에게 공화국 영웅 칭호와 국기훈장 제1급이 수여되었고 김일성의 이름 앞에는 '조선인민의 영광스러운 수령이며 항일 빨치산 투쟁의 전설적 영웅이며 우리 인민군의 강철의 영장인 김일성 원수'라는 수식어가 등장했다. 서동만, 위의 책, 435쪽; 1952년 평양 모란봉 지하극장에서 개최된 5.1절 기념보고대회에 참석자 중 김일성이 무대 한켠에 타나나자 만세소리가 터져나왔고, 그 뒤를 이어 소련대사, 김두봉, 허가이, 리승엽, 박정애, 최용건, 박일우, 등화 부사령관 등이 차례로 들어와 주석단에 섰고, 김일성이 자리에 앉은 후에야 따라 앉았다고 한다. 만세소리는 김일성이 세번 손짓을 해서야 끝났고, 사회자가 개회를 선포하려 할 때 김일성 호창이 터졌다고 한다. "오래도록 흠모하던 분을 뵙고 너무도 감격이" 크고 격동되어 "만세도 김일성 호창도 부르지 못할" 정도였다고 한다. 리승엽이 기념보고를 진술하는 동안 "온 정신은 수령에게 집중됐다. 김일성의 옆에 앉은 뿌자노프가 예사롭게 김일성과 이야기하는 것이 불경스러운 행실로 보여 괘씸한 생각이 들기까지" 했을 정도로 당시 김일성에 대한 대중, 특히 군에서의 지지는 컸던 것으로 보인다. 여정, 『붉게 물든 대동강: 前인민군 사단정치위원의 수기』(서울: 동아일보사, 1991), 19~20쪽.

학교 내 민청단체는 학교사업을 정상적인 상태로 복귀시키며, 민족간부, 기술인재 양성하는 학교사업에 협조할 것을 결정했다. 또한 학교 내 민청의 '정치적 조직사업'을 강화하고 각종 형태의 사상교양과 문화사업을 조직하고, 학교사업을 인민경제 복구건설과 결부시키고, 특히 기술교육 개선 강화를 강조했다.[77]

1954년 5월 공식적인 통일전선기구인 조국통일민주주의전선의 조직개편이 이루어졌다. 종래 5명이던 의장단은 10명으로 증가했으며 민청 위원장은 포함되지 않았다.[78]

2. 군대 민청단체에 대한 당 지도의 제도화

1948년 11월 제3차 민청대회에서 발표된 강령 제9조와 규약 제28조는 맹원들의 인민군 복무 임무와 지도체계를 명문화했다. 강령은 동맹이 "인민군대의 복무를 고상한 영예와 명예의 임무로 인정"하고 "청년들에게 군사지식과 군사기술을 소유하도록 방조"할 것을 규정했다.[79] 규약 제28조는 "인민군대, 보안대 및 경비대 등에 조직되어 있는 단체

77) 『해방후 10년간의 공화국 인민 교육의 발전』(평양: 교육도서출판사, 1955), 226쪽.

78) 1951년 1월 통합된 민청의 조직 구성 이후 김욱진 위원장이 어느 시기까지 활동했는지 명확하지 않다. 초대 위원장으로 선출된 이후에 민청중앙위원회 내무 문헌에 김욱진의 승인문서가 거의 발견되지 않을 정도로 활동기록을 찾기 어려웠는데 1951년 통합 이후에도 그가 위원장으로 선출되었다는 발표 이외에 구체적인 활동기록 문헌을 찾아보기 어렵다. 따라서 민청 제4차 대회가 개최되었던 1956년 이전 민청의 조직이 당시 정치적 상황에 적응해 당의 지도 하에 개편되었을 것으로 추측된다. 서동만, 앞의 책, 503쪽.

79) Item#129 "북조선 민주청년동맹 강령, 규약," RG242 National Archives Collection of Foreign Records Seized Record Group WAR200601269, Captured Korean Documents, Doc.No.SA2010 I, 국립중앙도서관 전자자료.

는 중앙위원회에 직속"하도록 규정,[80] 인민군 및 내무성 산하 보안조직의 민청단체들이 민청 중앙위원회의 지도하에 있음을 명시했다.

가. 문화부의 군대 민청단체 지도

(1) 군대 민청단체에 대한 문화부 지도

1949년 5월경 문화부가 대대까지 설치되었고 같은 해 5월 27일 내각 결정 제60호를 통해 군의 중대에까지 문화부가 설치되는 '문화부중대장제'가 실시되었다. 이 결정에서 문화부 중대장은 '중대장은 중대의 총지휘자이고, 문화부중대장은 그 정신적인 지도자'로 규정되었다.[81] 문화부 중대장의 임무는 중대원에 대한 정치선동 사업과 선전문화 교양사업을 통한 군사규율 질서 책임, 그리고 군대 내 조직되어 있는 민청단체를 지도하는 것이었다.[82]

군과 보안기관의 민청단체를 관할하는 부서는 인민위원회 직속의 민족보위성 문화훈련국 민청사업부[83]와 내무국 경비처 문화부 청년사업과 그리고 인민군 총사령부 문화부 민청지도원[84]으로 분산되어 있

80) 위의 자료.

81) 서동만, 앞의 책, 403쪽.

82) 내각결정 제60호 "조선인민군 내에 중대 문화부중대장제의 설치에 관한 결정서(1949.5.27)," SA2012, BOX5; 서동만, 앞의 책, 403쪽에서 재인용.

83) 민족보위성은 1948년 2월 민족보위국이 설치된 이후 1949년 9월 '성'으로 승격되었다. 인민군은 민족보위국 설치결정이 채택된 직후인 1948년 2월 8일 창건되었다.

84) "제3차 중앙대회 기념 표창사업에 관하여(인민군대 총사령부 문화부 민청지도원, 내무국 경비처 문화부 청년사업과장 앞, 1948.9.11 민청중앙위원회 부위원장 리영섬)," 통일부 북한자료센터 MF267; Item #6-19 "조선인민군대 내 민청사업 지도 세측," RG242 National Archives Collection of Foreign Records Seized Record Group War20061269,

었다. 군대와 관련된 기관인 민족보위성 문화훈련국 민청사업부와 인민군 총사령부 문화부 민청지도원이 어떤 시스템으로 구분해 민청 단체를 관할했는지, 혹은 지도체계에서 문화훈련국과 총사령부 문화부 중 어느 기관이 우위에 있는지가 드러난 문헌은 찾기 어렵다.

다만 "인민군대 내 민청의 지도기관은 북조선민주청년동맹중앙위원회"이고, "인민군대 내 전반적 민청사업은 문화훈련국 민청사업부를 통하여 지도"되며 "군대 내 민청사업의 원칙적 문제에 대해서는 문화훈련국과 민청중앙위원회 협의한다."는 내용이 '조선인민군대 내 민청사업 지도 세측'에 명시되어 있는 것으로 보아 민족보위성의 문화훈련국이 인민군대 전반적 민청 단체 사업을 총괄했음을 추측할 수 있다.[85)]

'조선인민군대 내 민청사업 지도 세측'이 규정한 민족보위성 민청사업부의 임무는 첫째, 연합부대와 민청조직성원의 장성 및 변동상태를 연구 및 지도, 둘째, 연합부대 문화부와 연대위원회, 대대급위원회의 동맹 내부 조직사업과 민청맹원들에 대한 교양 및 지도사업을 실질적으로 협조 및 지도 검열, 셋째, 민청사업의 우수한 사업 경험 연구총화 및 보급, 넷째, 민청 지도간부들을 양성 및 선출·지원·훈련하고 민청맹원 통계와 이에 대한 연합부대 문화부와 연대 및 대대급 위원회들의 사업 지도검열, 민족보위상 문화훈련부상의 승인하에 보위성에서 정기적인 대표자 회의 소집, 다섯째, 청년문제에 대한 서적의 공급상

SA2011 Series WAR200800924, 국립중앙도서관 전자자료.

85) '조선인민군대 내 민청사업 지도세측'은 미군 노획문서에 포함되어 있는 자료이다. 1950년 10월 21일 당 총정치국 설치가 발표되었으므로 '문화부'가 언급된 이 문서는 그 이전에 작성된 것으로 추정된다. Item #6-19 "조선인민군대 내 민청사업 지도 세측," 국립중앙도서관 전자자료.

태와 각종 통계상식의 보장상태를 감사 및 해결이다.[86)]

그러나 1950년 5월 22일 '1950년도 하기 전투정치훈련 계단에서 전투정치훈련을 보장하기 위한 정치문화교양사업에 대하여'에 민족보위상이 1949~1950년도 동기 훈련 기간 중 "많은 부대의 문화부가 '로동당원과 민청단체'에 대한 지도사업을 불충분히 하여, 그들의 전위적 역할이 충분히 이루어지지 않았다."고 지적한 내용이 포함된 것으로 보아 인민군대 문화부의 지도사업이 원활하게 진행되지는 않은 것으로 보인다.[87)]

실제로 전쟁 발발 후 군대의 당조직 역할이 강조되기 시작해 1950년 7월 16일 인민후방부 문화국장 서휘에 의해 '부대 내에서 로동당원의 역할을 높이기 위한 당적 사업의 강화에 대하여'가 발표되어 "부대 내에서 당사업은 해당 부대의 문화책임자가 책임을 지고 각 연대의 문화지도원 즉 조직지도원은 주로 당사업을 담당할 것" 등이 규정되었다.[88)]

또한 같은 해 7월 민청 중앙위원회는 조선인민군대 내 민청단체 조직문제 취급규정을 전시환경에 맞게 개편했다. 즉, 조선인민군 전선부대와 해군함대들의 민청지도기관 선거규정을 폐지하고, 연대 및 대대

---

86) 위의 자료.

87) "1950년도 하기 전투정치훈련 계단에서 전투정치훈련을 보장하기 위한 정치문화 교양사업에 대하여," SA2012, BOX5; 서동만, 앞의 책, 405쪽에서 재인용.

88) 서동만은 이 지령이 비록 후방부대를 대상으로 한 것이지만, '이미 당단체가 조직되어 있는 부대에서도 이 지령에 맞춰 당사업을 진행하도록 규정되어 전 군에 걸쳐, 문화부사업=당사업이 되도록 당이 전면에 나서는 형태'가 되었다고 보았다. 한편 서동만은 이 시점에는 아직 '당원협의회의'라는 느슨한 당원조직 단계였기 때문에, 일사불란한 명령계통을 수립하기 위해 당위원회와 당세포에 기초를 둔 당통제조직을 만들 수는 없었다고 강조했다. 서동만, 위의 책, 408쪽.

민청위원회 위원과 위원장은 문화부사단장(문화부여단장)이 임명하도록 개정되었다. 이와 함께, 군인들을 민청에 가맹시킬 때 초급단체위원회의 심의를 받은 후 총회를 통과하지 않고 대대민청위원회가 가맹 여부를 결정하도록 되었으며, 문화부대장과 연대민청지도원이 신입맹원에게 맹원증을 수여하도록 하였다. 이것은 전시에 군대 내 기층단위인 중대를 중심으로 조직된 초급단체를 강화하는 것을 목적으로 했다.[89)]

이후 군대 내 민청 초급단체위원회를 조직하고 모범 전투원을 위원장으로 선출, 위원회의 '집체적 협의'를 강화하고 중대의 전투업무에 민청원이 앞장서 수행할 것이 제기되었다.[90)]

중대를 중심으로 한 군대 내 민청초급단체의 강화시책이 전개되는 가운데 1950년 10월 21일 당중앙위원회에 의해 '조선인민군 내 정치부제의 실시와 로동당 단체의 조직에 관한 결정'이 채택되어 인민군대 내 당단체를 조직할 것이 결정되었다. 이 결정에 따라 민족보위성 문화훈련국은 총정치국으로, 군단에서 대대까지 각급 부대의 문화부는 정치부로 개편되고, 군단부터 중대까지 각급 부대에는 정치부(副)대장 직제가 마련되었다.[91)]

(2) 인민군 창건자로서 김일성과 만주 빨치산 그룹의 정당화

1950년 1월, 인민군 창건 2주년 기념일을 한달여 앞두고 『근로자』에 민청 중앙위원장 현정민과 참모총장 강건의 인민군에 대한 기고가 게

89) 『위대한 수령김일성동지의 불멸의 혁명업적 10』, 228쪽.
90) 위의 책, 228쪽.
91) 서동만, 앞의 책, 416~417쪽.

재되었다.[92] 군대 내 유일한 단체인 민청의 대표로서 현정민과 참모총장으로서 강건은 인민군 창건의 정당성을 피력했다.

두 사람의 기고에서 나타나는 특징은 첫째, 그동안 민청이 공식적으로 드러내지 않았던 공산주의적 지향을 군대를 통해 공식적으로 표방하고 소련에 대한 존경을 표현했으며,[93] 둘째, 인민군의 창건자로서 김일성을 명시화했고,[94] 셋째, 항일혁명투쟁을 강조하면서 인민군의 전통을 김일성과 빨치산들의 항일투쟁으로 정당화했으며,[95] 넷째, 애국심·집단주의 등 도덕적 교양[96]을 강조했다는 점이다.

이들은 인민군을 "김일성 장군 항일 인민 유격대의 고귀한 혁명전통을 토대"로 "김일성장군의 직접 지도 밑에 창건"되었으며 "김일성 장군 항일 유격대에서 그와 함께 일생을 혁명적 유격 투쟁에 바쳐 온 진정한 조선의 애국자 혁명가들을 골간으로 하여" 창건되었으므로 "조선 인민군은 명실공히 김일성 장군 항일인민유격대의 혁명 전통을 계승"[97] 했다는 표현으로 정당화 했다.

---

92) 현정민, "인민 군대는 근로 청년들의 정치-기술 및 전투적 학교이다," 『근로자』, 제2호(48) (1950.1.31), 51~65쪽.

93) 위의 글, 51~65쪽; 우리 인민군대는 우리를 해방시켜 준 은인인 위대한 쏘베트군대와 그의 지도자쓰딸린 대원수에 대하여 항상 극진한 감사의 뜻을 지니고 있으며, 우리의 나아갈 길을 갖아 정확하게 가르쳐주며 우리로 하여금 승리를 가져오게하는 맑쓰-레닌주의 학설을 우리는 자유로이 연구하며, 지금 우리 군무자를 국제주의 사상으로 튼튼히 무장한 것이다. 강건 "김일성 장군 항일유격부대는 조선 인민군의 전투적 골간이다," 『근로자』, 제2호(48) (1950.1.31), 10~26쪽.

94) 위의 글, 10~26쪽.

95) 현정민, 앞의 글, 51~65쪽.

96) 위의 글, 51~65쪽.

97) 강건, 앞의 글, 10~26쪽.

(3) 군대 민청 단체 운영 상황

전쟁 발발 전후 인민군대 내 민청 단체의 운영 상황은 미군 노획문서에 포함된 '조선인민군대 내 민청사업지도세측',[98] '조선인민군대 내 민청동맹단체의 맹원등록과 맹증 및 휘장수여와 보관질서에 관한 요강 실행에 대하여(평양에서)',[99] '인민군 내 민청단체 위원장의 수기 노트'[100] 그리고 당시 인민군청년들의 전입전출증명서 등에서 확인할 수 있다.

'조선인민군대 내 민청사업지도세측'은 (1) 조선인민군대 내의 민청 조직 지도체계와 그의 임무, (2) 연대민청단체와 그의 사업, (3) 대대급민청과 초급단체 사업, (4) 민청단체의 회의, (5) 민청조직의 선거 결산보고, 맹원들의 권리와 동맹 규율에 대하여, (6) 가맹과 출맹으로 구성되어 있다.[101]

전쟁 직전 조선인민군대 내 민청의 지도기관은 북조선민주청년동맹 중앙위원회이며, 인민군대의 민청사업은 '문화교양사업'의 중요한 부분으로서 문화부 책임자의 직접 지도하에 북조선민주청년동맹 강령규약에 의해 진행되었다. 인민군대 내 민청조직은 부대의 전투력 강화 측면에서 '진정한 지휘관의 협조자'로 규정되었고, 민청원들의 정치사

98) Item #6-19 "조선인민군대 내 민청사업 지도 세측," 국립중앙도서관 전자자료.

99) 지령과 요강은 4부 작성되어 초본, 기타는 기밀실 발송부대로 보내졌고 당시 집행자는 엄광열, 등사자는 전정칠, 작성은 1950년 5월로 되어 있다. Item #44 "조선인민군대대 민청공작 규정(조선인민군 877군부대, 1950)," RG242 National Archives Collection of Foreign Records Seized Record Group War20061269, SA2011 Series WAR2008 00924, 국립중앙도서관 전자자료.

100) Item #111 "945부대 제2대대 제2중(수기학습장)," RG242 Captured Korean Documents, Doc. No.SA2009 I , 국립중앙도서관 전자자료.

101) Item #6-19 "조선인민군대 내 민청사업 지도 세측," 국립중앙도서관 전자자료.

상 및 군사적 이론수준 제고와 군사기술 습득, 군사정치훈련에서 선봉적 역할이 부과되었다.[102] 또한 인민군대 내 민청조직은 "군대 내의 광범하고 선진적인 근로청년들을 포괄하는 군중적 단체"로 규정했다.[103]

초기 군대 내 전반적인 민청사업은 문화훈련국 민청사업부를 통해 지도되었고 군대 내 민청사업의 원칙적 문제에 대해서는 문화훈련국과 민청중앙위원회가 협의하는 형식으로 진행되었다. 연합부대 내 민청사업은 문화부대장이 지도하고, 부대는 문화부대장이, 구분대는 문화구분대장이 지도하도록 규정되었다.[104]

대대급 초급단체를 조직하고 지도하기 위해 연대민청총회 혹은 대표자회의(문화부연대장의 승인하에서 특수한 경우에만 대표자회의)에서 1년 임기의 7~9명의 위원을 선거해 연대위원회를 구성하도록 규정되었다. 위원회는 위원장과 2명의 부위원장으로 구성되며 위원장은 민족보위성 문화훈련국에서 비준하도록 했다. 연대민청위원회의 사업은 민청중앙의 결정과 문화훈련국 및 연합부대 문화부의 지령, 지시와 문화부대장들의 지시 집행, 대대급 및 중대민청단체들의 청년들을 정치적으로 교양, 학습과 규율에서 모범이 되도록 보장, 민청원들의 군사지식과 군사기술 습득상태 확인, 군사 정치수준 제고를 위한 협조, '정상적으로 선진적인 전사, 학생 및 지휘관들을 민청대열에 흡수'하는

102) 위의 자료.

103) 1950년 1월 민청 현정민 위원장과 강건 참모총장은 맑스-레닌주의와의 관련성, 창건자로서 김일성, 항일혁명투쟁의 전통에서 인민군 창건의 정당성을 찾았다. 그러나 세측에서는 그러한 군의 정당화 내용은 드러나 있지 않고 '선진적민주운동의 전투적 전통을 계승'한다는 다소 모호한 표현을 사용했다.

104) Item #6-19 "조선인민군대 내 민청사업 지도 세측", 국립중앙도서관 전자자료. 민족보위성 문화훈련국 민청사업부의 임무는 앞에서 다뤘으므로 생략한다.

사업 진행, 정치교양사업 진행 및 '문맹퇴치조'를 조직해 사업 지도 검열, 군중예술 및 체육사업 등 조직, 연대민청열성자들을 대상으로 한 정치교양사업 및 동맹사업 지도방법 교육, 연대 내 맹원등록사업 실시, 맹원 통계, 대대급 및 초급단체들의 맹원등록상태 검열, 정기적 사업총화 보고를 연합부대에 제출 등으로 규정되었다.[105)]

군대 내 민청의 기본조직은 대대급 민청이며, 대대급 민청은 5명 이상의 맹원을 기본조건으로 규정했다. 대대급 민청은 '분조'를 전체 소대에 조직하며 분조장은 선거하지 않고 대대급 민청에서 임명하도록 했다. 대대급위원회와 초급단체는 분조장들에 대한 정치교양과 임무교양을 조직하며, 민청분조는 '분조협의회의'에서 동맹의 문제들을 토의해 해결하도록 규정했다.[106)]

1950년 4월 16일 작성된 조선인민군 제528부대 부대장 김일 명의의 지령은 같은 해 6월 1일부터 인민군대 내 민청단체의 맹원등록과 맹증 및 휘장 수여, 보관 질서를 지령에 지시된 요강과 같이 실시할 것을 명령했다.[107)] 요강은 '각급 문화책임자들과 민청지도원 및 당 통계지도원 초급단체 위원장들'을 대상으로 했으며, 7월 1일까지 전체 맹원들에 대한 맹원 카드와 맹원등록부 작성을 완료, 7월 20일까지 문화훈련국에 반드시 보고할 것을 지시했다. 지령은 맹원카드제도 실시

---

105) 위의 자료.

106) 세측은 분조의 임무를 '부대의 과업을 완수하며 군사정치 훈련에서 매개 민청원들이 모범적 역할을 놀도록 실지 사업 실천을 통해 교양을 주는 것'으로 규정했다.

107) 이 지령의 제목은 '조선인민군대 내 민청동맹단체의 맹원등록과 맹증 및 휘장수여와 보관질서에 관한 요강 실행에 대하여(평양에서)'로 되어 있다. 지령의 제목과 노획문서의 제목이 일치하지 않는다. Item #44 "조선인민군대대 민청공작 규정(조선인민군 877군부대, 1950)," 국립중앙도서관 전자자료.

가 민청 맹원 등록정리에서 가장 중요한 정치적 시책이라고 강조했다.[108)]

【그림 4-1】 군대 민청단체 신분변동 맹원 정보(1950년)

대대위원회위원장이 기입하고
1년에 2회 1월 1일과 7월 1일에
련대민청위원회에서 제출

민청대대위원회명칭

신분변동 맹원정보

년 월 일

당적직무, 군인등급칭호, 지식정도에 있어서
변동이 생긴 맹원

%	성명	당적	직무	군인등급 칭호	지식정도	표창
						※ 표창은 국가표창에 한함.

민청대대위원회 위원장

비고. 변경의 생긴란만* 기입하고 기타란은 쓰지 않는다. 민청맹원등록카드에 기입.

19 년 월 일

련대민청위원장

*출처: Item #44 "조선인민군대대 민청공작 규정(조선인민군 877군부대, 1950)," RG242 National Archives Collection of Foreign Records Seized Record Group War20061269, SA2011 Series WAR200800924, 국립중앙도서관 전자자료.

* 변경이 생긴 경우에만 기입하라는 의미로 이해된다.

---

108) 지령과 요강은 4부 작성되어 초본, 기타는 기밀실 발송부대로 보내졌고 당시 집행자는 엄광열, 등사자는 전정칠, 작성은 1950년 5월로 되어 있다. 조선인민군대 내 민청동맹단체의 맹원 등록과 맹증 및 휘장 수여와 보관질서에 대한 세측, (2) 련대 민청위에서 민청맹원등록, (3) 대대급위원회에서의 민청맹원등록, (4) 련합부대 문화부에서의 맹적정리, (5) 동맹원 카드와 동맹원증의 보관 등록 및 교부질서, (6) 민주청년동맹휘장의 교부와 휴대 및 등록보관질서에 대하여, (7) 민청양식에 대한 공급질서의 총 7개 항목으로 정리되어 있고, 첨부된 맹원 양식은 동맹원증 휘장등록 및 교부대장, 동맹원증교부에 관한 통계, 민청휘장 교부에 관한 통계, 월분 맹비 징수부, 제 월분 맹비납부 결산보고, 맹원등록부, 전출증명서, 전입증명서 등이다. 위의 자료.

연대 및 대대 초급단체에서의 맹원등록 양식은 민족보위성 문화훈련국에서 제정하며 연대 민청위원회 위원장 및 독립대대 민청위원회 위원장은 맹적처리에 대하여 책임지도록 되었다. 각 당단체 혹은 다른 부대에서 이동한 맹원들은 15일 이내로 연대위원회와 초급단체에까지 등록할 의무가 있고, 맹원카드 보관은 연대 민청위원장이 책임지며 카드는 비밀문건으로 철판을 대인 상자에 보관하도록 명시되었다.[109)]

다른 부대로 이동하거나 제대시 민청맹원등록부에서 제명되는데, 그 순서는 "연대민청위원장이 맹원카드에 전출 혹은 제대시일을 기입 후 서명, 맹원카드를 봉투에 봉해 본인에게 전달(민청위원회 위원장은 맹원카드에 기입된 모든 기록의 사실 여부를 확인), 이동하는 자는 카드를 받은 사실을 맹원등록부에 서명, 이동자는 도착한 장소의 연대 민청위원회 위원장에게 맹원카드를 제출, 제대하는 경우 면·시·군 위원회에 제출"하는 순서로 규정되었다. 이동하는 맹원은 밀봉된 맹원카드를 열어 볼 수 없도록 규정되었다. 임시로 민청단체를 떠나는 경우 맹원등록부에서 제명되지 않는 대신, 현재 민청원으로 등록되어 있다는 '림시전적증명서'를 교부하도록 규정했다. 민청맹원은 '맹원등록부에서 해소함이 없이' 단체의 탈퇴가 금지되었다.[110)]

맹원의 전입 절차는 "연대민청위원회 위원장에게 맹원카드 제출, 연대위원회 위원장은 맹증 검열 후 맹증과 맹원카드 번호 확인, 맹원등록부에 기입한 후 전입맹원에게 전입증 발급, 맹원카드에 접수일자를 기록하고 연대위원회 위원장 서명, 전입맹원은 전입증을 대대위원회에 제출, 등록 후 초급단체에 등록"하는 순서로 규정되었다. 맹원카드

109) 위의 자료.

110) Item #44 "조선인민군대대 민청공작 규정," 국립중앙도서관 전자자료.

없이 도착한 맹원은 등록이 금지되었다. 한 연대에서 대대 혹은 초급 단체가 집단적으로 다른 연대로 이동하는 경우 이동하는 단체 위원장에게 이동하는 맹원카드를 전부 주되, 맹원성명과 맹증 번호를 기입한 명단을 2부 작성, 1부는 맹원카드를 접수한 연대 위원장이 서명 후 반환하도록 했다.[111)]

대대급 민청위원회의 경우 연대 민청위원회와 유사한 절차로 진행되는데, 단체에서 제명되는 조건은 다른 단체로 전출한 자, 출맹, 사망, 제대 및 로동당 입당자[112)](당단체가 있는 곳에 제한하되 민청지도기관에 선거되지 않은 경우) 등으로 규정했다.[113)]

한편 민청카드와 맹증은 비밀문서로 취급되어 통계실에 보관하도록 규정되었다. 조선인민군대 내 모든 연합부대 해군기지 해군사령부 직속 문화부 문화참모부, 문화훈련국 청년사업부의 각 문화책임자에게 맹증에 서명하고 교부할 권리가 부여되었다. 맹증과 휘장을 받을 때 맹원은 교부대장에 서명 후 '휘장대금' 4원을 납부토록 규정했으며 연합부대 문화부는 맹의, 맹증대, 가맹금과 같은 방법으로 재정기관을 통해 문화훈련국에 송급하도록 규정했다.[114)]

나. 총정치국을 통한 당의 군대 민청단체 지도

(1) 군대 내 당단체 설치

전쟁 이전 군대 내의 유일한 단체는 민청이었다. 군대 및 내무성 소

111) 위의 자료.

112) 지도기관에 선거되지 않은 민청 맹원이 로동당 입당 시 제명되는 규정은 1964년 제5차 대회에서 명시되었다.

113) Item #44 "조선인민군대대 민청공작 규정," 국립중앙도서관 전자자료.

114) 위의 자료.

속 경비대, 보안대의 민청 단체는 각각 민족보위성 문화훈련국, 내무성 경비처 문화부, 그리고 인민군 총사령관 문화부의 지도를 받았다. 6·25전쟁 발발 이후 우세에 있던 인민군은 1950년 10월 2일 유엔군의 38도선 이북으로 진격을 정점으로 괴멸상태에 빠졌다. 10월 21일 당중앙위원회 정치위원회는 '조선인민군 내 정치부제의 실시와 로동당 단체의 조직에 관한 결정'을 채택했다. 김일성은 "인민군대 내에 당단체가 없었기 때문에 부대의 전투력이 강화되지 않았으며, 전쟁행정에서, 특히 후퇴과정에서의 실책을 통해 군대 내에 당단체를 설치하는 것이 필요함을 인정"했다고 밝혔다.[115)]

이 결정에 따라 총정치국이 신설되었고, 군단에서 대대까지의 각급 부대 문화부는 정치부로 개편, 군단부터 중대까지 각급 부대에는 정치부(副)대장 직제가 마련되었다. 중대에는 당세포, 대대에는 대대당위원회, 연대에는 연대당위원회가 만들어지고, 해당 정치부가 당단체를 지도하게 되었다.[116)]

(2) 총정치국을 통한 당의 군대 민청단체 지도

부대 내 당단체가 설치된 후에 당이 민청단체를 지도했으며, 신설된 '세포위원장' 체제하에서 민청단체가 관리되었고, 맹원 및 당원확대가 전개되었다. 미군 노획문서에 포함되어 있는 '민청세포위원장 사업노트'에는 1951년의 민청단체의 활동이 기록되어 있다.

---

115) 김일성, "인민군대내에 조선로동당 단체를 조직할데 대하여(1950.10.21)"『김일성 저작집 6』, 145~146쪽.

116) "조선인민군내 당단체사업 규정: 1950년 11월 29일 로동당중앙위원회 비준," 북한연구소 편, 『북한군사론』(서울: 북한연구소, 1978), 527~531쪽에서 재인용.

노트의 기록에 따르면, 조직사업에서는 분조장을[117] 선출하고, 대상자의 70%를 목표로 '동맹장성사업 정상화'(맹원확장 사업으로 추측)를 수행하고, 10일 이내로 임시맹증 교부사업을 진행하도록 계획되었다. 민청의 교양사업은, 신입맹원은 1주 1회, 가맹 대상자는 수시로, 대대의 열성맹원은 3~4시간으로 구분되어 진행되었으며, 간부의 지도사업은 위원장에 대해 월 2회 실무강습이 조직되었다.[118]

위원장은 동맹사업노트를 기록할 의무가 있었던 것으로 보이는데 맹원의 통계와 명단의 내용으로서 "맹원등록명부, 위원명단, 맹원분포도, 열성맹원명단, 가맹대상자 명단, 맹증오손 분실자 명단, 규률 위반자 명단, 사망 부상당한 명단, 공훈 세운 맹원명단, 가맹한 맹원 명단"을 기록하도록 구체적으로 규정되었다. 한편 민청의 가맹대상 조건은 동맹의 강령규약을 승인하며 동맹의 결정지시를 승인하며 동맹조직의 일정한 조직 내에서 실행할 것, 부대실행에서 열성적이며 영웅적이어야 할 것, 2명의 보증인을 세울 것이 규정되었다. 남한의 민애청 출신일 경우 가맹할 수 있도록 규정되었다.[119]

1951년 시기의 민청 운영의 원칙은 1950년도의 '인민군 부대내 민청세측'에서 단순화한 것으로, 전쟁상황이라는 조건이 작용했기 때문으로 보인다. 특히 '남조선 민애청' 출신도 가맹할 수 있다는 조건은 이 기록이 1951년 1월 남북 민청의 통합 이후 작성된 것임을 입증한다.

한편 "229호 명령'을 가지고 각 대대에 호소문을 제출할 것'이라는

117) 분조장제는 기존의 중대단위의 민청단체 제도이다.

118) Item #8-17 "민청 세포위원장 사업 노트(1951)," RG242 National Archives Collection of Foreign Records Seized Record Group War20061269, SA2011 Series WAR200800924, 국립중앙도서관 전자자료.

119) 위의 자료.

제목하에 제1차 2월 15일, 제2차 16일~3월 5일, '채점방법'으로 '당원을 많이낸 데 5', '○○규율을 위반하지 않은 초급단체 5', '동맹규률 및 결정을 잘 아는 초급단체 5', '무기보관이 우수한 자 5', '군정학습에 우수한 자'의 내용이 기록되어 있는데, '229호 명령'이란 아마도 '표창'에 관련된 것으로 채점의 기준이 되는 항목과 점수를 기록한 것으로 보인다. 이 '채점'은 1차, 2차로 나누어 각각 1951년 2월 15일까지, 1951년 3월 5일까지로 진행되었음을 추측할 수 있다. 주목할 점은 채점의 기준으로 '당원을 많이 낸' 곳이 들어 있는 것이다. 이것은 당시 민청(세포)위원장이 맹원 확장뿐 아니라 당원 확장의 임무를 부여 받았던 것을 입증한다. 또한 '동맹회의 집행정형통계표'의 제목하에 부대별 초급단체총회, 대대위원회, 열성맹원회의 등 회의의 횟수, 참가인원, 토론자수 등을 넣은 표를 작성하는 등 민청단체의 활동원칙이 매우 구체적으로 규정되었던 것으로 보인다.[120)]

【그림 4-2】 군대 내 '동맹회의 집행정형 통계표'(1951년)

구분	초급단체총회	대대위원회	열성맹원회의	비고
군부대별	– 진행회수 – 여정창가인원수 – 참가인원수 – 토론자수	– 진행회수 – 영정		

* 출처: Item #8-17 "민청 세포위원장 사업 노트," 1951, RG242 National Archives Collection of Foreign Records Seized Record Group War20061269, SA2011 Series WAR200800924, 국립중앙도서관 전자자료.

또한 이후의 과업으로서 군사규율을 강화하기 위한 '맹세운동' 강화, 학습경쟁을 조직하며, '당과 민청사업을 장성강화'하되, 정치사업

120) 위의 자료.

을 중단하지 말 것이 강조되었다. 세포위원장을 하사관 회의에 참가시키고 표창사업을 강화할 것 등도 기록되었다.[121]

1951년 1~2월경 기록된 것으로 보이는 이 노트는 첫째, 1950년 10월 21일 부대 내 당단체 설치가 결정된 이후 민청단체가 존재했으며 둘째, 부대 내 민청단체는 '세포위원장'[122]이라는 새로운 직위에 의해 지도되었고, 셋째, 노트가 작성된 1951년도 초에 단체가 새롭게 조직되는 곳이 있었고, 넷째, 민청단체에서 민청맹원과 당원 확장을 동시에 진행했고, 다섯째, 약식이지만 1950년 민족보위성 문화훈련국에 의해 작성된 '부대내 민청세측'에 기준한 약식의 규정들에 의해 단체가 운영되었음을 알 수 있다.

세포위원장에 대한 언급은 같은 해 3월 6일 조선인민군 군단, 사단 정치부장회의에서 '인민군대 내 당정치사업의 중심과업'이라는 제목의 김일성 연설에서 확인할 수 있다. 김일성은 부대 내에 "새로 조직된 당단체들을 강화'하고 '당원들의 선봉적 역할을 높여야" 한다고 강조했다. 또한 "인민군대는 련대당위원회와 대대당위원회위원회를 잘 꾸려야 하며 당의 기층조직인 당세포를 강화"해야 한다고 강조했다. 그는 "당세포를 강화하려면 세포위원장을 준비된 일군으로 꾸리고 그의 역할을 높여야", "전사들이 세포위원장을 진정으로 존경하며 군무생활과 자기의 일신상에서 제기되는 모든 문제들을 당조직에 보고하며 당조직을 믿고 더욱 용감하게 싸울 수 있다."고 강조했다.[123]

---

121) 위의 자료.

122) 세포위원장의 소속이 당인지 민청인지 명확하지 않다. 노트에는 '민청세포위원장'으로 기록되어있다.

123) 김일성, "인민군대내 당정치사업의 중심과업(1951.3.6)," 『김일성 저작집 6』, 318쪽.

또한 당단체가 새로 조직된 만큼 '정치일군들 중에는 당사업경험이 적고 수준이 어린 일군들'이 많으며 따라서 "정치부장들은 아래 일군들에게 세포사업 계획을 세우는 것으로부터 시작하여 당회의는 어떻게 준비하고 진행하며 당원들에게 분공을 어떻게 주고 그 집행에 대한 총화는 어떻게 하며 사람과의 사업은 어떻게 하는가 하는 것을 강습과 경험교환회를 비롯한 여러가지 형식과 방법으로 배워주어야" 한다고 강조했다.[124] 또한 당세포핵심육성사업을 강조하면서 "당세포에서 이미 준비된 핵심들을 육성하고 그들이 다시 새로운 핵심을 육성하는 방법으로 그 대렬을 끊임없이 늘이도록" 할 것을 제기했다.[125]

연설을 통해 당시 군대에 총정치국 산하로 조직된 당의 초급단체는 대대당위원회 아래 중대단위의 '당세포위원회'로 조직되었으며, 당세포위원장이 중대의 정치담당 업무를 맡았던 것을 추측할 수 있다. "당단체가 새로 조직된 만큼 정치일군들 중에는 당사업 경험이 적고 수준이 어린 일군들"이 많다는 언급은 당시 조직되어 있는 민청단체의 당원 중에서 당세포위원장의 임무를 맡겼을 것이라는 해석도 가능하게 한다. 본문에서 인용된 노트의 주인공이 '민청세포위원장'으로 표기했던 것은 애초 민청단체 소속이었던 그가 새로 '당세포위원장'의 직책을 맡은 후 혼동해 사용되었던 것으로 보인다.

이것은 1950년 10월 부대 내 당단체를 설치할 것이 결정된 이후, 새로 조직된 당단체들에 당원들이 파견되었겠지만, 당시 전시하 부족한 인력으로 인해 군으로 당원을 새롭게 파견하기보다는 부대 내 조직되어 있는 민청단체의 당원을 활용하거나 민청원들 중에서 입당을 통해

124) 위의 글, 319쪽.
125) 위의 글, 319쪽.

새로운 당단체에 활용했을 가능성도 추측하게 한다.

제3절 민청의 역할

1. 전쟁수행 및 전후 복구 지원

가. 전선에서의 전쟁 수행

(1) 군대 내 민청단체의 활동

인민군대 내 전체 민청원들에 대한 맹원카드와 맹원 등록부 작성을 1950년 7월 1일까지 완료하고 집행정형에 대해 7월 20일까지 '반드시 문화훈련국에 보고'하라는 지시가 문화부사령관 김일에 의해 내려졌다.[126] 이 지령은 북조선민주청년동맹 중앙위원회가 비준하고 민족보위성 문화훈련국에서 작성되었으며, 맹원 카드제도 실시 사업을 '민청 맹원 등록정리에 있어서 가장 중요한 정치적 시책'으로 간주한다고 강조했다.[127]

1950년 5월 26일부터 6월 초까지 기록된 '945부대 제2대대 제2중대 소속 민청간부의 노트'를 통해 당시 군대 내 민청단체가 어떻게 운영되었는지 엿볼 수 있다.[128] 1950년 5월 26일 금요일은 민청사업부

---

126) 문헌의 제목은 '조선인민군대내 민청동맹단체의 맹원등록과 맹증 및 휘장수여와 보관질서에 관한 요강 실행에 대하여(평양에서)'이며, 지령(조선인민군 제528부대 부대장 김일)의 명의로 1950년 4월 16일의 날짜로 기록되었다. Item #44 "조선인민군대대 민청공작 규정(조선인민군 877군부대, 1950)," RG242 National Archives Collection of Foreign Records Seized Record Group War20061269, SA2011 Series WAR200800924, 국립중앙도서관 전자자료.

127) 위의 자료.

128) Item #111 "945부대 제2대대 제2중(수기학습장)," RG242 Captured

장의 지침을 받아 '조선인민군대 내 민청지도사업요강'을 수기로 기록했다. 기록에는 "민청조직은 청년을 조국과 인민에게 무한한 충성을 다하도록 교양, 또 쏘련과 더부러 제민주국가와 친선을 도모하도록 교양, 정부주위와 김장군주위에 결속되여 모범적인 역할을 하도록금 교양하여야 한다. 자기앞에 부과된 과업과 군인선서를 철저히 집행하도록"의 내용이 포함되어 있다. '세측'에는 없었던 소련과의 친선 도모, "정부주위와 김장군주위에 결속되여" 등의 표현이 추가되었다.

같은 해 6월 2일 필기의 제목은 '공작계획작성절차'로 '제론, 공작계획의 의의, 공작계획 작성을 위한 준비사업, 공작계획에는 어떠한 내용을 포함하여야 하는가, 수립한 계획을 실천에 옮기여야 한다, 결론'으로 구성되었다.[129] 공작계획은 월~일요일까지 1주일 단위 작성하되 "행정사업과 문화사업을 협조하는 방향에서" 작성하고 "행정책임자와 문화부책임자와 타협해서 수립"하도록 기록되었다. 또한 공작계획의 내용은 '보위상 동지 명령실천'과 비상사고 방지, 부대중심방향문제 실천협조, 규율강화, 비판강화 등이 포함되도록 기록되었다.[130]

【그림 4-3】 주간민청공작계획(1950년 5월 31일)

주간민청공작계획
문화부대장비준 1950 6-1 6-7

No	시일	공작형식	공작대상	공작내용	집행자	장소	집행여부

1950. 5. 31

* 출처: Item #111 "945부대 제2대대 제2중(수기학습장)," RG242 Captured Korean Documents, Doc. No.SA2009 I , 국립중앙도서관 전자자료.

Korean Documents, Doc. No.SA2009 I , 국립중앙도서관 전자자료.

129) 위의 자료.

130) 위의 자료.

6월 3일의 기록은 군대 내 민청단체가 전쟁 수행 중에 해야 할 활동을 매우 구체적으로 세밀하게 정해두었다는 데서 주목할 만하다. 이날 기록 제목은 "전투시의 민청사업은 여하히 조직 진행할 것인가"로 '서론, 행군시의 민청사업, 방어시의 민청사업, 공격시의 민청사업, 해전시의 민청사업, 결론"으로 구성되었다. 구체적인 내용은 다음과 같다.

【표 4-9】 전투과정에서의 민청의 활동 계획

전투 종류	민청 활동 계획
행군시 민청사업	행군: 전투준비에 있어서 군대와 군기에를 집중시키는데 있다. 맹원들을 정치사상적으로 고무시켜야 한다. A. 준비계단 사업 B. 행동전개계단 C. 행동끝난뒤 A. 모범맹원들을 모아놓고 위탁분공사업 조직. 약한맹원원조 교양선전사업을 또 행군의 목적을 인식시키록 위탁분공하며 규율강화를 위한 대책 등 하고 있어야 한다. 이땐 초단특별계획을 수립하는데 계획내용은 ㄱ. 맹원들의 영양배치 ㄴ. 신체보장 위생보장 ㄷ. 전투가 고생되면 음료수 보장 조출 ㄹ. 휴식시간 보장(대휴식 소휴식) ㅁ. 선전사업 ㅂ. 회의 1. 행군일전에 위원회를 소집하고 토의한다. 2. 열성회의와 총회를 소집한다. 그리고 분공위탁과 특수과업(휴식간에 담화 무기 식기) 등을 분공위탁한다. 행군시 맹원들의 할 사업 행군시 맹원들의 선봉적 역할에 대하여 끝나면 민청간부와 열성들 간에 담화.

전투 종류	민청 활동 계획
행군과정에서의 민청사업	속도~書 간 1시간 4km 1주일에 30km. 50분 걷고 10분 휴식 반날행군하고 3시간 휴식. 휴식시는 은폐지를 선택할 것. 휴식시-발과 조치를 볼 것. 복장의 정돈. 망을 살필 것. 물은 검수한 것으로 물동에 물 보장 식사. 민청간부는 회의를 소집하고 새로 조치할 것.[131]
행군 후의 민청사업	목적지에 도착하면 행군사업을 총결하며 우수맹원 분조 초단을 찬양하고 위원들의 사업을 청취하고 경험을 청취한다.
방어시의 민청사업	방어시는 사상적으로 견고와 규율을 준수, 자기진지를 사수하며 앞으로 진공하도록 방어. 방어준비 방어시 방어후 기동방어 고정방어 지대에서 방어 산림에서 방어. 야간방어 강하江河방어 산山방어. 지대방어는 장기간에 걸친다. 대표회의 소집한다. - 경고방어시: 각화점에 열성자 배치한다. 그리고 민청위원장은 하급간부를 소집하여 회의를 한다. 적정을 알기 위해 정신무기등을 알아야 한다. 그리고 맹원들에게 인식. - 기동방어시: 민청위원장은 주요한 곳에서 "기동적 모범을 개최하자" 구호를 던저 기세를 제고해 줄 것. 동기방어시: 몸을 녹이도록 갖은 대책을 수립. 우수한 맹원 가족에게 편지 조직을 한다. - 방어준비시: 위원회열성자회의를 소집하고 그들이 모범이 되도록 한다. 회의를 소집하고 방어전의 역할을 제고. 각급 민청위원장은 방어전에서 할 사업을 담당. 일상생활을 살피며 또 강력한 교양선전사업을 전개. - 방어시: 구호를 제창하며 기세제고. 편지조직. 호소문 회람. - 방어후: 총결하기로.

131) 위의 자료.

전투 종류	민청 활동 계획
공격시 민청사업	규율을 잘 준수하며 용강섬과 희생성을 발휘하여야 한다. 송악산전투에서 7명의 진공(마도료소브 리정빈) - 준비시기: 위원장은 전투과업을 실행하기 위한 방향으로 교양 해설이 필요하다. 즉 전투의 성질, 목적 내용 임무 중요성 등을 해설한다. 사상 조직적 무력 준비가 필요하다. 과업을 똑똑히 알며 민청원이 똑똑이 알도록 하며 시간과 장소 내용을 알고 분공한다. * 위원장: 공격까지의 시간을 타산하고 자기공작시간을 예견. 적의 공고한 방어지를 알며 자기부대의 역량과 맹원들의 사기를 알아야 한다. - 공격행정시: 위원장은 개별적 교양에 주력시 위원과 분소장이 전부 동원된다. 사기와 전투력을 제고하기에 주력할 것. - 공격후: 총결한다. 공격전 우수한 성과를 찬양. 락후한 현상 퇴치. 특별히 모범적 제방법으로 찬양하며 신문에 기재.
해전시 민청사업	1. 전체인원은 조국과 인민정부에 결속시켜 함대의 완전한 전투 준비. 2. 전투의 목젹 내용 임무 중요성으로 교양할 것.[132] 3. 인내성 용감성 헌신성으로 교양할 것. 4. 정치적 경각심과 적개심을 제고하며 함선내에서 간첩분자와 투쟁하도록 교양할 것. 5. 고도로되는 군사규율 준수 명령 준수로 교양. 6. 해군기에성실한데 대한 의식과 자기함선에 대한 명예인식을 제고시킬 것. 민청사업은 함장 정장이 지도. - 전투준비: 출항 전에서 위원회와 맹원회의를 소집하고 전투 목적과 내용 개별 임무 제시한다. 승리에 대한 신념 강화를 위해 출처여하를 불문하고 함선전투 행동의 불가능한 요소를 제거한다.(문화책임자와 의논) 분조장 분대장 열성자들에게 위탁사업을 하며 함선에 대한 영예와 선전사업 교양. 출항 준비사업.

132) '전투의 목적, 내용, 임무, 중요성을 교양할 것'이라는 의미로 이해된다. 본문에서는 기본적으로 채택한 사료에 수기된 그대로 원용하였다.

전투 종류	민청 활동 계획
해전시 민청사업	* 향해와 전투환경에서 전투부문별(분조단위)로 하면 간부와 열성자를 동원하여 개별교양사업. – 전투후의 총결: 기지와 정박정에도라오면 각종 방법(담화 강연 교양)으로 다하고 총결을 지을 것. 호상 면회하며 담화를 조직할 것.(정대단위로 교환) 음악회 오락회를 조직할 것. 동맹간부 회의를 소집하고 경험교환을 할 것. – 결론: 교양의 기본방향은 적개심을 앙양시키고 증오심을 제고시키는 방향으로 교양한다.

* 출처: Item #111 "945부대 제2대대 제2중(수기학습장)," 국립중앙도서관 전자자료 수기 기록중 일부를 표로 정리한 것임.

공격시 민청사업과 해전시 민청사업은 1950년 6월 5일 날짜로 기록되었다. 그러나 전쟁이 개시된 후 실제로 군대 내 민청단체가 '세측'이 명시한 대로 운영되지는 못했을 것이다. 인민군이 후퇴하는 시점에서 부대 내 규율 강화를 위해 같은 해 10월 21일 부대 내 당단체를 설치할 것이 결정되었고, 이후 김일성이 여러 차례 부대 내의 규율 강화를 강조했던 것으로 보아 문화부를 통한 민청단체의 지도 형식만으로는 부대 내 규율을 강화하고 사기를 진작하는 것이 어려웠던 상황으로 추측된다.

이후 군대의 세포로서 중대를 강화하는 방침이 제기되었다. 1951년 10월 29일 조선인민군 총정치국 일꾼들에게 한 훈시에서 김일성은 장기전에 대처할 수 있도록 인민군대의 전투력을 높이기 위해서는 인민군대의 세포인 중대를 강화해야 한다고 강조했다. 그는 중대에 당과 민청의 기층조직인 '당세포와 민청초급단체'가 조직되어 있으며 인민군부대들의 모든 전투임무는 중대를 통해 수행되기 때문에 중대의 위치와 역할이 매우 중요하다고 강조했다.[133] 중대를 강화하는 것은 인민군대를 정치사상적으로 군사기술적으로 강화하는데 달려있으며, 중대를 질적으로 강화하고 전투력을 높이는 방안으로 '모범중대운동'을 벌일 것이 제기되었다. 모범중대운동을 목적에 맞게 진행하기 위해서는 모범중대 평정기준조항을 바로 설정하는 것이 중요하며 군인들에 대한 정치사상교양사업 진행정형, 중대에게 부과된 임무수행정형 평정, 군사규율준수정형 평정, 무기를 비롯한 전투기술기재보관취급정형과 국가 및 사회 재산관리 정형 평정, 군인들에 대한 물질생활을 규정의 요구대로 보장하고 군인들이 자력갱생하여 중대를 아담하고 문화적으로 꾸릴 때 모범중대로 평정, 방어공사를 잘 했을 때 모범중대로 평정하도록 제기했다.[134]

(2) 전쟁 수행에 대한 포상

김일성은 전쟁 과정에서 희생당한 청년로동당원, 민청 맹원 병사의 수가 수만여 명에 이르며 그들 중 50명 이상의 청년들이 영웅칭호를 받았다고 밝혔다.[135] 김일성의 연설은 1951년 1월 18일 '현정세와 민청단체들의 당면과업에 대하여'의 제목으로 행해졌는데 이 시기는 전쟁이 개시된지 채 반년도 지나지 않은 시점이었다. 1950년 6월 30일 '공화국 영웅' 칭호가 제정된 이래 6·25전쟁 기간 동안 533명에게 '공화

---

133) 김일성, "모범중대운동을 벌릴데 대하여(1951.10.29)," 『김일성 저작집 6』, 467쪽.

134) 위의 글, 468~469쪽.

135) 김일성, "현정세와 민청단체들의 당면과업에 대하여(1951.1.18)," 『김일성 저작집 6』, 248쪽.

국 영웅' 칭호가 수여되었다.[136] 이들 중 대부분이 '청년영웅'이었다.[137] 김종수는 전쟁에서 탄생한 '청년영웅'들이 이후 김일성의 '항일투쟁'과 연결되는 경향을 보였다고 분석했다. '청년영웅'들은 보천보 전투, 조국광복회 활동, 김일성의 항일 활동에 대한 회상을 통해 '김일성이 안겨준 '행복한 삶'에 감사하고 충성하며 죽음으로 보답할 것을 결의'하는 형식으로 그려졌다는 것이다. 또한 전쟁 시기 탄생한 '청년영웅'들은 북한의 위기상황에서 '사회주의 건설영웅', '선군시대 청년영웅'으로 재탄생했으며 이후 지속적으로 '사상교양의 도구'로 활용되었다고 보았다.[138]

한편 '살아남은' 청년들에게는 '입당'의 포상이 주어졌다. 1950년 8월 당중앙위원회 조직위원회는 '전투에서 용감성과 희생성을 발휘한 모범 전투원들을 화선입당시킬 데 대한 결정을 채택'했다.[139] 전쟁 시기 당원의 3/4이 징계를 받을 정도로 혹독했던 당원재등록사업은[140] 1951년 10월 9일 당중앙 정치위원회에서 "전쟁 전 당의 로동자 성분 비율만 따지면서 로동자 성분 비율이 저하될까 두려워서 애국주의적 근로농민을 우리 당에 받아들이지 않는 것은 가장 옳지 못한 일"이라고 비판

---

136) 금성청년출판사, 『조선공산주의청년운동사 2』(평양: 금성청년출판사, 1982), 229쪽; 김종수, 앞의 책, 242쪽.

137) 『조선중앙연감(국내편) 1951~1952』(평양: 조선중앙통신사, 1953), 442~445쪽; 김종수, 위의 책, 242쪽.

138) 김종수, 위의 책, 250~252쪽.

139) 그러나 김일성은 8월 화선입당 정책이 결정된 후 인민군대 내에서 당장성사업은 잘 이루어지지 않았다고 지적했다. 김일성, "인민군대내에 조선로동당 단체를 조직할데 대하여(1950.10.21)," 『김일성 저작집 6』, 151쪽.

140) "전시환경에서 당조직사업에 대하여-조선로동당 중앙조직위원회 제48차 회의 결정서(1950.12.23)," 『결정집 1949.7~1951.12 당중앙조직위원회』, 255~260쪽; 서동만, 앞의 책, 392쪽에서 재인용.

되었다. 이 회의를 통해 당내 광범한 근로농민을 인입함과 병행해 '당의 대중적 성격을 고려하여 근로농민, 전사, 군관, 또는 인테리들을 계속 받아들일 것'이 결정되었다. 특히 입당연한을 20세에서 18세로 낮춤으로써 청년을 대상으로 한 당원 확대 정책을 강화했다.[141]

(3) 군대의 교육기능

인민군 창설 2주년을 앞둔 1950년 2월 민청 중앙위원회 위원장 현정민은 스탈린이 군대를 '노동자와 농민들의 학교이며 집결장소'로 규정한 연설을 인용하면서 인민군대가 공화국 보위뿐 아니라 '근로 인민들을 단결시키고 교육하며 민주주의적 민족간부를 양성하는 관점'에서도 중요한 의의를 가진다고 밝혔다.[142] 그는 조선인민군대가 '노동자, 농민, 근로인민들의 자제'로 조직되었고 '인민들을 위하여 복무하며 근로 인민을 핵심으로 하는 인민정권을 보위하는 선진적 민주주의적 군대'라는 '인민성'을 특징으로 한다고 밝혔다.[143] 따라서 인민군대는 '근로청년들의 정치적 학교'로서 군대 내에서 '지식있고 자각된' '충실한 수많은' 민족간부들이 양성되고 있다고 강조했다. 군대 내에서는 군사학과 함께 정치상학, 자습, 문화사업, 체육, 민청사업, 군무자 회의 등이 교양의 수단이 되고 있으며 사상교육의 근본사상은 맑스-레닌주의

141) "당장성에 대하여-당중앙정치위원회 제100차 회의 결정서(1951.10.9)," 『결정집 1947.8~53.7 당중앙조직위원회』, 24~27쪽; 서동만, 앞의 책, 392~393쪽에서 재인용.

142) 스탈린은 군대를 방위 혹은 공격기관으로만 보는 경향에 대하여 본인은 군대를 노동자와 농민의 학교이며 집결장소로 보며, 그렇기 때문에 군대에 대한 당의 힘과 영향은 막강하고, 따라서 군대는 당을 노동자 및 빈농들과 연결시키는 매우 거대한 기관이라고 규정했다. 현정민, 앞의 글, 51~65쪽.

143) 위의 글, 51~65쪽.

에 기반한다고 밝혔다.[144)]

나. 후방 지원 활동

(1) 후방 지원 및 복구

북한 정부는 인민군대 강화정책과 함께 인민군대가족 원호사업을 진행했다. 전쟁 개시 이전인 1945년 5월 9일 조선인민군대 및 내무성 경비대 전사, 하사관들의 부양가족 원호에 관한 결정이 채택되어 국가적 사업으로 전개되었다.[145)] 북한 정부는 인민군대에 입대한 노동자, 사무원들의 부양가족에 대해 국가보조금을 지급했고, 농민출신 전사, 하사관들의 부양가족에 대해서는 농업현물세를 15~30%의 한도 내에서 감면해 주었다. 또한 부양가족에게 취직에 대한 우선적 혜택과 사회보험 혜택, 주택 보장 등 각종 원호사업을 전개했다.[146)]

이러한 시책에 따라 북조선 직맹, 여맹, 민청 등 사회단체들의 공동 발기로 1949년 7월 조국보위후원회가 결성되었다. 조국보위후원회는 '조국보위를 적극 협조하는 대중적 사회단체'로 인민군대와 경비대를 후원함과 동시에 '북반부 민주건설을 파괴하려는 반동조직들의 시도를 폭로분쇄할 목적으로 결성'되었다.[147)] 조국보위후원회는 인민군대에 비행기와 탱크를 헌납할 것을 결정, 이에 따라 기업가 상인들이 거액의 기금과 비행기, 탱크를 헌납했다. 당시 헌납한 인물들은 평양시 조흥공사(대표 김락진) 비행기 10대, 선일흥업사(사장 김선) 비행기 5대, 원동공사 리효주, 국제상사 리종해, 조선통상 리철하 등이 비행기 1대

---

144) 위의 글, 51~65쪽.

145) "朝鮮人民軍,"『조선중앙년감 1950』(평양: 조선중앙통신사, 1950), 266쪽.

146) 위의 책, 266쪽.

147) 위의 책, 266쪽.

를 각각 헌납했다.[148] 조국보위후원회는 민간인들이 군을 지원하도록 독려하고 조선인민군 병사들의 생활을 묘사하는 글과 그림을 실은 잡지를 발간했다.[149]

김일성은 당 및 정권기관들이 인민들의 생활안정을 위해 힘써야 한다고 강조하면서 당과 정부가 당단체와 사회단체, 정권기관들을 동원해 인민들에 대한 광범위한 구제사업을 진행할 것을 제기했다. 또한 전쟁에서 희생된 로동당원, 당 및 정권기관 일군, 사회활동가, 인민군 장병들과 빨찌산들의 유자녀들을 보육교양하는 사업들을 전국가적, 전인민적 운동으로 전개할 것을 주장, 각 도와 중요 도시들에 유자녀 보육원, 유자녀초등학원을 설치하고 유자녀들을 집결해 교육하며 생활을 보장할 것을 강조했다.[150]

또한 식량문제와 관련, "한치의 땅도 묵이지 말라!"는 구호를 언급하면서 전재농민들에 대해서는 현물세, 관개사용료와 일부 세납을 면제하고, 종곡이 없는 농민들에게는 종곡과 자금을 대여하고, 봄파종을 보장하며, 농촌에서 토지조사를 진행해 노동력이 없는 농민이 자발적으로 토지를 정권기관에 헌납할 경우 그 지방의 공장, 기업소, 기관 또는 노동자들과 군대들이 그 토지를 경작할 것을 제기했다.[151] 김일성은 통일전선사업을 강화해 정견과 신앙, 재산의 차이, 계층, 정당에 관계없이 "미제와 리승만 역도를 반대하는 사람들은 다 민주주의와 독립을 위하여 공동으로 투쟁하는 통일전선에 들어오게" 해야 하며, 중

148) 위의 책, 266쪽.

149) 찰스 암스트롱 지음, 김연철·이정우 옮김, 『북조선탄생』(파주: 서해문집, 2006), 370쪽.

150) 김일성, "조선로동당의 금후사업방침에 대하여(1951.1.28)," 『김일성 저작집 6』, 286쪽.

151) 위의 글, 287쪽.

요한 것은 당이 통일전선 내에서 영도적 역할을 하는데 있다고 설명했다.[152)]

북한의 후방 민청 단체들은 빨치산 활동 지원, 공장·기업소·도시·농촌 복구, 전시 수송의 강화, 위생방역사업, 선전선동사업, 농촌지역에서의 민청 간부 양성, 국제적인 선전사업 등을 수행했다. 국제적인 선전사업은 주로 국제대회 참가와 편지를 통해 이루어졌다. 후방에서의 민청 사업 중 두드러진 것은 '선전공작'으로,[153)] 선전사업을 체계적으로 진행하기 위해 민주선전실을 농촌에 설치, 당과 정부의 시책을 전달하는 등 대중정치문화사업을 전개했다. 학생들은 '학습반'을 거점으로 정치사상교양과 전선원호·노력 동원과 같은 조직활동을 진행했다.[154)]

한편 전시경제운영을 위해 전시 증산경쟁에 주목, '전선청년작업반운동', '전선청년민청그루빠', '전선브리가다운동', '전선돌격대운동', '2인분 3인분 초과 생산운동', '원가저하운동' 등 다양한 형식과 내용의 증산경쟁운동이 전개되었다. 민청단체들은 주요 광산과 공장들에 파견되어 군수품생산에 참가했으며, 1950년 7월 군수공장 등을 포함한 중요 생산 부문의 민청단체의 역할 제고를 위해 민청 중앙위원회 간부들이 직접 파견되어 지도하기도 했다. 민청 중앙위원회는 전시증산경쟁운동을 확산을 위해 1952년 4월경 '승리의 기발' 쟁취운동을 조직, 전개하기도 했다. 농촌 지역의 경우 '전선청년돌격대운동'이 진행되었고, 수많은 남성들이 전선에 동원된 관계로 여성 노동력을 전시경제에 효율적으로 동원하는 정책도 진행되었다. 사례로서 '여성보잡이운동'

---

152) 위의 글, 288쪽.
153) 김종수, 앞의 책, 230쪽.
154) 위의 책, 231쪽.

이 진행되었다.[155)]

(2) 교육교양 활동

해방 직후 반공 시위의 주동이 되기도 했으며 상대적으로 농민과 노동계급 출신이 소수였던 학생층은, 새로운 교육제도의 실시와 노동자 농민출신 학생들의 비율이 점차 높아지면서 성격이 변화했다. 특히 해방 직후 활동했던 다양한 정치적 견해를 가진 청년들은 전쟁에서 다수가 희생당하고 새로운 교육제도하에서 교육받은 '사회주의적 청년들'이 등장해 활동을 시작하면서, 이들은 이후 당이 내세운 '새로운 사회주의적 인테리'의 기원이 되었다.

1948년 11월 민청 제3차 대회에서 김일성은 민청의 사상교양 단체로서의 기능을 강조했다.[156)] 전쟁이 치열해지고 장기화해 감에 따라 학교의 기능이 부각되기 시작했다. 교원과 학생들의 사상교양의 강화가 진행되었고[157)] 이를 위해 학교내 사상교양사업의 방향이 1951년 교육성에 의해 제시되었다. 사상교양의 내용에는 전쟁에서의 승리에 대한 확신을 위해 인민군과 중국인민군의 용감성, 소련과 중국 등 사회주의 국가들의 원조 등이 강조되었다. 후방에서의 원호 활동과 노동력 동원에 대한 조직활동도 제기되었다.[158)]

전시 학생에 대한 사상교양의 강화를 위해 학교 내의 민청 및 소년

155) 위의 책, 230~237쪽; 『위대한 수령 김일성동지의 불멸의 혁명업적 10』, 248~253쪽.

156) 김일성, "민주청년동맹 제3차대회에서 진술한 연설(1948.11.14)," 『조국의통일독립과 민주화를위하여 제2권』, 269~288쪽.

157) 위의 글, 76쪽.

158) 『해방후 10년간의 공화국 인민 교육의 발전』, 136~137쪽.

단의 역할이 강조되었다.[159] 이를 계기로 해방 직후 학교 내 민청활동이 정치활동에 집중해 교원들과 학교 측과의 갈등을 빚었던 것에서, 민청과 소년단이 학교의 교양사업을 '지원'하는 쪽으로 변화되었다. 1952년 9월 5일 당중앙위원회는 민청 사업을 검열하고 청년들에 대한 사상교양사업을 더욱 강화할 것을 결정했다. 당이 제기한 사상교양의 내용은 맑스-레닌주의 사상과 국제주의 사상, 당과 수령에 대한 충실성, 전투적이며 혁명적인 의식 배양, 민청 내의 강력한 당적, 국가적, 군사적 규율 확립 등이었다.[160] 사상교양의 실천의 일환으로 김일성 약전 연구가 진행되었다. 또한 학교 내 민청과 소년단 활동이 반, 분단, 대, 초급단체, 학급, 학교 등의 조직을 기반으로 운영되었기 때문에 학생 출석률 제고에 영향을 미쳤다.[161]

(3) 소년단 지도

전시에 민청의 소년단 지도사업을 강화하는 방침이 결정되었다. 전쟁 개시 직후인 1950년 8월 민청 중앙위원회는 소년단을 지역별로 구분, 분단을 조직하고 학습반을 단위로 지도하는 결정을 채택했다. 남북 민청 통합 이후 개최된 1951년 1월 19일 민청 중앙위원회 상무위원회 제1차 회의는 각 학교와 지역의 실정에 맞게 소년단을 조직하고 '애국주의 사상'으로 교양할 것을 결정했다.[162]

그러나 전쟁 과정에서 민청의 소년단 지도는 계획만큼 진행되지 않

159) 위의 책, 137쪽.

160) 이것은 앞 절에서 전쟁 과정에서 민청이 기관지를 통해 민청에 대한 당의 지도를 공식화한 것과도 연결된다. 위의 책, 140쪽.

161) 위의 책, 139쪽.

162) 위의 책, 140~141쪽.

았던 것으로 보인다. 정상적으로 학교가 운영되고 있지 않았고, 전쟁의 피해로 인해 거리로 내몰린 소년들을 조직하고 교양하는 것은 매우 어려운 임무였을 것이다. 이러한 현실은 1952년 9월 5일 당중앙위원회가 민청의 소년단 지도방법에 대해 질타하면서 '농촌과 가두의 미취학 소년들을 소년단에 가입시킬 것'이 제기된 것으로 추측할 수 있다.[163] 이후 정전 무렵인 1953년 4월 16일 당중앙위원회 정치위원회가 '인민학교 초급중학교 고급 중학교 개선방침과 교원의 자격 향상 및 대우 개선대책에 관한 결정'에서 민청의 소년단 지도원의 질적 구성이 강화될 것이 제기되었다.[164] 이 결정은 학교내 민청단체와 소년단의 역할이 "학생들의 학과 실력 향상과 학습 규율강화, 학교장들과 교원들의 사업 협조"에 집중되는 계기가 되었다.

2. 사회주의적 개조 지원: 농업집단화에 기여

민청은 사회주의적 개조 사업 중 가장 큰 개혁이었던 농업집단화 과정에 실질적으로 기여했다. 농민청년의 80%가 협동농장에 소속되어 농업협동화에 참여했을 뿐 아니라, 학생, 노동자 등 민청 내 다양한 직군의 맹원들이 선전, 지도 등 다양한 부문에서 농업협동화를 확산하는데 동원되었다.

1954년 후반부터 농업협동화를 포함한 사회주의적 개조작업이 빠른 속도로 진행되었다. 1954년 11월 전원회의는 "우리나라 농촌을 사회주의적 발전방향으로 인도하는 것을 농촌정책에서 가장 중요한 문제의 하나로 인정"하면서 농촌의 사회주의적 개조를 공식화했다. 김일

163) 위의 책, 141쪽.

164) 위의 책, 141쪽.

성은 회의에서 경제적 필요성뿐 아니라 '혁명적 민주기지를 철옹성같이 강화'하기 위해 농촌지지를 강화하는 것이 필요하다고 역설했다.[165)]

이후 1954년 7월에 개최된 전국청년열성자대회에서 농업협동화 과정에서 청년들의 참여경험이 보고되었다. 농업협동조합위원장 김락희는 전쟁 기간 '다수확경쟁반'과 '품앗이반'을 통해 공동노동을 경험한 기반하에 1953년 10월 농업협동조합을 조직했다고 밝히고,[166)] 협동조합의 노동력과 영농기술 소유 정도를 고려해 작업반을 새로 조직함과 동시에, 좌담회 경험교환회 강연회 등을 통한 대중정치교양사업을 강화했다고 설명했다. 초기에는 일부 조합원들이 일은 하지 않고 수입만 많이 하는 경향이 있어, 소련의 콜호즈 경험학습과 소설 『새 언덕으로』, 『공산주의로 가는 길』 등 서적을 통한 선전 교양사업을 진행하고, 휴식시간을 이용해 30분간 신문, 잡지 독보회를 통해 노동력에 대한 자각성을 제고시켰다. 이러한 과정을 거쳐 1954년 봄 150공수의 노동력을 동원, 150미터의 수로를 만들어 수리불안전답 1만 평을 수리안전답으로 전환했고, 논배미를 고쳐 5,000평의 경작지를 일구었다는 사례를 보고했다.[167)]

1956년 제3차 당대회는 제1차 5개년 계획 기간에 당의 농업정책으로서 '농업 경리의 전반적 협동화의 완성'을 내세웠고, 민청에게는 당의 농업 정책을 적극적으로 실천할 것이 요구되었다. 1956년 2월 말

---

165) 김성보, "1950년대 북한의 사회주의 이행논의와 귀결," 『1950년대 남북한의 선택과 굴절』, 371쪽.

166) "전국청년열성자대회에서의 토론들(요지)," 『로동신문』, 1954년 7월 14일.

167) 김락희는 소련을 방문해 '소련 콜호즈들에서 선진적 영농방법과 콜호즈원들의 행복한 생활과 높은 문화적 수준에 대하여' 말해 주었다고 보고했다. 농업협동화를 위해 간부들을 소련으로 보내 농업협동화 준비를 해왔던 것을 드러낸다. 위의 글.

기준으로 14,651개의 농업협동조합이 조직 운영되었으며 이것은 전 농촌의 65.6%의 농민들과 경지면적 62.1%가 협동화되었다는 것을 의미한다. 민청 단체들과 청년들은 농업협동화 운동에 참여, 농민 청년의 약 67.5%가 협동조합에 소속되었다. 평북도 박천군 등 7개 군의 경우 농민청년의 97%가 협동조합에 소속되었다.[168)]

1956년 무렵 농촌 민청원들의 80% 이상이 농업협동조합에 소속되었는데[169)] 이것은 1956년 2월 말 기준의 67.5%에서 9개월 만에 약 12.5% 증가한 것으로 농업협동화가 급속도로 전개되었음을 확인할 수 있다. 또한 민청원들은 경지 복구, 관개하천공사 등을 진행했으며, 평남관개공사에 다섯 개 청년돌격현장을 설치, 80여 개의 청년 브리가다를 조직운영해 노동생산능률이 평균 175% 제고되었던 것으로 알려졌다. 신천군의 경우 연간 23만 노력일을 제고, 길이 60리의 적서천 제방형사를 완수해 적서천은 청년들의 활동을 기념하기 위해 '청년천'으로 개칭되었다.[170)]

한편 농업증산경쟁에서 '청년작업반'과 '청년분조'들이 시범적으로 조직, 운영되었으나[171)] 실제 상황을 고려하지 않고 양적으로만 확대되는 상황이 비판되었다. 경쟁운동의 형태로서 '모범농업협동조합창조운동'에 민청단체들의 적극적인 참여가 독려되었다.[172)] 함남 덕성군 구역농업협동조합의 경우 1953년 10월 영농기술크루쇼크를 조직, 매주

168) "조선 로동당 제3차 대회가 민청 앞에 제시한 과업을 충실히 실행하자," 『조선로동당과 민청』(평양: 민주청년사, 1956.6), 18~77쪽.

169) 박용국, "조선민주청년동맹 제4차대회에서의 중앙위원회 사업총결 보고," 『로동신문』, 1956년 11월 4일.

170) 위의 글.

171) 위의 글.

172) 위의 글.

2회씩 영농기술학습 진행, 실습지를 통해 이모작재배법, 감자속성번식법 등의 실험에 성공하고 6명의 민청원이 이를 토대로 농업기수검정시험에 응시해 한 과목씩 합격했다.[173] 이러한 사실들은 민청원들이 농업협동화 과정에서 선전, 지도, 증산활동, 기술 개발 등 다양한 영역에서 실질적으로 역할했음을 입증한다.

3. 간부 양성

1951년 1월 28일 김일성은 조선인민군 연합부대 및 중국인민지원군부대 지휘관, 정치일꾼 연석회의에서 "직업총동맹, 농민동맹, 여성동맹, 민주청년동맹 등을 비롯한 군중단체들을 신속히 복구정리하고 그 기능과 역할을 높이며 군중단체들에 대한 당적 영도를 강화"할 것을 강조했다. 또한 "군중을 단결시킬 줄 알고, 교양할 줄 알며, 동원할 줄 알며, 조직할 줄 아는" '군중단체 핵심'을 당이 더 많이 양성해야 한다고 주장했다.[174] 이 연설에서 김일성은 전쟁 중 점령 지역의 인민정권기관들과 간부들이 상당수 희생되었기 때문에 여성간부들을 적극적으로 등용하며, 전쟁 종료 전까지 정권기관의 간부들과 인민위원회 간부들을 '임명위임제'에 의해 배치할 것을 제기했다.[175]

과거 인민위원회 위원은 원칙적으로 선거에 의해 선출되었는데, 이 시기부터 당이 안정화되기 전까지 당이 위원을 직접 임명하는 형태로 제도화되었다. 전쟁 이전에도 도당위원회가 간부를 양성하고 당과 인민정권 기관, 사회단체 등의 결원 간부가 생겼을 때 당간부부의 요청

---

173) 위의 글.

174) 김일성, "조선로동당의 금후사업방침에 대하여(1951.1.28)," 『김일성 저작집 6』, 285쪽.

175) 위의 글, 285쪽.

에 의해 후보를 추천하는 인사 시스템이 존재했다. 전시 김일성에 의해 제기된 '지역 간부에 대한 임명위임제도'는 이후 당이 당을 포함한 국가 기관과 사회단체 등 전 기관에 대한 인사권한을 가지게 되는 계기가 되었다.[176]

1951년 10월 9일 당중앙정치위원회는 '광범한 근로농민'을 당이 포괄하는 동시에 "당의 대중적 성격을 고려하여 근로농민, 전사, 군관, 또는 인테리들을 계속 받아들일 것을 결정", 이전 허가이가 시행했던 유일당증수여제도를 통한 당원정리사업을 '확장사업'으로 전환했다. 이 결정에서 당원확대를 위해 입당연령을 기존의 20세 이상에서, 18세 이상으로 낮추도록 결정했다.[177] 당시 극심한 노동력 부족을 타개하기 위해 입당은 청년들에게 자극제가 되었을 것임에 틀림없다. 그러나 한편 당의 입장에서 볼 때, '당원'은 당과 국가기관 지도의 '핵심' 인력으로 활용되는 '간부'의 개념이 더 강했을 것으로 추측된다. 따라서 이 조치는 1950년 말부터 재개교하기 시작한 교육기관들에서 배출되는 인력들과 인민군에서 정치교양으로 무장되어 제대한 제대군인들을 당원으로 받아들여 당과 정권기관 및 사회단체의 필요한 간부인력으로 충원하기 위한 정책으로도 해석이 가능하다.

민청 맹원으로서 전쟁과정에서 입당한 제대군인들은 특히 농촌지역

---

176) 물론 인민위원회 선거는 이후 부활되었지만 이후의 선거는 더욱 형식적이 되었던 것으로 보인다. 김일성은 다만 리인민위원회의 경우 '선거해도 좋다'고 가능성을 열어두었는데 이것은 리 단위까지 충원할 만큼 간부가 많지 않고, 농론 리 단위의 경우 자치적인 협업 제도가 운영되는 경우가 많았기 때문에 선거로 선출되는 것이 리 운영에 도움이 된다고 판단했을 것이다.

177) "당장성에 대하여-당중앙정치위원회 제100차 회의 결정서(1951.10.9)," 『결정집 1947.8~53.7 당중앙조직위원회』, 24~27쪽; 서동만, 앞의 책, 392~393쪽에서 재인용.

에 파견되어 농촌의 복구 및 증산활동, 그리고 이후 전개된 사회주의적 개조작업에 적극적으로 기여했다. 이러한 상황은 1951년 3월 12일 내각결정 제224호로 결정된 '유급민주선전실장제도'와도 연결해 생각해 볼 수 있다. '유급민주선전실장제도'는 같은 해 1월 21일 당 중앙정치위원회 제74차 회의에서 채택한 '인민 속에서 대중정치사업을 강화할 데 대하여'의 결정에 기초를 둔 조치이다. 농촌 주민 속에서 대중정치사업을 강화하기 위해 종래 무급직이던 농촌의 민주선전실장을 유급으로 바꾸고 당원을 배치, 전국 농촌에 5천여 명을 민주선전실장으로 임명했다.[178] 민주선전실은 농촌 대중정치문화의 중심이자 전초기지로 당과 정부의 시책이 전달되고 침투되는 리 단위의 '정치적 공간'으로서 민주선전실장은 인민반에 선동원을 선발하고 배치하는 권한을 가졌다. 민주선전실을 중심으로 선동원 동원, 호별방문, 담화, 좌담, 강연, 보고, 독보 등 각종 선전방법을 통하여 각 농촌 리 단위 주민들에게 정치선전사업이 시행되었다. 이런 의미에서 '유급제 민주선전실장제도'는 농촌의 통치 체제 정비 면에서 중요한 조치로 판단된다. 유급제 민주선전실장은 고급중학 졸업이나 각종 정치학교 졸업자격을 요건으로 해당 군인민위원회의 신청에 의거해 도인민위원장이 임명하도록 되었다.[179]

민주선전실은 1950년 하반기 3,794개에서 1951년 12,833개로 증가했다. 유급민주실장은 1952년 12월부터 리당부위원장이 겸임하게

---

178) 한길언, "위대한 조국해방과정에 있어서 조선민주주의인민공화국 인민정권의 가일층의강화발전에 대한 력사적 고찰," 『8.15 해방 10주년 기념법학론문집 제2집』(평양: 조선민주주의인민공화국 과학원, 1955), 149쪽; 서동만, 앞의 책, 471쪽에서 재인용; 사회과학원력사연구소 편, 『조선전사 26』(평양: 과학백과출판사, 1981), 275쪽.

179) 서동만, 위의 책, 471쪽.

되었다. 이 조치는 행정계통적으로 문화선전성 관할하에 있는 농촌민주선전실을 당의 직접적 통제하에 두는 것을 의미한다. 또한 지방행정구역의 개편사업과 관련, 리당위원장이 상근제로 배치되면서 리당위원장과 민주선전실장은 농촌 리 수준의 단위까지 당의 권한이 미치는 매개체가 되었다고도 해석할 수 있다.

전쟁과정에서 군대 내 민청단체를 통해 사상교양을 받은 청년들은 화선입당을 통해 상당수 당원이 되었다. 이들은 제대 후 농촌 각지에 파견되어 농촌의 증산활동과 사회주의적 개조에 초급 간부로서 적극적으로 기여했다. 이들 중 상당수는 '지역간부임명제'에 의해 각 지역에 파견되어 활동한 것으로 보이는데 '유급민주선전실'은 이를 활성화시켰던 제도로 기능했다.

제5장 청년조직의 강화 및 당 지도의 제도화 : 1956년 11월~1964년 5월

제1절 사회주의 기초건설 시기의 의미

본 장은 민청 제4차 대회가 개최되었던 1956년 11월부터 민청이 사로청으로 개편되었던 1964년 5월까지 다루며, 이 시기는 사회주의적 개조의 완료와 사회주의 건설의 초기 단계에 포함된다. 3개년 인민 경제 계획 기간이 끝난 후 새로운 5개년 계획의 개시, 공업화의 토대 구축과 생산관계의 사회주의적 개조의 완료, 주민의 의식주 문제를 기본적으로 해결하기 위한 과제가 사회주의 기초건설 시기에 제기되었다.[1] 혁명의 단계를 진전시키기 위해서는 경제발전이 보장되어야 했으나, 경제의 발전 속도와 방법에 대해 당 지도부 내의 날선 대립이 존재했다. 이것은 김일성 및 만주 빨치산 그룹의 당권 장악을 가속화하는 계기가 되기도 했다.[2]

5개년 계획의 과도한 목표를 달성하기 위해서는 '최대한의 증산과

1) 1961년 제4차 당대회 이후부터 1970년까지의 시기는 대체로 '사회주의의 전면적 건설단계'로 설명된다.

2) 『조선로동당 력사교재』(평양: 조선로동당출판사, 1964), 371~374쪽.

절약'이 대두한 과제가 되었다. 이것은 1956년 12월 전원회의가 제시한 구호이기도 했다. 회의는 이를 위해 대중의 '적극성과 창발성'을 추동하기 위해 대중에 대한 정치 및 조직사업을 강화하는 사업에 착수할 것이 결정되었다. 또한 경제건설에 대한 당의 지도와 대중 지도사업에 대한 강화방침을 결정하고 이에 대한 '당적 투쟁'을 전개해 나갔다. 이를 위해 중앙의 지도간부들이 현지에 내려가 직접 지도하는 '현지지도'가 본격적으로 시작되었다.[3)]

농업협동화의 속도가 빨라지고, 개인 상공업의 사회주의적 개조가 농업협동화에 결부시켜 진행되었다. 1958년 8월 농업협동화가 완성되어 대부분의 농업 협동조합은 사회주의적 협동조합으로 개편되었다. 농업협동화의 완료 후 사회주의 농촌 건설의 중심과제로서 기술혁명과 문화혁명, 그리고 사상혁명이 전면적으로 제기되었다. 도시의 상공업자들의 대부분은 전쟁 과정에서 파산해 사회주의적 공업이 확대되는 과정에서 경제적 활동을 잃을 처지에 처했으며, 이것은 사회주의적 개조의 가능성을 높게 했다. 이에 따라 상공업자들을 수공자들과 결부시켜 생산협동조합에 끌어 들이며, 동시에 사상교양을 결합하는 작업이 진행되었다. 개인상공업자들의 사회주의적 개조는 농업 협동화의 완료 시기에 맞추어 1958년 8월 공식적으로 완료되었다.[4)]

생산관계의 사회주의적 개조의 완료 발표와 함께 계급 통일의 마지막 과정으로서 농민들을 근로계급으로 편입하는 작업이 진행되었다. 청년층 역시 통일된 계급 내에서 학생청년, 근로청년, 근로지식인청년, 근로농민청년으로 분류되었다. 도시와 농촌에서 생산관계의 사회

---

3) 위의 책, 374~375쪽.

4) 위의 책, 394~398쪽.

주의적 개조의 완료는 이후 사회주의 건설을 전개하는 기반이 되었다. 천리마운동은 5개년 계획의 공업 생산 목표액의 달성과 생산관계의 사회주의적 개조를 추동하는 대중동원운동으로 역할했다.[5)]

한편 사회주의 제도가 자리 잡아 가는 단계에서 이에 상응하는 공산주의 교양이 강화되었다. 특히 공산주의 교양에 혁명전통 교양이 밀접히 결부되어 교육되었다. 혁명전통 교양은 긍정적 모범에 의한 감화방법을 통해 생산현장을 기점으로 증산과 연결되었다. 이러한 사상교양과 증산경쟁의 결합은 천리마작업반운동으로 확장되고 가속화되었다.[6)]

사회주의혁명의 다음 단계로의 진입은 특히 계급 갈등을 유발했다. 따라서 대중들의 혼란과 당의 정책에 동원을 위해서는 근로단체들의 역할을 더욱 강화할 것이 요구되었다. 따라서, 근로단체들의 조직사상적 강화가 빠르게 전개되었다. 민청은 근로단체 중 새로운 혁명의 단계에 맞게 가장 먼저 개편되었다. 1964년 5월 민청 제5차 대회에서 '사회주의로동청년동맹'으로 개편되었다. 김일성은 대회의 연설에서 "항일 빨찌산의 혁명전통을 이어받았으며 조선로동당에 의하여 교양되고 육성"된 청년들은 "당의 믿음직한 후비대"로 당에 충실했다고 치하하면서, 당에 충실할 것, 사회주의 건설에 적극적으로 참여할 것, 통일에 앞장설 것, 국제적 연대를 강화할 것의 임무를 부여했다. 김일성은 사로청 내에 당적 사상체계를 확립할 것을 강조하고, 이후 사회주의 경제건설에 청년들이 '사회주의건설의 돌격대'로서 생산 부문에 적극 참여할 것을 독려했다.[7)]

---

5) 위의 책, 398~400쪽.

6) 위의 책, 456쪽.

7) 김일성, "사회주의로동청년동맹의 과업에 대하여: 조선민주청년동맹 제5차

직맹의 경우 맹원들 내 노동계급의 구성을 양적으로 확대하고, 맹증 교환교부사업을 통해 10만여 명의 노동자, 기술자, 사무원들을 새로 직맹에 받아들였다. 이 과정에서 직맹 내 '불순분자'들은 제명되었다. 민청단체 역시 동맹의 양적 확대가 최우선적 과제로 제기되어, 열성적인 비당원청년들을 인입하는 사업이 적극적으로 전개되었다. 그 결과 1955년의 9개월 동안 31만 4,000여 명의 청년들이 민청에 가맹했다.[8)]

근로단체들의 간부진도 정비되었다. 상당수의 근로단체 간부들이 전선과 후방에서 희생되었고 새롭게 선발된 다수의 사회단체 간부들은 사업을 진행할 만한 준비가 되어 있지 않았다. 따라서, 당은 '당적 사상체계'와 '정치적 실무능력'을 기준으로 한 인물들 중 전선 혹은 후방에서 전쟁에 참여한 노동자 및 농민 출신, 피살자 및 전사자 가족들 중에서 근로단체의 간부들을 등용했다. 또한 후비간부양성사업도 적극적으로 추진되었다. 중앙당학교와 각 도간부학교에 민청간부양성반을 설치하고, 직맹간부들을 위한 강습체계를 작성, 모든 직맹 초급단체 위원장, 반위원장, 유급간부들을 대상으로 한 집중강습이 진행되었다. 1957년 6월에는 조선직업총동맹중앙간부학교 창설이 결정되었다.[9)]

근로단체들은 전후복구와 생산관계의 사회주의적 개조 사업에 적극적으로 참여했다. 민청은 청년들을 농업협동화운동에 적극 동원해

대회에서 한 연설," 『김일성저작선집 4』(평양: 조선로동당출판사, 1968), 109~111쪽.

8) 『위대한수령 김일성동지의 불멸의 혁명업적 10: 주체형의 혁명적근로단체 건설』(평양: 조선로동당출판사, 1998), 254~257쪽.

9) 위의 책, 257~259쪽.

1956년 말 민청원과 청년들의 80% 이상이 농업협동조합에 가입했다. 직맹단체들은 개인상공업자들로 구성된 협동조합들을 직맹에 통합하고 협동조합원들에 대한 사상교양을 강화했다.[10] 경제계획의 목표 달성을 위한 사회주의경쟁운동에도 근로단체들은 적극적으로 기능했다. 근로단체들은 천리마운동과 천리마작업반운동에 주민들을 적극 동원함으로써 경제적 수치 달성에 노력했고, 주민들의 사상개조사업을 확대·강화했다.[11]

제2절 민청의 조직·사상적 강화 및 인적 구성 변화

1. 민청의 조직적 강화

가. 민청 제4차·5차 대회의 강령 및 규약 개정을 통한 제도적 개편

1956년 11월 민청 제4차 대회는 혁명단계의 관점에서는 북한이 사회주의 기초건설단계에 접어드는 시기에, 정치권력적 측면에서는 당권을 장악한 김일성 그룹이 자신들의 노선 집행을 막 시작하려던 시기에 개최되었다. 이 시기 민청 대회를 개최하고 조직의 변화가 강령과 규약을 통해 공표되었던 배경은 첫째, 혁명의 새로운 단계에 진입하는 시점에서 단체의 성격과 조직을 개편할 필요가 있었고, 사회주의적 개조가 전 계층의 노동자, 농민으로의 계급통일을 의미한다는 면에서 민청 맹원들 내의 계급적 통일을 준비해야 했다. '각계각층'의 대중적 청년단체로서 민청은 '노동자와 빈농 출신 청년' 위주로 맹원의 성격을

10) 위의 책, 270~273쪽.

11) 위의 책, 278~283쪽.

개조해야 할 필요가 있었다.[12)]

둘째, 민청 조직을 김일성 및 만주 빨치산파의 정책을 추종하는 인물들로 정비할 필요가 있었다. 이것은 당 조직지도부 간부의 민청 위원장 등용 등을 통해 유추할 수 있다. 민청의 기층 간부들의 변화는 파악할 수 없으나 이후 전개된 당조직 정비의 규모로 보아서, 민청 조직 내에도 대대적인 정비가 있었을 것으로 추측된다.

셋째, 새로운 사회주의혁명단계에 맞추어, 그리고 새로운 세대인 청년들에게 지도자 김일성의 카리스마를 공고히 하기 위해 '당적 사상체계'가 민청에 수립되어야 할 필요가 있었다.

또한 해방 이후 지속적으로 드러났고 전쟁을 거치면서 더욱 심화된 노동력과 간부의 전반적인 부족 등은 당이 청년들을 포괄하는 민청을 확실하게 끌어안아야 하는 중요한 이유가 되었다.

1956년 11월 민청 제4차 대회에서 개정된 강령 및 규약과 1948년 제3차 대회의 강령 및 규약 비교를 통해 이 시기 민청의 제도적 개편을 살펴보고자 한다.

---

12) 김일성은 회의 보고에서 전쟁후 입당한 신입당원의 60%가 농민성분이며, 이들이 직간접으로 소상품 경리와 연결되어 있어 혁명사업과 사상전선에 부정적 역할을 주고 있다고 설명했다. 전쟁 후 입당한 당원들의 대다수는 전쟁에 참가한 민청 맹원들 출신이었으며 이들 중에는 자원한 빈농출신 입대자가 많았다. 또한 1956년 11월 제4차 대회의 보고에 따르면 맹원들의 정당 사회단체의 중복가입이 대회 이전부터 제한된 것으로 보이는데 이것은 두 가지 상반된 측면에서 생각할 수 있다. 첫째, 기존의 빈농 출신 맹원들은 민청에 그대로 두는 것, 둘째, 입당한 맹원들의 출맹은 간부직 등용 등을 이유로 출맹하는 경우와 소상품 경리와 관리되어 있는 빈농이 아닌 출신성분을 가진 맹원인 경우 두 가지로 생각해 볼 수 있다.

【표 5-1】 민청 제3차 대회와 제4차 대회 강령과 규약의 비교

내용	1948.11 제3차 대회 강령 및 규약[13]	1956.11 제4차 대회 강령 및 규약[14]
단체의 성격	청년들의 대중적 사회단체(강령)	청년들의 대중적 민주주의적 조직(강령)
단체의 대상	도시와 농촌의 광범한 선봉적 민주청년들 (강령)	'각계각층'의 광범한 청년들 (강령)
기본 임무	조선민주주의인민공화국의 정치 경제 및 문화발전을 위해 헌신적으로 투쟁(강령)	조선로동당과 조선민주주의인민공화국 정부 정책 실천이 기본 임무(강령)
임무	- 맹원과 전체 청년들에게 정치적 자각과 전면적 문화수준을 제고, 향상시키기 위해 견결히 투쟁하며 그들의 조국 민주건설에 대한 무한한 충성심과 자기 인민에 대한 애호 사상을 배양. - 조선민주주의인민공화국 중앙정부와 그 정강 주위에 전체 민주청년을 결속시키며 청년들의 투지를 민주개혁의 전조선적 공고확대와 부강한 통일적 민주주의 독립국가인 조선민주주의인민공화국을 위한 투쟁에로 인도.	인민민주주의제도를 수호하며 사회주의 경제건설에 조직동원. (강령)

13) Item#129 "북조선 민주청년동맹 강령, 규약," RG242 National Archives Collection of Foreign Records Seized Record Group WAR200601269, Captured Korean Documents, Doc.No.SA2010, 국립중앙도서관 전자자료.

14) "조선 민주 청년 동맹 규약," 『조선민주청년동맹 제4차 대회 문헌집』(평양: 민주청년사, 1956.11), 120~138쪽.

내용	1948.11 제3차 대회 강령 및 규약[13]	1956.11 제4차 대회 강령 및 규약[14]
임무	- 북조선 제정당 사회단체로 구성된 민주주의민족통일전선에 속하며 민주개혁의 전 조선적 실시와 그 확대공고화를 기하는 민주주의 민족통일전선의 모든 시책을 전적으로 지지하며 그 실현을 위해 투쟁. - 청년들에게 우리 조국의 복리와 번영을 위한 로력에 대한 애착심 배양. 청년들을 생산증산 경쟁에 적극 망라시키며 인민겨제의 각 분야에서의 생산능률의 정상적 제고를 조성하며 선진기술과 작업의 선진 방법을 획득함에 청년들을 방조.(강령)	
지도사상	- 우리 조국의 민족적 재생을 저해하는 반동적 일제 및 봉건적 사상잔재를 청년들의 의식에서 근절시키기 위하여 완강히 투쟁. - 근로자들이 선진적이며 과학적인 진보적 민주주의 사상으로 청년들을 교양.(강령)	애국적 혁명전통과 문화 유산과 아름다운 도덕적 풍습을 계승발전시키기 위해 노력.(강령)
국제주의	- 세계민주청년련맹의 정강을 전폭적으로 지지하며 국제주의적 정신으로 청년들을 교양하고 조선청년과 세계민주청년들과 위선 전세계 민주청년들의 선봉대인 쏘베트 청년들과의 단결의 공고를	- 남조선청년학생들의 민주주의적 권리와 배움의 자유를 보장하기 위해 투쟁. 남북조선 청년학생들 간의 접촉과 과학, 문화, 예술, 체육의 교류를 실현하기 위해 노력.

내용	1948.11 제3차 대회 강령 및 규약[13]	1956.11 제4차 대회 강령 및 규약[14]
국제주의	전력을 다하여 협조. – 인민의 공고하고 장구한 민주주의적 평화를 위하여 민주와 진보를 위하여 반동과 파시즘을 반대하는 그들의 투쟁에서 세계의 자유를 애호하도록 청년들을 조직.(강령)	– 조선 청년들과 위대한 쏘련, 중국 및 인민 민주주의 제 국가 청년들과의 국제주의적 단결을 공고 발전시키며 전 세계 평화애호 청년들과의 친선과 련계를 강화하며 아세아와 세계의 항구한 평화를 위하여 투쟁.(강령)
가맹조건	– 가맹연령: 만 16~26세 – 소년단원이 가맹할 경우 맹원들의 보증서 없이 소년단위원회의 추천서 첨부만으로 가능.	– 가맹연령: 만 14~28세. 만 28세를 초과한 민청이 민청생활을 유지하고자 할 경우, 2년 연장 가능.(2조)[15]
의무		– 노동규율을 자각적으로 지키며 노동생산 능률을 높이며, 국가 및 협동 단체의 소유를 애호 절약하기 위해 노력. – 낡고 부패한 것을 반대하고 새 것에 민감하며 사업상 및 도덕상 결함을 시정하여 주기 위한 동지적 비판을 발전시켜야 한다. 정직하고 근면하며 동지를 사랑하고 윗 사람을 존경하며 공중도덕을 준수하며 남녀 청년들 간에 순결하고 건실한 태도 소유.(3조)

15) 최대의 연령은 14~30세. 당원 중복 가입시 출맹한다는 표현은 없으며, 민청과 당 중복가입에 대한 문제는 1961년에야 해결되었다.

내용	1948. 11 제3차 대회 강령 및 규약[13]	1956. 11 제4차 대회 강령 및 규약[14]
조직		민청은 지역적 생산적 단위에 의해 조직.(16조)
소년단		- 별도의 장에 추가(제8장) - 학교, 직장, 농촌, 가두 등에 소년들의 민주주의적 교양단체인 소년단 단체를 조직, 그의 활동을 지도.(55조)[16]
맹비	- 동맹제정은 가맹금, 맹비 및 기타수입으로 충당. - 가맹금은 5원 - 맹비: 수입 700원까지 월 3원. 수입 700원 이상 월 5원. 수입 1,000원이상 월 10원. 농민 월 5원,학생 월 2원.	- 매월 수입에 따라 맹비를 납부. - 월수입 1,000원 이하 5원. 월수입 1,001원~2,000원 사이 10원. 월수입 2,001원~3,000원 사이 20원. 월수입 3,001원 이상 30원. 농민 월 5원, 학생 및 기타 월 1원.

(일부만 발췌)

- 소년단원 가맹 시 소년단 대위원회 보증은 민청원 1명 보증을 대신.(5조)
- 소년단 단체들은 소년단원들과 소년들을 조국과 인민을 열렬히 사랑하며 원쑤를 증오하는 정신으로 교양하며 공공 소유를 애호하며 학습을 잘 하며 정직하고 명랑하며 웃 사람을 존경하도록 교양. 소년단 단체들은 민청 중앙위원회가 제정한 조선소년단 규정에 의해 사업 진행.(56조)

* 출처: Item#129 "북조선 민주청년동맹 강령, 규약," 국립중앙도서관 전자자료; "조선 민주 청년 동맹 규약(조선 민주 청년 동맹 제4차 대회에서 채택됨)," 『조선민주청년동맹 제4차 대회 문헌집』, 120~138쪽을 참고해 구성.

1948년 민청 제3차 대회 당시와 비교해, 1956년 제4차 대회에서

16) 14세 이하의 소년들이 '학교, 직장, 농촌, 가두'에 흩어져 있으며, 이들을 제도에 편입하기 위하여 소년단의 강화가 필요했다고 여겨진다.

개정된 강령및 규약에서 드러난 민청 조직의 제도적 변화는 다음과 같다.

첫째, 단체의 성격이 '대중적 사회단체'에서 '민주주의적 조직'으로 변화했다. 민청을 '사회단체'가 아닌 '조직'으로 규정했다는 것은 과도기적인 의미로 볼 수 있다. 이후 민청은 '근로단체'로도 불리었는데, 민청에 대한 당의 지도가 강화되고 당이 요구하는 성격인 '근로단체'로 변화하기 이전의 단계로서, 당의 지도를 받으면서 아직 성격이 명확히 규정되지 않는 단체로서의 '조직'으로 이해할 수 있다.

둘째, 단체의 가맹 대상이 '도시와 농촌의 광범한 선봉적 민주청년들'에서 '각계각층의 광범한 청년들'로 변화했다. 김일성은 후에 해방 직후 민청을 '직업혁명가들을 양성하는 학교'로 규정한 바 있다. 따라서 제3차 대회에서 포괄했던 '선봉적 민주청년들'이란 '사상적으로 맑스-레닌주의 교양을 갖춘 청년들'의 우회적 표현으로 해석할 수 있다. 당시 통일전선 하에서 공청을 대중적 청년단체로 전환하면서 공산주의 색채를 드러내지 않았던 노력의 일환으로 볼 수 있다.

이에 비해 제4차 대회에서 민청이 포괄하는 대상인 '각계각층의 청년들'은 제3차 대회보다 훨씬 포괄적으로 보인다. 다만, 이 역시 대회 직전 김일성이 4월 전원회의에서 제기한 향후 방침들로 볼 때 이후 계급적 통일을 준비하는 과도기적 의미를 가지고 있는 것으로 보인다. 제3차 당대회는 과거 민청이 광범한 청년들을 망라하지 못한 것이 민청의 본질적 결함이라고 지적했다. 김일성은 사업 총결 보고에서 민청 단체들이 스스로 대중적 성격을 망각하고 다수의 근로청년들과 도시 청년 및 종교청년들을 인입하는데 노력하지 않아 많은 청년들이 민청에 가맹하지 않고 있다고 지적하면서, '민청단체가 자기 대렬을 부단히 장성시키며 대중적 청년단체로서의 조직원칙을 준수'해야 한다고 강조했다.[17] 이것은 1956년 시점에서 민청에게 주어진 가장 큰 숙제 중의 하나는 조직의 양적 확대였고 이에 따라 민청이 규약을 통해 대중적 단체로서의 성격을 유지하고 대상으로 각계 각층의 청년을 포괄하게 되었던 것으로 추측된다.

셋째, 민청의 기본 임무는 제3차 대회의 '국가발전을 위한 헌신'에서 '당과 정부' 정책의 실천으로 변화했다. '당의 정책 실천'은 엄밀히 말해 '당의 지도'와는 다른 의미이긴 하지만, 제4차 민청 대회 규약에서 민청의 기본 임무에 '당'의 정책 실천이 포함된 것은 당과 민청 간의 관계를 제도화하기 위한 포석으로 추측할 수 있다.

넷째, 전반적 민청의 임무에 대한 규정은, 제3차 대회에서 민청의 임무가 민주개혁 확대와 국가 발전, 민주주의통일전선 시책 지지와 실천, 생산증산경쟁과 선진기술 획득의 방조 등 통일전선하에서 민청의 임무가 다양한 수준, 다양한 부문에 해당되었던 반면, 제4차 대회에서는 '인민민주제도를 수호하며 사회주의 경제건설에 조직동원'하는, 다소 포괄적인 범위로 규정되었다.

다섯째, 지도사상은 '일제 및 봉건사상잔재 근절'과 '선진적이며 과학적인 진보적 민주주의 사상'에서 '애국적 혁명전통과 문화유산과 아름다운 도덕적 풍습을 계승 발전'하는 것으로 변화했다. 앞서 밝혔듯이 1948년 시점의 '과학적 진보적 민주주의 사상'은 '맑스-레닌주의'의 우회적 표현으로 해석된다. 한편 1956년 4월 전원회의에서 김일성이 당의 선전활동의 기본방침을 '맑스 레닌주의를 조선의 현실에 맞게 구체적으로 연구'하는 것으로 제기했음에도, 11월에 개최된 제4차 대회에서는 '맑스-레닌주의' 부분이 빠진 채 '애국', '혁명전통', '문화유

---

17) "민청 대렬을 부단히 장성시키며 각계 각층 청년들의 단결을 강화하자," 『조선로동당과 민청』(평양: 민주청년사, 1956.6), 60~69쪽.

산과 아름다운 도덕적 풍습'이 강조되었다. 제4차 대회에서는 김일성에 의해 제기된 방침이 민청에 적용되지 않았던 것으로 보아, 당의 정책 실현에 민청을 어떻게 활용할 지에 대한 명확한 방침이 서지 않은 것으로 판단된다. 또한 민청 내 맹원들의 '계급적 통일'이 이루어지지 않은 채 '각계각층의 광범한 청년들'이 혼재되어 있는 상태에서 선불리 '맑스-레닌주의'를 강조할 수 없었던 것은 아닌가 생각된다.

여섯째, 제4차 대회에서 남한 학생들과의 교류, 그리고 소련 외에 중국 등 다양한 사회주의국가 청년들과의 친선을 강조했다. 중국을 포함시킨 것은 전쟁과 복구 과정에서 중국의 지원을 염두에 두었던 조치로 여겨진다.

일곱째, 가맹연령은 만 16~26세에서 만 14~28세로 확대되었다. 또한 제4차 대회에서는 만 28세를 초과한 맹원이 민청생활을 유지하고 싶을 경우 2년 연장 가능하다고 규정했다. 이 경우 민청 가맹연령대는 만 14~30세로, 제3차 대회 시기에 비해 가맹연령의 대상이 크게 확대되었다. 이것은 전후 부족했던 노동력으로 인해 민청에서 동원할 수 있는 청년들의 대상을 확보하기 위해서, 그리고 인민학교 졸업 연령까지 포함시켜 인민학교 졸업 후 청소년들을 민청이 포괄하려는 의도로 이해된다. 한편, 제4차 대회에서 중앙위원장 박용국이 "당원인 민청맹원이 제외되었다."고 언급했는데 그 부분은 규약에 포함되지 않았다.[18] 당과 사회단체의 중복가입은 1961년 당대회 규약에서 규정되었는데 아마도 당과 전체 사회단체들 간의 조정이 필요했던 것으로 보인다.

여덟째, 제4차 대회에서 소년단에 대한 부분이 강조되었다. 가맹시

18) 박용국은 당원이 민청대열에서 제외되었지만 맹원은 150만 명으로 확대되었다고 밝혔다.

조건은 과거 '소년단위원회의 추천서 첨부'만으로 가입신청이 가능했던 것에 비해 제4차 대회는 소년단 대위원회 보증은 민청원 1명 보증을 대신하는 것으로 규정해 가맹 조건을 더욱 강화했다. 한편 제4차 대회는 소년단에 대한 항목을 별도의 장(8장)으로 추가해 민청과 소년단간의 관계를 규정했다. 이것은 민청 내 소년단 사업이 강화되고 있음을 나타낸다. 새롭게 추가된 소년단 관련 내용으로는, 민청이 학교, 직장, 농촌, 가두 등에 '소년들의 민주주의적 교양단체'인 소년단 단체를 조직하고 활동을 지도, 소년단 단체들은 소년단원들과 소년들을 교양, 소년단 단체들은 민청중앙위원회가 제정한 조선소년단 규정에 의해 사업을 진행하는 것이 포함되었다. 민청의 하부 조직으로 소년단이 규정되어 있음과, 당시 소년단에 해당하는 연령의 소년들이 학교뿐 아니라 직장, 농촌, 가두 등에 존재했음을 알 수있다. 바꾸어 말하면 1956년 11월 시점 인민학교 재학 나이에 해당하는 소년들 중 학교에서 관리되지 않는 소년들이 상당수 존재했다는 것을 알 수 있다. 따라서 민청이 강화하고 있는 소년단 사업이란, 학교에 소속된 학생청소년 외에, 학교 밖에 존재하는 청소년들을 '어떻게, 얼마나 조직할 수 있을것인가' 였을 것이다. 이것은 이후 1964년 민청 제5차 대회에서 소년단에 해당하는 나이의 소년들이 '모두 학교 조직에 소속'되었던 것과 연결된다.[19]

아홉째, 제4차 대회는 민청원의 의무로서 노동규율, 노동생산능률, 국가 및 협동단체 소유를 애호 절약, '낡고 부패한 것을 반대하고 새것에 민감'하며 결함에 대한 '동지적 비판', '정직', '근면' 등의 사상적

19) 1961년 이후 '청년'과 함께 '청소년'이라는 용어가 함께 사용되기 시작했다. 또한 청소년의 특징과 이들을 어떻게 교양할지에 대한 김일성의 연설들이 발표되었다.

측면을 강조했다. 이것은 1950년 1월 인민군 창건 2주년 기념을 앞두고 현정민 민청 중앙위원장이 군대 내 민청원들에게 강조했던 사상교양과, 사회주의적 경제건설에서 필요한 정신들이 혼합된 것으로 보인다. 규약에서 표현된 사상적 측면은 이후 민청이 강조하는 혁명전통과 집단주의, 도덕을 혼합한 '사회주의적 인간형'의 초기 형태로 볼 수 있다.

나. 민청 조직의 강화

민청 제4차 대회의 규약 개정을 통해 민청이 하부 조직 강화를 제도적으로 보장하려 했음을 확인할 수 있다.

【표 5-2】 제3차 대회와 제4차 대회의 민청 하부 조직 비교

내용	1948.11 제3차 대회 규약[20]	1956.11 제4차 대회 규약[21]
조직 설치 기준		- 지역적, 생산적 단위에 의해 조직(16조)
중앙 위원회	- 중앙위원회의 성원은 대회의 결의에 의하여 선거. 중앙위원 중 결원의 있을 경우에는 대회에서 선거된 후보위원 중에서 보충. 후보위원은 회의에서 발언권만 가짐. (11조)	- 중앙위원회, 도 민청위원회, 시(구역), 군 민청위원회 내의 필요한 부서 설치의 권한은 민청 중앙위원회가 가짐.(23조) - 민청 중앙위원회는 전원회의와 전원회의 사이에 민청 중앙위원회 사업을 지

20) Item#129 "북조선 민주청년동맹 강령, 규약," 국립중앙도서관 전자자료.
21) "조선 민주 청년 동맹 규약," 앞의 책, 120~138쪽.

내용	1948.11 제3차 대회 규약[20]	1956.11 제4차 대회 규약[21]
중앙 위원회	- 중앙위원회 사업 내용 동맹대회의 결정의 집행, 대회와 대회 간의 동맹사업의 지도, 하급민청단체의 지도 및 각 부문에서 공작하는 맹원의 사업 지도, 소년사업 지도, 각 부장의 임명과 그의 지도, 동맹기관지 편집부 임명과 그의 지도.(12조) - 중앙상무위원회는 중앙위원회의 일상적 사업지도를 위하여 위원중에서 9명으로부터 11명으로 선거. (13조) - 중앙위원회는 적어도 3개월에 1회 중앙상무위원회가 소집, 비상위원회는 위원 3분지 1 이상의 요청이 있을 때에 소집.(14조) - 중앙위원회는 중앙위원중에서 중앙상무위원회의 위원장, 부위원장을 선거하며 다음과 같은 부서를 설치.(15조) 정치문화교양부, 조직부, 간부부, 학생사업부, 소년부, 체육부, 경리부. 중앙위원회는 각 부서와 정원수를 규정. - 동맹대회는 동맹의 재정경리를 검사하기 위하여 중앙검사 위원회를 5명 내지 7명으로 선거. 중앙검사위원회	도하기 위해 상무위원회를 구성. 결정 집행에 대한 조직 및 검열과 간부 선발 배치 등 당면한 사업을 처리하기 위하여 조직위원회를 구성. - 민청중앙위원회 위원장, 부위원장 들은 민청중앙위원회 전원회의에서 선거. (민청 대회가 아닌 '전원회의'에서 선거) - 민청중앙위원회는 국가적으로 중요한 기업소 내에 민청 중앙위원회 '조직원'을 파견.

내용	1948.11 제3차 대회 규약[20]	1956.11 제4차 대회 규약[21]
중앙 위원회	는 위원 중에서 위원장 1명을 선거.	
인민군 등 특수한 기관 내의 민청단체	- 인민군대, 보안대 및 경비대 등에 조직되어 있는 단체는 중앙위원회에 직속.(28조)	- 특수한 기관 내에 조직되는 정치국 산하 민청 단체들의 사업은 해당 정치기관들에 의하여 지도. - 정치국 산하 민청단체들은 민청 중앙위원회가 비준한 지도서와 해당 정치국(부) 훈령(지령)에 의하여 사업.(32조)
초급단체	- 민청의 기본 조직은 초급단체. - 공장, 광산, 철도 운수기관, 학교, 인민군대, 보안기관, 경비대, 사무기관, 농촌, 가두 등에 맹원 5명 이상 모여 있는 곳에는 전부 조직. - 일상적 사업지도를 위하여 맹원 20명 이상 있는 곳에는 초급단체 위원회를 선거, 그 이하의 단체에서는 초급단체 위원장, 부위원장을 선거.	- 초급민청단체는 민청의 기본조직. - 공장, 기업소, 운수 직장, 건설 직장, 임경소, 농목장, 협동조합, 국가기관, 교육 문화보건 기관, 인민군대, 농촌, 어촌, 가두 등에 민청원 3명 이상 있을 때 조직. - 초급민청단체의 조직은 시(구역), 군 민청위원회의 비준 필요. - 민청원 100명 이상 있는 공장, 기업소, 협동조합, 학교 및 기타 기관의 전체를 포괄하는 초급 민청 단체 내에는 시(구역), 군 민청 위원회의 비준 밑에 직장 또는 부문별로 민청 단체 조직 가능.

내용	1948.11 제3차 대회 규약[20]	1956.11 제4차 대회 규약[21]
초급단체		- 민청원 300명 이상 있는 큰 공장, 기업소, 협동 조합, 학교 및 기타 기관 내에는 개별적으로 도 민청 위원회의 비준을 받아 해당 공장, 기업소, 협동 조합, 학교 및 기타 기관 내의 민청 단체들의 사업을 유일적으로 지도하는 민청 위원회 조직가능. - 민청 위원회는 초급 민청 단체 총회 또는 민청 대표 대회에서 선거. 이러한 민청 단체 내의 직장 또는 부문별로 조직되는 민청 단체는 초급 민청 단체와 동등한 권한 가짐. - 민청원 100명 미만의 초급 민청 단체와 직장 또는 부문별로 조직되는 초급 민청 단체 내에는 필요에 따라 민청 분조 조직가능. - 민청원이 많고 사업상 중요한 큰 공장, 기업소 민청 위원회는 민청 중앙 위원회의 비준 밑에 시(구역), 군 민청 위원회와 동등한 권한을 가질 수 있음. 다만 50 및 51조에 규정된 원칙을 적용할 수 없는 개별적인 부문들에는 민청 중앙 위원회의 결정에 의하여 초급 민청 단체 조직 가능.

내용	1948.11 제3차 대회 규약[20]	1956.11 제4차 대회 규약[21]
초급단체 임무		– 초급민청단체의 임무는 민청원들과 청년들 속에서 조선로동당과 공화국 정부의 정책을 해석 선전, 그를 집행하는데 청년들을 조직 동원. 민청원들과 청년들의 정치 학습을 지도 방조하며 도덕 교양사업을 정상적으로 진행. 민청원들과 청년들 속에서 다양하고 흥미있는 군중문화 체육사업을 광범히 조직. 인민경제 각 부문에서 국가 계획을 완수하며 선진 작업 방법을 도입 일반화하며 로동규율을 강화하며 국가 및 협동 단체의 소유를 애호 증대시키기 위해 투쟁.

(일부만 발췌)

* 출처: Item#129 "북조선 민주청년동맹 강령, 규약," 국립중앙도서관 전자자료; "조선 민주 청년 동맹 규약(조선 민주 청년 동맹 제4차 대회에서 채택됨)," 『조선민주청년동맹 제4차 대회 문헌집』, 120~138쪽을 참고해 구성.

제4차 대회에서 개정된 규약을 제3차 대회 규정과 비교를 통해 민청이 조직적 측면에서 어떻게 변화했는지 살펴보고자 한다.

첫째, 제4차 대회는 민청단체가 지역적, 생산적 단위에 의해 조직되었다고 새롭게 규정했다.[22] 이 시기 민청단체는 지역별 단위, 생산별 단위가 혼합적으로 구성되었다.

22) 1964년 제5차 대회는 민청단체가 '생산적 단위'에 기준해 조직되도록 규약을 개정했다.

둘째, 중앙위원회의 성격이 비공개적, 실무적으로 변화했다. 그 근거로서 과거 중앙위원회 위원장 등의 선거가 '대회'를 통해 이루어진 것에 반해 제4차 대회는 '민청중앙위원회 전원회의'에서 선거하는 것으로 바뀌었던 것을 들 수 있다. 또한 제3차 대회 시기 중앙위원회 내 설치되는 부서가 규약에서 규정되었으나, 제4차 대회에서는 '필요한 부서 설치 권한은 민청 중앙위원회'가 있다고 규정해 중앙위원회의 권한과 유연성이 제고되었다. 그러나 이것은 민청 자체의 권한이라기보다는 '당의 지도'를 잘 적용하기 위한 제도의 유연성으로 볼 수 있다. 또한 과거 민청 중앙위원회 위원중 선출된 9~11명의 중앙상무위원들이 민청의 전반적 사업을 운영했던 것에 비해, 제4차 대회에서는 사업지도는 중앙상무위원회로, 조직 및 검열·간부 선발배치는 조직위원회로 업무와 역할이 분담되었다. 제4차 대회에서는 국가적으로 중요한 기업소 내에 민청 중앙위원회 '조직원'을 파견, 민청이 직접 기업소 내 민청 단체를 지도할 수 있도록 제도화했다.

셋째, 문화부가 정치부편제로 변화한 이후 개최된 민청 제4차 대회는 정치국 산하 민청단체들의 사업은 해당 정치기관들이 지도하며, 정치국 산하 민청단체들은 민청중앙위원회가 비준한 지도서와 해당정치국(부) 훈령(지령)에 의해 사업한다고 규정했다. 정치국이 공식적으로 당의 지도를 받기 때문에 이것은 당-정치국-군대 내 민청단체의 지도체계가 공식화되었음을 나타낸다. 과거 문화부가 군대 내 민청단체를 지도하던 시기의 문화부는 당의 지도를 받는 체계가 적어도 공식화 혹은 제도화되어 있지 않았다. 1948년 제3차 대회 시기 군대 내 민청단체는 민청 중앙위원회에 직속했다. 인민보안성 문화협력국 등 문화 관련부서가 민청의 강령과 규약하에 단체를 지도하고 중요한 사안은 민청 중앙위원회와 문화부서가 협의하도록 규정되었다. 군과 보안기관의 정치사상교양을 담당했던 문화부는 인민위원회 직속의 민족보위성 문화훈련국과 내무성 경비처 문화부, 그리고 인민군대 총사령부 문화부로 나누어져 있었다.[23]

넷째, 제4차 대회 규약은 초급민청단체를 대폭 강화했다. 제3차 대회에서 초급단체 설치 기준이 맹원 5명, 초급단체 위원회의 설치 기준은 맹원 20명이었던 데 반해, 제4차 대회의 초급단체 설치 기준은 맹원 3명으로 완화되었다. 또한 초급단체의 설치 대상이 기업소, 농목장, 협동조합, 국가기관, 교육문화보건기관, 어촌 등으로 확장되었으며 초급민청단체의 조직은 시(구역), 군민청위원회에서 비준하도록 규정되었다. 맹원수 100명을 기준으로 그 이상은 직장 및 부문별 민청단체 조직이 가능하고, 그 이하에 조직되는 민청단체는 필요에 따라 단체 내에 '민청분조'[24] 조직이 가능하도록 되었다. 민청위원회는 300명 이상 큰 공장, 기업소, 협동조합, 학교 등 기관에서 개별적으로 도 민청위원회의 비준하에 조직가능하며, 민청 위원회 내에 조직되는 부문별 민청단체는 초급민청단체와 동등한 권한을 가진다고 규정되었다.

또한 초급단체의 임무가 새롭게 규정되었는데 민청원들과 청년들 속에서 당과 정부의 정책을 해석선전·집행하는데 청년들을 조직, 정치학습 지도와 도덕교양사업 진행, 군중문화체육사업 조직, 인민경제 각 부문에서 국가계획 완수·선진작업 도입일반화·노동규율 강화·국가 및 협동단체의 소유 애호 증대 등이 그것이다. 제3차 대회에서 규정되었던 민청의 전반적 임무가 제4차 대회에서는 기층초급단체의 임

23) "제3차 중앙대회 기념 표창사업에 관하여(인민군대 총사령부 문화부 민청지도원, 내무국 경비처 문화부 청년사업과장 앞, 1948.9.11 민청중앙위원회 부위원장 리영섬)," 통일부 북한자료센터 MF267.

24) '분조'는 1950년 군대 내 민청단체가 중대에 조직하는 단위였다.

무로 내려왔음을 알 수 있다. 이러한 초급단체의 강화는 농업집단화 등 사회주의적 개조 일정과 연관되는데, 농촌에서 당의 초급단체를 '리' 단위로 강화했던 것과 연결지어 생각할 수 있다. 당의 초급단체의 강화는 점점 확대되어 이후 '세포' 단위로 까지 확대되었다. 초급단체의 강화는 맹원에 대한 통제강화를 의미한다. 제4차 대회를 계기로 민청은 맹원들에 대한 통제 강화, 즉 당이 민청을 통해 청년에 대한 통제를 강화하도록 개편되었음을 알 수 있다.

2. 민청의 사상적 강화

해방 이후 청년들에 대한 최초의 대중적 사상교양은 '건국사상총동원'운동으로 알려져 있다. 이것은 애국과 증산운동, 그리고 문맹퇴치를 결합한 동원 형식의 사상교양운동으로 당시 인민경제계획, 선거 등 당면한 정치일정을 소화하기 위해 청년들을 동원하는 수단으로 활용되었다.

1948년 11월 제3차 대회를 기점으로 민청은 사상교양단체로서의 성격을 분명히 했다. 특히 1950년 1월 인민군 창건 2주년을 앞두고『근로자』에 기고한 현정민 민청 위원장과 강건 참모총장의 글은 이후 전개된 민청의 사상교양의 내용의 기원이 되었던 것으로 보인다.[25] 현정민은 '인민군대는 근로청년들의 정치-기술 및 전투적 학교이다.'라는 글에서 군대의 '학교'로서의 기능을 강조하고, 군대를 통해 청년들이 습득하는 각종 군사지식과 사상교양에 대해 기술했다. 강건은 '김일성

25) 본 연구는 1950년 현정민의 기고가 민청의 사상교양에 대한 구체적 기술이 처음 이루어진 사례로 주장한다. 1950년에 발표된 사상교양과 관련한 기록은 시기적 범위로 볼 때 제4장에서 설명하는 것이 타당하나, 이 자료가 이후의 사상교양의 기원적 가치가 있다고 판단되기 때문에 5장에 함께 기술하였다.

장군 항일유격부대는 조선 인민군의 전투적 골간이다.'라는 글을 통해 인민군이 김일성에 의해 창건되었고, 김일성을 포함한 '항일빨치산'의 경험을 계승했으며, 김일성과 항일 빨치산의 항일투쟁이 맑스-레닌주의에 입각했음을 강조했다.

현정민이 군대 내 사상교양에서 강조한 맑스-레닌주의, 도덕교양, 계급적 통일성 등과 강건이 인민군의 정당성에서 강조한 인민군의 김일성과 빨치산 항일무장투쟁의 계승은 이후 민청이 사회주의적 개조를 전개하는 단계에서 구체화되었다. 1958년 제1차 당대표자회에서 그간의 정쟁이 종결되었음이 공식적으로 선언되고 사회주의적 개조가 어느 정도 완료된 시점에서 집단주의와 노동애호와 같은 사회주의적 교양 외에, 빨치산 항일무장투쟁의 역사뿐 아니라 그들의 혁명성과 도덕성을 본받자는 취지의 사상교양이 전개되었다.

통일전선을 표방해 민청이 대중적 청년단체로서 공산주의 색채를 드러내지 않고 있던 시기에 이미 현정민은 인민군이 맑스-레닌주의를 지도이념으로 삼고 있음을 명시했다. 당시 군대 내 조직된 유일한 단체가 민청이었던 것을 감안할 때 맑스-레닌주의가 군대 내 민청 단체에서 학습되었던 것을 추측할 수 있다. 그는 인민군의 임무가 '조국과 인민을 보위'하고 '평화적 조국통일'을 위한 것이라고 밝히면서도, 무장력의 목적이 '새 사회제도의 승리', 특히 '승리의 공고화를 위하여 무기를 소유하는 것이 프로레타리아의 과업'임을 '투쟁강령의 주요 부분으로 간주'했다는 1905년 스탈린의 연설을 인용했다.[26]

또한 군대에서 실시되는 정치사상교육의 근본사상은 선진적 세계관

26) 현정민, "인민 군대는 근로 청년들의 정치-기술 및 전투적 학교이다." 『근로자』, 제2호(48) (1950.1.31), 51~65쪽.

인 '맑스-레닌주의'로 일관되었다고 명시했다.[27] 현정민은 인민군대에서 군사학과 병행해 정치상학, 자습, 문화사업, 체육, 민청사업, 군무자 회의등 각종 형식과 방법으로 정치 도덕적 교양사업을 진행하며 '청년들을 조국과 인민을 사랑하는 민주사상으로 교양하며 과학적 선진리론으로 무장시킬 것'과 '국제주의로 일관한 새로운 애국주의로 교양'하라는 '인민군의 창건자' 김일성의 민청 제3차 대회 연설이 정치도덕적 교양의 기본강령이 되었다고 밝혔다.[28] 이를 실천하기 위해 근로청년들이 '인민의 원쑤를 증오할 줄 알게 하며, 군인의 신성한 의무를 끝까지 실행하도록' 교양하며 전투에서의 무비의 강인성, 강력한 의지, 완강성, 대중적 영웅성'과 같은 군인의 성격과 소유와 노동에 대한 새로운 관념을 교양해 군대의 군사적 재산을 애호하도록 교양하고, 집단적 생활을 통한 민주주의적 단체정신을 교양한다고 밝혔다.[29]

'근로청년'이라는 용어를 사용해 당시 인민군에 입대했던 청년들의 계급적 특성이 드러나기도 했다. 전쟁 전 입대자들 중에는 빈농 출신의 청년들이 상당수 포함되어 있었다. 일제하에서 교육의 기회를 거의 갖지 못했던 이들 빈농 출신 청년들은 입대 후 정치교양과 군사교양, 군사기술 등을 정기적으로 학습했다. 정규교육을 제대로 받지 못하고 특별한 기술이나 전문지식이 노동이나 농사일을 도왔던 청년들은 '근로청년' 계급으로 불리었다. 현정민은 군대가 '노동자와 농민들의 학교이며 집결장소'라는 점에서 군대에 대한 '당의 힘과 영향은 막대한 의의'를 가지며, 이러한 의미에서 군대는 '당을 로동자 및 빈농들과 련결시키는 아주 거대한 기관'이라는 스탈린의 연설을 언급했다. 또한 조

27) 위의 글, 51~65쪽.

28) 위의 글, 51~65쪽.

29) 위의 글, 51~65쪽.

선인민군대가 '로동자 농민 근로인민들의 자제로서 조직되었으며 인민들을 위하여 복무하며 근로인민을 핵심으로 하는 인민정권을 보위하는 선진적 민주주의적 군대'라는 인민성을 가졌다고 강조했다.[30] 현정민의 기고에서 언급된 '근로청년'은 1964년 민청이 사회주의로동청년동맹으로 개조되면서 의의를 두었던 청년계급의 '근로청년'으로의 통일과 직접적 연관성을 가지는 것으로 볼 수 있다.

한편 인민군이 김일성과 빨치산의 항일무장투쟁경험을 계승했음은 주로 강건의 글을 통해 강조되었다. 강건은 인민군대가 '과거 일제의 가혹한 탄압하에서 조국의 독립을 위하여 김일성 장군의 지도하에 항일 무장 투쟁에 일생을 바쳐온 진정한 애국자, 혁명가 빨치산들을 골간'으로 하여 창건되었으며, '일제와의 실지 무장 투쟁 속에서 얻은 그들의 많은 고귀한 경험 교훈'을 토대로 하여 창설되었으며, 그 '빛나는 혁명전통을 계승'했다고 밝혔다. 따라서 인민군대가 '영용한 김일성 장군 항일 인민 유격대의 장구한 혁명전통과 투쟁경험과 애국 정신으로 빛나는 력사적 군대'라고 명시했다.[31] 그는 '인민군의 창건자'인 김일성이 맑스-레닌주의 학설을 '누구보다 투철히 학습'했으며, '맑스-레닌주의 학설'에 근거해 과거 조선민족해방운동의 경험 교훈을 정확하게 인식, 파악했다고 밝혀 김일성과 맑스-레닌주의를 연결지었다.[32]

이렇듯 해방 후 군대의 정치사상 교양은 이후 구체화되어 민청을 통해 청년들에게 광범위하게 교육되었다. 1956년 4월 개최된 제3차 당대회에서 김일성은 연설을 통해 민주청년동맹이 '청년들 속에서 맑

---

30) 위의 글, 51~65쪽.

31) 강건, "김일성 장군 항일유격부대는 조선 인민군의 전투적 골간이다," 『근로자』, 제2호(48) (1950.1.31), 10~26쪽.

32) 위의 글, 10~26쪽.

스-레닌주의 교양'과 당과 정부의 정책에 대한 학습을 효과있게 조직해 청년들의 사회주의적 의식을 제고해야 한다고 강조했다. 또한 '근로를 기피하는' 현상들과 투쟁하고, '반동적 부르주아 사상'이 침투하지 못하도록 투쟁함으로서 동맹의 사상체계를 확고히 수립할 것을 주장했다.[33] 북한의 문헌은 조선로동당 제3차 대회에서 김일성의 민청 관련 교시에 따라 민청은 '낡은 사상 잔재'에 반대해 사상투쟁을 강화하고 도덕 교양을 강화하고 민청원들과 청년들이 노동을 사랑하고 국가사회 재산을 애호 절약하며 국가법령과 공중 규률을 자각적으로 준수하고 사회주의 건설자 답게 문화적으로 살며 일하는 품성을 가지도록 지도해야 한다고 밝혔다.[34]

한편 제3차 당대회에서 민청에게 제기된 가장 큰 과업은 조직의 양적 확대였다. 지도부에게는 농업 집단화 등 사회주의 건설의 목표하에 진행해야 할 국가적 과제들이 있었고 민청은 이를 위한 노동력과 간부 충원의 중요한 공급원이었다. 또한 전후 교육기관도 아직 복구되지 않고 정치적으로 혼란하며 향후 사회주의적 체제로의 큰 변화를 앞둔 상

33) 김일성, "조선 로동당 제3차 대회에서 한 중앙 위원회 사업 총결 보고," 『김일성선집 4』(평양: 조선로동당출판사 1960, 번각발행 동경: 학우서방, 1963), 552쪽; 민청 창립 10주년 기념 축하문에서 당중앙위원회는 민청이 "문학 예술 분야에서 이체 부르죠아 반동 사상과의 투쟁"을 더욱 강화해야 하며, 특히 "박헌영, 리승엽 도당들이 우리 문학 예술 분야에 끼쳐 놓은 부르죠아 사상의 독소를 철저히 숙청"하기 위한 광범한 군중적 운동을 전개하도록 지시했다. 북한의 문헌은 민청단체들이 이 교시를 받들고 진행한 사상운동이 초보적 성과를 달성했으며, 향후 이 투쟁을 장기적인 사상운동으로 지속해야 한다고 밝혔다. "형식주의와 교조주의를 퇴치하며 반동적 부르죠아 사상 잔재들과 견결히 투쟁하자," 『조선로동당과 민청』(평양: 민주청년사, 1956.6), 45~60쪽.

34) "형식주의와 교조주의를 퇴치하며 반동적 부르죠아 사상 잔재들과 견결히 투쟁하자," 위의 책, 45~60쪽.

황에서 청년들을 체제에 결속하도록 사상적으로 교양하고 조직하는 일이 급선무였다.

따라서 제3차 당대회에서 김일성은 민청이 자신의 대중적 성격을 망각하고 광범위한 청년들을 인입하는 노력을 펼치지 않았다고 지적하면서, 정치적 의견과 종교가 있는 청년들도 교양으로 설득할 수 있다고 강조했다. 이러한 민청의 '양적 확대'에 대한 당의 강조가 1956년 11월 개정된 민청 규약에서 드러났다. 즉 단체의 대중적 성격을 유지하고, 규약 내에서 공산주의적 색채를 드러내지 않으며, 초급단체를 강화하며, 소년단을 강화하는 정책이 규약에 구체적으로 명시되었다.

한편 청년들에 대한 사상교양이 본격적으로 진행된 것은 사회주의적 개조가 완료될 무렵인 1958년 무렵이었다. 1958년 3월 19일 '전국청년 사회주의건설자대회'에서 김일성은 '사회주의 건설에서 청년들의 과업에 대하여'라는 제목의 연설에서 청년들이 당의 지도하에 "새 것을 창조하는 로력투쟁에서 돌격대의 역할"을 했다고 치하했다. 김일성은 "오늘 땀을 흘려서 창조하고 건설하는 것"은 청년들의 장래 행복과 후손만대의 번영을 위한 것이며 청년들은 "어떠한 일에서나 두려움을 모르고 고난을 극복하기 위한 투쟁에서 선두에 서야 하며 미래의 주인답게 새 것을 창조하며 낡은 것을 버리는 데서 용감"해야 한다고 강조했다.[35] 김일성은 청년들이 '당의 가장 믿음직한 일군', '참다운 사회주의 건설자'가 되어야 하며 이를 위해 '고상한 사회주의적 품성을 가진 새 형의 청년', 즉 노동을 즐기며 사회주의 건설에 적극 참가하여 맡은 바 책임을 훌륭하게 수행하는 새로운 도덕을 소유해야 한다고 설명했

35) 김일성, "사회주의 건설에서 청년들의 과업에 대하여(1958.3.19)," 『김일성선집 5』(평양: 조선로동당출판사, 1960, 번각발행 동경: 구월서방, 1963), 427쪽.

다.[36] 또한 청년들이 '사회주의적 애국사상'으로 무장해야 한다고 강조하면서 남북이 대치해 있는 상황에서 착취제도의 본질을 파악하고 사회주의 제도의 우월성을 확신해야 한다고 강조했다.[37]

김일성은 선조들의 문화 유산들을 계승하고 역사를 연구하며 '인민의 고귀한 혁명전통'을 계승, 프롤레타리아 국제주의 정신에 충실할 것,[38] 맑스-레닌주의 학습을 더욱 강화할 것을 강조하면서 맑스-레닌주의의 일반적 진리와 함께 우리 나라의 구체적 현실을 연구해야 하며 맑스-레닌주의를 현실에 구현한 당의 정책을 심오하게 연구해야 한다고 설명했다.[39] 또한 근로자들이 의식과 생활관습과 문화수준이 사회-경제적 처지에 비해 뒤떨어져 있다고 지적하면서 청년들이 전체 근로자들의 의식을 사회주의적으로 개조하고 도시와 농촌에서 문화혁명을 추진하기 위한 투쟁에 선봉적 역할을 할 것을 당부했다.[40]

1958년 4월 민청 중앙위원장 박용국은 3월 개최되었던 조선로동당 제1차 대표자회가 채택한 결정을 해설했다. 그는 제1차 대표자회에서 당을 조직사상적으로 강화할 과업이 제기되었다고 밝히면서, 민청 단체 역시 "종파의 여독을 우리 세대에 영원히 깨끗이 청산하기 위한 투쟁"에 적극 나서도록 강조했다.[41] 박용국은 특히 "최창익 도당이 뿌려놓은 종파의 여독을 모든 분야에서 청산하기 위해 완강히 투쟁"해야 한다고 강조하면서, "지방주의, 가족주의에 물젖어 있는 일부 청년들

---

36) 위의 글, 428~429쪽.

37) 위의 글, 433쪽.

38) 위의 글, 434쪽.

39) 위의 글, 435쪽.

40) 위의 글, 435쪽.

41) 박용국, "청년들 속에서 당적 사상 체계를 더욱 확고히 하자," 『근로자』, 제4호(149) (1958.4.15), 53~58쪽.

속에서는 '동창'이나 '동향'이니 '한문벌'이니 '의형제'니 하면서 무원칙한 그루빠 경향"이 있음을 지적했다.[42] 그는 민청단체가 종파여독을 청산하는 동시에 청년들을 단결시키기 위해 정치조직사업을 강화해야 하며, 그를 위해 '당에 대한 교양'이 중요하다고 강조했다. 특히 "당의 영광스러운 투쟁 력사를 깊이 학습하여 혁명 선배들의 고귀한 품성을 배우도록 하는 것"이 중요하다고 강조했다.[43]

또한, 당 역사를 학습하는 것은 청년에게 '당적 사상체계'를 공고히 하는 가장 중요한 방법이라고 설명하면서 "김일성 동지를 선두로 한 견실한 공산주의자들은 조국의 독립과 우리 나라에 사회주의 리상을 실현하기 위하여 빨찌산 대렬에서, 지하에서, 감옥에서 백절 불굴의 투쟁을 전개"했다고 밝혀 당 역사가 김일성과 만주 빨찌산 그룹, 그리고 일부 공산주의자들의 역사임을 드러냈다.[44] 당적 사상 체계의 확립을 위해 청년들이 맑스-레닌주의적 세계관, 인생관을 확립하도록 지도해야 한다고 설명했다.[45]

박용국의 연설은 1958년 제1차 당대표회자에서 연안파의 숙청으로 당내 갈등이 어느 정도 종식되었으며, 이후 민청 조직 내에 '종파적 경향'을 제거하기 위한 정비 작업이 진행될 것을 암시했다. 또한 사상적 측면에서 맑스-레닌주의 학습 강화와 '당 역사의 학습'을 강조했다. 그가 언급한 '당 역사'는 포괄적인 당 역사가 아닌, 1958년 시점에서 당지도부의 핵심으로 남은 김일성을 비롯한 만주 빨치산 그룹 및 박금철 등을 포함한 소수 토착 공산주의자들을 지칭함을 추측할 수 있다.

---

42) 위의 글, 53~58쪽.

43) 위의 글, 53~58쪽.

44) 위의 글, 53~58쪽.

45) 위의 글, 53~58쪽.

같은 해 11월 20일 전국 시·군·당 위원회 선동원들을 위한 강습회에서 김일성은 '공산주의 교양에 대하여'라는 연설을 통해, 사회주의 건설을 전개하는데 중요한 과업으로 '공산주의적 사상교양'을 강조했다.[46] 그는 5개년 계획의 단축 등 사회주의 경제건설의 목표를 달성하는데 자본주의 사상의 잔재가 걸림돌이라고 지적하면서 사상교양사업의 중점을 자본주의에 대한 사회주의와 공산주의에 대한 우월성에 둘 것, '사회의 공산주의적 개조'에서 장해가 되는 '개인주의'와 '이기주의'를 반대할 것, 근로자들을 사회주의적 애국주의와 프롤레타리아 국제주의로 교양할 것, 근로자들을 '부단혁명'의 사상으로 교양할 것을 강조하면서 '북반부의 사회주의 건설'이 완성된 후에도 조국통일과 남한의 민주개혁, 그리고 '전 조선의 사회주의 건설' 등을 수행하기 위해서 근로자들을 '사회주의와 공산주의의 열렬한 건설자'로, '공산주의 전사'로 교양해야 한다고 주장했다.[47]

1961년 무렵부터는 청년들에 대한 사상교양의 내용이 더욱 구체화되었고 적극적으로 진행되었다. 특히 의무교육제도가 전개되면서 학교내에서의 교양, 특히 학교와 민청 및 소년단의 협조체제를 통한 사상교양 체제의 구축이 진행되었다. 1961년 4월 25일 전국 교육일꾼 열성자대회에서 김일성은 사람들에 대한 교양사업은 가정으로 시작해 학교교육에서 기초를 닦고 사회교육을 통해 지속적으로 완성된다고 설명하면서 학교는 "감수성이 가장 예민하고 정신적으로나 육체적으로 급속히 발육하고 성장하는" 청소년시기의 교양을 담당한다고 설명

46) 김일성, "공산주의 교양에 대하여: 전국 시·군·당 위원회 선동원들을 위한 강습회에서 한 연설(1958.11.20)," 김일성, 『청소년사업에 대하여』(평양: 조선로동당출판사, 1966.2, 동경: 조선청년사, 1966.9(번인출판)), 58~87쪽.

47) 위의 글, 58~87쪽.

했다. 그는 청소년들에 대한 공산주의 교양의 과업으로 인민을 사랑하며 조직과 집단을 사랑하는 정신으로 '집단주의 교양'을 배양할 것, 공동 재산을 존중할 것, 노동을 사랑할 것, 사회주의 제도의 우월성을 인식시킬 것, 미래를 사랑하는 정신으로 교양할 것을 강조했다.[48] 김일성은 학교 교육의 목적이 "공산주의 사상으로 무장하고 새 사회 건설에 필요한 지식과 기술을 가진 공산주의 건설자를 양성"하는 데 있다고 규정했다.[49]

이 시기, 과거 당 건설의 역사의 일부로 불러들였던 만주 빨찌산 그룹의 무장투쟁의 경험은 '혁명전통'이라는 이름으로 청년들을 '새 인간형'으로 개조하는 과정에서 사상교양 실천의 모범사례로 확장되었다.

'승리자의 대회'로 규정된 1961년 당대회가 당이 '항일무장투쟁의 혁명성'을 계승했음을 공표하면서 기존의 애국주의 외에 사회주의적 교양, 빨치산의 항일무장투쟁 정신이 결부된 사상교양학습이 대대적으로 전개되었다. 1961년 제4차 당대회에서 김일성은 근로자들의 "사상의식을 개변"하고 "공산주의적 도덕과 품성을 기르는 교양사업"을 당의 정책과 노선을 관철하는 투쟁과 밀접히 결부하여 진행할 것을 강조하면서 "근로자들 속에서 공산주의교양은 반드시 혁명전통 교양과 결부"되어야 한다고 주장했다.[50]

김일성은 공산주의교양이 혁명전통교양과 결부되어 "공산주의자들

48) 김일성, "청소년들의 교양에서 교육 일군들의 임무에 대하여: 전국 교육 일군 열성자 대회에서 한 연설(1961.4.25)," 『청소년사업에 대하여』, 88~110쪽.

49) 위의 글, 88~110쪽.

50) 김일성, "조선로동당 제4차 대회에서 한 중앙위원회 사업총화보고," 『김일성저작선집 3』(평양: 조선로동당출판사, 1968, 번각발행 동경: 구월서방, 1969), 177~181쪽.

의 산 모범을 본받는 사업"이 되며 "생동하고 힘있는 감화력을 가진 교양사업으로 된다는 것은 이미 생활에서 확증"되었다고 밝혔다. 그는 "오랫동안 매우 어려운 환경에서 일제를 반대하여 싸워이긴 항일빨찌산들의 투쟁과 생활은 우리 근로자들을 끝없이 감동시키며 그들을 영웅적 투쟁"으로 고무하는 모범이 된다고 강조했다. 따라서, 혁명전통 교양은 혁명을 경험하지 못한 새로운 세대들이 "공산주의적혁명정신으로 교양"하는 "가장 훌륭한 교과서"가 된다는 것이다.[51)]

한편 김일성은 혁명전통이 '당과 혁명의 역사적 뿌리'를 이해하도록 하며, '당과 혁명을 보위하면서 사회주의적 전취물을 끝까지 지키는 투쟁정신'을 기르는데 도움이 되며, 따라서 '광범한 근로대중 속에서 당적 사상체계를 세우며 당의 사상으로 그들을 무장시키는 힘있는 수단'이 된다고 강조했다.[52)] 혁명전통이 당건설의 역사이자 공산주의적 사상교양인 동시에 사람들을 '공산주의적으로 개조'하는 '실천적 사례'가 되었음을 공식화했다.

김일성이 강조한 혁명전통의 확장은 민청 중앙위원회 위원장 오현주의 연설에서도 확인할 수 있다. 오현주는 지난 기간 민청단체들이 청소년들에 대한 공산주의 교양을 '혁명전통 교양과 밀접히 결부'해 진행하는 당의 방침을 실천했다고 설명했다. 그는 혁명전통교양을 통해 청소년들에게 당의 '역사적 뿌리를 옳게 인식'시킴으로써 청소년들을 '어떤 조직하에서도 김일성 동지를 수 반으로 하는 당중앙위원회를 철옹성같이 보위'하고 '당정책을 무조건 지지'하는데 집중했다고 강조했다. 그는 최근 몇 년간 민청 중앙위원회가 항일 빨찌산들의 회상기를

51) 위의 글, 177~181쪽.

52) 위의 글, 177~181쪽.

출판물에 게재하고 『수령을 따라 배우자』, 『서광』, 『혁명을 위하여』 등 혁명전통교양자료들을 발간, 혁명전통학습토론회, 우등불 모임, 혁명가들과의 상봉모임, 혁명전적지 답사 등 다양한 수단과 방법을 통해 혁명전통교양사업을 진행했다고 밝혔다.[53]

혁명전통 교양이 비단 사상교양과 학습뿐 아니라, 생산건설현장에서도 동원되었음이 언급되었는데, "'1등급 비날론 공장 건설'에서 청소년들이 『항일 빨찌산 참가자들의 회상기』 등 혁명전통학습자료들의 학습한 것을 실제 생활에 구현, 100%는 수치하고 500%는 수수하며 1000%쯤이면 괜찮다고 하면서 류례없는 기적을 발휘해 이 공장을 1년 만에 준공"했다고 강조했다. 오현주는 민청 단체들이 혁명전통교양을 통해 청소년들 속에서 공산주의 도덕과 품성을 양성하는 사업을 "당 정책과 김일성 동지의 교시 관철을 위한 투쟁과 밀접히 결부"해 진행하고 있다고 주장했다.[54]

오현주의 발언은 청소년들에 대한 만주빨찌산 그룹의 무장투쟁경험에 대한 학습이 이미 수년 전부터 진행되어 왔을 뿐 아니라 학교, 생산기관 등 전 부문에 걸쳐 '행동의 모범'으로 실천적 교본으로 활용되었음을 입증한다.

이후 사상교양의 내용은 해방 후 전개된 애국주의, 사회주의적 개조단계에서 강조된 맑스-레닌주의와 집단주의 및 도덕, 그리고 혁명전통 교양이 결합되어 궁극적으로 '새로운 사회주의적 인간형' 양성을 목적으로 구체화되었다. 1958년 제1차 당대표자회 이후 더욱 강조되었

---

53) "오현주 동지의 토론," 『朝鮮勞動黨大會資料集(第Ⅱ輯)』(서울: 國土統一院, 1988), 490~491쪽.

54) "오현주 동지의 토론," 『朝鮮勞動黨大會資料集(第Ⅱ輯)』(서울: 國土統一院, 1988), 490~491쪽.

던 청소년들에 대한 사상교양은 1961년 당대회 이후 더욱 강화되었다.[55] 이후 의무교육제 기간이 연장 실시되어 학교교육이 포괄하는 청소년들의 연령이 확대된 것을 기반으로, 학교와 민청이 학교수업과 교양학습을 병행해 청년과 소년 대상의 사상교양이 강화되었다. 인민학교의 소년들에게 학교교육과 소년단 교양을 통해, 그리고 청년들에게 학교교육과 민청 교양을 통해 전개된 사상교양은 1964년 민청이 '사회주의로동청년동맹'으로 개조되기 위한 사상적 조건이 되었다.

3. 민청의 인적 구성 변화

가. 간부 성격 변화

1956년 이후 민청 간부정책의 특징은 당중앙위원회 조직지도부의 민청 중앙간부 파견, 민청 내에서 양성된 간부의 당 및 국가 기관 등에의 등용, 정치 간부의 중시 등을 들 수 있다.

첫째, 1956년부터 1962년까지 민청 중앙위원회 위원장은 당중앙위원회 조직지도부 간부 출신이 담당하는, 이른바 '중앙당 집중지도' 형식의 '임명제도'가 실시되었다. 그 실례로 1955년 당중앙위원회 조직지도부 간부였던 박용국이 민청 제4차 대회에서 민청 중앙위원회 위원장으로 공식화되었던 사례를 들 수 있다.[56] 박용국(1956.1월~

55) 김일성, "청소년 교양사업에 대하여: 출판 보도 일군 및 민청 일군들과 한 담화 중에서(1962.5.3)," 『청소년사업에 대하여』(평양: 조선로동당출판사, 1966.2, 동경: 조선청년사, 1966.9 (번인출판)), 141~146쪽.

56) 박용국은 1956년 1월 민청 결성 기념 10주년을 앞두고 『근로자』에 기고, 그가 민청의 대표자격임을 드러냈다. 1956년 11월 민청 제4차 대회에서 그가 중앙위원장임이 공식화되었다. 그는 1955년 7월 『근로자』에 당중앙위원회 조직지도부에서 시행하는 통신제도에 대해 해설하는 글을 기고했는데, 이는 그가 민청 중앙위원장을 맡기 이전 당 조직지도부에서 간부로 활동했음을 입증한다.

1959.10 민청 중앙위 위원장) 외에도 오현주(1956.7. 민청 중앙위 부위원장, 1959.10~1962. 민청 중앙위 위원장)가 당중앙위 조직지도부에서 함께 활동했던 것으로 보인다. 홍순권(1956.11. 민청 중앙위 상임위원, 1957.5~1959.2 민청 중앙위 부위원장, 1962. 민청 중앙위 위원장)의 경우 역시 당 중앙위원회에서 활동했던 것으로 추측된다.[57)]

당간부의 근로단체 파견은 1958년 당의 간부사업체계가 개편되면서 구체화되었다. 당중앙위원회는 '간부 선발, 배치 및 육성에 관한 정확한 방침'을 제시하고 '간부사업에서의 조직적 원칙과 절차'들을 개편된 간부사업 체계를 통해 규정했다. 이에 따라 간부 양성 및 재교양을 위한 상설 교육기관들이 확장되고 간부들에 대한 '일상적 지도와 방조'를 강화하기 위한 조치들이 시행되었다.[58)] 황해북도 당위원장인 리재영은 1961년 제4차 당대회의 보고에서 최근 1년간 "당 핵심대열로부터 1,200여 명의 우수한 일군들을 료해 선발하여 정권기관, 근로단체, 경제 기관의 지도적 직위"에 등용했으며 "후비 간부의 료해 사업도 점차 심화"되고 있다고 밝혔다.[59)] 이것은 민청 중앙위위원회뿐 아니라 정권기관, 기타 근로단체, 경제기관의 지도기관에도 당의 간부가 파견

---

57) 1962년 3월 15일『근로자』에 "기술 경제 지식의 소유는 간부들의 간절한 임무"를 게재한 것으로 보아 당간부부에서 활동했던 것으로 추측된다. 홍순권, "기술 경제 지식의 소유는 간부들의 간절한 임무,"『근로자』, 제3호(196) (1962.3.15), 15~20쪽;『근로자』같은 호에 민청 중앙위원회 위원장 오현주가 "청소년들 속에서 공산주의 교양을 더욱 강화하자"는 제목으로 기고했다. 오현주, "청소년들 속에서 공산주의 교양을 더욱 강화하자,"『근로자』, 제3호(196) (1962.3.15), 35~40쪽; 1962년 민청 중앙위원회 위원장이 오현주에서 홍순권으로 교체되었는데 이것은『근로자』기고 시기 이후의 일로 보인다.

58) "리재영 동지의 토론,"『朝鮮勞動黨大會資料集(第Ⅱ輯)』(서울: 國土統一院, 1988), 539~540쪽.

59) 위의 글, 541쪽.

되는 제도가 정착되고 있음을 입증한다.

둘째, 중앙위원회 위원장 및 주요 간부는 당 중앙위원회에서 파견 형식으로 지도하는 반면, 일반 간부들은 민청 내에서 양성되어 당간부로 등용되는 '쌍방적' 인사교류가 이뤄졌던 것으로 보인다. 대표적인 사례는 1962년 민청위원장에 선임된 홍순권을 들 수 있다. 평철도 민청 위원장 출신으로 1950년 4월 민청 중앙위원회 부리가다부 부부장이었던 홍순권은 당 중앙위원회 간부부에 재직하다가 1962년 민청 중앙위원장 자리에 올랐다.

셋째, 사상교양을 기본 임무로 하는 민청의 특성상, 민청의 간부는 '정치간부'의 성격이 요구되었다. 이 시기 다수의 간부들이 지도기관 선거를 통해 새롭게 충원되었다. 따라서 이들의 부족한 정치사상교양을 제고하기 위해 당원들이 민청 내에 파견되어 민청 교양망의 지도를 담당하거나 청년들 대상의 각종 출판물 발간사업을 지도했다.[60] 민청 제4차 대회에서 박용국 위원장은 민청 간부들이 "실무주의자로 전락"되고 있으며 "정치일군으로서의 면모를 적지 않게 상실"하고 있다고 지적하면서 민청 간부들이 실무주의의 틀에서 벗어나 "높은 정치성과 사상성을 견지하며 문화적 식견을 가진 능숙한 조직 교양자"가 되도록 강조했다.[61]

특히 민청이 사로청으로 개조되기 직전인 1964년 4월 김정일은 민청 중앙위원회 간부들과의 담화에서 민청 간부들은 '자체의 정치실무수준'을 높여야 현실의 발전 수준에 맞게 청년들과의 사업을 할 수 있

60) "조선로동당은 민주 청년 동맹의 조직자이다," 『조선로동당과 민청』(평양: 민주청년사, 1956.6), 10~13쪽.

61) 박용국, "조선민주청년동맹 제4차 대회에서의 중앙 위원회 사업 총결 보고," 『조선민주청년동맹 제4차 대회 문헌집』(평양: 민주청년사, 1956.11), 60쪽.

다고 지적하면서 "위대한 수령님의 교시와 로작들을 연구학습하여 청년사업에 대한 당의 의도와 방침을 환히 꿰뚫어야 하며 각계각층 청년들과의 사업을 능숙하게 벌려나갈 수 있는 조직적 수완"을 가질 수 있다고 주장했다. 또한 모든 민청 간부들이 "당과 수령에게 끝없이 충실한 공산주의적 청년 핵심들로 튼튼히 꾸리고 그들의 역할을 끊임없이 높"일 것을 강조했으며[62] 이 시기로부터 간부들에게 정치사상적 자질뿐 아니라 '당과 수령에 대한 충실성'이 요구되었다.

나. 계급적 통일과 학생층의 인입

이 시기에는 해방 이후 새로운 교육체제에서 교육을 받았거나, 해방 이후 태어난 새로운 세대들이 등장했다. 특히 1964년 사로청으로 개조되면서 '새 세대'로 강조된 이들은 '위대한 시대에 태어나 조국의 찬란한 대력사를 창조하는 붉은 전사'이며 '젊은 건설자'로서 '영예로운 세대'로 정의되었으며, "항일무장투쟁시기부터 오늘의 사회주의 건설에 이르기까지 조선공산주의운동이 이룩한 빛나는 전통과 업적을 계승 발전시켜 사회주의와 공산주의의 완전한 승리를 보장할 성스러운 임무"가 지워졌다.[63]

'새 세대'에게 당시의 '위대한 시대'란 "항일 빨찌산의 피어린 투쟁으로써 개척하였고 우리 당과 인민이 영웅적 투쟁을 통하여 꽃피워 놓은 우리 나라의 력사에서 가장 번영하는", "사회를 혁명적으로 개조하며

---

62) 김정일, "현실발전의 요구에 맞게 청년동맹 사업을 개선강화할데 대하여(1964.4.22)," 『김정일선집 1』(평양: 조선로동당출판사, 1992), 4쪽.

63) "민청제5차대회를 경축하는 평양시 청년학생 대회에서 한 조선 사회주의 로동 청년 동맹 중앙 위원회 위원장 홍 순권 동지의 연설," 『조선사회주의로동청년동맹 제5차대회 토론집』(평양: 조선 사회주의 로동 청년 동맹 출판사, 1964), 11쪽.

나라의 세기적 락후와 빈궁을 청산하고 진보와 문명에의 비약을 이룩하는", "우리 민족을 완전히 해방하며 통일되고 독립되고 부강한 조국을 건설하기 위한 투쟁의" 시대, 또한 "인민의 경애하는 수령 김일성 동지께서 령도하시는 천리마 시대", "항일 무장 투쟁의 깊은 뿌리에서 자라난 영광스러운 당이며 위대한 혁명 투쟁에서 검열되고 세련된 불패의 당인 조선로동당의 령도를 받는 시대"[64]이기 때문에 "가장 영광스럽고 행복한 시대"로 설명되었다.[65] 그러나 이면에는 이러한 새 세대들이 해방 후에 태어나 어려움을 모르기 때문에 정치사상적 강화가 필요하다는 의미가 포함되어 있다.[66]

사회주의적 개조가 완료되면서 주민의 노동계급으로의 계급적 통일이 정비되었다. 1956년 민청 제4차 대회에서 강조되었던 민청의 양적 확대는 전후 혼란스러웠던 상황에서 흩어져 있던 '각계각층'의 청년들을 민청으로 끌어들이는 계기가 되었다. 특히 남한에 속해 있다가 전쟁 후 북한으로 편입된 '신해방지구'인 황해도와 강원도 지역의 경우 지역적 특성으로 인해 가족이 월남에 있거나 출신성분이 복잡한 청년들에 대한 관리가 중요시되었다. 황해남도의 경우 민청 제4차 대회 직후인 1956년 말 도내 전체 민청원 중 노동청년이 차지하는 비중은 3.4%에 불과했다. 또한 전체 민청원 중 38%가 '개인농 경리와 수공업

64) 위의 글, 10쪽.

65) 위의 글, 10쪽.

66) 사로청 제 5차 대회에서 평양시 대표 리성근은 김일성종합대학 학생들 중 "해방 후에 나서 자란 지주, 자본가를 보지 못하였고 짚신이라는 말조차 처음"인 학생들도 있고 "그 중 일부 학생들은 오늘의 행복이 어떻게 이루어졌는가를 잘 모르거나 복 속에서 살면서도 복을 모르는 현상"도 있다고 지적했다. "평양시 대표 리성근 동지의 토론," 『조선사회주의로동청년동맹 제5차대회 토론집』, 124쪽.

및 개인 상공업'에 종사했으며 종교를 가졌거나 '사회적으로 옳지 않은 길을 걸어 온' 청년들도 적지 않았다고 한다.[67] 이후 '각 계층 군중들과의 사업을 강화할 데 대한' 1960년 4월 1일 당중앙위원회 상무위원회의 결정,[68] '1961년 3월 27일 당중앙위원회 상무위원회의 조치' 등은 '복잡한 성분'을 가진 청년들을 계급통일에 편입시키는 계기가 되었다.[69] 이후 근로단체가 새로운 혁명단계에 맞게 성격과 조직을 개편하면서, 민청은 계급통일의 마지막 과정으로서 농민청년의 근로계급화에 착수했다. 이 과정에서 민청은 사로청으로 개편을 공식화하고 민청 내의 계급적 구성이 "로동청년을 핵심으로 근로농민청년, 근로지식인 청년, 근로인민 출신의 학생청년들로 정비"되었음을 밝혔다.'[70]

그러나 이 시기 아직 청년들의 계급통일이 완전하게 이루어지지는 않았다. 농민청년들 중에는 민청에 가입하지 않은 경우가 상당수 존재했다. 또한 나이 어린 간부가 선출되고, 새로운 교육제도에 뒤늦게 진학하는 늦깎이 학생들도 다수 존재해 민청 맹원들 간, 학생들 간에 연령의 표준화가 이뤄지지 않았다. 예를 들어 김일성대학의 경우 "40세에 가까운 학생이 있는가 하면 해방 후에 나서 자란 지주, 자본가를 보지 못하였고 짚신이라는 말조차 처음 듣는" 학생들이 공존했다.[71] 함경북도의 북청고등원예학교의 경우 '매년 16~25세에 이르는' 지식수

67) "황해남도 대표 장세극 동지의 토론," 『조선사회주의로동청년동맹 제5차대회 토론집』, 92쪽.

68) 위의 글, 94쪽.

69) 위의 글, 94쪽.

70) "함경 북도 대표 조성호 동지의 토론," 『조선사회주의로동청년동맹 제5차대회 토론집』, 230쪽.

71) "평양시 대표 리성근 동지의 토론," 『조선사회주의로동청년동맹 제5차대회 토론집』, 124쪽.

준과 사상의식 수준, 성격과 취미, 능력과 소질이 다른 '1,000명 학생들이 기술반, 고등반, 전문반 등 세 개의 교정과 원예, 농산, 농기계, 산림, 축산 등 다섯 개의 학과에서 공부'하고 있어 학교 내 민청 단체들이 학생들 사업을 진행할 때 나이와 심리적 특성에 맞게 다양한 형태와 방법으로 진행해야 했다고 한다.[72] 또한 1962년 봄 황해남도에 대한 당중앙위원회 지도에서 제기된 과업을 통해 도민청위원회는 초급간부의 질적 구성을 제고하는 작업에 착수했는데, 당시 초급단체 간부들이 나이가 어려 자기보다 나이가 많고 민청 생활을 오래한 민청원들 및 복잡한 계층 청년들을 제대로 지도할 수 없었던 상황이라고 한다.[73]

제3절 민청에 대한 당 지도의 제도화

1. 규약을 통한 당 지도체계의 제도화

1956년 제3차 당대회 이후 당의 근로단체에 대한 지도 강화 정책하에서 당의 민청에 대한 지도가 당강령과 규약을 통해 공식적으로 제도화되었다. 본문에서는 1956년 이후 민청을 포함한 근로단체에 대한 당의 지도의 제도화를 이해하기 위해 1956년 제3차 당대회, 1956년 제4차 민청 대회, 1961년 제4차 당대회, 1964년 민청 제5차 대회에서 각각 개정된 강령과 규약을 비교·분석하고자 한다. 1956년 당규약과

72) "함경 남도 대표 전기태 동지의 토론," 『조선사회주의로동청년동맹 제5차 대회 토론집』, 52쪽.

73) "황해남도 대표 장세극 동지의 토론," 『조선사회주의로동청년동맹 제5차 대회 토론집』, 92쪽.

1961년 당규약을 비교하는 것은 1956년에서 1961년 사이 진행된 김일성 계열에 의한 당권 장악이 두 개의 규약의 변화된 내용에 반영되기 때문이다. 이 변화는 당의 민청에 대한 지도의 양상을 살펴보는 배경이 된다.

가. 1956년 당규약 vs. 1961년 당규약

1956년 제3차 대회에서 로동당이 노동계급과 전체 근로대중의 선봉적·조직적 부대이며, 모든 근로자들 가운데 선진적 투사들로 조직되어 있으며 맑스-레닌주의 학설을 활동의 지도적 지침으로 삼는다는 기조는 1961년 당규약에서도 유지되었다.

첫째, 제4차 당대회 규약 중 '당'에 대한 설명이 달라진 부분은 지도학설인 맑스-레닌주의를 실천하는데 '조선혁명에 창조적으로 적용'하고 '맑스-레닌주의의 순결성을 고수'할 것이 강조된 점, 당이 항일무장투쟁에서 이룩한 혁명전통의 직접적 계승자임이 공식화된 점, 당면목적이 '전국적 범위에서 반제, 반봉건 민주개혁의 과업완수'에서 '공화국 북반부에서 사회주의 완전한 승리'로 변화했다는 점이다.

둘째, 1961년 당규약에서 당원에 대한 규정은 후보당원 기간을 거쳐야 하며 당원 2명의 보증서를 받아야 하는 원칙과 민청원의 경우 시·군 민청위원회의 입당보증서가 당원 1명의 보증서를 대신하는 원칙은 유지되었다. 민청위원회의 입당보증서가 당원 1명의 보증서를 대신하는 것에 대해 북한의 문헌은 '로동당의 후비대로서 민청의 책임을 증대시킨 것'이며 '민청에 대한 당의 두터운 신임의 표시'로 규정했다.[74]

74) "민주 청년 동맹은 조선 로동당의 후비대이며 방조자이다," 『조선로동당과 민청』(평양: 민주청년사, 1956.6), 13~20쪽.

1961년의 당규약에서 변화된 점은 입당보증인의 책임과 입당 전 사전교양이 강화된 부분이다. 입당보증인은 과거 '1년 이상의 당년한'에서 '2년 이상의 당 년한'을 가진 것으로 조건이 강화되었고, 입당청원자의 과거와 현재의 사회, 정치생활에 대해 잘 알아야 하며 후보당원 기간중 당세포가 '구체적 지도와 방조'를 줄 것이 명시되었다. 당원의 의무는 당의 선결과제가 사회주의 체제 건설로 바뀐 만큼, 과거 '조국통일독립과 인민민주주의제도의 공고화와 확대발전'에서 '조국통일독립과 사회주의 및 공산주의 건설을 위해 적극투쟁'하는 것으로 변화했다. 또한 '혁명전통을 연구하고 체득 및 계승·발전할 것이 추가되었다.

셋째, 당의 통일에 대한 표현은 과거 '당의 사상적 조직적 통일을 보전하기 위해 투쟁할 것'으로부터 '당의 사상체계를 확고히 무장'할 것과, '당중앙위원회 주위에 굳게 단결하며 튼튼히 보위'하고 '종파주의, 지방주의, 가족주의'를 반대하고 '당의 통일과 단결'을 고수하는 등의 표현으로 구체화되고 강화되었다. 1961년 제4차 당대회로부터 당의 통일과 단결은 '당중앙위원회'를 중심으로 할 것으로 표현되었다. 제4차 대회의 당중앙위원회는 대부분 김일성 계열로 구성되었고, 그중 핵심인 정치위원회의 구성은 김일성, 최용건, 김일, 박금철, 김창만, 리효순, 박정애, 김광협, 정일룡, 남일, 리종옥이었다. 이들은 만주 빨치산 계열, 보천보 전투와 광복회 관련해 김일성에게 협조했던 갑산계열, 김일성에 의해 등용된 테크노크라트 그리고 해방 직후부터 김일성에게 협조했던 소련유학파였다.

넷째, 조직원칙 및 구조면에서, 1961년 당규약은 해당 단위의 최고 지도기관이며 참모부로서, 각급 '당위원회'가 중요한 문제들을 집체적으로 토의 결정한데 근거해 집행하도록 규정했다. 1956년 당규약은 '당의 지도'에 대해 당중앙위원회가 중앙의 국가 정권기관 및 사회단체들에 '당조'를, 특수 기관 내에 정치국을, 국가 기업소 내에 당중앙위원회 조직원을 두도록 규정했다. 한편 1961년 당규약은 당중앙위원회가 '국가, 경제, 문화기관들과 사회단체들을 지도하며 기타 정당 및 단체들과 사회단체들을 지도'하도록 규정해 전반적인 '당적 지도'를 일반화했다. 따라서 '당적 지도'의 원칙하에서 필요한 경우 해당 기관 내에서 당의 결정을 집행할 수 있도록 국가 정권기관, 사회단체, 협동단체 등의 대회, 협의회 선거기관에 당조를 조직하고, 당조책임자는 해당급 당위원회의 지도하에 당조 사업을 진행하도록 규정했다.

1946년 북조선로동당 창당 대회에서 직맹 대표인 최경덕과 민청 대표인 김욱진이 당이 사회단체를 당조를 통해 지도할 것을 촉구했고, 또한 강원도 인제군의 당조 회의록 자료를 통해서도 당이 '당조'를 통해 통해 정권 기관과 사회단체 등의 기관들을 지도하려 했음을 알 수 있다. 그러나 실제로 당조의 활동이 어떠했는지 확인하기는 어렵다. 또한, 인민군에는 1950년 10월 당단체가 설치되는 등 단체의 성격과 역할에 따라 당의 지도형식이 달랐음을 추측할 수 있다. 따라서, 1956년 당규약을 통해 당의 외곽단체에 대한 당조의 조직이 사후적으로 명시화된 것은 당이 사회단체에 대한 지도를 제도화하려는 첫 시도였던 것으로 판단된다. 1961년 개정된 당규약 제7장에서 민청에 대한 당의 지도가 공식화된 것은 1956년 '당조'로 공식화된 당과 사회단체 간의 관계의 확장된 형태로 이해할 수 있다.

다섯째, 1961년 당규약은 외곽단체 중 특별히 '당과 민주청년동맹'의 관계를 별도의 장(제7장)으로 기술했다. 1961년 당규약은 민청이 '조선로동당의 후비대'로서 '당의 지도'하에 사업하며, 민청의 중앙위원회는 당중앙위원회의 지도를, 민청 지방조직들은 해당 급 당조직들의 지도를 받을 것을 의무로 했다. 북한의 문헌은 민청이 당의 후비대로 규정된 것은 민청이 "당의 지도하에 당 및 국가의 정책을 실현하는 투쟁을 통하여 광범한 청년들을 정치사상적으로 교양하며 문화기술 수준을 제고시켜 국가가 요구하는 일터에다 일군들을 보충하는 역할"을 하기 때문이라고 설명했다. 즉 민청이 "자기 대렬 내에서 우수한 근로청년들 배양하여 로동당원의 조건이 구비되게 당대렬을 보충"하는 등 "당과 국가를 위하여 인재를 배양해 내는 저수지"이며 '청년들을 교양 훈련'하는 사실상의 '학교'역할을 하기 때문이라고 설명했다.[75] 이것은 바꾸어 말하면, '당원'이 되기 위해서는 '민주청년동맹'을 거쳐야만 하는 코스가 '제도화'된 것을 의미하며, 이 제도는 청년들 속에서 민청의 위상을 제고시키는 근본적 조건으로 볼 수 있다.

또한 민청 조직의 의무로서 사회주의 건설의 모든 부문에서 당의 노선과 정책을 옹호하고 실천하며, 민청원들을 '선진과학과 기술'을 소유하며, '어렵고 힘든 일의 앞장에 서서 나가도록' 지도하는 것으로 규정했다. 또한 당조직들에게는 민청 조직의 간부를 양성하고, 민청 조직의 사업방향을 제시하고, 공산주의 교양과 혁명전통교양 사업을 강화해 민청원들을 '당주위에 튼튼히 결속'시킬 것을 임무로 부과했다.

여섯째, 민청원이 후보당원으로 입당할 경우, 민청 조직의 지도간부가 아닌 경우 맹원에서 제외시키도록 규정해, 사실상 맹원의 '민청과 당의 중복 가입'을 금지했다. 이것은 반대로, 민청 조직의 지도간부의 경우 일반적으로 '당원과 겸직'하고 있었음을 드러낸다.

일곱째, 1961년의 규약은 인민군에 대한 당의 지도를 공식화했다. 1956년 규약에서 인민군을 지칭하지 않은 채 당의 지도를 '강화'할 목적으로 '특수한 기관' 내에 '정치국'을 조직하도록 규정했던 것에 비해,

75) 위의 글, 13~20쪽.

1961년의 당규약은 인민군이 '조선로동당의 무장력'임을 명시했다. 당규약은 별도의 장(제8장)을 통해, 인민군에 대한 당적 지도를 기술했는데, 당중앙위원회 직속의 인민군 당위원회를 설치해 인민군 각급 당 조직들을 지도하도록 규정했다. 총정치국은 조선인민군 내의 당사업을 조직·집행하도록 업무가 조정되었다. 한편 인민군과 지역 간의 연결체계도 규정했는데, 인민군 각급 당위원회가 필요한 경우 해당 당위원회 위원 혹은 간부를 주둔 지역의 도·시·군당위원회 위원 또는 후보위원으로 추천할 수 있도록 규정했다.

나. 1956 당규약 vs. 1956 민청규약

1956년 당규약은 4월, 민청규약은 11월에 개정되었다. 민청 대회는 11월 초 소련의 헝가리 진입 사건으로 인해 8월 전원회의가 김일성 계열에 유리하도록 정리될 무렵인 11월 19일에 개최되었다. 제4차 대회의 맹원 총계가 1956년 9월 기준이었던 것으로 보아 민청 제4차 대회는 9월 무렵에 준비되고 있었던 것을 알 수 있는데, 9월은 8월 전원회의의 결과를 소련과 중국의 압력으로 번복해야 했던 '9월 전원회의'가 개최되었던 시기였다.

1956년 당규약과 민청규약을 비교해 분석한 특징은 첫째, 1956년 당시 전후의 혼란한 상황, 노동력과 간부 부족, 사회주의적 개조의 목표하에서 청년들을 단속하고 사상적으로 강화할 필요에 의해 단체의 '양적 확장'이 급선무였던 시기였기 때문에 1956년 민청의 규약은 통일전선적 성격이 강했다. 1956년 4월의 당규약이 '맑스-레닌주의'를 지도적 지침으로 내세우고, 당이 '노동계급과 전체 근로대중의 선봉적, 조직적 부대'임을 자처했던데 반해, 1956년 11월 민청의 규약은 민청이 "조선로동당과 조선민주주의 인민공화국 정부정책을 실천"[76] 하는 것을 임무로 규정했음에도 불구하고, "청년들의 대중적 민주주의적 조직"이며 "직업과 신앙의 여하를 불문"한 "각계 각층의 청년들"로 조직된다고 규정했다. 또한 "우리 인민의 애국적 혁명전통과 문화유산과 아름다운 도덕적 풍습을 계승 발전시키기 위해" 노력함을 포함시켰다.[77] 이 부분은 당 지도와 통일전선 사이에서 매우 모호한 표현을 사용한 것으로 보이는데, '당과 정부정책을 실천'하는 것은 '당의 지도'를 받는다는 것과는 다르기 때문이다.

제3차 당대회 개최 후 1956년 6월 민청은 『조선로동당과 민청』이라는 책을 발행해 당과 민청 간의 관계, 민청의 역할 등을 매우 상세하고 구체적으로 기술하면서 민청이 '당의 후비대'이자 '방조자'임을 명시한 바 있다.[78] 그럼에도 불구하고 그 이후인 11월 민청 규약에서 '당 지도' 부분을 넣지 않고 통일전선의 색채를 강조한 것은 전후 분단하의 혼란 속에서 사회주의적 개조도 완전히 이뤄지지 않은 조건, 김일성 계의 당권 장악을 위해 연안파와 소련파의 제거가 막 시작될 즈음의 조건이 야기했을 청년들과 민청단체 내부에 '엄청난 혼돈'과 당시 노동력과 간부의 부족 등에 기인했다. 당시 가장 급선무는 가급적 다수의 청년을 민청 단체로 끌어들이고 그들을 민청 내에서 '사상적으로 통일'하는 것이기 때문이었다.

---

76) 1948년 민청 제3차 대회 규약은 '조선민주주의 인민공화국의 정치 경제 및 문화 발전을 위하여 헌신적으로 투쟁'할 것을 맹원의 최대임무로 규정했다. Item#129 "북조선 민주청년동맹 강령, 규약," 국립중앙도서관 전자자료.

77) "조선 민주 청년 동맹 규약,"『조선민주청년동맹 제4차 대회 문헌집』, 120쪽.

78) "민주 청년 동맹은 조선 로동당의 후비대이며 방조자이다," 앞의 책, 13~20쪽.

이와 함께 '각계각층'의 청년들을 '사상적으로 통일'하기 위해 민청 조직을 재정비했을 것으로 추측된다. 당의 민청에 대한 '조직적 재정비'는 1955년 4월 7일 당중앙위원회 정치위원회[79)]의 결정에 따라 내려진 '민청의 개선·강화' 방침 이후 1956년 1월 당중앙위원회 조직지도부의 간부였던 박용국이 민청의 대표 자격으로 파견되어 활동했던 것을 근거로 들 수 있다.

둘째, 1956년 당규약은 민청 맹원의 입당 시 시(구역), 군 민청위원회의 입당보증서가 당원 1명의 보증서를 대신하도록 맹원의 입당 혜택을 규정에 포함시켰다. 1956년 당규약과 1961년 당규약의 입당에 대한 기술에는 차이가 있는데 1956년 당규약의 '입당'의 의미는 '규정된 후보기간을 마친 후보당원'의 '입당'을 뜻하며, 1961년은 애초부터 "후보당원으로 입당하려는 사람"이라고 명시했다.[80)] 그렇다면 1956년 당규약은 맹원에게 보증인 1명에 대한 혜택뿐 아니라, 후보기간을 거치지 않고 바로 입당할 수 있는 자격이 주어진 것이다. 민청 맹원의 입당 혜택은 사실상 민청이 '당의 예비학교'라는 것을 의미하는 셈인데, 이것은 1956년 민청규약이 '당의 지도'를 규정하지 않은 것과 배치된다고 볼 수 있다. 이로 볼 때, 1956년 제4차 대회 당시 민청은 당에 대한 실제 관계와 청년에 대해 '당과의 관계'를 표현하는데 '이중성'을 띠었던 것을 확인할 수 있다.

이러한 1956년 민청 입장의 '이중성'은 민청 맹원의 의무에서도 확

---

79) 1948년 제2차 당대회에서 구성되었으며, 1955년 4월 시점에 남은 당중앙 정치위원회 위원은 김일성 한 사람뿐이었다. 따라서 이 정치위원회의 결정이란 김일성의 독자적인 결정을 뜻한다.

80) 1961년의 당규약은 "그러나 특별한 경우에는 입당청원자를 후보기간을 거치지 않고 직접 당원으로 받아들일 수 있다."고 부언했다. 또한 별도의 항목으로 후보당원에 대해 기술했다.

인할 수 있다. 1956년의 민청 규약은, 민청원의 의무로서 “조국의 통일 독립과 륭성 발전을 위하여 투쟁”, “조선로동당과 공화국 정부의 정책을 실천하며 조선민주주의 인민공화국 헌법과 법령을 모범적으로 준수”, “정치, 과학, 문화, 기술 수준을 높이며 체력의 향상을 위하여 부단히 노력”, “각계각층 청년들과의 단결을 강화하기 위하여 노력”, “민청원의 명예를 견지하고 민청 사업에 적극 참가하며 민청의 결정과 위임을 신속, 정확히 실천”, “로동규률을 자각적으로 지키며, 로동생산능률을 높이며 국가 및 협동단체의 소유를 애호 절약하기 위해 노력”, “낡고 부패한 것을 반대하고 새 것에 민감하며 사업상 및 도덕상 결함을 시정하여 주기 위한 동지적 비판을 발전”, “정직하고 근면하며 동지를 사랑하고 윗사람을 존경하며 공중도덕을 준수하며 남녀 청년들 간에 순결하고 건실한 태도를 가질 것”, “조국을 보위하기 위하여 항상 준비되어 있어야 하며 높은 혁명적 경각성을 가지며 국가 및 군사 비밀을 엄수”할 것으로 규정했다.[81] 규약이 제시한 맹원의 의무에 당과의 직접적 연관성은 ‘당과 국가의 정책 실천’ 부문 외에는 나타나 있지 않다. 1964년 민청 규약에 “당원의 모범을 따라 당의 노선과 정책을 결사관철”할 것이 명시되어 있는 것과 대조적이다.

셋째, 1956년 민청 규약에서 민청의 당과의 관계는 구조와 조직 부문에서 암시적으로나마 확인할 수 있다. 민청 중앙위원회는 기존의 중앙위원회 상무위원회에서 모든 사업을 총괄했던 것에서 중앙위원회 사업을 지도하는 상무위원회와 ‘결정집행에 대한 조직 및 검열과 간부 선발 배치’ 등을 관할하는 ‘조직 위원회’ 체제를 구성했다.[82] 이것은 로

81) “조선 민주 청년 동맹 규약,” 앞의 책, 122~123쪽.

82) 위의 책, 129쪽.

동당의 체제와 같은 구조로서 당의 시스템을 도입한 것으로 보인다. 또한 과거 중앙위원회 위원장과 부위원장들을 '대회'를 통해 선출했던 것과 달리 '전원회의'에서 선거하는 체제로 바꾸었는데[83] 이것은 위원장단의 선출을 '비공개적'으로 바꾼 것으로 당의 민청 중앙위원회의 지도를 편리하게 바꾸려는 의도로 해석할 수 있다.

넷째, 민청의 초급단체가 지속적으로 강화되었다. 초급단체 조직은 과거 맹원 5명 이상의 기준에서[84] 1956년 맹원 3명 이상의 기준으로 완화되었으며, 단체 조직 장소도 '공장. 광산, 철도 운수기관, 학교, 인민군대, 보안기관, 경비대, 사무기관, 농촌, 가두' 등에서[85] 공장, 기업소, 운수직장, 건설직장, 임경소, 농목장, 협동조합, 국가기관, 교육문화보건기관, 인민군대, 농촌, 어촌, 가두 등으로 확대되었다. 사실상 전 기관에 민청단체를 설치하도록 확대된 것인데, 추가된 곳 중 기업소, 협동조합, 국가기관, 교육문화보건기관이 눈에 띈다. 당의 사회주의적 개조 정책하에 진행되었던 농업집단화 전개를 위해, 그리고 생산경쟁 동원을 위해 각각 협동조합과 기업소에 민청 단체가 설치되었고, '교육문화기관'은 민청의 학교에서의 활동을 공식화한 것으로 보인다. 민청단체의 설치의 확장은 거꾸로 각 단체, 기관들에 종사하는 민청원들의 '입당'을 가능하게 하는, 다시 말해 '각 단체, 기관들에서 전문적으로 양성된' 민청원들을 당에 인입하는 '전문간부의 양성'이 가능해진 체제로도 이해할 수 있다.

83) 위의 책, 129쪽.

84) Item#129 "북조선 민주청년동맹 강령, 규약," 국립중앙도서관 전자자료.

85) 위의 자료.

다. 1961 당규약 vs. 1964 민청 강령 및 규약

1956년에 당규약이 민청 규약에 거의 반영되지 않거나 오히려 민청의 '통일전선' 표방이 강조되었던 것에 비해, 1961년 당규약은 1964년 민청규약에 적극적으로 반영되었다. 1961년은 김일성 계열이 당권을 장악한 이후 1958년 제1차 당대표자를 통해 당과 국가기관, 사회단체 등 전반적인 조직들에서 소련파와 연안파의 제거가 끝났음이 공식화되고, 더불어 사회주의적 개조의 완료도 공식화된 비교적 안정된 시점이었다. 이것은 1956년 내정되었던 대로 민청이 당의 후비대, 방조자로서의 역할을 공식적으로 적극적으로 제도화하고 실행할 수 있는 조건이 되었다.

1961년의 당규약과 1964년 민청규약을 비교, 분석한 특징은 첫째, 1964년 민청 규약은 단체의 성격을 '공산주의적 대중단체'로 규정하고 조선로동당의 '후비대'임을 명시했다. 또한 '김일성동지의 지도하에 조직전개된 항일무장투쟁의 영광스러운 혁명전통을 계승한 공산주의 교대자'임을 명시함으로써 1961년 당규약에서 당이 '조선공산주의자들이 항일무장투쟁에서 이룩한 영광스러운 혁명전통의 직접적 계승자'임을 적극 반영했다.

둘째, 1956년과 마찬가지로 1961년의 당규약은 입당시 민청위원회의 입당보증서로서 당원 1명의 보증서를 대신하는 혜택을 주었다. 1961년 당규약의 경우 당원의 후보기간을 강조해 '후보당원으로 입당하려는 자'로 최초 입당을 못박았지만 '특별한 경우 입당청원자를 후보기간을 거치지 않고 입당'하는 조건을 두었다. 이것은 1956년 당규약의 사례로 보아 민청 맹원에 대한 입당혜택의 의미도 포함되어 있다고 추측된다. 1964년 민청규약의 맹원 의무는 '당사상체계로 무장'하고 '당중앙위원회를 목숨으로 지키며 당의 노선과 정책을 옹호 관철'하고

‘조선로동당 지도하에 사업하며 조선로동당에 입당하는 것이 동맹원 최고 영예’임을 명시함으로써 당과 민청의 직접적 영도관계를 드러냈다. ‘당중앙위원회를 목숨으로 보위’하는 맹원의 의무는 현재까지도 유지되고 있는데 고난의 행군 시기 민청이 보위해야 할 ‘당중앙위원회’는 ‘혁명의 수뇌부’로 그 범위가 좁혀지기도 했다.

셋째, 맹원의 임무로서 ‘노동당원의 모범을 따라 당의 노선과 정책을 결사 관철하고 당의 정책을 일상적으로 해석, 선전하는 붉은 교양자’가 될 것과 ‘혁명전통연구’가 새롭게 추가되었다. 맹원들에게 임무로 추가된 ‘혁명전통연구’는 항일무장투쟁의 역사를 학습하는 것인데, 이 시기만 해도 빨찌산 무장투쟁 외에『서광』등 갑산계열의 활동이 담긴 자료들도 함께 학습되었다.

넷째, 민청에 대한 당의 지도가 선명하게 드러나는 부분은 1961년 당규약의 제7장이다. 규약은 ‘당과 민주청년동맹’이라는 별도의 장을 추가해 민청에 대한 당의 지도체계를 명시했다. 당규약은 “조선민주청년동맹은 조선로동당의 후비대로서 당의 지도하에 자기의 사업을 진행”하며, “조선민주청년동맹 중앙위원회는 조선로동당 중앙위원회의 지도”를 받고, 민청의 “지방조직들은 해당 급의 당조직들의 지도를 받아야 한다”고 명시했다. 또한 민청 조직들에게는 “사회주의 건설의 모든 부문에서 당의 로선과 정책을 견결히 옹호”하고 이를 관철하기 위해 적극적으로 투쟁할 것을 임무로, 각급 당조직에게는 민청 조직사업에 깊은 관심을 돌리며 민청 조직의 우수한 간부를 양성하고 민청 조직의 특성에 맞게 사업방향을 명확히 제시하고, 청년들에게 공산주의 교양과 혁명전통 교양사업을 강화해 그들을 튼튼히 당주위에 결속시키도록 지도할 임무를 명시했다. 1961년 당규약을 통해 민청에 대한 당의 유일적 지도는 공식적으로 제도화되었다. 이러한 당의 민청에 대한 유일지도는 1970년 제5차 당대회에서 개정된 규약을 통해 '당의 전체 근로단체들에 대한 유일적 지도'의 제도화로 확장되었다.[86]

다섯째, 당규약은 '민청 조직의 지도적 지위에서 사업하고 있는 경우'를 제외하고 민청원이 입당할 경우 탈맹하는 것을 원칙으로 함을 명시했다. 이것은 맹원이 중복된 임무를 맡지 않고 자기 사업에 집중할 수 있도록 하고 맹원의 통계사업에 정확을 기하도록 했던 의도이다. 한편 이 규정은 '지도적 지위에 있는 민청원의 경우' 당원신분을 유지할 수 있다는 것으로도 이해되는데, 이것은 지도적 지위에 있는 민청원이 당의 통제를 받도록 하고, 또한 민청에서의 임무가 끝나면 다시 당으로 복귀하는데 편리하도록 했던 규정이다.

1961년 당규약의 제7장 '당과 민주청년동맹'은 1956년부터 1961년까지 당에 의한 민청 조직의 재정비를 사후 반영한 것으로 보인다.

여섯째, 인민군과 관련해 1961년 당규약이 별도의 장(제8장)에서 당이 인민군을 직접적으로 지도함을 명시했던 것처럼 1964년 민청 규약 역시 별도의 장에서 군대 내 각급 민청 조직이 해당 당위원회와 정치기관의 지도를 받으며, 민청 중앙위원회가 비준한 지도서와 인민군 총정치국 지시에 따라 사업하며, 해당 지방 민청 조직들과 연계를 가질 것을 명시했다.

86) 1970년 제5차 당대회에서 개정된 규약은 '당과 근로대중의 조직'이라는 제목의 별도의 장(제9장)에서 '근로대중의 조직들은 근로대중의 정치조직이며 항일무장투쟁의 영광스러운 혁명전통을 계승하는 당의 외곽단체'로 명시했다.

2. 당의 전위적 근로단체로 등장

가. '근로단체'로 구체화: 인전대로서의 성격 형성

현재 근로단체로 규정되는 청년동맹, 직맹, 농맹, 여맹은 결성 초기 소비조합 등 다른 단체들과 함께 사회단체로 불리었으며, 각 단체의 성격이나 단체로서의 개념이 명확히 규정되지 않았다. 1945년 조선공산당북조선분국의 보조조직으로서 대중조직들을 결성할 당시에는 당의 통일전선 정책이 강조되었으며, 1950년대 사회주의 체제가 형성되는 과정에서 민청, 직맹, 농맹, 여맹은 다른 사회단체들과 점차 구분되기 시작했다. 1970년, 이 단체들은 근로단체로 규정되었다. 근로단체로의 성격 규정은 당과 대중간의 관계에서 각 조직들의 성격과 역할이 명확해졌음을 의미한다. 사회주의 체제에서 대중조직의 개념, 즉 '인전대'로서의 성격이 형성된 것이다.

따라서 민청의 단체로서의 개념 변화를 살펴보는 것은 대중조직들의 성격이 어떻게 변화했는지, 대중조직들에 대한 당의 인식이 어떻게 변화했는지 관찰함을 통해 북한에 사회주의 체제가 형성되는 과정을 이해한다는 의미를 가진다.

(1) 사전적 정의 변화

해방 이후 줄곧 '사회단체'로 불리던 민청, 직맹, 농맹, 여맹 및 소비조합 등 각종 조직들은 1950년대 들어 '사회단체' 혹은 '근로단체'로 불리었다. 1957년 『대중정치용어사전』은 '근로단체'를 "근로 대중으로써 구성된 단체라는 의미로서 사회단체와 같은 의미의 말"로 정의했다. '사회단체'는 "사회의 일정한 계급 및 계층들이 자기들의 리익을 옹호하며 동일한 목적을 달성하기 위하여 자원적 원칙에서 조직한 단체"로 "직접 정치적 활동을 자기의 기본 임무로 하지 않는 데서 정당과 구별"된다고 설명되었다. 직업동맹, 농민동맹, 청년동맹, 여성동맹, 과학협회, 예술동맹, 체육협회 등이 사회단체에 포함되었다.[87)]

1958년 제1차 당대표자회 이후 근로단체 혹은 사회단체의 개념에 당과의 관계가 포함되었다. 1959년에 간행된 사전에는 근로단체의 용어는 포함되었으나 설명은 생략되었다. 대신 '사회단체'는 "사회의 일정한 계급 및 계층들이 자기들의 리익을 옹호하며 혁명 투쟁에서 동일한 목적을 달성하기 위하여 자원적 원칙 하에 조직한 단체"로서 "근로자들의 조직적 활동과 정치적 역성을 제고하기 위한 자원적 조직들"로 정의되었다. 사회단체의 역할은 "맑스-레닌주의 당의 로선과 정책을 대중 속에 적극 관철시키며 대중을 당 주위에 단결시키는" 것이며, "직업 동맹, 농민 동맹, 청년 동맹, 녀성 동맹, 생산 및 소비 협동 단체, 과학 및 기술 보급 련맹, 문학 및 예술 동맹"이 사회단체의 종류로서 설명되었다.[88)]

1964년에 간행된 사전 역시 '근로단체'의 용어는 포함되었으나 정의는 생략된 채 '사회단체'를 참조하도록 표기된 채 수록되었다.[89)] '사회단체'에 대한 설명은 1959년과 1964년에 약간 다르게 표현되었다. 1959년의 경우 1964년 발행된 『대중 정치 용어 사전』의 '사회단체'의 정의는 1959년과 동일하나, 사회단체의 역할을 설명하는 부분에서

---

87) 『대중정치용어사전』(평양: 조선로동당출판사, 1957), 39, 149쪽. 해방 직후~1950년대 중반 이전 시기 '사회단체'의 정의를 확인할 수 있는 사전류는 찾을 수 없었다.

88) 『대중 정치 용어 사전』(평양: 조선로동당출판사, 1959), 163쪽.

89) 1959년판은 초판 인쇄본이며, 1964년판은 3판 인쇄본이다. 『대중 정치 용어 사전』(평양: 조선로동당출판사, 1959), 43, 163쪽; 『대중 정치 용어 사전』(평양: 조선로동당출판사, 1964), 58, 220쪽.

"맑스-레닌주의 당의 로선과 정책을 대중 속에 적극 관철시키며"의[90] 부분이 "맑스 레닌주의 당의 령도하에 당의 로선과 정책을 대중 속에 적극 관철시키며"로[91] 변화되었다. 1959~1964년 사이 사회단체들에 대한 당적 지도가 공식화되었음을 확인할 수 있다.

한편 사회주의 기초 건설 단계, 사회주의 전면적 건설단계가 완료되면서 사회단체는 더욱 포괄적인 개념으로 근로단체는 각계층을 대표하는 근로자들의 단체들로 개념이 각각 구체화되었다.

1970년에는 '근로단체'의 개념이 구체화되었다. 사전에는 "근로단체들은 광범한 군중에 대한 사상교양단체이며 당의 외곽단체"라는 김일성의 교시를 인용하면서 "광범한 군중에 대한 사상교양단체로서의 근로단체는 당의 외곽단체이며 당과 대중을 련결시키는 인전대이며 당의 믿음직한 방조자"로 정의했다. 또한 근로단체가 당의 유일사상으로 광범한 군중을 무장시키며 "당과 수령의 주위에 튼튼히 묶어세우고, 혁명화, 로동계급화함에 있어서, 김일성동지의 교시와 그 구현인 당정책 관철에로 대중을 조직동원함에 있어서 매우 중요한 역할을 수행"한다고 설명했다. 근로단체들은 모두 김일성에 의해 창립, 강화발전되었다는 설명과 함께 직업동맹, 농업근로자동맹, 사회주의로동청년동맹, 여성동맹이 포함되었다. 한편 '사회단체'는 "사회의 일정한 계급 및 계층들이 혁명투쟁에서 같은 목적을 이룩하기 위하여 자원적원칙에서 조직한 단체"로서, 모든 사회단체들은 김일성이 창시한 근로자들의 자원적이며 혁명적인 대중적 정치조직이자 당의 외곽단체로 정의되었다. 또한 "당의 인전대이며, 적극적인 방조자"인 사회단체들의 기본

90) 위의 책, 163쪽.

91) 『대중 정치 용어 사전』(평양: 조선로동당출판사, 1964), 220쪽.

임무는 "당의 령도밑에" 김일성의 혁명사상으로 전체 근로자들을 무장시켜 "당의 유일사상체계를 확립함으로써 김일성동지를 목숨으로 보위하며 그이의 교시관철에로 그들을 조직동원"하는 것이라 밝혔다. 사회단체로서 조선직업총동맹, 조선농업근로자동맹, 조선사회주의로동청년동맹, 조선민주녀성동맹과 기타 과학문화분야의 단체들이 포함되었다.[92)]

사회단체가 좀 더 포괄적인 개념으로 근로단체는 그중 노동자, 농민, 청년, 여성 계층을 대표하는 단체로서 개념이 더욱 명확해졌다는 것을 알 수 있다. 중요한 것은 전체 사회단체들에 대한 당의 지도가 명시되고 '인전대'로서의 역할이 부여되었다는 점이다. 특히 1964년 사전 간행 시기로부터 1970년까지 사회주의적 개념의 적용 외에 당의 유일사상체계라는 강력한 독재체계가 구축되고 있었음을 확인할 수 있다.

1973년에는 사회단체를 성격에 따라 '근로단체'와 '사회적조직들'로 구분했다. 사회단체의 개념은 "사회의 일정한 성원들이 자기들의 리익을 옹호하기 위하여 자원적원칙에서 조직한 단체"로 정의되었고, 사회단체들 중 "조선로동당의 외곽단체이며 당과 대중을 련결시키는 인전대"로서 '근로단체'(조선직업총동맹, 조선농업근로자동맹, 조선사회주의로동청년동맹, 조선민주녀성동맹)와 "당의 령도 밑에 고유한 자기의 사명과 특성을 가지고 활동하는 사회적조직들"(조선문학예술총동맹, 조선기자동맹, 조선학생위원회, 조국평화통일위원회, 조선아세아아프리카단결위원회, 조선적십자회 등)로 구분되었다. 사회단체는 "사회단체들의 힘을 동원하지 않고 당이 혼자서 혁명사업을 수행한다는 것은

92) 『정치용어사전』(평양: 사회과학출판사, 1970), 74~75쪽; 322~323쪽.

사실상 당의 령도적령도적 거부하는 것"이라는 김일성의 교시를 인용하면서, "맑스-레닌주의당은 사회단체를 조직하고 그를 통하여 대중을 결속하며 대중에 대한 당의 령령도 실현하는 것을 중요한 과업으로 제기"한다고 설명, 당과의 관계를 강조했다. 수령과 사회단체 간의 관계에 대한 설명이 추가되었는데, 모든 사회단체가 "위대한 수령 김일성동지의 유일적 령도밑에 자기 조직의 특성에 맞게 능동적으로 사업"한다고 설명되었다. 또한 김일성이 당창건 이후 당의 영도적 지위를 확립하기 위해 사회단체들을 조직했다고 설명하면서 사회단체들이 "수령님께서 항일혁명투쟁시기에 이룩하신 영광스러운 혁명전통을 계승"했음을 강조했다. 한편, 근로단체의 경우 당의 외곽단체로서의 기능이 강조되었는데 "광범한 군중을 수령님의 혁명사상, 주체사상으로 튼튼히 무장시키고 그이의 두리에 묶어세우며 그들을 수령님의 교시관철에로 조직동원함에 있어서 중요한 역할"을 한다고 설명되었다.[93)]

1982~1983년 발행된 백과사전의 경우, 사회단체의 개념에는 큰 변화가 없었던 반면,[94)] 근로단체의 개념은 더욱 명확히 구체화되었다. 근로단체는 "광범한 군중을 수령의 혁명사상으로 무장시키고 수령의 교시와 그 구현인 당정책관철에로 불러일으키는 사상교양단체"이자

93) 근로단체는 별도의 항목으로 수록되지 않은 채, 사회단체 항목에 포함되어 정의되었다. 『정치사전』(평양: 사회과학출판사, 1973), 528~529쪽.

94) "사상교양단체"로서 "조선직업총동맹, 조선농업근로자동맹, 조선사회주의로동청년동맹, 조선민주녀성동맹", "당의 령도밑에 자기의 고유한 사명을 수행하는 조선문학예술총동맹, 조선기자동맹, 조국평화통일위원회, 조선아세아아프리카단결위원회, 조선적십자회 등 여러 사회단체들"로 구분되었다. 또한 사회단체와 당의 관계는 여전히 강조되었는데 "당은 사회단체를 통하여 광범한 군중속에 당의 로선과 정책을 침투하고 그들을 당의 두리에 묶어세우며 혁명과업수행에로 조직동원"하며, 따라서 "군중단체들의 사업은 곧 당사업의 일환"으로 설명되었다. 『백과전서 3』(평양: 과학, 백과사전출판사, 1983), 492쪽.

"당과 대중을 련결시키는 인전대"이며 "당을 적극적으로 옹호보위하고 방조하는 당의 외곽단체"로 정의되었다. 근로단체의 기본적 사명은 "광범한 군중에 대한 수령의 유일적령도를 확고히 보장하며 당앞에 나선 혁명과업수행에로 대중을 교양하고 조직동원"하는데 있다고 규정되었다. 근로단체의 역할은 "수령을 견결히 옹호보위하며 당의 대중적 지반을 공고히 하고 당의 전투력과 령도적역할을 높일수 있게" 하는 것, "광범한 군중속에 수령의 교시와 그 구현인 당정책을 해설침투시키고 그 관철에로 대중을 힘있게 불러일으키"는 것, "동맹원들을 수령과 당에 끝없이 충직한 혁명전사로 키워 당대렬을 끊임없이 보충하고 당 및 국가 간부의 후비를 길러"내는 것으로 규정되었다. 근로단체의 성격은 "당밖에 있는 광범한 군중을 망라하고 군중과의 사업을 맡아하는 정치적대중조직"으로서 규정되었다. 한편, 혁명단계에서 근로단체의 역할이 강조되었는데 "근로단체들을 통한 군중과의 사업체계를 바로 세우는 것은 당이 정권을 잡기전이나 그 이후시기를 막론하고 대중지도에서 언제나 중요한 문제"이며, 특히 "사회주의제도가 선 다음 근로단체들의 역할을 높이는 것은 수령의 유일적령도체계를 튼튼히 세우고 사회주의, 공산주의 건설을 다그쳐나가는데서 매우 중요한 의의를 가진다"고 설명되었다. 근로단체 건설의 의의로 "직업별, 계층별로 조직"하는 것이 중요하다고 설명되었는데, "핵심대렬을 튼튼히 꾸리며 혁명발전의 요구에 맞게 근로단체 조직형태와 임무를 정확히 규정하며 근로단체에 대한 당적지도를 강화하는 것은 근로단체를 강화발전시키는데서" 중요한 의미를 가진다고 설명되었다.[95)]

95) 『백과전서 1』(평양: 과학, 백과사전출판사, 1982), 570~572쪽.

(2) 새로운 혁명단계로의 진입과정에서 근로단체들의 개편 결정

1964년 민청이 사회주의로동청년동맹으로 개편된 직후, 근로단체들의 개편이 결정되어 농업근로자동맹을 새롭게 조직할 것과 직업동맹의 조직과 사업을 개편할 것이 제기되었다.

같은 해 2월 25일 사회주의 건설 단계에서 농촌문제의 해결이 가장 중요한 과업으로 대두되면서 농민들을 포괄하는 근로단체로서 농맹의 농업근로자동맹으로의 개편이 결정되었다. 당시 농근맹으로의 개편 배경은 농민동맹이 과거 반제반봉건혁명단계에서 조직되었기 때문에 사회주의 전면적 건설단계에 들어선 시점에서 성격이 맞지 않고, 이후 진행될 농촌의 사상혁명, 기술혁명, 문화혁명을 수행하는데 필요한 '농민근로자' 자체의 조직이 필요했기 때문으로 설명되었다. 따라서 농업근로자동맹은 사상혁명, 기술혁명, 문화혁명을 수행하기 위해 농민대중 속에서 사상교양과 조직동원사업을 전개해야 하며, '사회주의농촌문제에 관한 테제'에 근거해 동맹의 규약을 규정하도록 강조되었다.[96]

직업동맹은 본연의 임무인 사상교양사업에 충실하지 못하고 "마치 제2의 로동성과 같이 행정사업"을 하고 있으며, 사업에 있어서도 사회주의 체제가 건설된 시점에서 직맹조직과 지배인이 생산계약을 맺는 것은 불합리한 것, 또한 산업의 규모가 크지 않고 분야가 다양하지 않은 현실에서 많은 산별조직을 가지고 있는 점 등이 지적되었다. 따라서 노동계급을 공산주의적으로 교양하는 학교로서 광범한 노동자, 사

---

96) 농민동맹은 '상부조직만' 있다고 지적된 것으로 보아 농촌에서 농민동맹의 실제적 활동은 거의 없었던 것으로 보인다. 김일성, "근로단체사업을 개선강화할데 대하여: 조선로동당 중앙위원회 제4기 제9차 전원회의에서 한 결론(1964.6.26)," 『김일성저작선집 4』(평양: 조선로동당출판사, 1968), 126~131쪽.

무원들을 포괄하는 근로단체이자 당과 노동계급을 연결시키는 인전대로서의 역할이 강조되었다.[97)]

민청의 개편 직후 농근맹, 직맹의 개편 결정은 사회주의 건설단계에서 1964년이 근로단체를 '개혁'하는 '출발점'임을 의미한다. 따라서 이 시기 민청은 가장 먼저 조직의 성격을 새로운 혁명단계에 '맞추고', 당의 전위적 근로단체로 위상지어졌다.

(3) 계급통일의 마지막 단계: 농민의 근로계급으로의 편입

1964년 2월 당 중앙위원회가 제4기 제9차 전원회의에서 채택한 '우리 나라 사회주의농촌문제에 관한 테제'는 계급통일의 마지막 과정으로서 '농민의 근로계급으로 편입'이라는 중요한 의미를 가진다. 김일성은 반제반봉건민주주의혁명단계와 사회주의혁명단계에 해당하는 농촌의 문제는 해결되었으나, 사회주의 제도하에서 공산주의로의 이행을 준비하는데 있어 도시와 농촌의 차이, 노동자와 농민 간의 계급적 차이를 없애야 하는 과제가 남아 있다고 강조했다. 농촌의 발전은 문화적, 사상적, 기술적 혁명을 통해 이루어지며, 결국 농민은 '농민근로자'로서 노동자와 함께 '사회주의적근로자'로 편입되어야 한다는 것이다.[98)]

농민이 '근로계급'으로 편입되기 위해서는 농촌의 소유관계가 협동적 소유에서 '전인민적 소유'로 개조되고 농민 개개인이 근로계급으로서 합당한 사상적 교양을 갖추는 것이 우선되어야 했다. 그러나 이 시

97) 위의 글, 131~141쪽.

98) 김일성, "우리 나라 사회주의농촌 문제에 관한 테제: 조선로동당 중앙위원회 제4기 제8차 전원회의에서 채택(1964.2.25)," 『김일성저작선집 4』(평양: 조선로동당출판사, 1968), 31~69쪽.

기 상당수의 농민들이 당조직이나 청년동맹 조직에 소속하지 않은 것이 지적되었고,[99] 동맹 규약을 테제에 근거해 규정할 것이 제기된 것으로 보아[100] 사회주의 제도하에서 농민계층을 대상으로 한 인전대로서 농업근로자동맹은 1964년으로부터서야 조직 구성과 활동을 시작한 것으로 보인다. 따라서 1964년 시점은 계급적 통일의 마지막 단계로서 농민을 '근로계급화'하는 작업이 시작되었던 해로 규정할 수 있다.

나. 당 지도의 제도화 과정에서 민청과 직맹의 위상 변화

정전 직후 경제 복구와 사회주의 건설의 노선에 대해 당내 치열한 논쟁이 전개되었다. 중공업 우선노선을 주장했던 김일성 및 만주 빨치산 계열은 이를 관철하기 위해 경제분야에 대한 당의 통제권을 강화할 필요가 있었다. 그러나 당시 경제부문에 대한 권한은 국가계획위원회(박창옥 위원장)가 장악하고 있었다. 당 중앙위원회 주요 부서에 대한 장악력을 유지하면서 국가계획위원회의 영향력하에 있는 경제부문에 대한 권한을 당으로 끌어 오기 위해 김일성은 정치적 공세와 함께 제도적으로 경제부문에 대한 당의 권한 강화를 준비했다. 특히 당과 대중을 연결하는 중요한 연결고리였던 '근로단체'의 당 조직을 통한 통제가 점차 강화되었다.[101]

---

99) 김일성, "근로단체사업을 개선강화할데 대하여," 『김일성저작선집 4』, 126쪽.

100) 위의 글, 128쪽.

101) 실제로 1956년 무렵부터 '사회단체' 대신 '근로단체'로 불리기 시작했다. 1955년 8월 조국전선에 속한 사회단체들의 관리를 담당했던 '사회부'는 폐지되고, 기존 사회부의 업무 중에서 재정부문이 강조된 '상업재정협동경리부'로 개편되었다. 폐지된 사회부의 부장 김용진이 '상업재정협동경리부'의 부장직을 맡았다.

노동자를 대표하는 근로단체로서 직맹은 해방 직후 당 건설 과정에서, 그리고 사회주의 체제 건설에 있어 민청에 못지 않게 중요한 역할을 해 왔다. 그러나 사회주의적 개조와 경제건설 과정에서 직맹은 '국가화' 되어 버린 반면, 민청은 당의 '두터운 신임'을 받았다. 당과의 관계에 있어서 직맹과 민청의 정치적 위상의 간극은 사회주의적 개조와 경제건설 과정에서 더욱 벌어졌다. 본문에서는 사회주의적 개조 시기와 사회주의 기초 건설 시기 당과 민청, 당과 직맹의 관계 변화를 통해 민청이 당의 전위적 근로단체로서 등장하는 과정을 살펴보고자 한다.

중공업 우선 노선을 표방했던 김일성 계열은 산업부문의 핵심 근로단체인 직업총동맹에 대한 당의 권한을 강화하고자 했다. 1954년 8월 29일부터 31일까지 개최되었던 '산업, 운수 및 건설직장 내 선동원 대회'에서 당선전선동부장 하앙천은 초급당단체 지도 아래 직맹이 담당했던 생산기업소 내 정치선동사업을 당단체가 직접 조직, 집행할 것을 제기했다. 특히 기업소 내의 직장 민주선전실장과 '브리가다' 선동원, 강사그룹을 초급당위원회나 세포 중에서 선발, 배치하고 선동활동을 위한 세미나, 경험교환회, 협의회 등을 당단체가 직접 지도하도록 제안한 것은 선전선동 부문에 있어서 당의 직맹에 대한 권한 강화인 동시에, 직맹 사업부문의 축소를 의미했다.[102] 이 조치와 함께 국가사무기관, 교육문화기관, 협동단체, 유통부문에서도 생산기업소에 준해 '선동원체계'가 개편되었다.[103]

직맹에 대한 당의 권한은 1954년 11월 당중앙위원회 전원회의에서

102) 서동만, 앞의 책, 634쪽.

103) "산업, 운수 및 건설 직장 내 선동원회의에서 한 조선로동당중앙위원회 선전선동부장 하앙천동지의 보고," 『로동신문』, 1954년 8월 30일; 서동만, 위의 책, 634쪽에서 재인용.

당내 부서 간에 근로단체에 대한 역할이 분담되면서 좀더 강화되었다. 11월 전원회의는 농업협동화의 대중적 전개방침이 제기된 회의로, 이 회의에서 당농민부가 농업부로, 노동부가 산업부로 명칭이 바뀌었다. 이 개편의 의미는 당조직지도부가 농업협동화와 사회주의 경제건설의 핵심 사회단체인 농맹과 직맹의 사업을 총괄하고, 농맹과 직맹의 사업 부문을 각각 농업부와 산업부가 관할하게 된 데 있다. 당조직지도부는 생산기업소에 조직지도부 소속인 당조직원을 파견해 경제계획과제의 완수를 책임지게 하는 '당조직원제'를 활성화함으로써 당의 지도를 강화했다.[104)]

당중앙위원회 전원회의가 '북반부의 사회주의적 개조에 착수'함을 선언한 직후인 1955년 4월 7일 당중앙위원회 정치위원회의 민청 개선·강화방침 결정을 계기로 민청의 당과 대중을 연결하는 인전대로서의 성격과 생산돌격대로의 역할이 구체화되기 시작했다.[105)]

한편 같은 해 8월 당중앙위원회에 상업재정협동단체부가 신설되었다. 통일전선의 측면에서 조국전선산하의 근로단체를 관장하던 사회부가 폐지되고 경제적 측면에서 근로단체들의 상업, 재정부문까지 지도하는 부서가 신설된 것이다. 상업재정협동단체부의 신임부장은 사회부장이었던 김용진이 맡았다. 근로단체에 대한 당내 부서의 역할이 다시 한번 조정된 것인데, 당조직지도부의 사업 총괄–농맹과 직맹의 사업부문은 각각 농업부와 산업부가, 상업재정협동단체부는 근로단체의 상업·재정영역을, 그리고 선전선동부가 정치선전분야를 맡게 된

104) 강심, "정치사업과 경제사업의 올바른 결합은 당사업 성과의 기초," 『근로자』, 1954.5, 86~87쪽; '당조직원제도'는 1956년 제3차 당대회의 규정에 반영되었다. 서동만, 위의 책, 635쪽.

105) 이종석, "김일성사회주의청년동맹 연구," 이종석 편, 『북한의 근로단체 연구』(성남: 세종연구소, 1998), 36쪽.

것이다.

근로단체에 대한 당내 부서의 역할 분담이 이뤄지는 등 당의 권한행사가 제도화된 이후 김일성은 경제 부문을 놓고 당과 긴장관계에 있던 국가계획위원회(박창옥 위원장)를 공식적으로 비판하기 시작했다. 1955년 10월 21일 '당 및 정부의 지도일꾼대회'에서 김일성은 공업부문에서 국가계획위원회의 과오들을 비판했다. 또한 중앙의 정부나 경제기관에 대한 당산업부와 상업재정협동단체부의 당적 통제가 약하고, 지방 당단체에서도 산업부문엔 대한 당적 통제가 잘 이뤄지지 않는다고 지적했다.[106] 1955년 12월 2~3일 개최된 당중앙위원회 전원회의는 산업부를 폐지하고 공업부와 건설재운수부로 분리, 신설했다. 경공업과 중공업 일반을 담당하는 공업부장은 리종옥이, 건설건재운수부는 김황일이 맡았다.[107]

김일성이 국가경제기획위원회를 공식적으로 비판하고 경제부문에 대한 당내 부서를 재편하는 시점에서, 직업동맹위원장 직에 연안계인 서휘가 취임했다. 직맹 자체의 권한 강화를 주장하던 인물인 서휘의 취임은 사회단체에 대한 당의 권한 강화 정책에 걸림돌이 되었을 것이다. 1955년 12월 31일 서휘가 직맹 위원장에 취임하는 시기, 당조직지도부 간부였던 박용국이 민청에 파견되었던 것으로 보인다. 서휘가 직맹의 위상을 전쟁 전 시기로 되돌리려는 노력을 진행하는 동안 민청에는 당조직지도부의 지도가 진행되었다.

민청에 대한 당의 전격적 지도는 1956년 4월 당대회에서 개정된 규

106) 김일성, "인민경제계획을 세우는 데 대응하여 나타난 결함과 그것을 고치기 위한 몇 가지 과업에 대하여," 『김일성저작집 9』(평양: 조선로동당출판사, 1980), 438~440쪽.

107) 서동만, 앞의 책, 645쪽.

약에 민청원에게 부여된 입당의 혜택규정을 통해 확인할 수 있다. 또한 1956년 6월 민청이 발행한 『조선로동당과 청년』은 당과 민청의 '특수한 관계'에 대해 자세히 기술했다. 또한 당의 민청에 대한 직접적 영도와 민청이 당의 후비대이며 적극적 방조자로서 당의 정책을 수행하는 임무를 가졌다는 내용이 구체적으로 기술되었다.

한편 직맹 위원장으로 부임한 후 서휘는 1956년 4월 10일 직맹 중앙위원회 제5차 회의를 소집했다. 회의에서는 7월 1일~10월 10일 사이 직맹초급단체와 각 산별 직맹대회의 개최가 계획되었고 국가사회보험, 노동보호, 노동규율 등 사업에 대한 관리기능을 직맹 중앙위원회로 이관하는 것과 관련한 제반대책이 토의되었다.[108] 직맹의 권한강화에 대한 서휘의 주장은 제3차 당대회의 결정 실행을 위한 과업을 공식화하는 기고문에서도 드러났다. 그는 1956년 6월 21일 『로동신문』에서 '일정한 생산지표와 생산조직과 작업조건의 보장없이 덮어놓고 증산경쟁을 조직하며 경쟁의무를 위에서 내려 먹이는 관료주의 방법과 어디서나 일률적으로 진행하는 형식주의를 범하고 있다'고 당시 전개되고 있던 증산경쟁운동의 문제점을 지적하면서 '행정관리 측에서의 생산조건의 보장과 생산자 측의 로동생산능률 제고를 위한 목표를 호상 합의, 계약하여 그를 법적으로 보장하에서 의무적으로 책임지게 하는 단체계약을 실시'하는 방향에서 증산경쟁을 추진해야 한다고 주장했다.[109] 또한 계획된 직맹단체의 결산·선거에 대해 『로동신문』의 사설은 1947년도에 결산·선거 실시후 9년 동안 "동맹활동 및 조직상 많은 변화가 있어 대부분의 산별 직맹중앙위원회, 연맹 도·시평의회

108) 위의 책, 652쪽.

109) 서휘, "제3차 당대회 결정 실행을 위한 직업동맹단체의 과업," 『로동신문』, 1956년 6월 21일; 서동만, 위의 책, 653쪽에서 재인용.

및 초급단체에서 선거에 의하지 않고서 '중앙집권적 방법'으로 임명된 위원이 적지 않음"을 선거 실시이유로 밝혔다. 또한 "종래 당사업에서 직맹단체를 행정적 캄파니아 사업에만 동원하고 협의 없이 직맹단체 사업을 대행하면서 그 기능을 침범하는 등 그 독자성과 책임성을 약화시키는 결과를 가져왔다."고 지적하면서 결산·선거 사업을 통해 이러한 경향을 시정해야 한다고 주장하기도 했다.[110)]

그러나 1956년 8월 전원회의 이후 서휘가 연안파와 함께 중국으로 망명한 후 예정된 선거도 치루지 못한 채 직맹에 당의 가혹한 검열사업이 진행되었다. 8월 전원회의에 대한 결론이 김일성 계열에게 유리한 쪽으로 가닥이 잡힌 11월 이후 직업동맹에 대한 당의 혹독한 숙청이 전개되었다. 1957년 2월 25일 『로동신문』은 직맹 중앙위원회에 진행된 내부 숙청작업의 경과 보도를 통해 서휘가 직맹 재임 기간 '당과 직맹의 동격론', '직맹, 당, 행정의 삼각동맹설' 등 '서휘식 직업동맹설'이 나타났다고 비난하면서 서휘의 '추종분자'들로서 서기장을 비롯한 직맹 간부들이 숙청되었음을 밝혔다.[111)]

1957년 5월 30일 당중앙상무위원회가 '반혁명분자와의 투쟁을 전군중적 운동으로 전개할 데 대하여'의 결정을 채택한 이후, 6월 14일 직맹사업에 대한 당중앙상무위원회의 별도 결정이 내려졌다.[112)] 당시 당중앙상무위원회의 결정 내용은 알려지지 않았으나, 6월 28일 당조직지도부장 한상두가 직맹위원장을 겸임하는 결정이 난 것으로 보아 직

110) "직맹단체의 결산·선거사업과 당단체," 『로동신문』, 1956년 7월 7일; 서동만, 위의 책, 653쪽에서 재인용.

111) "당성을 옹호하며 당적 원칙으로부터의 리탈을 반대하여: 직총 중앙위원회 사업에서" 『로동신문』, 1957년 2월 25일; 서동만, 위의 책, 654쪽.

112) 리효순, "조선직업총동맹 제3차 전국대회에서의 중앙위원회 사업총결보고," 『로동신문』, 1959년 11월 3일; 서동만, 위의 책, 655쪽에서 재인용.

맹에 대한 당조직지도부 차원의 대대적 정비가 계획되었던 것으로 추측된다. 당부위원장 박정애와 박금철이 참석하에 1957년 7월 5~6일 개최된 직맹 중앙위원회 제8차 전원회의에서는 신임 직맹위원장이자 당조직지도부장인 한상두가 서휘에 대한 비판을 총괄했다. 한상두는 서휘가 "반맑스주의적 리론과 극단한 자유주의 사상"을 유포하고 "당의 령도를 공공연히 거부하며 직맹을 당 및 국가, 경제기관들과 대립시키며 나아가서는 직맹을 당 위에 올려세우려고까지 로골적으로 획책"했다고 비판했다. 또한 직맹을 "당의 령도 하에 있는 로동계급의 대중적 교양조직"으로 보지 않고 직맹을 '권력화, 행정화'하려 했다고 비난했다.[113] 회의에서는 중앙기구가 불필요하게 팽창했다고 비판되어, 중앙산별위원회를 통합·축소하고 도산별위원회를 폐지하고 도평의회를 도위원회로 개편함으로써 산별조직원칙이 약화되고 조직원칙이 강화되었다. 중앙기구는 대폭 축소되어 다수의 간부가 하급단체로 이동했다.[114]

또한 "조건없이는 증산경쟁운동을 하지 말라"는 서휘의 주장이 비판되어, 앞으로 직맹의 임무는 제1차 5개년계획 수행을 위해 증산경쟁을 광범히 전개하는 것이라고 거듭 강조되었다.[115] 직맹 중앙위원회의 신임 간부들도 이러한 비판에 동참했다. 직맹 부위원장에 취임한 박상홍은 1957년 7월 25일『근로자』에의 기고를 통해 일부 직맹단체는 서

113) "직맹단체사업을 개선·강화하자, 직맹중앙위원회 전원회의 진행,"『로동신문』, 1957년 7월 8일; 서동만, 위의 책, 655~656쪽에서 재인용.

114) 박상홍, "직업동맹 사업에서 제기되는 몇 가지 문제,"『근로자』, 1957. 7.25, 44쪽; 박영근, "우리나라 공업관리형태 및 방법의 가일층의 완성," 과학원경제법학연구소 편,『8.15 해방 15주년기념 경제론문집』(평양: 과학원출판사, 1960), 150쪽; 서동만, 위의 책, 656쪽.

115) 위의 책, 656~657쪽.

휘의 영향을 받아 "생산계획의 달성에는 무관심하면서도 관리 측에 부당한 요구조건만을 일방적으로 제기"하고 "로동자들의 애국적 발기에 의하여 진행되는 시간외 로동"에 대해서도 트집을 잡았다고 비판했다. 또한 행정관리 측이 "로동자의 생활에 무관심한 관료주의적 태도를 취하면 로동자 측은 관리행정에 대립시키는 방향이 아니라 행정 측과 적극 단결하여 협조하는 원칙하에 개별적인 관리일꾼들에 대한 동지적인 충고와 비판의 방법으로 대응"해야 한다고 강조했다.[116]

당조직지도부의 지도하에 직맹에 대한 검열과 조직정비가 전개되는 과정에서 1957년 11월~12월 각급 직맹단체의 결산·선거가 당의 통제하에 진행되었다.[117] 서휘 체제하에서 7월로 예정되었던 결산·선거가 직맹의 권한을 강화하는 목적하에 계획되었다고 한다면, 11월에 진행되었던 결산·선거는 직맹의 권한을 대폭 축소하고 직맹을 당의 지도하에 편입시키려는 목적으로 진행되었다.

제1차 당대표자회를 앞둔 1958년 1월 당간부부가 폐지되고 당의 각 부서가 간부사업을 관장하도록 업무가 조정되었다. 이 조치의 의미는 당간부부의 업무가 조직지도부에 이관된 데 있다. 즉 당조직지도부가 각 부서의 간부사업을 총괄하고, 특히 주로 당단체와 근로단체의 간부사업을 관장하게 된 것이다. 사회단체에 대한 전반적 사업과 함께 간부사업까지 관할하게 된 당조직지도부의 권한이 더욱 강화된 조치로 볼 수 있다.

이렇듯 근로단체에 대한 당의 권한과 부서 내 역할이 정비되고, 근로단체들이 당의 지도하에 완전히 편입한 즈음인 1958년 3월 제1차

116) 위의 책, 656쪽.

117) 사설 "근로단체에 대한 당적 지도를 강화하자," 『로동신문』, 1957년 12월 5일; 서동만, 앞의 책, 657쪽에서 재인용.

당대표자회가 개최되었다. 당대표자회에서 민청 중앙위원회 위원장 박용국은 "우리 나라 사회주의 국가 체계 내에서의 민청이 차지하고 있는 위치와 역할"에 의해 "당의 통일과 단결을 일층 강화하는 투쟁에서 민청은 중요한 사명을 지니고 있다."[118]고 강조하면서, 민청은 "당과 청년군중과의 연계를 실현하는 인전대"로서, "당의 전투적 후비대"로서, "적극적 방조자"로서 "혁명의 미래의 담당자들인 젊은 세대들을 사회주의적으로 교양하며 당대렬을 보충하고 있다."[119]고 당과 민청의 관계를 공식화했다.

한편 제1차 당대표자회 개최 직후인 1958년 3월 10일 직맹 중앙위원회 제9차 확대전원회의가 개최되었다. 한상두 위원장은 증산과제의 달성을 위해 증산경쟁운동을 새롭게 전개할 것을 강조했다. 즉 '경쟁의 기본 형태인 개인 및 브리가다 경쟁은 물론 동일산업 부문 내에서의 기업소 간 호상 경쟁, 동일산업 부문 내 여러 기업소를 포괄한 지역 호상 경쟁, 동일산업 부문 전국 직종별 경쟁, 지방산업의 지역적 경쟁' 등 다양한 경쟁형태를 조직할 것을 제기했다. 같은 해 9월 13~16일 전국생산혁신자대회에서 '집단적 혁신운동'이 제창되었다. 이 즈음 다수의 공장, 기업소 들에서 5개년 계획의 목표를 1년 반 혹은 그 이상 단축할 것을 결의하는 총회나 열성자회의가 개최되었다.[120]

한상두 위원장의 후임 직맹위원장으로 취임한 리효순은 1959년 3월 13~15일 직맹중앙위원회 제12차 확대전원회의를 소집했다. 신임 리효순 직맹위원장은 보고에서 '천리마작업반운동'을 "사회주의의 높은 봉우리를 향하여 천리마를 탄 기세로 내달리는 우리나라 근로자들의

118) 박용국, "청년들 속에서 당적 사상 체계를 더욱 확고히 하자," 53~58쪽.
119) 위의 글, 53~58쪽.
120) 서동만, 앞의 책, 828쪽.

고상한 애국주의의 발현이며 로동에 대한 공산주의적 태도의 표현"으로 규정하면서 운동이 "개개의 작업반으로부터 전 직장, 기업소, 모든 집단에 이르기까지 확대발전되도록" 할 것을 강조했다. 또한 "근로자들 속에 김일성 동지를 선두로 하는 견실한 공산주의자들의 애국적 혁명전통으로 또 공산주의 붉은 사상으로 튼튼히 무장시키기 위한 사상교양사업을 더욱 강화"한다고 결정했다.[121] 이 회의에서 '하나는 전체를 위하여, 전체는 하나를 위하여'의 구호가 채택되었다.[122]

이어 8월 28일 당중앙상무위원회에서 '당정치사업을 모든 사업에 선행시킬데 대한 결정'을 채택한 이래 간부들에게는 실무적 기준보다 정치도덕적 기준이 우선되었고, 정치의식 제고를 위해 매일 3~4시간의 정치학습이 의무화되었다.[123] 8월 31일 내각전원회의에서 노동성 폐지를 결정하고 노동규준량과 임금의 사정 업무 등 노동행정 사업의 일부가 직맹 중앙위원회로 이관되었다.[124]

직맹은 이후 근로단체로서보다 국가기관으로서의 기능이 더욱 강조되었는데, 직맹위원장에 직맹 출신이 아닌 행정가나 실무가들이 선임

---

121) 위의 책, 851쪽.

122) '천리마작업반운동'이 1959년 3월 9일 강선제강소 제강직장 소속 진응원 작업반의 발기로 개시되었다는 북한 측의 기록에 대해, 서동만은 1958년 9월 당직개편에서 리효순이 신임직맹위원장으로 내정된 이후 치밀한 준비하에 진행되었을 것으로 판단했다. 사설 "천리마작업반운동'의 확대발전을 위하여,"『로동신문』, 1959년 3월 18일; 서동만, 위의 책, 851쪽.

123) 김서경, "모든 사업에서 당정치사업을 선행시켜야 한다,"『근로자』, 1959.11, 39~40쪽; 김영남, "국가기관 및 경제, 문화기관에 대한 당의 령도와 통제,"『근로자』, 1960.2, 17쪽.

124) 서동만은 이 조치가 직맹에 중대한 성격변화를 가져온 중요한 계기였다고 판단한다. 이 조치로 인해 직맹의 권한이 강화되었지만 이것은 '사회단체'로서의 강화가 아닌 직맹의 '국가화'를 의미하는 것이라고 평가했다. 서동만, 앞의 책, 855쪽.

되었던 것을 근거로 들 수 있다. 1959년 11월 2~6일 개최된 조선직업총동맹 제3차 대회는 1947년 12월 제2차 대회와 매우 성격이 달랐다. 대회에서 리효순이 위원장으로 유임되었지만, 신임 부위원장단에는 산업성 노력임금처장, 중공업부장, 노동부상 등을 역임한 노동행정 전문가인 문치수가 포함되었다.[125] 이후 1961년 리효순의 후임 위원장으로 선출된 김왈룡은 전임 위원장들에 비해 당내 서열이 매우 낮았다.

한편 직맹의 정치적 위상의 추락은 당과의 관계에서도 확인할 수 있다. 집단적 혁신운동의 확대 과정에서 주도적 역할을 했던 직맹에게 당은 당적 신임을 표현하지 않았다. 반면, 직맹과 비슷하게 조직지도부의 지도를 받고 정비되었던 민청에 대해서는 1956년 그리고 1961년의 당대회의 규약을 통해 당의 신임이 반영되었다. 따라서 직맹은 태생적 임무와 역할 면에 있어서도 과거에 비해 위상이 저하되었지만, 민청과 비교할 때 당과의 관계 면에 있어서도 정치적 위상은 훨씬 낮아졌다.

1961년 당대회에서 개정된 규약을 통해 당중앙위원회가 민청중앙위원회를 직접 지도하며, 민청이 '당의 후비대'임이 공식화되었다. 또한 이후 전개된 소년단 강화사업에 의해 의무교육제로 포괄되는 전 학령아동이 학교를 통해 소년단에 의무가입하고, 소년단 연령에서 해제되는 학생들이 자동적으로 민청에 가입하는 체제가 제도화되면서 민청은 '전체 청년들'을 포괄하는 단체로 강화되었다.[126] 이렇듯 '당원은 모두 민청을 거쳐야 하는' 시스템의 제도화는 당과의 관계에 있어 민청

125) 위의 책, 855~856쪽.

126) 전체 청년을 아우르는 대중적인 사회주의 청년단체는 북한이 유일하다. 중국의 공청단은 엘리트적 단체로, 소련의 레닌공청은 엘리트-대중의 중간쯤 성향을 가지고 있다.

을 '전위적 근로단체'로 등장하게 하는 또 하나의 조건이 되었다.

다. 사회주의적 인간 양성의 제도화: 민청과 교육제도의 결합

사회주의 국가에서 국가기관과 노동조합·여성동맹·청년동맹·협동조합 등 공공조직 간에는 밀접한 상호작용과 협조체계가 존재한다. 공공조직은 국가기관의 업무에 직접적으로 참여하며, 다양한 관리기관들이 공공조직의 대표를 조직적으로 포함한다.[127] 이것은 당-국가 체제인 사회주의 국가에서 대중의 각 계층을 대표하는 근로단체들과 정부기관 간의 상호작용을 통해 당의 정책 수행이 적극적으로 실현되는 체제를 의미한다. 이는 지도자의 강력한 카리스마가 근로단체와 정부기관을 통해 대중에게 더욱 공고하게 구축되는 체제로도 이해할 수 있다.[128]

한편 전면적으로 발달된 '전인적 인간'을 양성하기 위한 맑스주의 교육의 기본 원리는 노동과 학습의 결합, 모든 인민에게 높은 수준의 교육 제공, 국가의 포괄적 교육체제의 완비이다. 사회주의적 인간을 양성하기 위해서는 일반적인 학교에서의 교과 교육뿐만 아니라, 모든 노동자가 교육과 학습의 기회를 가질 수 있는 제도적 장치가 마련되어야 한다. 이를 위해서는 학교교육 이외에 사회교육이 발전해야 하며,

---

127) V. 치르킨, Yu 유딘, O 지드코프 지음, 송주명 옮김, 『맑스주의 국가와 법이론』(서울: 새날, 1990), 204~205쪽.

128) 이것은 권위주의 체제의 제도적 특징과 유사하다. 권위주의 체제의 제도적 특징은 권력의 중앙집중화와 강한 통제성과 국가기관에 의한 전 국민의 조직화 현상을 들 수 있다. 국가의 강한 통제력을 바탕으로 각종 사회단체를 산하에 두고 주민들에게 국가의 정책에 복종할 것을 강요하며, 국민들의 동의와 최소한의 묵종을 구하고, 저항과 갈등의 통제를 위해 전 국민을 일정한 조직하에 묶어 두고, 국가는 조직들을 통해 국민을 통제한다. 진덕규, 『現代 政治學』(서울: 학문과 사상사, 2003), 397~399쪽.

학교교육과 사회교육이 사실상 구분되지 않을 정도로 통합된다.[129] 소련의 학교는 '사상교육 기관'으로서 청소년들에게 공산주의 세계관을 지속적으로 교육하는 것을 목적으로 했다. 학생들에 대한 사상교육을 강화하기 위해 학교에 10월 혁명단(The Octobrist), 소년 개척단(The Pioner), 콤소몰(Komsomol)이 조직되었다. 7~17세의 연령층의 대다수가 이에 포함되었고 학교 내 조직된 이들 청년단체들은 정치사상교육과 도덕교육뿐 아니라 청소년들의 사회활동을 지원했다.[130]

1956년 전반적인 초등 의무 교육제, 1958년 전반적 중등 의무 교육제 실시 등 북한에 사회주의적 교육제도가 자리 잡아 가면서,[131] 민청의 학교 내에서의 역할은 학생들을 대상으로 한 사상교양, 학습 진행 소년단 지도, 학생들의 학습 지원, 교원 지원, 기타 당정책 수행에 필요한 동원 등으로 구체화되었다. 해방 직후 학교 내 민청단체가 정치적 활동에만 치중하고 교원들과 갈등을 일으켰던 것에 비해, 정전 이후 사회주의 교육제도가 정착되면서 학교 내 민청단체의 역할은 교육제도를 지원하는 것으로 집중되었다.

또한 1956년부터 본격적으로 실시되었던 의무교육제도를 통해, 학령기의 아동들은 점차 학교라는 제도하에 포괄되었다. 특히 1964년 '청년들 전부가 소년단 생활을 거쳐 동맹 대열에 들어오고 있'음이 공표된[132] 것은, 학교에 입학하면서 아동이 소년단에 가입하고, 이어 자

129) S. 캐슬·W. 뷔스텐베르크 지음, 이진석 옮김, 『사회주의 교육의 이론과 실천』(서울: 푸른나무, 1990), 18~20쪽; 이향규·김기석, 『북한사회주의의 형성과 교육』(서울: 교육과학사, 1999), 15쪽.

130) Joseph I Zajda 저, 김동규 역, 『소련의 학교교육』(서울: 주류, 1984), 119쪽, 157쪽.

131) 『조선중앙년감 1960』(평양: 조선중앙통신사, 1960), 158~160쪽.

132) "남포시 대표 홍윤협 동지의 토론," 『조선사회주의로동청년동맹 제5차대

동적으로 민청에 가입하는 체제가 구축되었음을 의미한다.

즉, 학교라는 제도가 민청이라는 근로단체와 결합하여 해당 연령기의 북한의 전체 청년들을 포괄하면서, 학습과 사상교양의 역할을 분담하고 사회주의적 동원을 '협력'해 추동하는, 사회주의적 '상호작용'의 체제가 구축되기 시작한 것이다. 이러한 교육제도와 민청의 결합은 북한의 청년들을 '사회주의적 인간형'으로 양성하는 제도적 기반이 되었다.

3. 사회주의로동청년동맹으로 개편의 의의

가. 사로청 개편의 배경

'승리자의 대회'를 통해 북한에 사회주의제도가 확립되었음을 공식화한 이후, 1964년 5월 민청은 제5차 대회를 통해 사회주의로동청년동맹으로 개편되었다. 민청이 사로청으로 개편된 것에 대해 홍순권 민청 위원장은 민청의 과거 성과에 기초해 "더욱 혁명적이며 전투적인 청년조직으로 발전시켜 청년들의 어깨에 지워진 력사적 사명을 완수함에 있어 빛나는 리정표"가 된다고 밝혔다.[133)]

민청 제5차 대회 직전 김정일은 민청 중앙위원회 간부들과의 담화에서 민청을 사로청으로 고치는 것은 "현실발전의 요구"로서, 북한에서 "사회주의적 혁명이 승리하고 사회주의 건설이 힘있게 벌어지고 있으며 청년들의 생활과 풍모에서 커다란 전변이 일어나고 있다."고 강

회 토론집』, 228쪽.

133) "민청제5차대회를 경축하는 평양시 청년학생 대회에서 한 조선 사회주의 로동 청년 동맹 중앙 위원회 위원장 홍 순권 동지의 연설," 『조선사회주의로동청년동맹 제5차대회 토론집』, 8쪽.

조했다.[134] 김정일은 이어 민청 제5차 대회가 김일성의 "구상과 발기에 따라 민주청년동맹을 사회주의로동청년동맹으로 고치게" 되었다고 밝히고 사로청을 "조선로동당의 전투적 후비대"이며 "당의 령도 밑에 사회주의, 공산주의를 건설하기 위하여 투쟁하는 청년들의 대중적 정치적 조직"으로 규정했다.[135] 또한 사로청의 기본 임무로 "청년들을 위대한 수령 김일성 동지의 혁명사상으로 튼튼히 무장시키고 당의 로선과 정책을 관철하기 위한 투쟁에로 적극 조직동원"하는 것이라고 밝혔다.[136]

민청이 '사회주의로동청년동맹'으로 개편된 것은, 기본적으로 혁명의 단계적 측면에서 북한이 사회주의적 개조를 완료하고 스스로 사회주의 전면적 건설 단계에 진입하기로 결정한 것을 의미한다. 따라서 변화된 체제하에서 청년들이 적응하고, 새로운 혁명 단계에서 당의 요구를 적극적으로 실천하기 위해서 형식에 있어서는 이에 적합한 성격의 단체와 조직운영, 간부진, 맹원구성을, 내용면에 있어서는 새로운 사상교양 체계를 필요로 하게 된 것으로 볼 수 있다.

또한 현실적으로 당과 국가 운영에서 해방 이후 줄곧 부족했던 노동력의 충원과 동원, 그리고 당과 국가기관들에 필요한 간부의 양성기관으로서 민청단체의 개혁이 필요했던 것을 사로청으로의 개편의 배경으로 들 수 있다. 특히 1956년부터 1961년 사이에 본격적으로 진행된 민청의 재정비와 당의 민청에 대한 직접적 지도체계의 확립, 그리고 민청 구성원들의 계급적 통일 노력은 1961년 당대회에서 민청을 당의

134) 김정일, "현실발전의 요구에 맞게 청년동맹 사업을 개선강화할데 대하여(1964.4.22)," 『김정일선집 1』, 5쪽.

135) 위의 글, 1쪽.

136) 위의 글, 1쪽.

후비대로 공식화하는 조건이 되었다.[137)]

나. 1964년 민청 제5차 대회의 의미

(1) 사로청의 특징

민청은 1964년 5월 제5차 대회에서 '사회주의로동청년동맹'으로 개편되면서, 항일혁명전통을 계승한 '당의 후비대'[138)]로, '항일 빨찌산의 혁명 전통에 뿌리'를 둔 것으로 공식화되었다.[139)]

사회주의로동청년동맹이 민청과 구별되는 특징은, 첫째, 1956년 제4차 대회에서 '청년들의 대중적 민주주의 조직'으로 포현되었던 것으로부터 '공산주의적 대중단체'임을 명시함으로서 이념적 지향이 맑스-레닌주의임을 공식화한 것을 들 수 있다.

둘째, '조선로동당의 전투적 후비대이며, 김일성 동지의 지도하에 조직 전개된 항일무장투쟁의 영광스러운 혁명전통을 계승한 공산주의 교대자'로 명시함으로써 당의 지도가 공식화되었고 당에 대한 역할이 인적 자원을 공급하는 '후비대'로 규정되었다. '항일무장투쟁의 영광스러운 혁명전통'을 계승했다는 구절은 특별히 당권을 장악하고 있는 김일성과 만주 빨치산 계열에 대한 충실성의 표시로 볼 수 있다. 1970년 제5차 당대회의 규정을 통해 '항일무장투쟁'의 혁명전통 계승은 민청

---

137) 김종수는 4차 당대회 시기 근로단체들이 침체되었던 상황에서 민청이 유일하게 개정 규약에서 위상과 역할이 규정되었다고 판단했다. 김종수, 『북한 청년동맹 연구: 체제 수호의 전위대, 청년동맹』(파주: 한울, 2008), 215쪽.

138) 김일성, "사회주의로동청년동맹의 과업에 대하여," 『김일성저작선집 4』, 147~179쪽, 151쪽.

139) "민청제5차대회를 경축하는 평양시 청년학생 대회에서 한 조선 사회주의 로동 청년 동맹 중앙 위원회 위원장 홍 순권 동지의 연설", 『조선사회주의로동청년동맹 제5차대회 토론집』, 8~9쪽.

이외에 직맹과 농맹에도 확대되었다.

셋째, 맹원의 임무를 '조국통일과 사회주의 공산주의 건설을 위해 투쟁', 당원의 모범을 따라 당의 노선과 정책을 관철, 당의 정책을 해석·선전, 혁명전통 연구, 소년단 지도 등으로 규정했다.

넷째, 초급단체의 조직과 임무를 강화해 당의 정책의 선전 해설, 사상교양 및 동원 촉구에 용이하도록 했다. 새로운 규약에서 초급단체는 지역적 생산적 단위에서 조직되었던 기존의 원칙에서 리, 읍, 구, 동을 제외하고 주로 '생산단위'에 따라 조직하도록 수정되었다. 이것은 초급단체가 사상교양과 함께 '경제건설'에의 동원에 초점이 맞춰져 있음을 드러낸다. 또한 제4차 대회에서 '민청위원회'를 맹원 300명 이상일 경우에 설치할 수 있던 것에 반해, 제5차 대회에서는 '초급위원회'를 맹원 100명이상일 경우 조직할 수 있도록 수정해 '초급위원회' 설치의 기준을 완화했다. 초급단체의 임무로서 '전체 청년들을 당 주위에 튼튼히 단결시켜 혁명과업 실천에 적극 조직 동원하며 그들을 당과 혁명에 무한히 충실한 유능한 사회주의, 공산주의 건설자로 교양, 육성'하며, '동맹조직을 더욱 전투적인 공산주의 대오로 튼튼히 꾸리며 당의 전투적 후비대이며 적극적 방조자로서의 역할을 원만히 수행', '청년들을 우리 당의 사상 체계와 혁명전통으로 확고히 무장시키며 당 정책을 일상적으로 알려주고 그를 철저히 집행하도록 조직 동원'[140]으로 규정해 제4차 대회 때와 마찬가지로 초급단체의 역할을 강화했다.

다섯째, 인민군에 대한 장을 별도로 추가해 군대 내 동맹조직은 해당 당위원회와 정치기관의 지도하에 사업, 군대 내 동맹조직은 중앙위가 비준한 지도서와 인민군 총정치국 지시에 따라 사업, 군대 내 동맹

140) "남포시 대표 홍윤협 동지의 토론," 『조선사회주의로동청년동맹 제5차대회 토론집』, 228쪽.

조직들은 해당 지방 동맹조직들과 연계를 가질 것을 명시했다. 별도의 장을 마련했다는 것은 인민군대 내 민청단체의 위상이 제고되었다는 것을 의미한다. 인민군대 민청단체에 대한 당의 지도가 규약을 통해 공식화되었다.

여섯째, 소년단의 지도가 체계화되었음을 알 수 있다. 민청 제5차 대회에서 남포시 대표로 홍윤협은 인민의무교육제도 실행 의해 전반적 지역에 "인민학교와 초급 중학교 설치, 청년들의 전부가 소년단 생활을 거쳐 동맹에 들어오게 되었다."고 보고하면서 소년단 단체에 대한 지도와 민청 가맹전 교양이 민청의 중요한 과업으로 규정되었다고 밝혔다.[141] 제5차 대회에서 수정된 규약은 민청의 조직들이 '자기 지역 내의 소년단 단체'들의 사업을 지도하는 부분이 추가되었는데 이는 '지역 내 각급 학교 소년단'을 의미하는 것으로 추측된다. 또한 소년단 지도에 있어 '공산주의 교양과 혁명전통 교양을 강화하며 당과 수령께 충직하고 지덕체를 갖춘 공산주의 건설의 후비대로 교양 육성'해 청년과 소년들에 대한 사상교양의 강화가 진행되고 있음을 알 수 있다.

(2) 1964년 민청 제5차 대회의 의미

'승리자의 대회'로 자칭했던 1961년 당대회에서 당의 후비대로 공식화 된 후 3년이 지나서 민청은 사회주의로동청년동맹으로 개편되었다.[142] 민청의 사회주의로동청년동맹으로의 개편은 기본적으로 북한에

141) 위의 글, 228쪽.

142) 이것에 대해 정성장은 1958년 사회주의적 개조가 공식적으로 완료된 시점으로부터 사로청으로의 개편은 늦은 점이 있다고 보았다. 그 이유로서 1956년 이후 '소련파, 국내파에 속했던 인사들을 당과 국가기관의 모든 수준에서 제거하는데 주력'하느라 1960년대 초까지 근로단체의 개편에 관심을 기울일 여력이 없었던 것이 가장 중요한 이유로 작용했을 것'으

사회주의 기초건설이 완성되고[143] 혁명의 새로운 단계에 접어드는 시기에 시행되었다는데 의미가 있다. 사회주의 체제의 청년단체로서 새로운 성격과 임무가 부여된 것이다. 그러나 구체적으로 사로청으로의 개편이 사회주의 제도 시행이 공식화된 1961년으로부터 3년이 지난 시점인 1964년에 이루어진 것, 즉 이 3년간의 공백의 의미가 무엇인지에 대해서는 북한의 문헌 혹은 연구자들에 의해 설명된 바 없다.

제4차 당대회 이후 직맹이나 농맹, 여맹 등 다른 근로단체들에 비해 우선적으로 민청 내 사상적, 조직적 체계가 정비되었다. 본 장에서는 제4차 당대회 이후 사로청으로 개편되었던 1964년까지 3년간의 기간이 첫째, 북한이 사회주의 전면적건설 단계에 들어서면서 사회주의 농촌 발전에 대한 테제의 한 부분으로서 계급통일의 마지막 과정인 농민을 근로계급화하는 작업을 계획하고, 둘째, 북한의 사회주의적 교육제도의 수립 과정에서 민청이 학교와의 연계를 통해 전체 청년들을 학교와 청년단체(소년단, 민청)에 포괄시키고 학교 내에서의 학교와 민청간의 상호 협조체제 구축이 계획되었던 시기였음을 주장하고자 한다.

1961년 3월 27일 당중앙위원회 상무위원회는 복잡한 성분을 가진 청년들을 계급통일에 편입시키는 계기를 마련했다.[144] 이후 사회주의로동청년동맹으로 개조되면서 민청은 공식적으로 청년층의 계급적 통일을 이루었고 "로동청년을 핵심으로 근로농민청년, 근로지식인청년, 근로인민 출신의 학생청년들로 구성되었음"을 밝혔다.[145] 비록 1964년

로 주장했다. 정성장, 『현대북한의 정치: 역사·이념·권력체계』(파주: 한울, 2011), 408~409쪽.

143) 『조선로동당력사교재』, 454쪽.

144) "황해남도 대표 장세극 동지의 토론," 『조선사회주의로동청년동맹 제5차 대회 토론집』, 94쪽.

145) "함경 북도 대표 조성호 동지의 토론," 『조선사회주의로동청년동맹 제5

시점에 민청에 소속되어 있지 않은 농촌 청년들이 아직 많이 존재했지만, 이 시기 농업근로자동맹을 새롭게 조직하면서 농민은 농민계층만을 포괄하는 농업근로자동맹에 농민청년은 해당 연령기의 모든 청년을 포괄하는 민청에 각각 가입하는 체제를 준비했다. 따라서 1961~1964년은 계급통일의 마지막 과정으로서 농민청년의 근로계급화 계획이 준비되었던 시기로 볼 수 있다.

1964년 전체 청년이 소년단을 거쳐 민청에 가입하게 되었음이 공표된 것은[146] 의무교육제도를 통해 북한의 전체 학령기 아동이 학교에 입학하게 된 것과, 입학과 동시에 소년단에 가입하는 체제가 구축되었음을 의미한다. 1959년 10월 28일 최고인민회의 상임위원회가 법령으로 발표한 '인민교육체계를 개편할데 대하여'는 1956년부터 실시한 인민학교 4년제와 중학교 3년제의 전반적 중등의무교육제에 기초해 고급중학교를 폐지하고 1962~1963년도부터 2년제 고등기술학교까지의 기술의무교육제를 실시한다는 내용을 담고 있다.[147] 이것은 1963년 11월 15일 "현존 기술 학교 체계를 공고 발전시키며 그것을 더욱 완성시키기 위하여 2년제 기술 학교와 고등 기술 학교 체계를 존속시키면서 중등 일반 교육을 주기위하여 3년제 기술 학교와 준기사를 양성하는 2년제 고등 전문 학교를 1965~1966학년도부터 설치할데 대한 결정"을 채택하는 것으로 발전되었다.[148]

북한의 기술 의무 교육 제도 실시의 계획은 사회주의 교육의 관점에

차대회 토론집』, 230쪽.

146) "남포시 대표 홍윤협 동지의 토론", 『조선사회주의로동청년동맹 제5차대회 토론집』, 228쪽.

147) 『조선중앙년감 1960』, 158~160쪽.

148) 『조선중앙년감 1964』(평양: 조선중앙통신사, 1964), 203~206쪽.

서 맑스 주의교육이론의 기본 요소인 '생산노동과 교육을 연결'하는 '종합기술교육'의 실행과,[149] 학교와 민청이 전체 청년 중 특히 감수성이 예민한 14~17세 나이대의 청년들을 통제할 것에 대한 계획이 수립되었음을 의미한다.

맑스는 전인적 인간의 양성을 위해 읽고 쓰고 셈하는 기본적인 능력 및 자연과학과 사회과학적 지식을 획득하는 정신교육, 체육 스포츠 군사적인 신체교육, 생산과정을 이해하고 통제하는데 필요한 과학과 기술교육 등이 통합되어야 한다고 주장했다.[150] 맑스의 교육 원리는 소련에 적용되는 과정에서 변형되었다. 혁명 직후 레닌은 통일 노동학교 제도하에서 문맹 청년과 성인을 위한 학교, 당원 정치 학교, 노동청년 학교, 청년 농부학교 등 각종 교육기관을 설립하는 등 맑스의 교육 원리를 실천하기 위해 노력했다. 그러나 전시체제하의 현실은 의무교육제도 정책을 9년에서 7년으로 단축하는 등 인민교육에 대한 야심찬 목표 수준을 낮추게 만들었다.[151] 또한 신경제정책 기간 동안 4년간의 의무교육제도 이후의 교육과정을 위해 기술·실업고등학교와 공장견습공 학교를 설치하는 등 기초적인 직업 훈련이 강조되었다.[152]

스탈린이 당권을 장악해 가던 1920년대 중후반부터는 맑스가 주장했던 전인적 양성을 위한 '종합기술교육'이 아닌, 교육에서의 스탈린주의가 강조되기 시작했다. 교육에서의 스탈린주의는 무조건적인 순종을 위한 훈련, 많은 숫자의 기술자 전문가 경영인과 그외 '기간요원'을 양성하는 것, 농업과 공업에 현대적인 방식을 도입할 수 있게 하는 대

149) S. 캐슬·W. 뷔스텐베르크 지음, 앞의 책, 20쪽.

150) 이향규·김기석, 앞의 책, 15~16쪽.

151) S. 캐슬·W. 뷔스텐베르크 지음, 앞의 책, 82~83쪽.

152) 위의 책, 85쪽.

중교육을 적극 추진하는 것을 의미했다. 스탈린 역시 레닌처럼 '문화혁명'을 시도했지만 그것은 대중의 관심과 주도성에 기초를 둔 운동이 아니라 당 지도부에 의해 엄격히 통제되는 위로부터의 혁명을 의도했다.[153] 스탈린주의 교육은 교육제도를 양적으로 크게 증가시켰다. 제2차 세계대전 발발 직전 문맹이 거의 사라졌고, 학령기 아동은 최소한 4년제 의무교육제의 혜택을 받았다. 1928~1940년 사이 중급 수준의 직업훈련과 고등교육은 500%나 증가했다. 그러나 이것은 사회주의적 교육이라기보다는 엄격한 규율과 순응적인 노동자를 양성하는 형식적 교육에 가까웠다.[154]

북한의 교육 개혁의 목표는 기본적으로 일제 식민지교육 청산과 사회주의 교육 건설이었다. 사회주의 교육은 맑스, 레닌 및 크룹스카야와 같은 혁명지도자들에 의해서 제안된 새로운 이상주의적 교육체제로 자본주의 교육의 모순을 근원적으로 해결하기 위한 교육체제와 교과구성 원리를 포함한다. 그러나 북한 교육개혁의 기본 논리는 맑스와 초기 소련의 사회주의 교육의 원리만을 적용하지는 않았다. 북한 교육개혁의 표준이 된 소련의 사회주의 교육은 스탈린이 계획경제에 따른 산업화를 추진하던 시대인 1920년대 중후반부터 실시된 소련 특유의 사회주의 교육으로서 맑스적 교육 논리와는 차이가 있었다. 북한 교육개혁에는 일제 식민지 교육이라는 특수한 모순을 청산해야 하는 구체적인 과업이 있었기 때문이다.[155] 따라서 북한 교육 개혁의 기본 논리는 맑스적 사회주의 교육의 일반원리, 스탈린주의 교육원리, 혁명 단계에서의 북한의 구체적 교육현실 등이 서로 복잡하게 결합되었다.

153) 위의 책, 92쪽.

154) 위의 책, 94~95쪽.

155) 이향규·김기석, 앞의 책, 14쪽.

한편 1962년 무렵부터 당은 특히 14~17세의 청년을 주시하면서 '청소년'이라는 개념을 중요하게 언급하기 시작했고,[156] 감수성이 예민한 14~17세 청년에 대한 교육제도와 민청의 통제 계획이 병행되었다. 이 시기 민청의 학생사업의 강화가 제기되었으며, 특히 학생 시기 중 "초중 3학년부터 기술학교, 고중, 전문학교, 고등 기술학교, 대학 1학년까지의 시기가 중요하며 그 가운데에서도 기술학교 학생시절"이 "소년으로부터 청년으로 넘어가는 시기"로 매우 중요하다고 강조되었다.[157] 이 시기의 청소년의 특징으로 "머리는 사진기와 같이 보고 듣는 것을 그대로 받아들이며 이때에는 심리적으로도 큰 변화가 일어나고 몸도 날마다 버쩍버쩍 늘어나"며, "많은 것을 빨리 알자고 하고 배우려 하며 영웅심도 생기고 무엇인가 하고 싶어하며 어디에 나서고도 싶어"하며, "새것을 좋아하고 정의감이 강하고 진리를 탐구하려는 욕망도 많"다고 표현되었다. 김일성은 특히 북한 청소년들이 '혁명적인 것'을 좋아하기 때문에 이 시기 학생들의 교양이 매우 중요하며, 이때 길을 잘못 들면 타락할 수도 있고 잘 교양되면 훌륭한 인재로 양성될 수도 있

156) 이 시기 청년은 "나이가 20세 내지 30세 전후의 젊은 사람. 소년과 장년의 사이에 해당"하는 계층으로, 청소년은 "청년과 소년"으로 정의되었다. 『조선말사전 3』(평양: 과학원 언어문학연구소 사전 연구실, 1961), 658~659쪽; 한편 2010년 발행된 『조선말대사전』은 청년은 상대적으로 포괄적인 개념으로 "젊은 나이의 사람을 소년, 장년, 로년 등에 상대하여 이르는 말"로, 청소년은 좀더 구체화된 개념으로 "청년과 소년. 청소년들의 특징은 새것을 배우려는 의욕이 제일 왕성하며 훌륭하고 비범한 큰일을 해보려는 영웅심이 강하며 다른 사람의 모범에 깊이 감동되여 그 모범을 따르기를 좋아하는 것이다"로 정의했다. 『조선말대사전』(평양: 과학백과사전출판사, 2010), 801쪽.

157) 이 시기는 북한의 인민교육제도 편제상 14~17세에 해당한다. 김일성, "출판사업과 학생교양사업을 강화할데 대하여(1962.5.3)," 『김일성저작집 16』(평양: 조선로동당출판사, 1982), 236쪽.

다고 강조했다.[158] 대학 2학년때부터는 당원들도 있기 때문에 당에서 지도할 수 있지만, 기술학교 학생시절은 소년단 생활로부터 방금 민청 생활에 들어선 때이므로 이 시기 학생들과 사업을 잘하고 그들에게 교양을 잘 주어야 한다는 주장이었다.[159]

이 시기 '청소년'에 대한 당의 관심을 고려할 때 9년제 의무교육제도로의 확장 계획은 가장 민감한 시기인 14~17세의 청년들이 초급중학교 졸업 후 이탈하지 않고 모두 '기술학교'라는 교육제도에 편입됨을 의미한다. 또한 학교 내 민청단체의 강화는 북한의 전체 학령기 청년들을 학교와 단체를 통해 이중으로 통제할 수 있는 제도적 기반이 되었다. 즉, 초등학교 입학과 동시에 소년단 가입, 기술학교 입학과 동시에 민청에 가입하는 체제가 1961~1964년 사이 계획되었던 것이다.[160]

제4절 당의 전위적 근로단체로서의 역할

1. 사상교양

민청의 사상교양은 해방 이후 강조되었던 애국주의에 더해 계급교양, 도덕교양, 혁명교양이 강조되었다. 혁명교양은 김일성 및 만주 빨치산 그룹의 정당성을 확보하기 위해 당역사를 재해석하는 수단으로 시작, 사상적 기반일 뿐 아니라 따라 배워야 할 실천적 모범으로 확장

158) 위의 글, 236쪽.
159) 위의 글, 236쪽.
160) 또한 이 시기 청년에 대한 사상교양의 강화도 집중적으로 강조되었으며 이것은 제4절에서 구체적으로 다루고자 한다.

되었다. 시대의 필요에 따라 더해진 사상교양의 내용은 1964년 무렵 '당적 사상체계'로 형식을 갖추고, 시대가 필요로 하는 궁극적 인간형으로 청년들을 '새 형의 인간'으로 양성하는 목표를 두었다.

사회주의적 교양 중 '도덕교양'이 1954년 10월경 가장 먼저 구체적으로 강조되기 시작했다. 사회주의적 개조와 전후 경제복구가 전개되었던 때로서, 새로운 사회주의적 체제, 그리고 각종 경제복구 활동에의 동원에 자발적인 참여를 이끌어 내려는 의도가 있었기 때문이다. 도덕교양에 있어 "계급적 리해관계가 결정적"이라고 규정,[161] 맑스-레닌주의 관점에서 도덕은 상부구조의 현상이며 경제적 관계에 의해 결정되며, 사회 하부구조(토대)가 변하면 함께 변화하며 동시에 경제 발전에 적극적인 작용을 한다고 설명되었다.[162]

새로운 도덕교양은 맑스-레닌주의에 기반하며 "낡은 봉건 및 부르죠아 사회의 도덕 잔재가 일부 락후한 층에 나타"났기 때문에 출현하게 되었다고 언급되었다. 새로운 도덕교양의 과업으로 조국과 인민에 대한 사랑, 프롤레타리아적 국제주의, 새로운 민주주의적 원칙성, 조국 독립과 통일을 위한 투쟁에서의 용감성과 대담성, 규율성과 조직성, 노동과 공동재산에 대한 새로운 인민적 관계, 사회주의적 인도주의와 낙관주의, 합의제 및 친선협조의 정신, 겸손성과 정직성에의 교양이 강조되었다.[163]

이러한 도덕교양의 수단과 방법으로서 '학교'와 민청단체의 역할이 강조되었다. 학교는 "청년을 지적으로 무장시키며 그들의 세계관을 형

161) 강상호, "우리 인민민주주의제도하에서의 새로운 인민적 도덕," 『로동신문』, 1954년 10월 23일.

162) 위의 글.

163) 위의 글.

성하여 주며 그들의 의지를 연마"시키는 기관으로 규정되었고 이는 당과 정부의 인민교육제도 확대실시와 연계되었다. 민청과 소년단은 청소년들을 공산주의로 교양하는 "당의 보조자"이자 "청년들에게 사회적 활동의 학교"로 강조되었다.[164)]

'계급교양'의 강화는 1955년 4월 무렵 강조되었다. 전쟁과정의 희생으로 인해 이 시기 전체 당원의 50%가 신입당원으로, 60%가 농민으로 구성되었다.[165)] 당시 농민들 중 상당수가 자영농민으로서 상업에 직간접으로 연결되어 있었기 때문에 김일성은 전체 당원중 상당수를 차지하는 농민당원이 "소부르주아적 사상의식"으로 인해 "혁명사업과 사상전선에 부정적 영향"을 준다고 지적했다. 김일성은 당내 계급교양의 기본방향으로 맑스-레닌주의 학설과 제원칙을 북한의 구체적 현실과 결부해 연구하며 당원들에 대한 계급교양사업을 우리나라의 생동한 현실 생활과 실지 투쟁을 통하여 진행할 것, 당원들을 맑스-레닌주의 사상으로 교양할 것, 당내 교양사업의 기본방향에 근거해 당의 정치교양사업과 학습방법을 근본적으로 개선할 것을 제기했다. 또한 당교양사업에서 교조주의와 형식주의를 극복하고 각급 교양체계와 교재들을 개편, 특히 당과 국가의 지도간부들에 대한 맑스-레닌주의 이론학습을 강화하고, 선전 교양간부들의 선발, 배치, 육성사업을 신중히 하고 그들의 정치 이론 수준을 제고할 것을 강조했다.[166)]

같은 시기 당역사의 정당화를 위해 '혁명교양'의 맑스-레닌주의와

164) 위의 글.

165) 김일성, "당원들의 계급 교양 사업을 더욱 강화할 데 대하여(1955.4.1)," 『김일성선집 4』(평양: 조선로동당출판사, 1960, 번각발행 동경: 구월서방, 1963), 223~224쪽.

166) 위의 글, 237쪽.

의 결합이 시도되었다. 1955년 4월 김일성은 맑스-레닌주의 사상의 영향으로 일제하 민족해방운동이 전개되기 시작했지만, 조선공산당은 광범위한 대중에 대한 "혁명적이며 레닌적인 지도를 보장하지 못하고" 소멸되었다고 지적했다. 반면, 1930년대 들어 "견실한 공산주의자"들에 의해 지속되던 반일운동은 "공개적인 무장의 형태"로 변화되었고, "많은 지방들에서와 중국 동북의 여러 지역들에서 조선 공산주의자들의 지도 밑에 선진적 로동자, 농민 및 인테리들의 빨찌산 부대들이 조직"되기 시작했고, "공산주의자들은 빨찌산 부대들의 기본핵심"으로 "무장투쟁을 성과적으로 조직"하는데 결정적 역할을 했다고 강조했다.[167] 따라서 빨찌산 무장 투쟁은 "우리 인민의 민족 해방 운동에 있어 소극적인 투쟁 형태로부터 적극적인 투쟁 형태로 넘어가는 새 단계"를 열었으며, 조선 공산주의자들은 빨찌산 투쟁을 진행하면서 동시에 "레닌의 학설에 의거하여 당시 국내의 모든 애국적 력량을 통일적 민족 전선에로 단합"시키기 위해 1936년 5월 조국광복회를 조직했다고 밝혔다.[168]

혁명전통에 대한 강조는 1956년 4월 제3차 당대회에서도 시도되었다. 김일성은 당이 "맑스-레닌주의사상과 조직원칙을 튼튼히 견지"하고 "형제 당들의 투쟁경험을 조선혁명운동에 창조적으로 적용"하면서 "항일 혁명 투쟁의 영광스러운 전통을 계승하고 그 혁명투사들을 골간으로 하여 자기 대렬의 통일과 단결을 강화"했다고 밝혔다. 또한 당사상사업에서 "우리 나라의 역사에 대한 연구와 선전"이 소홀히 되고 있다고 지적하면서 "우리 나라 혁명투쟁의 고귀한 경험과 교훈"으로 당

167) 김일성, "레닌의 학설은 우리의 지침이다(1955.4)," 『김일성선집 4』, 291~292쪽.

168) 위의 글, 293쪽.

원들을 교양할 것을 제기했다. 이를 위해 학교 및 당교양망들에서 교수 제강을 개편하고 당선전사업에서 주체를 확립하며, 혁명운동에 관한 자료를 수집, 우리 혁명운동의 역사를 연구 편찬하는 사업을 강력히 추진할 것을 제기했다.[169)] 김일성은 민청이 각계각층의 청년들을 인입하는데 소극적임을 지적하면서 청년들 속에서 맑스-레닌주의 교양과 당 및 정부의 정책을 선전교양하고, 청년의 사회주의적 의식을 제고하도록 당부했다.[170)]

당의 사상교양정책에서 도덕교양, 계급교양, 그리고 혁명교양의 강조는 1956년 1월 민청의 사상교양 방침으로 정리되었다. 박용국은『근로자』에의 기고를 통해 "민청의 기본방침은 청년들을 사상적으로, 정치적으로 준비시키는 사업"이라는 김일성의 교시를 인용하면서, 청년들 속에서 "선진적 맑스-레닌주의 사상을 부단히 선전하였으며 맑스-레닌주의 학설을 조선 현실에 창조적으로 적용한 당의 정책들을 해설선전하는데 주력"했다고 밝혔다. 그는 민청이 청년들을 "김일성 동지의 혁명활동과 애국주의 모범", 당에 대한 충성심과 조국과 인민을 위해 헌신하는 도덕적 품성, 사회주의적 의식을 제고하기 위한 계급교양사업이 전개되고 있으며, 사상교양사업에서 각종 형식주의와 교조주의 퇴치가 전개되고 있다고 강조했다.[171)]

김일성 및 만주 빨찌산 그룹에 의해 당이 통일되고 사회주의적 개조가 완료되는 시점인 1958년 무렵, 당의 사상교양 강화 정책은 민청으

---

169) 김일성, "조선 로동당 제3차 대회에서 한 중앙 위원회 사업 총결 보고",『김일성선집 4』, 552쪽.

170) 위의 글, 552쪽.

171) 박용국, "민주 청년 동맹은 조선 로동당의 후비대이며 적극적 방조자이다,"『근로자』제1호(122) (1956.1.25), 70~80쪽.

로 하여금 모든 청년들이 '참다운 사회주의 건설자'로서, '사회주의와 공산주의를 향하여 전진하며 고상한 품성을 가진 새 형의 인간'으로 양성할 것을 주문했다.[172] 또한 청년들이 전체 근로자들의 의식을 사회주의적으로 개조하고, 도시와 농촌에 문화혁명을 추진하는데 '선봉적 역할'을 할 것을 제기했다.[173]

당의 제기에 대해 민청은 "청년들 속에 당적 사상체계 확립을 위해 청년들에게 맑스-레닌주의적 세계관과 인생관을 확립하도록 지도"할 것을 다짐했다. 특히 청년들이 "연령에 있어 세계관 형성기에 처한 세대"이며, "혁명투쟁과 간고한 로동에서 단련됨이 부족하며 사회적 경험이 어리"고, 청년들 대부분이 해방 후 인민 정권하에서 '행복'하게 성장했기 때문에 착취제도와 지주, 자본가들의 착취자적 본질을 경험적으로 알지 못한다고 지적되었다. 또한 "이상에 대한 감성이 풍부하고 정의감과 진취성이 강하며 새 것을 대담하게 따르는" 청년의 특성은 장점도 되지만 "비맑스주의적 사상이 용이하게 침습할 수 있는 약점"도 되기 때문에, 민청단체들이 청년들에 대한 사회주의 교양을 강화하고 혁명적 세계관을 확립하도록 지도해야 한다고 강조했다.[174]

이 시기 민청은 "당원은 누구를 물론하고 일정한 기간 민청을 거쳐 오는" "당원의 후비를 양성하는 학교"로 그 중요성이 부각되었고, 당의 강화는 민청의 당원 후비양성 사업에 달려 있다고 강조되었다.[175] 이와 함께 '새 형의 사회주의적 인간'으로 양성된 청년들에게 당에 대

172) 김일성, "사회주의 건설에서 청년들의 과업에 대하여(1958.3.19)," 『김일성선집 4』, 428쪽.

173) 위의 글, 435쪽.

174) 박용국, "청년들 속에서 당적 사상 체계를 더욱 확고히 하자," 53~58쪽.

175) 위의 글, 53~58쪽.

한 ‘충직성’이 가장 고귀한 품성으로 강조되었다.[176)]

이후 혁명전통 교양은 공산주의 교양과의 결합을 통해 하나의 ‘사상’으로 정당화되었다. 공산주의 교양은 반드시 혁명전통 교양과 결부되어야 하며, 이를 통해 공산주의자들의 ‘산 모범’을 본받는 ‘생동하고 힘있고 감화력을 가진 교양사업’이 된다고 강조되었다.[177)] 또한 혁명전통 교양을 통해 당의 역사를 학습하고 투쟁정신을 기를 수 있기 때문에, 혁명전통 교양과 공산주의 교양의 결합은 당원뿐 아니라 광범위한 근로대중 속에서 ‘당적 사상세계’를 세우고 ‘당의 사상으로 근로대중들을 무장’시키는 강력한 수단이 된다고 강조되었다.[178)]

이 시기 간행된 혁명전통교양과 관련된 문헌은 대표적으로 림춘추의『항일무장투쟁시기를 회상하며』를 들 수 있다. 이 문헌은 김일성 및 만주 빨치산 그룹의 반일무장운동 경험을 다룬 것으로 비교적 초기에 쓰여졌고 역사 서술 형식으로 기록되었기 때문에 이후 간행된 다른 문헌들에 비해 비교적 ‘사료’적 가치를 지닌다. 이 문헌에는 특히 청년으로서의 김일성의 항일무장투쟁 경력을 강조되었고 김일성의 공청 활동과 무장 투쟁 과정에서 공청과 소년단 지도 등이 구체적으로 기술되었다.[179)]

---

176) 위의 글, 53~58쪽.

177) 김일성, “조선로동당 제4차 대회에서 한 중앙위원회 사업총화보고,”『김일성저작선집 3』, 180쪽.

178) 위의 글, 180~181쪽.

179) 문헌에는 김일성이 반일무장운동 과정에서 공청의 선전 선동과 교양사업의 개선을 강화할 것을 제기했으며, 청년들이 가진 “진취성, 혁명성, 영웅성, 진리와 리상적 사회에 대한 열렬한 동경심, 그리고 누구보다도 감수력이 빠른 것” 등의 특성을 살리면서 각 지방의 실정과 조선과 중국 민족의 생활 풍속 습관, 문화적 전통과 각계각층 청년들의 요구를 참작해 선전선동 및 교양사업 전개를 주장했다고 밝혔다. 또한 아동단 사업

민청 내에서의 혁명전통 교양과 공산주의 교양의 결합은 천리마작업반운동을 통해 확산되었다. 천리마작업반운동은 "사람들을 새로운 공산주의적 인간으로 개조하는 훌륭한 대중적 교양의 방법"이자 "영웅적 조선로동계급이 창조한 우리 시대의 훌륭하고 위대한 공산주의 학교"로서, '당 사상사업의 거점'으로 강조되었다.[180)]

2. 후비대

가. '사회주의적 인테리' 양성 지원

1950년대 중반 북한의 간부정책은 김일성의 인테리포용정책에 의해 인테리가 노동계급과 함께 혁명의 동력으로 규정된 것에 기반했다. 특히 사회주의 교육제도하에서 양성된 노동계급 출신의 청년인테리층에서 상당수가 신진간부로 등용되었다. 민청은 이들 사회주의적 인테리들의 양성에 적극적으로 기능했는데, 특히 대학 등 고등교육기관의

에도 주의를 기울일 것을 제기했다고 밝혔다. 림춘추, 『항일무장투쟁시기를 회상하며』(평양: 조선로동당출판사, 1960), 50~54쪽; 림춘추는 이후 청년과 관련된 문헌을 몇 차례 더 집필했고, 이후 청년과 '혁명의 계승성'을 연결하는 방향으로 발전되었다. 림춘추, 『청년전위 상』(평양: 민청출판사, 1963). 책의 서두에서 림춘추는 출간 목적을 김일성의 항일무장투쟁 경험 기록, 항일무장투쟁 과정에서 희생당한 동료들인 청년공산주의자들을 회상하고, 이를 청소년 교양에 이바지 하기위해서 라고 밝혔다; 『청년전위 하』(평양: 민청출판사, 1964); 『혁명전위 제3부』(평양: 근로단체출판사, 1966). 소설형식으로 쓰여진 이 책에서는 1963~1964년 간행당시와는 달리 "혁명의 새 세대"로서 청년이 강조되었다. "우리는 오늘이 문제가 아니라 앞날에 더 큰 기대를 걸고 싸우는 사람들이 아니오. 우리의 다음 세대들이 건전하고 용감하고 슬기로울 때 이에 더한 기쁨이 어디 있겠소." 450~454쪽; 『청년전위 1』(평양: 사로청출판사, 1970).

180) 오현주, "청년들을 공산주의 붉은 혁명 투사로 교양 육성하자," 앞의 책, 23~28쪽, 26쪽.

민청단체들은 청년들의 사상교육과 당정책 교양, 그리고 집단적 조직활동 등에 적극적인 역할을 했다. 김일성은 1960년대 초반부터 대학 당위원회와 대학 내 민청단체의 역할 강화를 주문하기도 했다. 이 시기 배출된 사회주의적 인테리층은 당 및 국가기관, 사회단체등 사회전반의 중간 관료층을 형성해 왔다.

계급적 통일의 조건하에서 사회주의 교육을 받은 노동계급 출신의 지식인을 의미하는 '사회주의적 인테리'는 북한의 고유한 개념은 아니었다. 스탈린은 부르주아 교육을 받은 '낡은 인테리'와 사회주의 교육을 받은 '새로운 인테리', 그리고 '낡은 인테리' 중 '새로운 인테리'에 포함된 일부 나이 어린 지식인들에 대해 언급한 바 있다. 1939년 제18차 당대회에서 '낡은 인테리의 고통스러운 분화 및 와해 과정과 병행하여 새로운 인테리의 역량이 편성되고 동원되며 집결되는 과정'이 급격히 진행되었다고 언급하면서[181] 스탈린은 노동계급, 농민, 근로인테리 출신의 수십만 명의 청년들이 대학과 전문학교에 입학했으며, 이들이 학교 졸업 후 감소했던 인테리층을 보충했다고 말했다. 잔존한 낡은 인테리는 새로운 소비에트적 인테리 속에 용해되었고 따라서 인민과 밀접히 연결되고 절대 다수가 인민에게 충실히 복무할 것을 각오한 "새로운 소비에트적 인테리"가 형성되었고, 이후 "그 구성에서나 사회정치적 면모에서 낡은 부르주아 인테리와 근본적으로 구별되는 수많은 새로운, 인민적이며 사회주의적인 인테리"를 가지게 되었다고 강조했다.[182]

181) 스탈린, "전련맹 공산당(볼쉐위크) 제18차 대회에서 한 중앙위원회 사업총화 보고(발취) (1939.3.10)," 『맑스 엥겔스 레닌 쓰딸린 로동계급의 당』(평양: 조선로동당출판사, 1965), 831~832쪽.

182) 위의 책, 832쪽.

스탈린은 인테리층이 당을 통해 양성되며, 당을 강화하기 위해서는 당원들의 의식수준을 높이고 검열되고 공산주의 위업에 충실한 인물들을 개별적으로 선발하는 방법으로 입당시키며 당의 성분을 계통적으로 개선할 것, 지도기관들을 하부 사업에 더욱 접근시킴으로써 지도기관들의 사업이 더욱 실무적이고 구체적으로 되며, 회의를 줄이고 사무를 더욱 간소화할 것, 간부선발사업을 중앙집권하하며 간부의 육성에 관심을 돌려 간부들의 단점과 장점을 상세히 연구하고 젊은 간부들을 대담하게 등용하고 간부들의 선발, 배치사업을 당의 정치노선의 요구에 맞게 할 것, 당의 선전선동사업을 중앙집권화하며 맑스-레닌주의 사상을 널리 선전하고 간부들의 이론 수준을 제고하고 정치적 단련을 강화할 것을 제기했다.[183)]

중국의 경우 '지식인층'은 전통적으로 유교사회에서 존경받는 계층이었다. 사회주의 건설 이후에도 문화대혁명 시기를 제외하고는 기본적으로 사회적 명성과 지위는 높은 수준을 유지하고 있는 것으로 보인다.[184)] 중국의 지식인의 규모가 학력기준 정신노동자 화이트 칼라층 등 범주를 규정하는 변수에 따라 달라지지만, '상당한 학력을 지닌 정신노동자와 전문기술인'이라는 포괄적 개념으로 볼 때 전 인구의 0.55~6.42% 정도로 볼 수 있다.[185)] 중국 지식인의 직업 구조는 이러한 지식인의 직업구조는 전문기술자(16.3%), 국가기관이나 당조직·기업단위 책임자(14.2%), 사무원(8.7%), 상업활동(0.5%), 서비스성 업

183) 위의 책, 833~834쪽.

184) 이희옥, "중국의 계층분화와 '중국적 부유계층' 등장의 성격과 의미," 김채윤·장경섭 편, 『변혁기 사회주의와 계급·계층』(서울: 서울대학교출판부, 1996), 15~16쪽.

185) 위의 글, 16쪽.

종(0.2%) 등에 분포되어 있으며, 이들이 농업활동에 종사하는 비율은 0.01%(0.2%)에 불과하다. 그러나 전문기술자 직종의 20%, 단위기구 책임자 중 국가기구의 21.1%, 당조직의 11.7%, 기업단위의 13.9%만이 지식인이 차지하는 등 지식인의 공급부족이 나타나고 있다. 그럼에도 불구하고 지식인 정책은 정확하게 구현되지 않고 있다고 한다.[186]

북한의 '사회주의적 인테리' 층의 형성에 대해 농업집단화와 개인 상공업의 개조가 완료되고 1958년 제1차 대표자회를 계기로 연안파에 대한 전반적 숙청이 종결된 시점에서 시작되었다고 보는 견해가 있다. 이 주장에 따르면, 사회주의적 인테리에 대한 최초의 언급은 1958년 평양에서 개최된 '시군 인민위원회 위원장들의 강습회' 마지막 날인 8월 9일, 김일성이 "사회주의 건설의 속도를 계속 높여 가야만 하고, 이렇게 하기 위해서는 아직까지 사회주의 건설에 장애가 되어온 지식인 속에 있는 소극성과 보수주의에 대해 완강한 투쟁을 전개하지 않고서는 계속혁명을 가져올 수 없다."는 것에서 발견되었다.[187] 이어 9월 16일 개최된 '전국 생산 혁신자 대회'에서 '사회주의 건설에서 소극성과 보수주의를 반대하여'라는 연설에서 김일성이 노동자들의 노력적 성과를 치하하면서 이러한 성과는 보수주의와 소극성과의 투쟁을 통해 이루어진 것이라고 강조한 데서 새로운 인테리 형성의 시작으로 보았다.[188] 즉, 1958년 8월과 9월 수차례에 걸친 인테리에 대한 개조를 내용으로 하는 회합이 소집되었으며, 보수주의와 소극성을 극복하기 위한 운동으로 시작된 이 회합은 처음에는 경제부문의 기술자 및 관리부문들로부터 시작되어 점차 전체 인테리에까지 파급되었다는 주장

186) 위의 글, 16쪽.
187) 북한연구소,『북한의 계급정책』(서울: 북한연구소, (1980), 100쪽.
188) 위의 책, 100쪽.

이다.[189)]

당시 인테리 숙청의 중점적 대상이 해방 전 일제하에서 교육 받은 층이었으며, 1958년 9월 당중앙위원회 전원회의에서 채택된 '붉은 편지'에 대한 전달과 해석사업으로부터 시작, 당원은 당조직(초급 당위원회, 세포회의)에서, 비당원은 직업동맹과 민청단체 등 해당 사회단체의 회의에서 편지 내용을 전달하는 것으로 시작되었다. 다음 단계로서 편지 내용에 입각해 소위 보수주의자를 적발하는 토의단계를 거쳐, 결국 인테리들이 당정책과 결정을 적극적으로 실행하지 않고 반당적 태도를 보인 것으로 귀결되었다.[190)] 이 주장에 따르면 '붉은 편지'의 토의사업이 경제부문뿐 아니라 모든 사무부문, 행정기관, 학교, 문화예술 부문까지 확대되었고 이를 통해 인테리, 기술자 층에 있어서 계급적인 정리가 가능한 것이 된다. 북한은 해방 후 교육 받은 인테리를 '새 형의 인테리'로 일제하 혹은 남한에서 교육받은 인테리를 '낡은 인테리'로 구분하고, 해방 후 양성된 인테리는 대부분 공산주의 교육을 받았기 때문에 토의대상에서 제외시키고, 일제하 혹은 남한에서 교육받은 인테리를 대상으로 집중 토의했다는 것이다.[191)] 이러한 '낡은 인테리' 숙청 작업을 통해 북한은 계급정책에서 목적한 바대로 인테리층에서 자본주의적, 비사회주의적 요소를 제거하는데 성공했고, 노동계급의 사회진출이 대폭 증가되었으며 형식적으로 이른바 '영도계급'으로서 확고한 지위를 차지하게 되었다.[192)]

북한은 인테리를 독자적인 세력이 아닌 "반드시 어떤 계급과 결합되

189) 위의 책, 101쪽.

190) 위의 책, 104쪽.

191) 위의 책, 104~105쪽.

192) 위의 책, 106쪽.

어야만 자기의 힘과 재능을 발휘"하며 "특별한 계급을 이루는 것이 아니라 이러저러한 계급을 위한 정신 로동에 참가하는 것을 자기의 직업으로 자기의 생존의 기본 원천으로 삼고 있는 사람들"로 규정했다.[193] 해방 직후 실제 당과 국가정책을 수립하고 실천할 만한 지식인들이 부족했기 때문에 과거 인테리들을 대거 숙청하기보다는 그들 중 친일그룹과 '혁명 지지그룹'으로 나누고, 혁명지지그룹을 적극적으로 끌어들여 교양하고, 이들 중 젊은 층에 대해서는 인민교육제도를 통해 '새로운 프로레타리아트적 인테리'로 양성하는 정책을 전개했다.[194] 북한의 인테리 정책은 스탈린이 인테리정책과 매우 유사하게 전개되었다.

특히 사회주의적 개조과정에서 계급통일 정책이 진행되면서 일제하의 인테리들은 대부분 정리되거나 새로운 체제에 적응하고, 인민교육제도에 의해 양성된 노동계급 출신의 '새로운 인테리'들이 등장하면서 인테리층의 계급적 통일도 이루어졌다. 인민교육제도에 의해 양성된 새로운 인테리들은 주로 노동자, 농민 출신으로서, 각종 고등교육망에서의 교육, 소련 및 기타 사회주의 국가들로의 유학, 국내 양성소와 실제 사업에서의 간부 양성 체계에서 교육되었다.

특히 간부 부족이 극심했던 전후 인민경제 복구 시기와 전면적 사회주의적 개조 시기, 각종 기술교육망과 야간교육망, 통신교육망을 복구·확장함으로써 근로청년들이 현장을 떠나지 않고 고등교육을 받을 수 있는 체제가 정비되었다. 이러한 당의 '사회주의적 인테리 양성' 양성 정책에서 민청은 청년학생들의 학습능력을 제고함과 동시에, 그들이 새로운 사회주의적 의식을 고양할 수 있도록 교양하는 역할을 담당

193) 허인혁, 『우리나라에서의 사회주의 인테리의 형성과 장성』(평양: 조선로동당출판사, 1960), 13쪽.

194) 위의 책, 13~14쪽.

했다. 이를 위해 '교육과 생산노동의 결합'이 강조되었는데, 특히 제3차 당대회는 "학습과 생산을 긴밀히 연결시킴으로써 이론과 실천이 구비된 기술일군"의 양성을 강조하기도 했다.[195] 이 방침은 초·중·고를 졸업하고 3~4년 동안 생산노동을 경험했거나, 군대에 복무한 청년들에게 대학과 전문학교에 입학할 자격을 주는 시책으로 이어졌다.[196]

청년학생을 새로운 인테리로 양성하는 데 있어 교육의 1차적 담당자인 교원들에 대한 사상교양 강화가 강조되었고,[197] 민청은 '전체 청년인테리들 속에서 학습하고 연구하는 태도를 관철시키고 과학기술을 탐구하는 분위기를 적극 조성, 청년인테리들이 자연 과학, 기술 과학, 사회 과학의 각 분야에서 전문가가 되며 소비에트 과학을 더욱 열성적으로 습득'하도록 제기되었다.[198] 김일성은 이를 위해 학생청년부를 강화하며 민청사업의 중심을 학생사업에 둘 것을 강조했다. 특히 학생의 다수가 집중되어 있는 평양시 민청위원회의 학생사업의 중요성을 지적했다.[199] 민청의 학생사업에서는 노력동원은 줄이고 학교에서의 시험과 숙제도 줄이며, 대신 웅변대회, 작문짓기, 과학토론회, 미술작품 전람회, 창작품발표모임, 설계대회, 예술경연대회, 영화감상 모임, 체육 대회 등 여러가지 사업을 조직하고, 학생들의 선전대를 조직해 정치 시사문제와 과학기술문제를 예술과 배합하는 선전활동이 강조되었

195) 위의 책, 42쪽.

196) 위의 책, 43쪽.

197) 위의 책, 48쪽.

198) 박용국, "조선민주청년동맹 제4차 대회에서의 중앙 위원회 사업 총결 보고," 『조선민주청년동맹 제4차 대회 문헌집』, 84쪽.

199) 김일성, "출판사업과 학생교양사업을 강화할데 대하여(1962.5.3)," 『김일성저작집 16』(평양: 조선로동당출판사, 1982), 236~237쪽.

다.[200] 대학 당위원회의 역할 강화를 통해 당위원회가 학생들이 당생활과 민청 생활에 자각적으로 참가하도록 주도할 것을 주문했는데, 특히 학생 수가 많은 큰 대학의 당위원회들에는 군당위원회와 같은 권한을 주어 당위원회에 조직부와 선전부, 청년사업부를 두되, 청년사업부장은 필요에 따라 대학민청위원장이 겸직할 수 있도록 했다.[201]

나. 당원 배출 및 간부 양성

전쟁 과정에서 수많은 민청원들의 희생, 당내 지도부 갈등으로 인한 숙청, 당과 국가기관으로의 간부 배출, 당원들을 단체에서 제외하는 조치 등 당내와 국가적 혼란만큼이나 민청 내에도 부침이 많았다.[202] 따라서 민청 내부의 부족한 간부들은 민청 단체지도기관 선거를 통해 새로 선출되었고 이들에 대한 간부교육을 필요로 했다.[203]

1956년 지도기관 선거시에는 민청의 대중적 성격이 강조되었으므로 '각계각층 청년 중에서 우수한 청년들'을 선거해 구성할 것이 강조되었다.[204] 민청 내부의 재정비 이후 '당적 사상 체계'가 확립되는 과정에서[205] 민청 내 각 부문에서 당에 대한 충실성이 높은 간부들이 보충되었고, 평양시 민청의 경우 1956~1964년(결산기간 동안) 동안 민청

200) 위의 글, 239~240쪽.

201) 김일성, "대학의 교육교양사업을 강화할데 대하여(1963.4.18)" 『김일성 저작집 16』, 224쪽.

202) 박용국, "조선민주청년동맹 제4차 대회에서의 중앙 위원회 사업 총결 보고," 『조선민주청년동맹 제4차 대회 문헌집』, 46쪽.

203) 위의 글, 54쪽.

204) "민청 대렬을 부단히 장성시키며 각계 각층 청년들의 단결을 강화하자," 『조선로동당과 민청』, 60~69쪽.

205) "평양시 대표 김인선 동지의 토론," 『조선사회주의로동청년동맹 제5차 대회 토론집』, 22쪽.

내에서 양성된 간부들 중 25,000여 명이 입당했다.[206] 또한 평양시내 민청 조직들에서 수백 명의 민청 간부들이 당과 국가기관으로 등용되기도 했다.[207]

또한 1962년 5월 3일 '학생들을 사회 정치활동에 적극 인입할 데 대한' 김일성의 교시에 따라 대학생들이 재학 기간에 "사상을 단련하고 현실을 배우게 하며 장차 사회에 나가서 자립적으로 활동할 수 있는 능력을 배양"하는 정책이 실시되었다.[208] 이에 따라 김일성 대학 민청 위원회는 학생들에게 사회사업의 '과업'을 주고 공장, 기업소, 인민반 등에 파견해 과학강연, 정세강연, 위생강연 등을 진행하도록 하고 '청년기동선동대'를 조직해 파견하는 활동을 벌이기도 했다. 1963년의 경우 2만 회에 걸쳐 20만 명의 군중을 대상으로 한 강연, 해설, 담화사업이 진행되었다.[209] 이러한 양성과정을 거쳐 김일성종합대학은 '3,600여 명의 정치, 실무적으로 유능한 민족간부를 양성·배출했을 뿐 아니라, 대학생들을 '김일성 동지의 충직한 전사'로 양성했다고 평가했다.[210]

1963년 4월 18일과 1963년 5월 6일, '대학 당위원회 사업을 개선·강화할 데 대한' 김일성과 당중앙위원회 정치위원회의 결정이[211] 내려졌는데 사상교양 강화를 통한 당에 대한 충실성 제고가 특히 강조되었다.[212]

---

206) 위의 글, 22쪽.

207) 위의 글, 22쪽.

208) "평양시 대표 리성근 동지의 토론,"『조선사회주의로동청년동맹 제5차 대회 토론집』, 128쪽.

209) 위의 글, 128쪽.

210) 위의 글, 128쪽.

211) 위의 글, 130쪽.

212) 위의 글, 130쪽.

또한 평남 민청의 경우 "대안 전기 공장을 앞으로 간부공장으로 만들어야 한다."는 김일성의 교시에 따라 간부 후비 육성에 주력, 2년 남짓한 기간에 412명의 민청원이 입당했고, 259명의 청년들이 공장 내 초급간부로 등용되었으며, 300여 명의 청년들이 기사·기수로, 614명의 청년들이 국가표창을 받았다고 밝혔다.[213] 또한 간부양성을 위해 공장 내 1,000여 명의 청년들이 공장대학과 통신망을 비롯한 교육체계 내에서 학습과 노동을 병행하고 있다고 밝혔다.[214] 평남도 민청 단체의 경우 민청 단체 내에서 양성된 45,000명의 간부들이 입당했다.[215]

이렇듯 학교와 농촌, 산업현장 등에서 민청은 청년들의 교육을 지원하고 사상교양을 담당함으로써 민청 내에서뿐만 아니라 당 및 각급 정부 기관 및 사회단체에 간부를 양성해 배출하는 역할을 수행했다.

다. 민청의 후비로서 소년단 지도 강화

민청은 당의 후비대로서, 소년단은 민청의 예비로서 의의를 가진다. 1953년 11월 민청 중앙위원회 상무위원회와 1954년 1월 민청 중앙위원회 제4차 전원회의에서 소년단 사업의 개선·강화 방침이 채택됨에 따라, 민청의 소년단에 대한 교양 사업은 기본적으로 학교 내에서 학교 수업에서 진행되며, 특히 '수령의 생애와 활동을 연구'하고 '그에게 모범을 받도록' 하는데 정치 교양사업의 중점이 두어졌다.[216] 학교의

213) "평안남도 대표 송용남 동지의 토론," 『조선사회주의로동청년동맹 제5차 대회 토론집』, 83쪽.

214) 위의 글, 84쪽.

215) "평안남도 대표 리윤길 동지의 토론", 『조선사회주의로동청년동맹 제5차 대회 토론집』, 101쪽.

216) 소년단원의 연령은 9세~14세로 규정되었다. 위의 책, 228쪽.

소년단 사업을 사회와 연결시키기 위해 민청단체들은 공장, 광산, 농목장, 박물관, 고적지, 명승지 등의 견학을 조직하고 각종 예술작품을 감상, 지방 주민들을 위한 사업과 '사회에 유익한 노동'을 조직, 모범단원 표창사업을 실시했다.[217)]

1956년 무렵 소년단은 120만 명으로 증가했으며, 민청단체들은 전임 소년단 지도원을 포함, 4만여 명의 지도간부들이 소년단 대와 분단 크루쇼크 및 야영사업에 파견되었다.[218)] 특히 소년단 지도간부 양성을 위해 사범 전문학교 소년단 지도원과 각종 양성기관에서 소년단 사업 교육의 질을 제고할 것과, 소년교육에 있어 학교와 가정, 사회 전 집단의 유기적 연계의 강화가 강조되었다.[219)]

1960년 4월 26~27일 소집된 민청 중앙위원회 제10차 확대전원회의에서 소년단사업을 개선 강화하는 내용의 결정서와 새로운 소년단 규정이 채택되었다.[220)] 이후 1962년 1월 당중앙위원회 전원회의 확대회의에서 '조선로동당 제4차 대회가 민주청년동맹 앞에 준 강령적 과업을 실행하기 위한 1962년도 과업'을 토의했는데, 주된 내용은 청년들을 '전면적으로 발전된 새형의 인간으로 교양육성'하는 정책이었다. 같은 해 5월 3일 발표된 김일성의 '청소년 교양 사업의 대하여' 교시에 대한 집행대책이 논의되었다. 이러한 배경하에 1962년 10월 평북 창성군에서 전국 소년단 지도일군협의회가 소집, 김일성의 현지 교시를 실행한 약수중학교의 성과와 경험을 일반화하는 데 대한 대책이 논의

217) 위의 책, 229쪽.

218) 박용국, "조선민주청년동맹 제4차 대회에서의 중앙 위원회 사업 총결 보고," 『조선민주청년동맹 제4차 대회 문헌집』, 80~81쪽.

219) 위의 글, 82쪽.

220) 『조선중앙년감 1960』, 185쪽.

되었다. 이 해 '민청 창립 10주년 기념청년의 영예상'이 수여되었고, 민청 맹원 뿐 아니라, 77명의 소년들이 '조선소년의 영예상'을 수여 받았다.[221)]

민청이 조선사회주의로동청년동맹으로 개편되기 직전인 1964년 4월 10~12일 전국 모범 소년단 열성자 대회가 진행, 소년단원들을 '공산주의 건설의 후비대'로서 양성하는 대책이 논의되었다.[222)]

3. 사회주의 경제 건설의 노동력 동원

가. 동원 체제의 활성화: 공산주의적 인간 개조를 통한 생산력제고

인민경제복구건설 3개년 계획이 마무리되는 시점에서 개최된 1956년 12월 전원회의를 계기로 사회주의 건설의 대중동원체제로서 천리마운동이 전개되었다.[223)] 천리마운동은 경제와 문화·사상·도덕 등 모든 분야에서 낙후된 부분을 개조하고 사회주의 건설을 촉진하는 사회주의경쟁운동이었다.[224)] 민청은 어려운 조건의 기업소에 청년들을 파견, 종업원 구성에서 청년들의 비중을 높이고, 중요 작업 대상들을 청년들이 직접 맡아서 하는 방식으로 천리마운동에 기여했다. 이것은 '청년들의 경제활동에서의 높은 형태의 집단적혁신운동'으로 규정되었다.[225)] 민청의 천리마운동 참여를 통해 송남청년탄광, 강계청년발전

---

221) 『조선중앙년감 1963』(평양: 조선중앙통신사, 1963), 187~188쪽.

222) 『조선중앙년감 1965』(평양: 조선중앙통신사, 1965), 121쪽.

223) 김일성, "조선로동당 제4차 대회에서 한 중앙위원회 사업총화보고," 『김일성저작선집 3』, 155쪽.

224) 김진계 구술·기록, 김응교 보고문학, 『조국 상』(서울: 현장문학사, 1990), 260~261쪽.

225) 채종완, 『청년사업경험』(평양: 사회과학출판사, 1990), 77쪽.

소, 이천청년선 등 각종 청년탄광, 청년광산, 청년발전소, 청년철길, 청년공장 들이 건설되거나 해당 시기의 목표를 달성했다.[226)]

이에 비해 천리마작업반운동은 '사람들을 혁명화·노동계급화하기 위한 군중운동'으로 규정되었다. 작업반은 생산단위의 하나로서, 참가자 개인의 생활과 일, 사상을 구체적으로 파악할 수 있는 장점이 있다. 따라서 작업반을 단위로 성원들의 혁명화·노동계급화에 필요한 당의 정책을 전달하고 사상교양을 효과적으로 수행할 수 있다.[227)]

천라마작업반운동은 1956년부터 시작해 1958년경에는 거의 모든 부문의 작업반에서 천리마 칭호를 얻기 위한 노력을 기울이게 되었다. 천리마작업반 칭호나 영웅칭호는 사회주의 건설의 시기를 단축하기 위해 주민들의 경쟁심과 영웅심을 추동하는 정치적 수단으로 기능했다.[228)] 이러한 천리마 칭호를 받는 것은 매우 어려운 일로서, 작업반원들의 사회주의적 의식상태–당의 정책과 인민에게 돌아온 혜택, 학습방법 등을 포함–와 출근상태, 위생상태 및 노동시설과 기계도구 상태 등의 기준과 군당에서 '그루빠'를 조직해 개별담화 또는 기타 방법을 통해 상세히 파악한 후 중앙당에 신청하는 까다로운 관문을 통과해야 했다.[229)]

천리마작업반은 '당의 영도 밑에 노동계급이 창조한 근로대중의 훌륭한 공산주의 학교'로서 근로자들에 대한 공산주의 교양에 최우선적인 의의를 부여했다. 즉, 생산에서의 집단적 혁신운동일 뿐 아니라,

226) 위의 책, 77쪽.
227) 김종수, 앞의 책, 208쪽.
228) 김진계 구술기록, 앞의 책, 261쪽.
229) 위의 책, 262쪽.

사람을 교양개조하는 가장 대중적 형태로 규정되었다.[230] "하나는 전체를 위하여, 전체는 하나를 위하여", "공산주의적으로 일하며 배우며 생활하자!"는 구호하에, 1960년 8월 무렵 8,600여 개의 작업반에 17만 8,000여 명의 근로자들이 참가했고, 민청단체들은 천리마작업반운동을 통해 당정책교양과 혁명전통 교양, 공산주의 교양 등 사상교양학습을 강화했다.[231] 혁명전통 교양은 1958년 2월 조선인민군 제324군부대 장병들을 대상으로 한 연설인 '조선인민군은 항일무장투쟁의 계승자이다', 같은 해 5월 량강도 당, 정권기관, 사회단체 간부들을 대상으로 한 연설인 '량강도 당단체들의 과업' 등에서 강조되었다. 혁명전통 교양의 강조는 민청 내에서 '김일성동지혁명활동연구실'을 설치하고, 각종 교양자료에 대한 학습을 강화하고 특히 생산 현장들과 건설장 등에서 조직된 '백두산청년돌격대', '오중흡청년돌격대', '김진청년돌격대' 등의 돌격대 단위를 통해 학습이 전개되었다.[232]

1960년 8월 천리마작업반운동 선구자대회가 개최되었다. 김일성은 천리마작업반운동의 전 분야로의 전면적 확대를 제기하면서 특히 청년들이 천리마작업반운동의 확대발전에 기여할 것을 강조했다. 이에 따라 1961년을 기준으로 천리마작업반운동에는 134만 9,000여 명의 학생들이 참가해 그중 79,000명이 천리마 칭호를 수여받았다. 대학생들 사이에서는 '천리마학급쟁취운동'과 '붉은 등록장'운동이 전개되었다.[233] 천리마작업반운동의 일환으로 소년단에서는 '모범분단칭호쟁취

---

230) 김일성, "조선로동당 제4차 대회에서 한 중앙위원회 사업총화보고," 『김일성저작선집 3』, 183쪽.

231) 금성청년출판사, 『조선공산주의청년운동사 2』(평양: 금성청년출판사, 1982), 308쪽.

232) 위의 책, 309쪽.

233) 김종수, 앞의 책, 209쪽.

운동'이 전개되었다.[234] 천리마작업반운동에 참가한 학생들은 '자기 집단을 당의 사상 의지로 일관한 붉은 집단'으로, 청소년들을 '공산주의 새 인간으로 교양 육성'하는 것을 최우선의 과제로 설정했다.[235]

이후 청년들에게 제기된 '지덕체' 수행의 실천 과제와 결합되어 천리마작업반운동은 확산되었다. '지덕체'는 평북 룡천군에서 시범적으로 실시된 과제로서, 학습과 사회주의적 교양과 체력 배양을 동시에 추진하는 형태로 진행되었다. 사로청의 계획에 따라 학습반과 '체육열성자 학교', '예술학교' 등을 운영하며 국가기술자격검정시험, 트랙터 운전 기능 학습, 인민체력 검정 시험 등 당시 실시된 각종 자격시험과 천리마작업반의 칭호를 받는 등의 목표를 달성했다.[236]

나. 생산돌격대로서의 활동

전쟁 과정에서 후방 복구 활동에 동원되었던 청년들은 정전 직후 전개된 사회주의적 개조와 사회주의 기초 건설 단계에서 생산의 각 분야에서 적극 동원되었다. 돌격대운동은 소련이 사회주의 경제 건설 과정에서 군대에 동원되었던 청년들을 사업화동력으로 활용할 것을 결정했던 1920년대 후반 구체화되었다. 1차 5개년 계획 기간인 1928~1933년 사이 콤소몰은 산업 부문에서의 생산력 증대를 위해 돌격대 활동을 활발히 전개했다. "노동자 국가는 정상적으로 모든 시민들에게 노동 수행을 강제할 권리를 갖는다."는 트로츠키의 주장은 스탈린 시

234) "오현주 동지의 토론(평안 북도 당 단체 대표)," 『朝鮮勞動黨大會 資料集 제2편』(서울: 국토통일원 조사연구실, 1988), 493쪽.

235) 위의 글, 493쪽.

236) "지덕체 과업을 실행하기 위한 계획수립과 그 집행에서 얻은 경험," 『지덕체 과업 실천을 위한 사로청 조직들의 사업 경험』(평양: 조선 사회주의 로동청년동맹출판사, 1964), 3~17쪽.

기 현실에 적용되었다. 소련의 콤소몰 회원들은 노력경쟁운동에 동원되었고, 작업할당량을 초과달성하기 위해 조직된 브리가다를 중심으로 돌격대 역할이 본격화되었다.[237)]

북한에서는 전후 복구 시기 청년돌격대운동의 '전투화'가 시도되었다. 1954년 9월 전국청년열성자대회에서 김일성이 3개년 계획의 목표달성을 위해 청년들에게 "어렵고 힘든 일의 앞장에 설 것"을 호소한 것을 계기로 청년들은 석탄공업분야에 동원되었다. 함경북도의 경우 두 달여 만에 3,300여 명의 청년들이 도내 탄광에 동원되었고, 평안남도의 경우 1954년 10월 15일까지 안주 탄광을 비롯한 8개의 주요 탄광에 1,336명의 청년들이 동원되었다. 1954년 말경에는 탄광, 광산 등 열악한 부문의 노동력 구성에서 청년의 비중은 0.7%에서 50%로 증가했다.[238)] 1955년 초 중앙의 제2건설사업소의 민청원들과 청년들은 '민청사업소', '민청청년돌격건설대'를 조직, 건설사업에 동원되었다.[239)] 1956년 4월 시점에서 590여 개의 청년작업반, 민청돌격대들이 3개년 계획 완수에 동원되었고, 20,900여 명의 청년노동자들이 3년분 과제를 초과 수행했다.[240)]

1958년 3월 전국청년사회주의건설자대회를 계기로 사회주의 건설단계에서 5개년 계획의 목표 달성의 위한 민청과 청년들의 역할이 더욱 강조되었다. '송남청년탄광'에서는 송전선에 대한 경쟁운동으로서 '승리의 봉우리쟁취운동'을 전개, 2개월의 작업량이 22일에 완료되기도 했다. 이후 민청을 중심으로 평남북부 탄광 개발사업이 전개 되어

237) 김종수, 앞의 책, 318~323쪽.

238) 『위대한수령 김일성동지의 불멸의 혁명업적 10』, 274~275쪽.

239) 『조선공산주의청년운동사 2』, 239쪽.

240) 위의 책, 241쪽.

‘평남청년탄전’이 개발건설되었다.[241] 1958년 4월 교통운수부문 청년열성자회의 개최 이후 해주–하성 사이의 광궤철도 부설 공사를 포함, 지하리–평산 간 철도 부설 공사 등이 진행되었고, 강계청년발전소건설공사에는 10만 명의 청년이 파견을 자원했다고 알려지기도 했다.[242] 비날론 공장 건설 사업에는 수만 명의 노동자와 청년, 군인들이 공사에 참가했다. 이들은 ‘백두산청년돌격대’, ‘불사조청년돌격대’ 등 240여 개의 청년돌격대를 조직하고, ‘비날론속도’운동을 전개했다. 이 사업에서 200여 명의 민청 맹원들이 입당했고 23명이 공화국 영웅과 노력영웅 등 국가수훈자로 인정되었다.[243]

학생청년들도 사회주의 건설에 동원되었다. 1954년 11월 김일성종합대학과 김책공업대학을 비롯한, 전국의 1만 명의 대학생과 고등전문학교 학생들로 구성된 ‘수도청년건설돌격대’가 조직되었다.[244] 각 대학과 고등전문학교들이 복구대의 기본 단위로서, 학부·학년·학급이 대대·중대·소대로 군대조직의 체계를 갖추었다.[245] 민청과 청년들은 동물원과 식물원, 야외극장, 양어장 등 수도의 각종 시설들의 복구와 건설에 동원되었고, 모란봉의 공원은 김일성의 지시로 ‘청년공원’으로 명명되었다.[246] 평양의 복구 건설을 위해 노력경쟁운동의 일환으로 ‘평양속도’가 조직되었다.[247]

농촌의 경우 1955년 제대군인들과 초급·고급중학교 졸업생들이 파

241) 위의 책, 289쪽.

242) 위의 책, 294쪽.

243) 위의 책, 296~297쪽.

244) 위의 책, 239쪽.

245) 김종수, 앞의 책, 318~323쪽.

246) 『조선공산주의청년운동사 2』, 295~296쪽.

247) 위의 책, 296쪽.

견되어 농업협동화와 농촌의 개혁작업에 동원되었다. 1956년 말에는 제대군인과 학생들을 비롯한 2만여 명의 민청원이 협동농장에 진출, 농업생산 증대를 위한 돌격대의 역할을 수행했다.[248)]

1961년 당 대회 이후 청년들의 사회주의 건설에의 동원은 더욱 독려되었다. 민청은 제4차 당대회를 위해 수첩에 매일의 성과와 학습정형, 민청생활정형을 기록하는 '붉은수첩운동'을 전개했다. 신의주와 청진의 대화학 섬유공장 건설현장을 비롯해 각종 건설 사업에 동원된 민청과 청년들은 '6.23청년돌격대', '4.29청년돌격대', '보천보청년돌격대', '조옥희청년돌격대' 등 노동력과 생산증대를 위한 다양한 돌격대 조직을 결성했으며, 당대회 시기까지 4만 1,900명의 청년들이 탄광과 광산, 수산업, 임산업, 발전소 건설장 등에 동원되는 등 총 14만 9,000여 명의 청년들이 사회주의 건설 현장에 동원되었다.[249)]

---

248) 『위대한수령 김일성동지의 불멸의 혁명업적』, 321~322쪽.

249) 『조선공산주의청년운동사 2』, 300쪽.

제6장

결 론

북한의 청년동맹은 당의 지도하에, 청년을 사회주의 체제의 계승자로 양성함과 동시에 사상적으로, 조직적으로 통제하는 역할을 담당해 왔다. 청년동맹의 사회주의 체제 청년단체로서의 성격 규정은 1961년 제4차 당대회와 1964년 민청 제5차 대회에서 공식화되었다. 민청 결성 초기, 당의 통일전선 정책으로 인해 공산주의적 성향을 드러내지 못했고 당과의 관계 또한 공식적으로 규정되지 않았다. 이것은 사회주의 체제 형성 과정에서 청년단체로서 민청의 역할에 부분적인 제약이 되었다. 민청의 공산주의적 성격은 1950년 1월 군대 내 민청단체에 대한 현정민 민청 위원장의 기고에 의해 최초로 언급되었던 것으로 보인다. 그러나 그 이후 1956년 4월 제3차 당대회 시기까지 민청의 공산주의적 성격은 민청 조직 외부로 표현되지 않았고 민청과 당의 관계 역시 공식화되지 못했다.

그러나 민청에 대한 당의 영향력은 결성 직후 지속적으로 강화되었다. 민청의 맹원 확장이 강조되는 가운데, 당의 사회단체 간부 인사 권한 및 민청 간부의 당원 겸직 등을 통한 인적 지도, 맹원들을 대상으로 한 당적 사상의 교양, 당정책 수행을 위한 맹원 및 청년 동원, 사회단체에 대한 당 중앙위원회 부서들의 통제 등을 통해 민청과 당과의 관계는 긴밀해졌다. 제3차 당대회 이후 민청 내부 문헌을 통해 당의 지도와 당의 인전대이자 후비대로서의 역할이 규정되는 등 민청에 대한 당의 지도는 빠르게 제도화되었다. 1961년 제4차 당대회에서 규약을 통해 민청에 대한 당의 지도가 공식화되었고 1964년 민청은 새로운 혁명단계에 적합하도록 사회주의로동청년동맹으로 개편되었다. 민청에 대한 당 지도의 제도화는 당의 국가기관 및 사회 전반에 대한 지도가 확립되었던 사례가 된다. 1964년 사로청으로 개편되면서 규정된 사회주의 체제의 청년단체로서의 성격과 역할은 큰 변화 없이 현재까지도 유지, 강화되어 왔으며, 이 틀은 현재 사회주의애국청년동맹의 원형으로 볼 수 있다.

한편 민청 조직과 인적 구성, 역할은 시기에 따라 변화했다. 결성 초기 민청 지도부 구성에는 당 지도부의 다원성이 반영되었다. 민청 중앙위원회 위원장에는 토착 공산주의자 계열인 김욱진이 선출되었다. 김욱진과 함께 토착 공산주의자 출신의 직맹 위원장 최경덕은 당의 사회단체 지도에 대한 불만을 공식적으로 표출했다. 1946~1948년 사이 민청 하급단체에서는 맹증 등록을 통한 맹원 정리, 그리고 사상교양의 강화 등 민청단체의 인적 구성의 변화를 위한 작업이 진행되었다. 이 시기 민청의 역할은 당시의 정치적 과제였던 각종 사회개혁과 정권 수립을 지원하고 인민경제계획의 목표를 달성하도록 청년들을 동원하는 것이었다.

민청 제3차 대회를 계기로 사상교양단체로서 민청의 성격이 규정되었다. 대회에서 강령과 규약이 개정되었고 중앙조직이 대폭 개편되었다. 민청 중앙위원회 위원장에 연안계열인 현정민이 선출되는 등 간부

구성에는 여전히 당지도부의 다원성이 반영되었으나, 이 시기부터 민청은 당의 정책을 수행하는데 더욱 적극적인 태도를 보였다. 전쟁 과정에서 남북한 민청이 통합되었다. 전선과 후방에서 수많은 간부들과 청년들이 희생당했으며 전쟁을 통해 민청 내에서 청년의 세대교체가 이루어졌다. 또한, 전쟁에서 공을 세운 상당수의 군인청년들이 당원으로 입당하는 '화선입당' 정책이 실시되어, 다수의 민청 맹원들이 입당, 당원 세대 교체의 촉매역할을 했다. 이 시기 민청의 역할은 전선에서의 전쟁 수행과 후방에서의 복구 사업 등 무력과 노동력의 제공이었다. 전쟁과정에서 민청의 기여는 이후 민청의 정치적 위상을 제고하는 계기가 되었다. 그러나 이 시기 민청의 조직은 맹원들의 희생으로 상당 부분 위축되어 조직의 개편이 필요한 상태였다.

정전 이후 사회주의적 개조를 포함한 본격적인 과도기의 사업들이 진행되었다. 또한 김일성 및 만주 빨치산 계열 그룹에 의한 당권의 통일 작업이 병행되었다. 당 지도부 성격의 변화는 민청에 반영되어, 김일성 계열이 장악한 당중앙위원회 간부들이 민청 중앙위원회 위원장직에 취임했다. 사회주의식 교육을 받은 새로운 세대들은 민청 각급 단체의 지도부를 충원했다.

이 시기 맹원의 확장과 조직 개편, 그리고 계층의 구별 없이 인입된 맹원들에 대한 사상교양의 강화가 진행되었다. 민청의 역할은 사상교양과 간부 양성, 그리고 경제 건설을 위한 노동력 동원으로 집중되었다. 사상교양 측면에서는 의무교육제도와의 연계하에 학교 내에서 보조 교양단체로서의 기능이 형성되었다. 이 시기로부터 학교와 청년조직이 북한의 청년들을 이중으로 통제하는 제도가 시작되었다. 사상과 노동력 동원의 극대화를 위해 새로운 사회주의 경쟁운동의 형태로서 천리마작업반운동이 추진되었고, 청년동맹은 이를 청년 속에서, 나아가 대중 속에서 추동하는 기폭제가 되었다.

민청은 사회주의 체제 청년단체의 원형으로서 콤소몰을 원용했으며, 조직 운영뿐 아니라 사상교양, 당원 및 간부 양성, 경제건설의 노동력 동원 등 체제 건설과 유지의 핵심 조직으로서의 역할도 받아들였다. 1918~1920년 사이 형성, 1920년대 후반 스탈린에 의해 규정된 당과 콤소몰의 관계는 1961년 제4차 당대회를 통해 조선로동당과 민청에 적용되었다. 그러나 1960년대 이후 로동당은 근로단체들에 대한 영향력을 급속히 강화했다. 근로단체를 포함한 사회 전반에 대한 당의 강력한 통제는 북한을 다른 사회주의 국가들과도 구별 짓는 특징이 되었다. 민청은 청년을 철저히 통제하는 북한의 청년정책 형성의 기반이며, 이러한 청년정책은 북한 체제유지의 핵심적 요인으로 이해할 수 있다.

결성 이후 1964년까지 규정된 민청의 역할은 현재의 관점에서 몇 가지 시사점을 가진다. 이는 민청의 사상교양, 당원 및 간부 양성, 노동력 동원, 그리고 권력계승과의 연관성에서 살펴볼 수 있다.

첫째, 민청은 사상교양의 목표를 '새로운 사회주의적 인간형' 양성에 두고 당이 시대적 상황과 정책에 따라 제시하는 사상들을 청년들에게 지속적으로 교양했다. 1950년대 중반부터 학교의 기능이 중시되면서 민청 내의 학생사업이 강화되었고, 학교와 민청의 협조체계가 구축되었다. 사상교양은 학교를 중심으로 진행되었고 민청은 교원의 지도를 지원하는 역할을 담당했다. 이 시기 의무교육제도의 확장을 통해 전체 학령기 아동이 학교에 입학하면서 교육제도와 소년단 및 민청에 의해 이중으로 통제되는 시스템을 구축했다. 의무교육제도의 확장을 통한 청년들의 통제는 현재까지도 지속되고 있다. 2012년 9월 의무교육제도를 1년 연장하는 방침이 채택되었고, 2014년 4월부터 전반적인

12년제 의무교육제도가 실시되었다. 이는 학교와 청년단체가 포괄하는 청년의 연령기가 확대된 것으로 청년에 대한 통제가 더욱 강화되었음을 입증한다.[1)]

둘째, 민청은 입당 추천 기능을 통해 민청 활동을 활발히 하는 청년들에게 당원이 되는 기회를 부여했다. 이는 민청이 후보 당원을 양성하는 학교로서의 기능과 함께 청년들이 사회 진출 과정에서 '도약'할 수 있는 수단으로서의 이중적 의미를 내포한다. 사회 진출 관문으로서의 민청의 기능은 청년들에 대한 권한을 강화하는 의미도 가지고 있지만, 반면 콤소몰의 경우와 마찬가지로 출세주의와 기회주의의 온상으로 전락할 수 있는 가능성의 의미도 가지고 있다.

셋째, 민청 각급 단체의 지도 간부들은 당 및 국가 기관, 기타 사회단체 등의 간부로 등용되고 배치되었다. 기본적으로 각급 당학교 등 교육기관을 통해 간부양성 사업이 진행되지만 실제 사업 과정에서 검증된 민청 간부들 상당수가 당 및 각급 기관에 등용되어 관료화되었다. 1962년 민청 위원장에 선출된 홍순권을 대표적 사례로 들 수 있다.

'사회주의적 인테리' 양성 정책이 전개되면서 민청은 노동자·농민 출신 청년 인테리층을 형성하는 사업에 관여했다. 특히 대학 등 고등교육기관에서의 민청단체들의 역할이 점차 강화되었다. 민청 간부 경력을 통해 관료로 진출하거나, 고등 교육기관 졸업 후 사회주의적 인테리층에 합류한 이들은 혁명엘리트를 포함한 소수 특권 계층과는 달리 중간층의 관료집단의 구성원이 되었다.

넷째, 사회주의 건설의 과정에서 민청은 청년의 노동력 동원을 추동해 왔다. 학교, 기업소, 협동농장, 군대 등 기관별, 생산단위별, 지역

---

1) 12년제 의무교육제도의 목적이 서양식 학제를 맞추기 위한 것이라는 해석도 있다. 탈북 인사 증언.

별 등으로 민청의 초급단체가 정비되면서 노동력 동원 역시 체계화되었다. 특히 현재 북한의 노동력 동원의 핵심 집단으로서 군대의 역할이 주목되는데, 북한의 각종 건설현장에 군인노동력이 동원되어 왔고, 과거 평양의 아파트 붕괴 시 인민 내무군 장령이 책임자 중 한 명으로 사과한 것은 이를 입증한다.[2] 군대의 노동력 동원은 전쟁 이후 진행된 것으로 추측되는 데 이를 제도적으롤 입증할 만한 근거는 찾기 어렵다. 다만, 1961년 당규약 제8장에서 인민군 내 당조직들이 지방 당조직들과 사업상 연계를 강화할 것이 추가된 점으로서 그 가능성을 추측해 볼 수 있다.[3] 군대 노동력 동원의 체계화 과정에 대한 연구는 그동안 연구가 편중되었던 정치권력 측면에서 군 지도부의 역할뿐 아니라, 실제로 점차 강화되어 온 군의 사회·경제적 역할을 확인하는데 중요한 자료가 될 것이다. 군인의 대다수가 청년이고 군대 내 조직된 핵심단체가 청년동맹이라는 면에서, 군대 내 민청단체에 대한 연구 역시 북한 내에서 군의 실질적 위상을 확인하는 근거가 될 것이다.

---

2) 2014년 5월 13일 평양 평천 구역의 아파트 건설현장에서 붕괴사고가 발생했다. 관련 기사가 5월 18일자 『로동신문』에 게재, 『조선중앙통신』에 보도되었다. 사건과 관련해 최부일 인민보안부장, 김수길 평양시당위원회 책임비서, 차희림 평양시인민위원회 위원장, 리영식 평천구역 당위원회 책임비서와 함께 건설을 담당한 인민내무군 장령 선우형철이 책임자로 거론되었다. 『로동신문』, 2014년 5월 18일; "北, 대형사고 이례적 사과 보도…주민 불만 의식했나," 『연합뉴스』, 2014년 5월 18일; "北 평양 아파트 붕괴사고 '문책' 수준 어떻게 될까," 『연합뉴스』, 2014년 5월 19일.

3) 제4차 당대회의 수정 규약은 "조선인민군 내의 각급 당조직들을 지방 당조직들과 사업상 련계를 강화"할 것과 이를 위해 군내 각급 당위원회가 필요한 경우 해당 당 위원회의 위원 또는 간부를 주둔 지역의 도(직할 시), 시(구역), 군 당위원회의 위원 또는 후보 위원으로 추천할 수 있는 규정을 신설했다. 1961년 개정 규약 제8장 66~68조 이 부분은 이후 전개된 자위적 군사노선, 즉 '전인민적, 전국가적방위체계'의 수립과도 관련성이 있다고 판단된다.

마지막으로, 민청의 권력계승과의 연관성에 대하여도 살펴볼 필요가 있다. 1960년대 중반 김영주의 권력계승설, 김정일과 김영주 간의 갈등설 등이 존재했다.[4] 이와 관련해 1950년대 중반부터 급속히 강화된 당 중앙위원회 조직지도부와 민청의 긴밀한 관계를 입증함으로써 간접적으로나마 김영주와 민청의 밀접한 연계를 확인할 수 있다. 모스크바 유학에서 돌아온 김영주는 1954년 무렵 당 조직지도부 부부장을 맡고 있었는데 1955~1956년 사이 당조직지도부와 간부부는 갑산계열인 박금철, 리효순과 친김일성 성향의 토착 공산주의자인 한상두 등이 서로 자리를 바꾸어 가며 맡는 상황이었다. 1955년 4월 당중앙위원회 정치위원회에서 민청의 개선·강화방침이 내려진 이후, 민청의 개편 작업은 당중앙위원회 조직지도부에서 담당했으며, 이는 박금철-한상두-리효순-김영주의 공동작업으로 추측할 수 있다.[5]

한편, 김영주와 함께 조직지도부에서 간부로 활동했던 박용국, 오현주가 1956년, 1959년 차례로 민청 중앙위 위원장으로 발탁된 것은 당 조직지도부와 민청의 밀접한 연계를 확인하는 근거가 된다. 또한 민청 간부로 양성되어 당중앙위원회에서 간부로 활동하던 홍순권이 1962년 민청 중앙위원회 위원장에 선출되었는데, 이는 김영주가 공식적으로

---

4) 황장엽은 권력계승을 둘러싸고 김정일과 김영주 간의 갈등이 존재했다고 회고했다. 황장엽, 『황장엽회고록: 나는 역사의 진리를 보았다』(서울: 한울, 1999), 126~169쪽.

5) 1948년 제2차 당대회에서 박금철은 당중앙위원, 리효순은 후보위원을 맡았으나 당 내에 눈에 띌만한 보직은 많지 않았던 것으로 보인다. 박금철은 전쟁 직전 군대 내 정치교양을 담당하는 문화부 문화지도원을 맡았던 것으로 알려져 있는데 당시 문화부는 군대 내 민청의 지도기관으로 박금철은 전쟁 직전부터 민청을 지도하는 역할을 맡아왔던 것으로 보인다. 1956년 제3차 당대회에서 박금철이 중앙위 부위원장, 상무위원, 조직위원으로 전격 발탁되었다.

조직지도부장으로서 당중앙위원회 중앙위원에 포함되었던 1961년 제4차 당대회 직후였다.

권력계승과 민청의 연관성은, 숙청에서도 간접적으로 확인된다. 1967년 당의 '유일사상체계확립'과 함께 전개된 숙청에서 갑산계열의 박금철, 리효순과 함께 1956년부터 민청 중앙위원장을 맡았던 박용국, 오현주, 홍순권이 모두 숙청되었다.[6] '유일사상체계확립'이 전개되는 과정에서 김정일로의 권력계승이 진행되었으며 따라서 '유일사상체계확립' 과정에서의 숙청은 권력계승과 유관하다고 볼 수 있다. 1956년부터 1967년까지 민청의 위원장이었던 박용국, 오현주, 홍순권은 김정일 권력계승 작업에 '불편'하거나 '위협'이 되는 그룹에 속했던 사람들로 판단되었던 것으로 해석할 수 있다.

권력계승의 측면에서 이후 청년동맹 지도부의 성격 변화를 살펴보는 것 또한 흥미롭다. 홍순권 위원장의 후임으로 1967년 선출된 신임 민청 중앙위원장 오기천은 만경대혁명유자녀학원 출신으로 '충실성'이 보장된 인물이었다. 오기천 이후 항일빨치산의 자제이거나 만경대혁명유자녀학원 출신으로 선출된 민청 중앙위원회 위원장 혹은 제1비서는 김시학(1970.11~1972.11 재임, 김일성 동료인 김철 아들), 최룡해(1986.8~1998.1.26 재임, 최현의 아들), 리일환(1998.1.26~2001.10.3 재임, 1970년대 '대남혁명영웅'의 자제로서 만경대혁명유자녀학원 출신)이다.[7]

---

6) 민청 중앙위원장에서 물러난 뒤 박용국은 당 국제부장과 최고인민회의 외교위원회 위원장을, 오현주는 당중앙위원회 부장을 역임했다. 정성장, 『현대북한의 정치: 역사·이념·권력체계』(파주: 한울, 2011), 416쪽; 황장엽은 소련 유학출신이며 당시 국제비서를 맡고 있던 박용국이 김영주의 양 날개 중의 하나라고 회고했다. 황장엽, 앞의 책, 173쪽.

7) 리일환은 만주 빨치산 출신인 리을설의 아들이라고 알려져 있으나 1970년

1970년대는 김정일의 권력계승 작업이 본격적으로 진행되었던 시기로 빨치산 가문의 자제가 아닌 사로청 내에서 양성된 인물들이 위원장으로 선출된 것으로 보인다. 그 사례로 리영복(1972.12~1976.6),[8)] 지재룡(1976.6~1978.12), 리명수(1978.12~1986)를 들 수 있다. 흥미로운 것은 이 세 명 모두 2004년 '장성택과의 친분'을 이유로 동시에 좌천되었다고 알려진 점이다.[9)]

이 사례들은 청년들에게 직접적 영향력을 행사할 수 있는 청년동맹의 지도부는 권력계승 작업에 중요한 역할을 할 수 있으며, 반면 이러한 중요성으로 인해 청년동맹의 지도부가 권력계승 과정에서 '숙청'될 수 있다는 추측을 가능하게 한다. 따라서 청년동맹 지도부의 성격과 변화에 대한 연구는 김정은의 권력 계승과정을 이해하는 데에도 의미 있다.

소련 체제 전환 과정에서 콤소몰 조직이 와해되고, 지도부가 새로운 체제에 편승했던 경험은 북한의 변화를 살펴보는 비교의 근거가 될 수 있다. 그러나 소련의 콤소몰은 전체 청년을 대상으로 하지 못했고 스탈린 사후 이미 조직 내의 이완이 진행되기 시작한 상태였다. 북한의 경우, 지도자가 사망했던 두 번의 사건에서 청년들의 동요가 적어도 외부에 드러나지 않았다는 사실에 주목할 필요가 있다. 이는 북한 당

대 남파간첩의 자제로서 만경대혁명유자녀학원 출신이라고 한다. 탈북 인사 증언; 김일성종합대학 청년동맹 위원장 역임, 1998년 1월 청년동맹 제1비서, 1998년 7월 최고인민회의 제10기 대의원, 1998년 9월 최고인민회의 상임위원회 위원 역임. 『2000 북한자료·인명편』(서울: 연합뉴스, 1999), 68쪽; 김종수, 『북한 청년동맹 연구: 체제 수호의 전위대, 청년동맹』(파주: 한울, 2008), 433~434쪽; 정성장, 위의 책, 416쪽.

8) 노동자 출신인 리영복은 청년동맹에서 간부로 양성된 인물로서 김일성의 총애를 받았다고 한다. 탈북 인사 증언.

9) 위의 책, 416쪽.

국의 청년들에 대한 통제 정책이 체제 유지의 수준까지는 작동하고 있음을 입증한다. 북한 체제가 유지되는 메커니즘을 이해하기 위해서는 청년을 양성하고 통제하는 제도로서 청년동맹이 여전히 원활히 작동하고 있는지, 혹은 더 강한 기제가 작동하고 있는지 고찰할 필요가 있다. 특히 체제 유지 관점에서 성원의 절대 다수가 청년인 군대의 역할을 다양한 각도에서 분석하는 것은 이후의 중요한 연구 과제가 될 것이다.

참고문헌

1. 북한문헌

가. 김일성·김정일 문헌

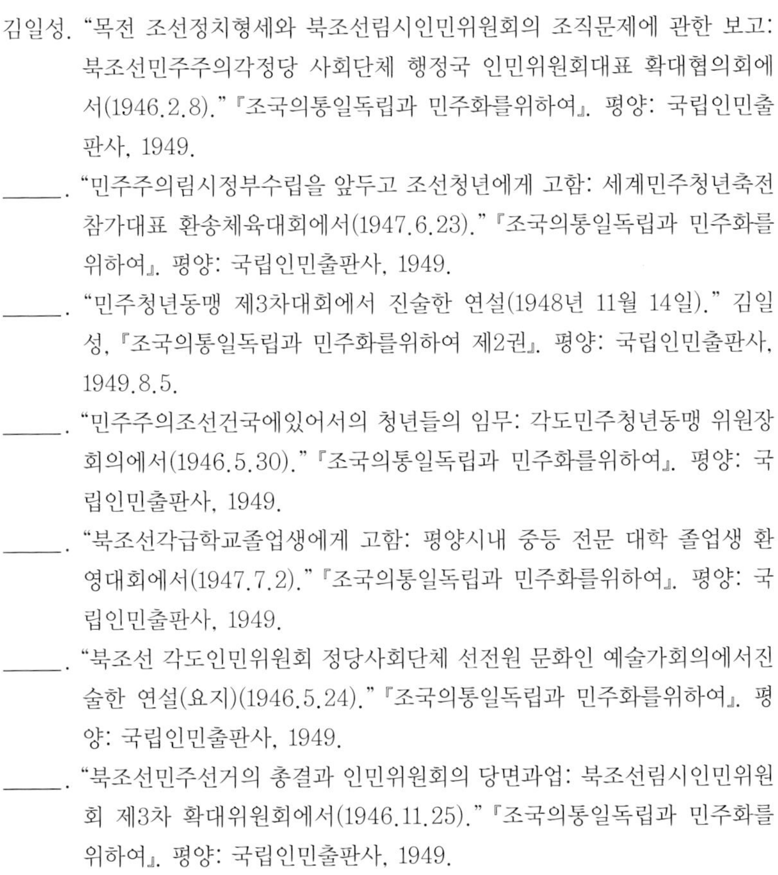

김일성. “목전 조선정치형세와 북조선림시인민위원회의 조직문제에 관한 보고: 북조선민주주의각정당 사회단체 행정국 인민위원회대표 확대협의회에서(1946.2.8).” 『조국의통일독립과 민주화를위하여』. 평양: 국립인민출판사, 1949.

_____. “민주주의림시정부수립을 앞두고 조선청년에게 고함: 세계민주청년축전참가대표 환송체육대회에서(1947.6.23).” 『조국의통일독립과 민주화를위하여』. 평양: 국립인민출판사, 1949.

_____. “민주청년동맹 제3차대회에서 진술한 연설(1948년 11월 14일).” 김일성, 『조국의통일독립과 민주화를위하여 제2권』. 평양: 국립인민출판사, 1949.8.5.

_____. “민주주의조선건국에있어서의 청년들의 임무: 각도민주청년동맹 위원장회의에서(1946.5.30).” 『조국의통일독립과 민주화를위하여』. 평양: 국립인민출판사, 1949.

_____. “북조선각급학교졸업생에게 고함: 평양시내 중등 전문 대학 졸업생 환영대회에서(1947.7.2).” 『조국의통일독립과 민주화를위하여』. 평양: 국립인민출판사, 1949.

_____. “북조선 각도인민위원회 정당사회단체 선전원 문화인 예술가회의에서진술한 연설(요지)(1946.5.24).” 『조국의통일독립과 민주화를위하여』. 평양: 국립인민출판사, 1949.

_____. “북조선민주선거의 총결과 인민위원회의 당면과업: 북조선림시인민위원회 제3차 확대위원회에서(1946.11.25).” 『조국의통일독립과 민주화를위하여』. 평양: 국립인민출판사, 1949.

_____. “북조선 민주주의민족통일전선위원회 결성에대한 보고: 북조선민주주의 각정당 사회단체 대표회의에서(1946.6.22).”『조국의통일독립과 민주화를위하여』. 평양: 국립인민출판사, 1949.
_____. “북조선 종합대학창립 1주년기념대회에서 진술한훈시(1947.10.1).”『조국의통일독립과 민주화를위하여』. 평양: 국립인민출판사, 1949.
_____. “북조선직업총동맹 제2차중앙대회에서 진술한연설(1947.12.17).”『조국의통일독립과 민주화를위하여』. 평양: 국립인민출판사, 1949.
_____. “청년들에 대한 사상 교양사업은 민청단체들의 기본임무(1948.11.14).”『김일성선집 2』. 평양: 조선로동당출판사, 1953.
_____. “평안북도 당단체의 과업: 평안북도 당단체에서의 연설(1956.4.7).”『김일성선집 4』. 평양: 조선로동당출판사, 1960.
_____. “사회주의 건설에서 청년들의 과업에 대하여(1958.3.19).”『김일성선집 5』. 평양: 조선로동당출판사, 1960; 동경: 구월서방, 1963(번각발행).
_____.『조선로동당 제4차 대회에서 한 중앙위원회 사업 총화 보고, 1961년 9월 11일』. 평양: 조선로동당출판사, 1961.
_____. “당원들의 계급 교양 사업을 더욱 강화할 데 대하여(1955.4.1).”『김일성선집 4』. 평양: 조선로동당출판사, 1960; 동경: 구월서방, 1963(번각발행).
_____. “레닌의 학설은 우리의 지침이다(1955.4).”『김일성선집 4』. 평양: 조선로동당출판사, 1960; 동경: 구월서방, 1963(번각발행).
_____. “조선 로동당 제3차 대회에서 한 중앙 위원회 사업 총결 보고.”『김일성선집 4』. 평양: 조선로동당출판사, 1960; 동경: 학우서방, 1963(번각발행).
_____. “공산주의 교양에 대하여: 전국 시, 군, 당 위원회 선동원들을 위한 강습회에서 한 연설(1958.11.20).” 김일성.『청소년사업에 대하여』. 평양: 조선로동당출판사, 1966.2; 동경: 조선청년사, 1966.9(번인출판).
_____. “미래의 조선은 청년들의 것이다: 세계 청년 축전에 참가할 대표 환송 체육대회에서 한 연설(1947.6.23).” 김일성,『청소년사업에 대하여』. 평양: 조선로동당출판사, 1966.2; 동경: 조선청년사, 1966.9(번인출판).
_____. “민주 력량의 확대 강화를 위한 민청 단체들의 과업: 북조선 민주 청년동맹 제2차 대회에서 한 연설(1946.9.29).” 김일성,『청소년사업에 대

하여』. 평양: 조선로동당출판사, 1966.2; 동경: 조선청년사, 1966.9(번인출판).
______. "민주 조선 건설에서의 청년들의 임무: 각 도당 위원회 청년 사업부장, 도민청 위원회 위원장 련석 회의에서(1946.5.30)."『청소년사업에 대하여』. 평양: 조선로동당출판사, 1966.2; 동경: 조선청년사, 1966.9(번인출판).
______. "조선 민주 청년 동맹 북조선 위원회 결성에 대하여: 북조선 민주 청년 단체 대표자 회의에서 한 연설(1945.1.17)." 김일성,『청소년사업에 대하여』. 평양: 조선로동당출판사, 1966.2; 동경: 조선청년사, 1966.9(번인출판).
______. "청년들에 대한 사상 교양 사업은 민청 단체들의 기본 임무: 북조선 민주 청년 동맹 제3차대회에서 한 연설(1948.11.13)." 김일성,『청소년사업에 대하여』. 평양: 조선로동당출판사, 1966.2; 동경: 조선청년사, 1966.9(번인출판).
______. "청소년 교양사업에 대하여: 출판 보도 일군 및 민청 일군들과 한 담화 중에서(1962.5.3)." 김일성,『청소년사업에 대하여』. 평양: 조선로동당출판사, 1966.2; 동경: 조선청년사, 1966.9(번인출판).
______. "청소년들의 교양에서 교육 일군들의 임무에 대하여: 전국 교육 일군 열성자 대회에서 한 연설(1961.4.25)."『청소년사업에 대하여』. 평양: 조선로동당출판사, 1966.2; 동경: 조선청년사, 1966.9(번인출판).
______. "학생 동맹을 민주청년 동맹에 통합할 데 대하여: 학생 청년들에게서 받은 질문에 대한 대답(1945.12.28)." 김일성,『청소년사업에 대하여』. 평양: 조선로동당출판사, 1966.2; 동경: 조선청년사, 1966.9(번인출판).
______. "조선로동당 제4차 대회에서 한 중앙위원회 사업총화보고."『김일성저작선집 3』. 평양: 조선로동당출판사, 1968; 동경: 구월서방, 1969(번각발행).
______. "근로단체사업을 개선강화할데 대하여: 조선로동당 중앙위원회 제4기 제9차 전원회의에서 한 결론(1964년 6월 26일)."『김일성저작선집 4』. 평양: 조선로동당출판사, 1968.
______. "사회주의로동청년동맹의 과업에 대하여: 조선 민주 청년 동맹 제5차대회에서 한 연설(1964.5.15)."『김일성저작선집 4』. 평양: 조선로동당출

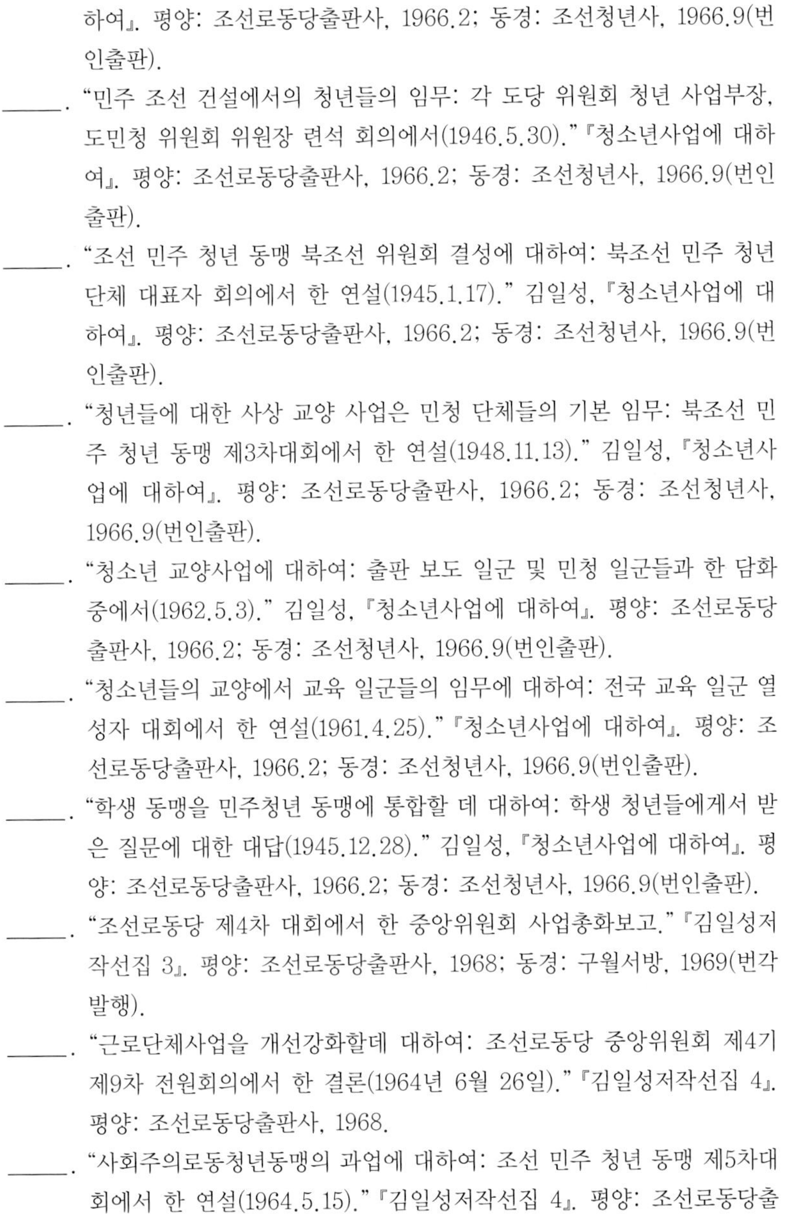

판사, 1968.
_____. “우리 나라 사회주의농촌 문제에 관한 테제: 조선로동당 중앙위원회 제 4기 제8차 전원회의에서 채택(1964.2.25).”『김일성저작선집 4』. 평양: 조선로동당출판사, 1968.
_____. “조선로동당창건 30돐에 즈음하여: 조선로동당창건 30돌기념대회에서 한 보고(1975.10.9).”『김일성저작선집 7』. 평양: 조선로동당출판사, 1978.
_____. “모범중대운동을 벌릴데 대하여(조선인민군 총정치국 일군들에게 한 훈시).”『김일성저작집 6』. 평양: 조선로동당출판사, 1980.
_____. “인민군대내 당정치사업의 중심과업(1951.3.6).”『김일성저작집 6』. 평양: 조선로동당출판사, 1980.
_____. “인민군대내에 조선로동당 단체를 조직할데 대하여(1950.10.21).”『김일성저작집 6』. 평양: 조선로동당출판사, 1980.
_____. “조선로동당의 금후사업방침에 대하여(1951.1.28).”『김일성저작집 6』. 평양: 조선로동당출판사, 1980.
_____. “현정세와 민청단체들의 당면과업에 대하여(1951.1.18).”『김일성저작집 6』. 평양: 조선로동당출판사, 1980.
_____. “인민경제계획을 세우는 데 대응하여 나타난 결함과 그것을 고치기 위한 몇 가지 과업에 대하여.”『김일성저작집 9』. 평양: 조선로동당출판사, 1980.
_____. “조선로동당 제4차대회에서 한 중앙위원회 사업총화보고”,『김일성저작집15』. 평양: 조선로동당출판사, 1981.
_____. “출판사업과 학생교양사업을 강화할데 대하여(1962.5.3).”『김일성저작집 16』. 평양: 조선로동당출판사, 1982.
_____. “대학의 교육교양사업을 강화할데 대하여(1963.4.18).”『김일성저작집 17』. 평양: 조선로동당출판사, 1982.
_____.『세기와 더불어 1』. 평양: 조선로동당출판사, 1992.
_____.『세기와 더불어 8』. 평양: 조선로동당출판사, 1998.
김정일, “조선로동당은 영광스러운 〈〈ㅌ.ㄷ〉〉의 전통을 계승한 혁명적당이다(1982.10.17).” 김정일,『주체혁명위업의 완성을 위하여 4: 1978~1982.』. 평양: 조선로동당출판사,1987.

_____, "현실발전의 요구에 맞게 청년동맹 사업을 개선강화할데 대하여(1964. 4. 22)." 『김정일선집 1』. 평양: 조선로동당출판사, 1992.

나. 단행본

국립출판사 편. 『우리나라 법의 발전』. 평양: 국립출판사, 1960.
금성청년출판사. 『조선공산주의청년운동사 2권』. 평양: 금성청년출판사, 1982.
림춘추. 『항일무장투쟁시기를 회상하며』. 평양: 조선로동당출판사, 1960.
_____. 『청년전위 상』. 평양: 민청출판사, 1963.
_____. 『청년전위 하』. 평양: 민청출판사, 1964.
_____. 『혁명전위 제3부』. 평양: 근로단체출판사, 1966.
_____. 『청년전위 1』. 평양: 사로청출판사, 1970.
사회과학원 력사연구소. 『조선전사 23』. 평양: 과학·백과사전출판사, 1981.
손전후. 『우리나라 토지개혁사』. 평양: 과학백과사전출판사, 1983.
외국문 서적 출판부. 『一九四七년 九월말에 파란에서 진행된 몇 개 공산당 대표들 정보회의』. 모스크바: 외국문서적 출판부, 1948.
울라지미르 예고로브 저. 『70돌을 맞는 쏘련공청』. 모스크바: 아빠엔 출판사, 1988.
조선로동당중앙위원회 직속 당력사연구소. 『조선로동당 력사 교재』. 평양: 조선로동당출판사, 1964.
조재선. 『과도기에 있어서의 조선로동당의 경제정책』. 평양: 조선로동당출판사, 1958.
채종완 저. 『청년사업경험』. 평양: 사회과학출판사, 1990.
허인혁. 『우리나라에서의 사회주의 인테리의 형성과 장성』. 평양: 조선로동당출판사, 1960.
『당의 공고화를 위한 투쟁』. 평양: 조선 로동당 출판사, 1956.11.
『쏘聯共産黨 歷史 簡略讀本』. 평양: 북조선노동당출판사, 1948.
『위대한수령 김일성동지의 불멸의 혁명업적 10: 주체형의 혁명적근로단체건설』. 평양: 조선로동당출판사, 1998.
『위대한 주체사상 총서 9: 영도체계』. 평양: 사회과학출판사, 1985.
『조선로동당 제1차 대표자회 문헌 학습 참고 자료 2』. 평양: 조선로동당출판사, 1958.

『조선민주청년동맹 제4차 대회 문헌집』. 평양: 민주청년사, 1956.11.

『조선사회주의로동청년동맹 제5차대회 토론집』. 평양: 조선 사회주의 로동 청년 동맹 출판사, 1964.

『지덕체 과업 실천을 위한 사로청 조직들의 사업 경험』. 평양: 조선 사회주의 로동청년동맹출판사, 1964.

『해방후 10년간의 공화국 인민 교육의 발전』. 평양: 교육도서출판사, 1955.

다. 논문

강 건. "김일성 장군 항일유격부대는 조선 인민군의 전투적 골간이다." 『근로자』. 제2호(48), 1950.1.31.

김욱진. "해방 지구에서 실시되는 토지 개혁의 의의." 『근로자』. 제14호(60), 1950.7.31.

느.아.미하이로브. "전련맹 공산당(볼쉐위끼)은-공청의 조직자이며 지도자이다." 『레닌-쓰딸린적 공청』. 평양: 북조선민청중앙위원회 출판사, 1950.

레닌. "로씨야 공산당(볼쉐위크) 제七차 대회에서의 당강령의 수정 및 당명칭의 변경에 관한 보고(1918.3.8)." 『레닌, 쓰딸린 당 건설 제二권 제一분책』. 평양: 조선로동당출판사, 1953.12.

____. "동정자 그루빠 조직에 관하여." 『청년에 관하여』. 평양: 조선로동당출판사, 1956.

____. "뻬쩨르부르그위원회 소속 전투위원회에." 『청년에 관하여』. 평양: 조선로동당출판사, 1956.

____. "중학교 학생들에게." 『청년에 관하여』. 평양: 조선로동당출판사, 1956.

____. "청년 동맹의 제 과업." 『청년에 관하여』. 평양: 조선로동당출판사, 1956.

____. "파산의 징조." 『청년에 관하여』. 평양: 조선로동당출판사, 1956.

____. "학생 운동과 현 정치정세." 『청년에 관하여』. 평양: 조선로동당출판사, 1956.

____. "학생 청년들에 대한 태도에 관한 로씨야 사회민주로동당 제2차 대회의 결정서 초안." 『청년에 관하여』. 평양: 조선로동당출판사, 1956.

____. "혁명적 청년들의 제 과업에 관한 서신 초안." 『청년에 관하여』. 평양: 조선로동당출판사, 1956.

____. "혁명적 청년들의 제과업, 제1신." 『청년에 관하여』. 평양: 조선로동당출판사, 1956.

____. "1905년 혁명에 관한 보고서." 『청년에 관하여』. 평양: 조선로동당출판사, 1956.

____. "공산주의에 있어서의 좌익 소아병(발취)." 『맑스 엥겔스 레닌 쓰딸린 로동계급의 당』. 평양: 조선로동당출판사, 1965.

____. "웨. 자쑬리치는 어떻게 청산주의를 죽이고 있는가(발취)." 『맑스 엥겔스 레닌 쓰딸린 로동계급의 당』. 평양: 조선로동당출판사, 1965.

____. "청년 동맹의 제 과업: 로씨야 공산 청년 동맹 제3차 전로대회에서 한 연설(1920년 10월 20일)." 『맑스 엥겔스 레닌 쓰딸린 로동계급의 당』. 평양: 조선로동당출판사, 1965.

박용국. "당 통보 사업의 개선 강화를 위하여." 『근로자』. 제7호(116), 1955년 7월 25일.

______. "민주 청년 동맹은 조선 로동당의 후비대이며 적극적 방조자이다." 『근로자』. 제1호(122), 1956년 1월 25일.

______. "조선민주청년동맹 제4차 대회에서의 중앙 위원회 사업 총결 보고." 『조선민주청년동맹 제4차 대회 문헌집』. 평양: 민주청년사, 1956.11.

______. "청년들 속에서 당적 사상 체계를 더욱 확고히 하자." 『근로자』. 제4호(149), 1958년 4월 15일.

백래산. "백절불굴의 투지: 민애청 중앙위원회 부위원장 리환기 동무." 『청년생활』. 제3권 제4호, 1950년 4월.

스탈린. "레닌주의의 제 문제에 대하여(발취)." 『맑스 엥겔스 레닌 쓰딸린 로동계급의 당』. 평양: 조선로동당출판사, 1965.

______. "로씨야 공산당(볼쉐위크) 제13차 대회의 결과에 대하여(발취): 로씨야 공산당(볼쉐위크) 중앙 위원회가 조직한 군당 위원회 비서 강습회에서 한 보고(1924년 6월 17일)." 『맑스 엥겔스 레닌 쓰딸린 로동계급의 당』. 평양: 조선로동당출판사, 1965.

______. "전련맹 공산당(볼쉐위크) 제18차 대회에서 한 중앙위원회 사업 총화 보고(발취)(1939년 3월 10일)." 『맑스 엥겔스 레닌 쓰딸린 로동계급의 당』. 평양: 조선로동당출판사, 1965.

쓰쁘 튜비모브. "브.이.레닌의 공청 제3차대회에서 진술한 '청년동맹의 과업'에 대하여.” 북조선민청중앙위원회출판사. 『레닌-쓰딸린적 공청』. 평양: 청년생활사, 1950.4.

쓰.이.무사쏘브. “전련맹 레닌공산청년동맹 제8차대회에서의 이.브.쓰딸린의 연설에 대하여.” 북조선민청중앙위원회출판사. 『레닌-쓰딸린적 공청』. 평양: 청년생활사, 1950.4.

아.야.부라찐. “공청은-사회주의건설에서의 볼쉐위끼당의 원조자이다.” 북조선민청중앙위원회출판사. 『레닌-쓰딸린적 공청』. 평양: 청년생활사, 1950.4.

오현주. “청년들을 공산주의 붉은 혁명 투사로 교양 육성하자.”『근로자』. 제3호(184), 1961년 3월 15일.

______. “청소년들 속에서 공산주의 교양을 더욱 강화하자.”『근로자』. 제3호(196), 1962년 3월 15일.

웨·게 씨넬리니꼬브. “과외 및 사회 사업에서의 학생 집단의 교양.”『교수교양사업: 교원경험론문집』. 평양: 교육도서출판사, 1956.

주창복. “강원도 당 단체의 간부 양성 사업.”『근로자』. 제4호(50), 1950.2.28.

최철수. “동맹 조직사업 강화를 위한 동맹단체들의 과업.”『청년생활』. 제2권 제7호(1949년 7월호), 1949.

편집부. “레닌공청 11차 대회는 무엇을 토론결정하였는가.”『청년생활』. 제2권 제6호, 1949.6.

______. “빛나는 성과를 거둔 신민주주의 중국청년대회.”『청년생활』. 제2권 제6호, 1949.6.

현정민. “인민 군대는 근로 청년들의 정치-기술 및 전투적 학교이다.”『근로자』. 제2호(48), 1950.1.31.

홍순권. “기술 경제 지식의 소유는 간부들의 간절한 임무.”『근로자』. 제3호(196), 1962년 3월 15일.

“민주 청년 동맹은 조선 로동당의 후비대이며 방조자이다.”『조선로동당과 민청』. 평양: 민주청년사, 1956.6.

“민청 대렬을 부단히 장성시키며 각계 각층 청년들의 단결을 강화하자.”『조선로동당과 민청』. 평양: 민주청년사, 1956.6.

“조선로동당 제3차 대회가 민청 앞에 제시한 과업을 충실히 실행하자.”『조선로동당과 민청』. 평양: 민주청년사, 1956.6.

"형식주의와 교조주의를 퇴치하며 반동적 부르죠아 사상 잔재들과 견결히 투쟁하자."『조선로동당과 민청』. 평양: 민주청년사, 1956.6.

라. 기타

1) 신문

『正路』
"各界 青年 網羅 民主青年同盟 結成." 1945년 11월 14일.
"그릇된 先人觀을 버리고 大國的情況을 살피라. 北朝鮮教育局長 張鍾植氏와 一問一答." 1946년 2월 10일.
"金日成 同志의 빛나는 鬪爭史." 1945년 12월 21일.
"모스크바會議決定支持 反動分子 排擊決議 民青平南道代表大會." 1946년 1월 12일.
"民主獨立國家建設에 青年의 總力集中 朝鮮民主青年同盟北朝鮮委員會結成." 1946년 1월 24일.
"民青時局講座." 1945년 12월 26일.
"博川에 政治學校 開設." 1945년 12월 14일.
"北部朝鮮民主主義青年團體 代表者會議決定書." 1946년 1월 25일.
"先鋒學徒 三百餘名 一堂에 모여 討論白熱! 平壤學生大會 烈光裡進行." 1946년 3월 27일.
"쏘米共同委員會 共同콤뮤니케 第五号에 对 한 聲明(民青北朝鮮委員會請願書)." 1946년 4월 28일.
"스딸린同志에게보내는편지." 1946년 2월 20일.
"朝鮮共産黨 北部朝鮮分局設置." 1945년 11월 1일(창간호).
"朝鮮共産黨 中央委員會 指시." 1945년 11월 7일.
"朝鮮共産黨 中央委員會 代表 朴憲永, "朝鮮民族統一前線 結成에 對한 朝鮮共産黨의 主張." 1945년 11월 14일.
"朝鮮에關한蘇米英三國外相 모스크바會議의決定에對하야." 1946년 1월 2일.
"朝鮮青年總同盟 結成大會盛大." 1945년 12월 26일.
"青年들도 積極參加하야 우리의 政權 을 支持○○." 1946년 2월 16일.
"青年運動의 當面課業." 1946년 1월 20일.
"青年의 熱血을 기우려 民主主義國家建設盟誓(金日成同志에게 보내는편지)."

1946년 2월 27일.

『로동신문』
강상호. “우리 인민민주주의제도하에서의 새로운 인민적 도덕.” 1954년 10월 23일.
류병기. “조선혁명의 새 기원을 열어준 위대한 출발점: 타도제국주의동맹결성 마흔아홉돐에 즈음하여.” 1975년 10월 17일.
박용국. “조선민주청년동맹 제4차대회에서의 중앙위원회 사업총결 보고.” 1956년 11월 4일.
“소왕청유격구의 나날로부터.” 1990년 4월 19일.
“위대한 조국의 품과 한 의학자.” 1993년 2월 6일.
“전국청년열성자대회에서의 토론들(요지).” 1954년 7월 14일.

『민주청년』
“동맹 중앙위원회 제2차 전원회의 결정 집행에서 나타난 결함들을 시급히 퇴치하라!.” 1952년 5월 4일.
“형식적인 반관료주의 투쟁은 어떤 결과를 가져왔는가.” 1952년 7월 9일.
“민청내 중앙집권적 규률을 일층 강화하자.” 1952년 9월 18일.
“청년들의 창발적 제기를 제때에 해결하여 주는 것은 민청간부들의 일상적 임무!: 평양시민청열상자회의에서.” 1952년 9월 18일.
“조선인민의 지도적 향도적 력량.” 1952년 9월 23일.

2) 사전
과학원 언어문학연구소 사전연구실. 『조선말 사전 6』. 평양: 과학원출판사, 1962.
『대중정치용어사전』. 평양: 조선로동당출판사, 1957.
『대중정치용어사전』. 평양: 조선로동당출판사, 1959.
『대중 정치 용어 사전』. 평양: 조선로동당출판사, 1964.
『백과전서 1』. 평양: 과학, 백과사전출판사, 1982.
『백과전서 3』. 평양: 과학, 백과사전출판사, 1983.
『영조대사전(초판)』. 평양: 외국문도서출판사, 1992.
『정치용어사전』. 평양: 사회과학출판사, 1970.

『정치사전』. 평양: 사회과학출판사, 1973.
『조선말대사전』. 평양: 과학백과사전출판사, 2010.

3) 연감

『조선중앙년감 1951~52』. 평양: 조선중앙통신사, 1951-1952.
『조선중앙년감 1960』. 평양: 조선중앙통신사, 1960.
『조선중앙년감 1963』. 평양: 조선중앙통신사, 1963.
『조선중앙년감 1964』. 평양: 조선중앙통신사, 1964.
『조선중앙년감 1965』. 평양: 조선중앙통신사, 1965.
"國際職業聯盟."『조선중앙년감 1950』. 평양: 조선중앙통신사, 1950.
"民主改革과 人民的結束."『조선중앙년감 1949』. 평양: 조선중앙통신사, 1949.
"世界 民主青年聯盟."『조선중앙년감 1950』. 평양: 조선중앙통신사, 1950.
"朝鮮人民軍."『조선중앙년감 1950』. 평양: 조선중앙통신사, 1950.
"朝鮮人民의 民族的英雄 金日成 將軍 入城."『조선중앙년감 1949』. 평양: 조선중앙통신사, 1949.
"解放後 北朝鮮 政治情勢."『조선중앙년감 1950(상)』. 평양: 조선중앙통신사, 1950.

4) 통일부 북한자료센터 소장 자료

"북조선민주청년동맹 각급 지도기관 선거진행에 관한 지도요강 중 일부 수정에 대한 지시(북조선민청 각도시군 위원장 앞, 1948.8.27 민청중앙위원회 부위원장 리영섬)." 통일부 북한자료센터 소장 MF267.
"북조선민주청년동맹 제14차 중앙상무위원회 결정서 제3호 '전면적 맹원재등록 사업에 관한 결정'(1947.1.11)." 통일부 북한자료센터 MF267.
"북조선민주청년동맹 제14차 중앙상무위원회 결정서 제5호 '규약수정에 따르는 제반조치에 관한 결정'(1947.1.11)." 통일부 북한자료센터 MF267.
"북조선민주청년동맹 제14차 중앙상무위원회 결정서 제1호 건국사상동원운동에 있어서 민청 각급 조직부의 사업방침에 관한 결정, 1947년 1월 15일 북조선민청 각 도시군 조직부장 연석회의에서 지시 연구(1947.1.11)." 통일부 북한자료센터 MF267.
"북조선민청 대표명부(1948년 4월)." 통일부 북한자료센터 소장 MF483.
"북조선민청 제1차 상무위원회 회의자료(1946.10.2)." 통일부 북한자료센터 소장 MF267.

"북조선민청 제2차 중앙확대위원회 결정서 제3호 '민청각급 기관 인원 축소에 관한 결정'(1946.12.6)." 통일부 북한자료센터 MF267.
"북조선민청 제9차 중앙위원회 '동맹조직장성문제에 관한 결정'(1948.2.13)." 통일부 북한자료센터 소장 MF483.
"북조선민청 제9차 중앙위원회 '제3차대회 소집 및 각급 지도기관 사업 결산과 선거사업 연기에 대한 결정'(북조선민청 중앙위원회 부위원장 노민, 1948.2.16)." 통일부 북한자료센터 소장 MF483.
"북조선민청 제9차 중앙위원회 '조직문제에 관한 결정'(1948.2.16)." 통일부 북한자료센터 소장 MF483.
"북조선민청 제12차 중앙위원회 '동맹 강령 및 규약 수정에 관한 결정'(1948.8.27)." 통일부 북한자료센터 MF267
"북조선민청 제36차 중앙위원회 '1948년도신입생추천사업에대한결정'(북조선민청 중앙위원회 부위원장 리영섭, 1948.3.26)." 통일부 북한자료센터 소장 MF483.
"북조선 민청 제54차 중앙상무위원회 '내무국 경비처 소속 각여단 보안대 및 학교내 민청단체들의 지도체계 변경에 대한 결정'(북조선민청중앙위원회 부위원장 리영섭, 1948.3.15)." 통일부 북한자료센터 소장MF483.
"북조선민청 제55차 중앙위원회 '함북도 학생애국사상제고운동전개정형에대한 결정'(1948.3.22)." 통일부 북한자료센터 소장 MF483.
"북조선민청 제57차 중앙상무위원회 '간부사업세측 일부수정에대한결정'(북조선민청 중앙위원회 부위원장 리영섭, 1948.4.8)." 통일부 북한자료센터 소장 MF483.
"북조선민청 제57차 중앙상무위원회 '면민청열성자제도확립에대한결정'(북조선민청 중앙위원회 부위원장 리영섭, 1948.4.6)." 통일부 북한자료센터 소장 MF483.
"북조선민청 제57차 중앙상무위원회 '통신과 설치에 대한 결정'(북조선민청 중앙위원회 부위원장 리영섭, 1948.4.6)." 통일부 북한자료센터 소장 MF483.
"북조선민청 제57차 중앙상무위원회 '통계 및 보고제도 확립과 문서간소화에 대한 결정'(1948.4.8)." 통일부 북한자료센터 소장 MF483.
"북조선민청 제58차 중앙상무위원회 '제35차 중앙상무위원회 '통일적 동맹 재정

제도 수립에 관한 결정' 일부 수정에 대한 결정(1948.4.13)." 통일부 북한자료센터 소장 MF483.
"북조선민청 제70차 중앙위원회 '도시군 부서일부 폐지와 간부정원축소 및 사업방식 개선에 관한 결정'(북조선민청 중앙위원회 부위원장 리영섭, 1948.3.31)." 통일부 북한자료센터 소장 MF483.
"제17차 중앙상무위원회 결정서 제2호 '맹원재등록사업상 착오를 시정할데 대한 결정'(1947.2.17)." 통일부 북한자료센터 MF267.
"제3차 중앙대회 기념 표창사업에 관하여-인민군대 총사령부 문화부 민청지도원, 내무국 경비처 문화부 청년사업과장 앞(1948.9.11)." 통일부 북한자료센터 소장 MF267.

5) 국립중앙도서관 전자자료(미군 노획 문서)

Item #6-19 "조선인민군대 내 민청사업 지도 세측." RG242 National Archives Collection of Foreign Records Seized Record Group War20061269, SA2011 Series WAR200800924.
Item #8-17 "민청 세포위원장 사업 노트(1951)." RG242 National Archives Collection of Foreign Records Seized Record Group War20061269, SA2011 Series WAR200800924.
Item #9-25 『조선로동당중앙위원회 제三차 정기회의에서 진술한 김일성 동지의 보고(현정세와 당면과업)』. 평양: 조선로동당출판사, 1951.2.3, RG242 Captured Korean Documents, Doc. No. SA2011, 50쪽, 국립중앙도서관 전자자료.
Item #22-9 "동맹원 명부, 선천사범 부속 인민학교 초급단체." RG 242 National Archives Collection of Foreign Records Seized Record Group WAR200601269, Captured Korean Documents, Doc No. SA 2006 Series WAR200601391, 서울 국립중앙도서관 전자자료.
Item #22-12 "북조선민주청년동맹 선천군 동림3구 초급단체 총회 회의록(1948.9.18)." RG242 National Archives Collection of Foreign Records Seized Record Group WAR20061391.
Item #22-12 "북조선민주청년동맹 선천군 신부면 삼양 초급단체 총회 회의록(1948.9.15)." RG242 National Archives Collection of Foreign Records Seized Record Group WAR20061391.

Item #22-12 "북조선민주청년동맹 선천군 신부면 청녕 초급단체 총회 회의록(1948.9.15)." RG242 National Archives Collection of Foreign Records Seized Record Group WAR20061391.

Item #22-12 "북조선민주청년동맹 선천군 신부면 여봉 초급단체 총회 회의록(1948.9.16)." RG242 National Archives Collection of Foreign Records Seized Record Group WAR20061391.

Item #27~4 "선천군 민청 가맹원서." RG242 National Archives Collection of Foreign Records Seized Record Group WAR200601269, Captured Korean Documents, Doc No. 2006 WAR200601391, 서울국립중앙도서관 전자자료.

Item #27~5 "선천군 민청 가맹원서." RG242 National Archives Collection of Foreign Records Seized Record Group WAR200601269, Captured Korean Documents, Doc No. 2006 WAR200601391, 서울국립중앙도서관 전자자료.

Item #29 "초급단체 회의록(북조선민주청년동맹 선천군 선천고급중학교 학교위원회 회의록, 1948)." RG242 National Archives Collection of Foreign Records Seized Record Group WAR20061269.

Item #29 "초급단체 회의록(선천 고급 중학교 교원 민청 초급단체, 1948)." RG242 National Archives Collection of Foreign Records Seized Record Group WAR20061269.

Item #32 "평북 선천군 선천면 초급단체 간부명단." RG 242 National Archives Collection of Foreign Records Seized Record Group WAR200601269, Captured Korean Documents, Doc No. SA 2006 Series WAR200601391, 서울 국립중앙도서관 전자자료.

Item #44 "조선인민군대대 민청공작 규정(조선인민군 877군부대, 1950)." RG242 National Archives Collection of Foreign Records Seized Record Group War20061269, SA2011 Series WAR200800924.

Item #46 "인민군대 내무성 철(내무성 정치보위국 공작원 모집협조에 대하여(1949.1.11)." RG242 National Archives Collection of Foreign Records Seized Record Group War20061269.

Item #47 "인민군 제2정치학교 학생 추천에 대하여(1950)." RG242 National

Archives Collection of Foreign Records Seized Record Group War20061269, SA2006 Series WAR20061391.
Item #111 "945부대 제2대대 제2중(수기학습장)." RG242 Captured Korean Documents, Doc. No.SA2009 I .
Item #111.1~111.5 "자서전외, 1950." RG242 National Archives Collection of Foreign Records Seized Record Group War20061269, SA2009 I Series WAR200700443.
Item #129 "북조선 민주청년동맹 강령, 규약." RG242 National Archives Collection of Foreign Records Seized Record Group WAR200601269, Captured Korean Documents, Doc.No.SA2010.
"10/8 평남도 평북도 함북도 민청위원회 부부장이상 간부명단(1950.4.4)- 중앙 부부장 이상 간부명단." RG242 National Archives Collection of Foreign Records Seized Group WAR200601269, Captured Korean Documents Doc No SA2005 Series WAR200601343, 국립중앙 도서관 전자자료.

6) 기타

"북조선로동당강원도인제군당상무위원회회의록 제10호."『北韓關係史料集, 2: 朝鮮勞動黨 資料, 2 (1945年-1948年)』. 과천: 국사편찬위원회, 1982.

2. 국내문헌

가. 단행본

김광운.『북한정치사연구 I : 건당 건국 건군의 역사』. 서울: 선인, 2003.
김남식 저.『남로당연구』. 서울: 돌베개, 1988.
김종수.『북한 청년동맹 연구: 체제 수호의 전위대, 청년동맹』. 파주: 한울, 2008.
김진계 구술·기록, 김응교 보고문학.『조국 상』. 서울: 현장문학사, 1990.
김채윤·장경섭 편.『변혁기 사회주의와 계급·계층』. 서울: 서울대학교출판부, 1996.
김행선.『해방정국청년운동사』. 서울: 선인, 2004.

레오날드 샤피로 저, 양흥모 역. 『蘇聯共産黨史』. 서울: 문학예술사, 1986.
백학순. 『북한권력의 역사』. 파주: 한울, 2010.
북한연구소. 『북한의 계급정책』. 서울: 북한연구소, 1980.
________ 편. 『북한군사론』. 서울: 북한연구소, 1978.
V. 치르킨, Yu 유딘, O 지드코프 지음, 송주명 옮김. 『맑스주의 국가와 법이론』. 서울: 새날, 1990.
서동만. 『북조선사회주의체제성립사: 1945~1961』. 서울: 선인, 2005.
세종연구소 북한연구센터 엮음. 『북한의 국가전략』. 파주: 한울, 2003.
소련과학아카데미 편, 강종수 옮김. 『현대 마르크스-레닌주의사전』. 서울: 백산서당, 1989.
안병영. 『現代 共産主義 硏究: 歷史的 狀況 이데올로기 體制變動』. 서울: 한길사, 1989.
알렉 노브 지음, 김남섭 옮김. 『소련경제사』. 서울: 창작과비평사, 1998.
S. 캐슬·W. 뷔스텐베르크 지음, 이진석 옮김. 『사회주의 교육의 이론과 실천』. 서울: 푸른나무, 1990.
여 정. 『붉게 물든 대동강: 前인민군 사단정치위원의 수기』. 서울: 동아일보사, 1991.
요나톤 모세스·투르본 크누트센 지음, 신욱희·이왕휘·이용욱·조동준 옮김. 『정치학 연구방법론』. 서울: 을유문화사, 2007.
와다 하루끼 지음, 이종석 옮김. 『김일성과 만주항일전쟁』. 서울: 창작과피평사. 1992.
________ 지음, 고세현 옮김. 『역사로서의 사회주의』. 서울: 창작과비평사, 1994.
________. 『북조선: 유격대국가에서 정규군국가로』. 서울: 돌베개, 2002.
이대근. 『북한 군부는 왜 쿠데타를 하지 않나: 김정일 시대 선군정치와 군부의 정치적 역할』. 서울: 한울, 2003.
이종석 편. 『조선로동당연구: 지도사상과 구조 변화를 중심으로』. 서울: 역사비평사, 1997.
________. 『북한의 근로단체 연구』. 성남: 세종연구소, 1998.
________. 『새로 쓴 현대북한의 이해』. 서울: 역사비평사, 2004.
이향규·김기석. 『북한사회주의 형성과 교육』. 서울: 교육과학사, 1999.

정성장.『현대북한의 정치: 역사·이념·권력체계』. 파주: 한울, 2011.
주영복 지음.『내가 겪은 조선전쟁』. 서울: 고려원, 1990.
중앙일보특별취재반.『비록 조선민주주의인민공화국(하)』. 서울: 중앙일보사, 1993.
진덕규.『現代 政治學』. 서울: 학문과 사상사, 2003.
Joseph I Zajda 저, 김동규 역.『소련의 학교교육』. 서울: 주류, 1984.
찰스 암스트롱 지음, 김연철·이정우 옮김.『북조선탄생』. 파주: 서해문집, 2006.
최완규.『북한은 어디로: 전환기 '북한적' 정치현상의 재인식』. 마산: 경남대학교 출판부, 1996.
최태환·박혜강 지음.『젊은 혁명가의 초상: 인민군장교 최태환 중좌의 한국전쟁 참전기』. 서울: 공동체, 1989.
토니 클리프 지음, 최일붕 옮김.『당 건설을 향하여』. 서울: 북막스, 2004.
황장엽,『황장엽회고록: 나는 역사의 진리를 보았다』. 서울: 한울, 1999.
현성일.『북한의 국가전략과 파워엘리트: 간부정책을 중심으로』. 서울: 선인, 2011.
『朝鮮勞動黨大會 資料集 제1편』. 서울: 국토통일원 조사연구실, 1988.

나. 논문

구갑우. "북한연구와 비교사회주의 방법론." 경남대학교 북한대학원 엮음,『북한연구방법론』. 서울: 한울, 2003.
김성보. "북한의 민족주의세력과 민족통일전선운동: 조선민주당을 중심으로."『역사비평』. No.16, 1992.
_____. "북한 정치 엘리트의 충원과정과 경력 분석: 정권기관 간부를 중심으로(1945~50)."『동북아연구』, Vol.3, 1997.
_____. "1950년대 북한의 사회주의 이행논의와 귀결." 역사문제연구소 편,『1950년대 남북한의 선택과 굴절』. 서울: 역사비평사, 1998.
_____. "지방사례를 통해 본 해방 후 북한사회의 갈등과 변동: 平安北道 宣川郡."『東方學志』. Vol.125, 2004.
김용복, "북한자료 읽기." 박재규 편,『새로운 북한읽기를 위하여』. 마산: 경남대학교출판사, 2004.

김수희. “소련 청소년단체의 정치사회화: 꼼소몰을 중심으로.”『중소연구』. Vol.14 No.1, 1990.
김종수, “북한 ‘청년동맹’의 정치적 역할에 관한 연구,” 동국대학교 박사학위논문, 2007.
신종훈, “북한 청년중시 정책과 김일성사회주의청년동맹에 관한대학연구,” 고려대학교 석사학위논문, 2007.
이주철. “북조선로동당의 당원과 그 하부조직에 관한 연구.” 고려대학교 대학원 사학과 박사학위논문, 1998.
정성장. “혁명전략.” 세종연구소 북한연구센터 엮음,『북한의 국가전략』. 파주: 한울, 2003.
최청호. “북한의 사회주의혁명과 건설이론.” 경남대학교 극동문제연구소 편,『북한사회주의건설의 정치경제』. 마산: 경남대학교 출판부, 1993.

다. 기타

신문 및 매체

“今春東京各專門大學朝鮮人卒業生一覽.”『동아일보』. 1940년 2월 8일.
“斷末魔의 지異殘匪 討伐戰 從軍記 上.”『동아일보』. 1951년 12월 25일.
“明川署 事件, 八名은 送局.”『동아일보』. 1931년 10월 3일.
“北, 대형사고 이례적 사과 보도…주민불만 의식했나.”『연합뉴스』. 2014년 5월 18일.
“北 평양 아파트 붕괴사고 ‘문책’ 수준 어떻게 될까.”『연합뉴스』. 2014년 5월 19일.
“十年一覽 顯著히 發達된 燦然한 地方文化.”『동아일보』. 1929년 1월 16일.
“全國靑總大會第一日 各地代表七百名 一堂에.”『동아일보』. 1945년 12월 12일.

연감

『2000 북한자료·인명편』. 서울: 연합뉴스, 1999.

영상물

KBS 다큐멘타리 “현대사 발굴-빨치산.”『KBS』. 1991년 6월 27일.

3. 외국문헌

가. 단행본

Andreyev, Andrei el al(translation Alex Timofeyev). *The KOMSOMOL: Questions and Answers*. Moscow: Progress Publishers, 1980.

FÜrst, Juliane. *Stalin's Last Generation: Soviet Post-War Youth and the Emergence of Mature Socialism*. Oxford: Oxford University Press, 2010.

Kornai, János. *The Socialist System: The Political Economy of Communism*. Princeton, NJ: Princeton University Press, 1992.

Neumann, Matthias. *The Communist Youth League and the Transformation of the Soviet Union, 1917~1932*. Abingdon, Oxon: Routledge, 2011.

Ralph Talcott Fisher, Jr. *Pattern for Soviet Youth: A Study of the Congress of the KOMSOMOL: 1918~1954*. New York: Columbia University Press, 1959.

Solnick, Steven L. *Stealing the State: Control and Collapse In Soviet Institutions*. Cambridge, Massachusetts, Havard University Press, 1999.

나. 논문

Guillory, Sean Christopher. "We Shall Refashion Life on Earth!: The Political Culture of the Young Communist League, 1918~1928." Ph. D. dissertation in History, Los Angeles: University of California, 2009.

Lenin, V. "The Trade Union, the Present Situation and Trotsky's Mistakes." December 30, 1920, Lenin: Collected Works 32, London: Progress Pub., 1981.

Tromly, Benjamin. "Re-Imagining the Soviet Intelligentsia: Student Politics and University Life, 1948~1964." Ph.D. dissertation in Philisophy, Graduate School of Arts and Science, Harvard University, 2007.

다. 기타

AGShVS RF. F. 172. OP 614631. D. 23 pp. 21–26. (Cold War International History Project (CWIHP) North Korea International Documentation Project (NKIDP) Record ID 114890), Woodrow Wilson Center Archive.

http://www.marxists.org/reference/archive/stalin/biographies/1947/stalin/07.htm.

탈북 인사 A 인터뷰 (본문에 인용된 사실 확인을 위해 두 차례 인터뷰 했으며, 안전을 위해 신분은 밝히지 않는다. 각주에는 '탈북인사 증언'으로 표기했다.

찾아보기

ㅂ

ㅅ

ㅇ

곽채원(郭彩瑗)

성균관대학교 문헌정보학과를 졸업하고 같은 대학 언론정보대학원에서 광고홍보학 · 런던정경대(LSE)에서 Social and Public Communication 석사학위를 받았다. 1994년~2010년 중앙일보에서 근무했으며, 2014년 북한대학교대학원에서 박사학위를 받았다. 북한 역사 및 한반도 근현대사를 연구하고 있다.

연구물로는 박사학위논문 「조선민주청년동맹연구: 당적 지도의 제도화 과정을 중심으로」, 연구논문 「북한 청년동맹의 초기 성격 연구 (1946~1948)」, 「조선민주청년동맹의 결성 배경 연구」, 저서로 『북한특강2020: 과거와 미래』(공저)가 있다.